NICOLAS VANIER

Amoureux du Grand Nord qu'il a découvert dans les romans de Jack London, Nicolas Vanier, né en 1962, explore depuis toujours les grands espaces vierges, du Labrador à la Sibérie en passant par l'Arctique, à cheval, en canoë ou en traîneau à chiens. Écrivain, photographe, réalisateur, il a livré ses découvertes, ses rencontres et ses émotions dans une vingtaine d'ouvrages (albums, romans et récits de voyage) et dans des films comme *L'enfant des neiges*, *Le Dernier Trappeur* ou encore *Loup*, adaptation du roman paru en 2008 chez XO Éditions et tourné en Sibérie dans des conditions jamais réalisées.
Son dernier roman, *Le Grand Voyage*, a paru en deux tomes chez XO Éditions en 2011 et 2012.

Retrouvez l'actualité de Nicolas Vanier sur son site : www.nicolasvanier.com

LE GRAND VOYAGE

* *

La Quête de Mohawks

DU MÊME AUTEUR
CHEZ POCKET

LE GRAND BRAME

L'ODYSSÉE BLANCHE
L'OR SOUS LA NEIGE
MÉMOIRES GLACÉES
LOUP
DESTIN NORD

LE CHANT DU GRAND NORD

1. LE CHASSEUR DE RÊVE
2. LA TEMPÊTE BLANCHE

LE GRAND VOYAGE

1. MOHAWKS ET LE PEUPLE D'EN HAUT
2. LA QUÊTE DE MOHAWKS

NICOLAS VANIER
Avec la collaboration de Virginie Jouannet

LE GRAND VOYAGE

**

La Quête de Mohawks

XO

MIXTE
Papier issu de sources responsables
FSC® C003309

Pocket, une marque d'Univers Poche,
est un éditeur qui s'engage pour la préservation
de son environnement et qui utilise du papier fabriqué
à partir de bois provenant de forêts gérées
de manière responsable.

ISBN : 978-2-266-22989-0

Le Grand Voyage

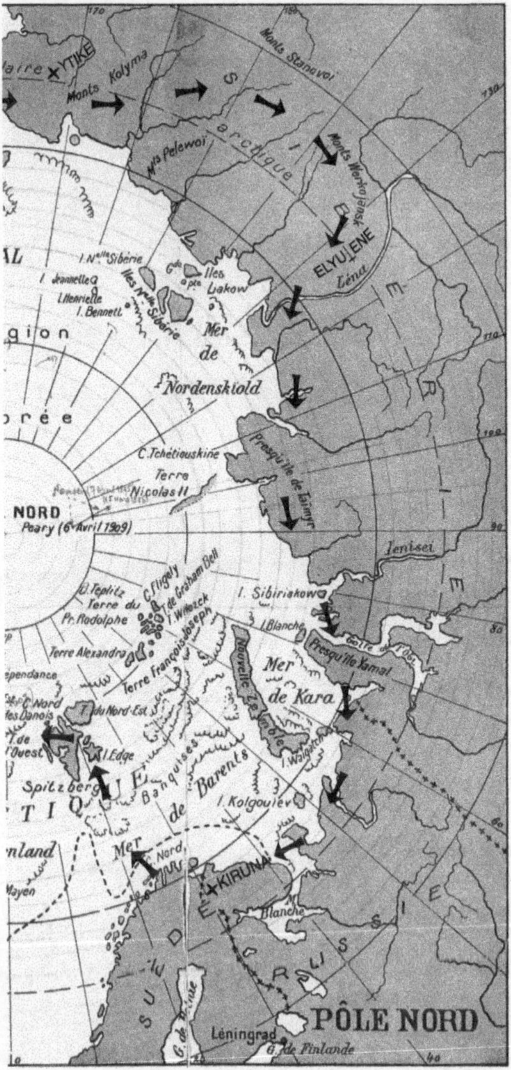

YTIKE
Monts Kolyma
Monts Stanovoi
Mts Pelewoi
arctique
Monts Werkojansk
ELYUENE
Léna
I. Nelle Sibérie
I. Jeannette
I. Henriette
I. Bennett
Iles Nelle Sibérie
Iles Liakow
Mer de Nordenskiold
C. Tchétiouskine
Terre Nicolas II
Presqu'île de Taimyr
NORD
Peary (6 Avril 1909)
Iénisei
I. Sibiriakow
I. Blanche
Golfe de l'Obi
Presqu'île Yamal
I. Teplitz
C. Fligely
I. de Graham Bell
Terre du Pr. Rodolphe
I. Wilczek
Terre Alexandra
Terre François-Joseph
Nouvelle Zemble
Mer de Kara
T. du Nord-Est
I. Edge
Spitzberg
Banquises
de Barents
I. Waigatch
I. Kolgouiev
Mer
Nord
KIRUNA
M. Blanche
Léningrad
G. de Finlande
G. de Botnie
PÔLE NORD

1.

Mohawks avait dormi non loin du rocher sacré, gardien de l'immense vallée, pour s'imprégner de l'énergie de la pierre. Toute la nuit, il avait rêvé de son Voyage, combattant les ours et les rapides, le froid, les hommes et les démons. L'Indien aurait voulu emporter dans son bagage une part de la sagesse immuable du gardien millénaire. Plongé dans la méditation, il laissa ses remords se dissoudre, tandis qu'un formidable élan le poussait à embrasser la terre. Il était venu la servir, lui, l'Indien nahanni, choisi parmi tous les hommes de son clan pour devenir le Zuyis, celui qui effectue le Grand Voyage à travers tous les pays d'en haut. Une mission presque divine ayant pour objectif de raviver, au travers d'un homme, la flamme unissant les Peuples d'en haut que séparent les montagnes, les forêts, la banquise, les déserts de glace et de roches. S'il peinait à comprendre pourquoi les dieux l'avaient élu, il savait maintenant que nul ne peut bafouer une mission sacrée, par vanité, lâcheté, ignorance ou paresse. Mohawks savait aussi que cette menace qui se dessinait, annoncée par plusieurs chamans, prenait corps et qu'il faudrait bientôt la combattre. Il devinait qu'il aurait un rôle à jouer dans cette bagarre s'il réussissait à revenir chez les siens après avoir bouclé son immense périple et rapporté les statuettes qu'il aurait reçues dans les trois villages sacrés des pays d'en haut. Et cette perspective, s'ajoutant à la difficulté de sa tâche, l'effrayait.

— Pourquoi moi ! Oui, pourquoi moi ?

Mohawks avait l'impression de ne pas être digne d'une telle mission, d'un tel destin. Sans doute avait-il bravé bien des dangers pour arriver jusqu'ici, après un si long temps, qui, pourtant, ne représentait qu'à peine la moitié du Grand Voyage. Mais cela lui avait permis d'apprendre combien étaient profondes ses faiblesses. Il avait certes grandi au gré des rencontres et des épreuves, mais se sentait encore si plein de doutes, si jeune, tellement fougueux.

Les visages de Gouiev et de Sassi flottèrent un instant devant lui, souriants. La demi-lune qu'il avait consacrée à les retrouver prenait enfin tout son sens car, en avouant ses failles, Mohawks avait gagné en force. Le pardon du père et de la fille était une offrande faite au Marcheur, une flamme vive dans son cœur. Impatient de partager cet état d'esprit, il se tourna vers ses chiens :

— Amis, aujourd'hui, nous reprenons notre voyage !

Comme d'habitude, Torok répondit à sa voix le premier, la gueule fendue sur un rire muet.

— Nous avons vaincu le Grand Hiver et les Monts de Glace. Il faut laisser ici les regrets…

Le souvenir de Nashuk et de Wapi empoisonnait sa mémoire, la gonflant d'amertume. Le moment était venu de leur rendre hommage.

L'Indien quitta son observatoire et s'agenouilla devant Torok. Les yeux vairons de l'animal rayonnaient de tendresse. L'espace d'un souffle, Mohawks hésita.

— J'ai tué l'un de tes fils, Torok, afin de prolonger notre survie. Il a fallu lui percer le cœur et ma main garde encore l'empreinte du couteau de Raian. Plus tard, c'est Wapi, que j'ai dépecé pour vous donner sa chair à manger. Pardonne-moi, mon ami… Je te fais ici une promesse sacrée : en changeant de saison et de territoire, je veux changer mon cœur et me garder à jamais du mensonge et de la tricherie. Ainsi, je serai digne du Voyage.

Le chien cligna les yeux, soupira bruyamment avant d'approcher le museau vers le visage de son maître. La truffe mouillée arracha un rire à Mohawks qui se releva avec lenteur. À présent, il était vraiment libre de repartir.

Depuis le passage de Mohawks à la passe du Chaman de pierre, le paysage s'était transformé, avait changé de visage. Le Grand Hiver desserrait peu à peu son étreinte. Sur le flanc des montagnes, la couche de neige laissait poindre çà et là des boqueteaux épars de buissons rabougris. Plus bas, le long des rives à peine visibles des cours d'eau, quelques bouquets d'aulnes et de saules émergeaient du tapis blanc, nacré par les premières lueurs de l'aube. Au-delà encore, après les passes des plateaux, la neige commençait à fondre, dénudant les élévations de terrain exposées au sud. La glace des lacs et des rivières brillait, luisance bleutée de cette eau encore figée et qui coulerait bientôt en charriant la vie dans ses flots tumultueux.

Perché sur une langue rocheuse, juste sous le gardien du col, Mohawks plissa les paupières pour tenter d'apercevoir les vallées de la terre sakha. Au bout de cet infini blanc, il discerna les premières taches brunes et jaunes de l'herbe rase. Dans le ciel, un couple de bernaches volait avec assurance vers le sud, inscrivant de leurs ailes l'arrivée de la saison du renouveau. Mohawks soupira, heureux.

Les deux rennes que Gouiev avait offerts commençaient à piétiner, sans doute dans l'espoir de se délivrer de leurs entraves. Pour éviter de les voir s'enfuir à la recherche de lichen, Mohawks les avait laissés attachés au traîneau et les bêtes flairaient nerveusement le sol. L'Indien hésita un moment à harnacher sa meute, en encordant les cervidés derrière son kamutik. Depuis qu'ils avaient quitté le campement évène, les chiens couraient en toute liberté. Au début, ivres de galoper, ils avaient cru à un jeu. Ensuite, ils avaient montré des signes de frustration. Ils étaient faits pour tirer le traîneau, faire corps avec l'attelage et l'homme ! Quand Mohawks préparait les rennes, Torok et les siens faisaient mine de ne pas comprendre et tournaient autour du traîneau en jappant, comme pour réclamer le harnais. Jalouse, Nootka avait même tenté de mordre les pauvres bêtes à plusieurs reprises. Mohawks eut beau leur parler pour expliquer son choix, plus les jours passaient, plus les chiens manifestaient leur mauvaise humeur.

Avec les cervidés, la relation de confiance n'existait pas. Les rennes étaient passés du commandement de Gouiev à celui de Mohawks sans rien manifester. Ils s'en fichaient. Certes, ils étaient rapides et endurants, leurs sabots trouvaient à merveille le terrain le plus sûr et les sentiers des Monts n'avaient aucun secret pour eux, mais la joie de courir ne les animait pas. Ils ne le faisaient que sous la contrainte du fouet.

Le soleil s'était levé. Mohawks décida de repartir et de ne rien modifier avant d'avoir atteint les premiers plateaux. Il distribua la viande, plia sa tente et chargea les peaux. Un dernier regard l'assura qu'il ne laissait rien traîner, hormis les empreintes. Bientôt, le vent effacerait sa trace et seule la promesse faite au Rocher à la passe du chaman resterait ici, une prière de courage. Il abandonnerait là-haut l'homme misérable et indigne de sa mission qu'il était devenu.

Sentant le départ approcher, les chiens s'agitaient, leur queue en panache battant d'impatience. Ils ignoraient ostensiblement les stupides brouteurs. Ils suivaient le kamutik à la trace, sans jamais s'égailler trop loin.

Sur un claquement de fouet, les rennes s'ébranlèrent puis se mirent à trotter. La piste sinuait, frôlant l'abîme, mais elle était assez large pour le passage d'un traîneau et Mohawks profita de la vitesse, aspirant l'air piquant des Monts. Une nouvelle aventure commençait ici, à l'orée de ce territoire vierge.

*

* *

Ils redescendirent les Montagnes sans incident, des jours durant.

Le temps était froid et sec, le vent constant mais supportable. Enveloppé dans ses peaux de rennes au pouvoir isolant incomparable, Mohawks ne souffrait du froid qu'au moment de monter le campement, le soir, et au petit matin, quand il fallait quitter le nid de fourrure de son sac de couchage pour aller nourrir les braises presque consumées. La lumière de l'aube, de plus en plus vive, chassait bien vite ses réticences. Son premier geste, après avoir ranimé le feu, consistait à préparer la nourriture des chiens. Gouiev avait été généreux et, depuis qu'il avait vu les oiseaux voler vers les territoires du Nord, Mohawks se sentait rassuré. Bientôt, avec le printemps, de nombreux oiseaux reviendraient s'offrir à ses flèches !

Il réapprit à apprécier le froid, compagnon fidèle et non plus ennemi sournois. C'est lui qui gelait les cours d'eau sur lesquels la course devenait vol, lui encore qui figeait les pièges, bouchait les failles, formait des ponts de glace au-dessus des passes infranchissables. Maintenant que la saison du renouveau approchait, l'Indien devait presser l'allure pour rejoindre la côte, et profiter des glaces du Grand Fleuve majeur. Gouiev lui avait confié un rouleau en écorce de bouleau sur lequel était dessinée une carte. L'Elyu-Enè prenait naissance dans les monts évènes et courait telle une longue cicatrice jusqu'à la Grande Mer qui baignait la Coiffe. En observant le dessin tracé par le vieux chef, Mohawks lui avait trouvé la forme d'un sourire immense. Ainsi, la terre pouvait se montrer bienveillante à qui la servait !

En quittant les hauteurs, Mohawks recomposa sa ligne de trait avec les chiens, ravis. Désormais, les rennes suivraient, liés à l'arrière du kamutik par une corde longue de quelques pas. Mohawks avait dû s'y reprendre à plusieurs fois avant de réussir à partir car les rennes, effrayés, tiraient à s'arracher le poil sur l'encolure plutôt que de suivre. Ils n'en avaient pas l'habitude et le fait d'apercevoir l'homme et son fouet juste devant eux les bloquait. L'Indien rallongea donc les cordes qu'il doubla pour les rendre incassables et laissa les chiens tirer les rennes, qui renâclèrent jusqu'à ce que la douleur provoquée par les cordes ne leur laisse plus d'autre choix que de suivre.

Décidément, ces bêtes ne comprenaient rien d'elles-mêmes, il fallait toujours les contraindre, par la force ou par la menace. À chaque virage brusque, chaque descente trop raide, les cervidés effrayés tentaient de s'échapper ou prenaient une mauvaise direction, infligeant de rudes secousses à l'attelage qui provoquaient des bousculades parmi les chiens. Peu habituée à cette progression cahoteuse, la meute devenait irascible.

Postés en dernière ligne, Niäniä et Aponi supportaient les chocs les plus rudes, quand le traîneau les percutait. En seconde ligne, Nootka, toujours prompte à la colère, infligeait des coups de crocs à son frère. Bonne pâte ou trop abasourdi pour protester, Istu se contentait de grogner en retour.

Mohawks rageait contre la stupidité des brouteurs, mais n'osait pas les frapper pour éviter d'augmenter leur panique. Il tenta de leur expliquer comment suivre le traîneau, mais devant leur regard opaque, vide de pensée, il comprit la vanité de ses efforts. Ces lourdauds n'entendaient que le claquement du fouet !

Profitant d'une halte, il bouleversa la composition de l'attelage en couplant Istu et Aponi à l'arrière. Les deux jeunes mâles étaient puissamment charpentés, et la vivacité de l'un compenserait la maladresse de l'autre.

Depuis la traversée des Monts de Glace, l'Indien savait qu'il devait former un second chien de tête. Torok comprenait son maître à merveille, parfois avant même qu'une pensée naisse dans son esprit. Il était le meilleur des chiens, mais le moment était venu d'éduquer Nootka. Même si cette pensée lui déplaisait, le Zuyis savait qu'en cas de blessure ou d'épuisement il devrait remplacer le chien de flèche. La jeune chienne possédait déjà les qualités essentielles : intelligence de la piste, bravoure et cette autorité naturelle qui ne cédait que devant Torok, parfois devant Niäniä. Elle obéissait aux ordres de son maître, sans être toutefois aussi intuitive que Torok face aux dangers invisibles. Mohawks devrait cependant veiller à son tempérament ombrageux. Il coupla donc le père et la fille à la flèche de l'attelage.

Après deux journées, les cervidés commencèrent à suivre plus régulièrement la cadence intimée par la meute. Ils avaient enfin compris qu'il était vain de vouloir freiner ou gêner la marche du traîneau auquel ils étaient solidement attachés.

Le soir, au campement, l'Indien s'attardait auprès de ses chiens. Le plaisir retrouvé de la piste renforçait leur entente. Mohawks prit conscience que ce sentiment qui l'unissait si fort à sa meute était bel et bien de l'amour. Non pas celui qui vous attache à une femme ou à un frère, mais un lien puissant qui noue les vies entre elles. Sans ses compagnons, sans cette confiance et cette tendresse, jamais il n'aurait pu entreprendre un tel périple.

*

* *

Pour rejoindre les grandes plaines que le Nahanni

avait aperçues depuis le haut du col, il fallait descendre à travers les hauts alpages, puis rejoindre une vallée dont on devinait au loin l'ouverture. Exposée au soleil déjà chaud de cette fin d'hiver, l'étendue neigeuse s'était transformée, ayant déjà fondu en surface et regelé plusieurs fois.

Mohawks se lança dans la faible pente. La couche de neige supportait chiens et traîneau, mais les rennes, plus lourds, s'enfonçaient et se mirent à donner des coups de tête dans l'espoir de se libérer de cette corde qui les asservissait. Cela se traduisit par une série de secousses qui se transmettaient du kamutik au trait, puis de la ligne aux chiens. Ceux-ci se mirent à jeter de fréquents coups d'œil en arrière comme autant de reproches, car, dans leur esprit, Mohawks était responsable des cahots qui entravaient leur course.

— C'est pas moi, Torok ! Ce sont ces maudits rennes qui recommencent !

Une fois n'est pas coutume, Torok manifesta son déplaisir en grognant. C'était à l'homme de résoudre le problème !

Arrivé au bas de la pente, Mohawks stoppa l'attelage. Ils étaient parvenus à une petite cuvette oblongue qui traversait le plateau dans toute sa longueur, et venaient de dépasser une zone buissonneuse. Ces petites épinettes chétives étaient les premiers arbres qu'il voyait depuis qu'en montant vers le col il avait abandonné la forêt, à très basse altitude. Sur ce versant exposé au soleil levant, les arbres bénéficiaient d'une chaleur bienfaisante, largement de quoi nourrir un grand brasier.

Il coupa quelques branches mortes et, au moyen de sa pierre de feu et de quelques touffes de mousse sèche, il enflamma le bois. Aucun combustible n'était meilleur que le lichen et Mohawks regrettait déjà de quitter ces territoires où il pouvait, sous la neige, prélever autant de mousse qu'il en avait besoin. Il en fit d'ailleurs une provision qui lui permettrait d'allumer des feux, bien plus facilement qu'avec de l'herbe sèche, moins inflammable.

Il profita de cette halte pour réfléchir au problème des cervidés. Comme à son habitude, il raisonnait à voix haute, sous le regard de Torok. Le chien veillait sur lui, attentif au moindre de ses gestes, paroles, humeurs.

Oui, Mohawks n'aurait pas échangé Torok, ni aucun de ses chiens contre cent rennes.

Certes, ces bêtes étaient rapides, endurantes, capables de tracter de lourds traîneaux et de porter un homme comme le fait un cheval. Certes, elles étaient capables de se nourrir seules, été comme hiver, et constituaient une réserve de viande fraîche sur pattes, mais quelle différence ! À vivre auprès des rennes, force était de constater leur manque criant d'intelligence. Ces caribous domestiques aux prunelles vides et apeurées ne pensaient qu'à brouter le lichen. Ils n'étaient que des estomacs, craintifs et sans cervelle !

Les détacher en espérant qu'ils suivent ne servirait à rien. Indifférents à l'homme, dénués de tout sentiment de fidélité, les rennes n'auraient même pas un regard pour l'attelage en train de disparaître. Ils se mettraient aussitôt à labourer la neige pour brouter. Les abandonner ? Il n'en était pas question. C'était un cadeau d'une grande valeur que lui avait fait le père de Sassi et ce serait un sacrilège de mépriser ce don au nom de la facilité. Les Esprits le lui feraient payer cher. Ce serait folie de les céder aux loups et aux carcajous, qui auraient tôt fait de les repérer. D'ailleurs, les cervidés pouvaient se révéler précieux en cas de pénurie de gibier. Mohawks eut une idée : il pouvait les tuer ici, puis les découper et les charger sur le traîneau. La déclivité de la pente jusqu'aux grandes plaines compenserait sûrement le surpoids.

Le Zuyis pesa le pour et le contre un bon moment. Il était impatient de repartir et craignait de se retrouver piégé par la fonte des neiges et des glaces, avant même d'avoir atteint l'un des villages des grandes plaines. Là, il prévoyait de se procurer un cheval avec lequel, malgré le printemps, il pourrait continuer son Voyage, sa meute en liberté autour de lui.

Pendant qu'il remplissait son sac de lichen, les chiens s'étaient couchés dans la neige, profitant du soleil qui s'était levé haut dans le ciel et chauffait leur fourrure. Nullement fatigués, ils jouissaient pourtant de ce moment de repos. L'expérience de la piste leur avait appris à se donner tout entiers dans l'effort, puis à prendre du plaisir. La truffe orientée face au soleil, Torok clignait les yeux pour apercevoir son maître bien-aimé qui continuait à soliloquer :

— Non, ce n'est pas la bonne idée, mon Torok ! Avec un traîneau surchargé, nous risquons de verser et ces rennes auront bien plus de valeur vivants que morts. Et puis j'ai assez de viande avec les provisions que les nomades m'ont données.

Sur un clignement de paupières en guise de réponse, le chien battit faiblement de la queue, engourdi de bien-être.

Satisfait d'avoir réglé la question, Mohawks observa avec attention la grande étendue neigeuse dont la pente s'inclinait vers les grandes plaines. Au loin, la ligne d'horizon dansait, noyée dans les brumes grises. Il vit la brillance induite par l'action du soleil qui dardait ses rayons sur la neige et en conclut que, de toute façon, avec ou sans rennes, il ne pourrait repartir avant plusieurs heures. En revanche, cette nuit, avec le retour du froid, la neige présenterait une surface bien dure, idéale pour filer. La lune montante serait presque pleine. Il scruta le ciel, bleu à l'infini. Aucun risque de dégradation du temps à court terme. À la lueur de la lune, il pourrait progresser toute la nuit, jusqu'à l'aube. Pour l'instant, il valait mieux faire comme ses chiens, manger, boire, puis se reposer en profitant du soleil, afin de disposer plus tard de toute l'énergie nécessaire.

Sa décision prise, Mohawks se sentit infiniment bien. Il déposa un filet de viande gelée sur le feu et alla s'asseoir près de Torok. Qu'il était bon de s'étendre après ce long et douloureux hiver, la tête appuyée contre le flanc de son compagnon, et de jouir de cette merveilleuse tiédeur !

Le chef de meute soupira d'aise quand il se lova contre lui. Que pouvait-il y avoir de meilleur dans la vie que de sentir le poids du maître bien-aimé, de dormir au soleil avec sa meute autour de soi ?

Oui, Mohawks et Torok baignaient dans un bonheur simple et bien mérité.

*

* *

C'est l'odeur de la chair carbonisée qui réveilla Mohawks. Il mangea la viande trop cuite, puis distribua aux chiens une bonne ration de caribou et de poisson fumé. Sassi avait protégé avec soin les provisions dans des nattes.

Plus la distance se creusait entre eux, plus Mohawks pensait à elle, à l'enfant qu'elle portait, et cela le bouleversait. Il prit conscience que cette idée-là, celle d'avoir un enfant qu'il ne verrait pas grandir et dont il ne saurait rien, le hanterait longtemps. Reviendrait-il un jour dans les Monts de Glace, sur la terre des Évènes ? Il ne voulait pas y penser, car il devinait que son Voyage serait long et le transformerait. Mais il savait aussi que le souvenir de Sassi et de l'enfant ne le quitterait jamais plus. Ces deux êtres faisaient maintenant partie de lui.

Il distribua à la meute de l'eau tiède, parfumée de jus de poisson. Puis passa le plus clair de l'après-midi à paresser au soleil et à cajoler ses chiens, leur massant le dos et les caressant entre les oreilles pour le plus grand bonheur des uns et des autres. Chacun le réclamait, grognant et grattant la neige pour l'attirer.

Étendus de tout leur long, les chiens se tournaient et se retournaient pour se chauffer le poil, comme le faisaient les phoques sur la Grande Glace. Au plus chaud de la journée, le Nahanni poussa même le plaisir jusqu'à se dévêtir entièrement afin que le soleil chauffe sa peau nue. Le doux picotement qui parcourut son corps fut une véritable jouissance. Mohawks en vint à grogner de plaisir, assis au milieu de ses compagnons.

Au crépuscule, alors que le soleil terminait sa longue course dans le ciel, la température chuta, peu à peu, puis brusquement, rappelant que l'hiver était encore là, même s'il cédait au printemps les heures les plus chaudes de la journée.

Ce repos avait ranimé le Graam, et Mohawks le sentit bouillonner dans ses veines.

En voyant le maître charger le traîneau, les chiens s'étaient levés et guettaient ses gestes, impatients de courir.

Il alla chercher les deux rennes. Il les avait laissés libres mais encordés afin qu'ils n'aillent pas trop loin tout en profitant de ces quelques heures pour manger du lichen. À mesure de la descente vers les plaines, les mousses se raréfiaient et bientôt les brouteurs devraient se contenter d'herbe et d'écorce, beaucoup moins nourrissantes. Or c'est en conservant ses bêtes bien grasses que Mohawks en tirerait l'échange le plus favorable.

Comme un signe, la lune apparut. Sa tête blonde flottait sur la crête de la montagne que Mohawks avait dû escalader pour atteindre la passe, le haut col qui s'ouvrait sur les grandes plaines.

Il était temps. Attelés, les chiens jappaient, impatients. La neige gelée crissait sous les pas de Mohawks, lui confirmant qu'il avait fait le bon choix. Les rennes tenaient sans s'enfoncer dans la neige et ils allaient pouvoir suivre le rythme de la meute sans la freiner ni se blesser. L'Indien n'aurait qu'à veiller à ne pas verser, tout en choisissant la meilleure route possible.

Pour atteindre la vallée, il avait prévu de slalomer sur le grand plateau, entre quelques cuvettes et des élévations de terrain, puis il faudrait aborder la descente plus franche du versant. Ensuite, il suffirait de la suivre jusqu'au grand fleuve, à condition que le soleil n'ait pas trop dégelé et fragilisé la glace. C'est pour cela qu'il lui fallait se hâter. Cette fois, ce n'était ni la peur ni la lassitude qui l'animaient. Au contraire, son empressement s'accordait avec l'envie profonde de poursuivre le Voyage.

Il se rappela ses doutes, ses envies de sédentarisation, et eut un rire d'aise. Non, décidément, il était un Marcheur. Un Grand Voyageur. Comme Torok, comme sa meute.

— Allez, les chiens !

Aussitôt, ils s'élancèrent avec un grognement de plaisir. Leur émulation était si puissante que Mohawks en ressentait les vibrations. Les rennes renâclèrent un peu puis, n'ayant pas d'autre choix, calquèrent leur trot sur celui des chiens. Bien en équilibre, un pied sur le frein, l'autre sur un patin en fonction des devers, l'Indien adaptait la vitesse au terrain.

À la flèche de l'attelage, Torok excellait à répondre avec précision aux ordres de direction, aussitôt suivi de toute la meute qui semblait ne former qu'un seul corps.

— C'est bien, mes chiens ! C'est bien !

Les bêtes connaissaient ce mot et l'accueillaient comme on reçoit un rayon de soleil chaud sur le poil. Ils étaient heureux, unis dans la communion du plaisir partagé.

2.

L'attelage filait à travers le plateau, sous la voûte céleste piquetée d'étoiles. La neige était partout durcie par le gel, à l'exception des quelques zones que le soleil n'atteignait pas. Dans ces endroits-là, la neige restait alors poudreuse, sans cette croûte que le dégel et le regel formaient partout ailleurs. Guidée par Torok qui n'avait pas son pareil pour flairer le danger, la meute ralentissait, mais cela ne durait guère, car ces zones étaient rares sur le plateau uniforme, dont la pente était à peine perceptible.

À la végétation devenue plus dense, Mohawks vit qu'il avait bien progressé et commença à hésiter sur la route à suivre. La brèche qu'il avait décelée en haut du plateau n'était plus visible, or c'était le meilleur passage pour accéder à la vallée. Obligé de se diriger un peu au hasard, l'Indien se maudit de ne pas avoir pris de repère, notamment avec les étoiles.

Grâce à la lueur de la lune qui se réfléchissait sur la neige, on y voyait presque comme en plein jour sur le plateau. En revanche, à mesure que les conifères s'épaississaient, la progression dans l'ombre de la nuit devenait plus difficile. Sur la neige immaculée apparurent alors les empreintes d'une petite harde d'élans. Les cervidés suivaient une direction qui correspondait à celle que Mohawks voulait emprunter et il espéra qu'ils lui ouvriraient la piste vers la brèche, puis vers la vallée. Le Nahanni lança ses chiens sur les traces. Un ordre qui ressemblait à une véritable invitation à la chasse et Mohawks eut toutes les peines du monde à refréner leur ardeur, à leur faire comprendre qu'il s'agissait seulement d'une piste, rien de plus.

Tout se déroula bien durant un bon moment. Mohawks pensait même que trouver la brèche serait un jeu d'enfant, lorsque soudain la piste des élans croisa celle d'une horde de plus de quinze loups. Dès lors, les empreintes s'éparpillaient dans toutes les directions et l'Indien dut abandonner la trace. Dépité, il se demanda qui, des loups ou des grands mammifères, avait gagné la partie.

Sans doute cette chasse durerait-elle des jours et des jours. Il était rare que les hordes s'attaquent à de grands élans tant ils étaient résistants et dangereux, capables d'un seul coup de sabot d'arracher la tête d'un grand loup, si féroce soit-il.

Comme il n'y voyait plus grand-chose, Mohawks décida de faire une pause. Il alluma un feu, fit fondre de la neige et mit à chauffer une tisane dans laquelle il dispersa quelques-unes des herbes odorantes que Sassi lui avait données. Il n'avait pas besoin de cela pour penser à elle, pourtant le parfum de la sauge sèche raviva le souvenir de leur dernière étreinte, puis la lueur triste mais résignée dans les yeux de la jeune fille lorsqu'elle avait appris la vérité sur ses intentions.

Lorsqu'il releva la tête pour consulter le ciel, le jeune Nahanni fut étonné de constater que la nuit s'obscurcissait, signe que la lune s'était couchée et que l'aube était proche. Il n'avait pas vu le temps passer. Finalement, cette halte imposée était une bonne chose. Autant reprendre quelques forces avant de se remettre en route, pour trouver la brèche puis descendre au fond de la vallée jusqu'à la rivière, qu'il espérait atteindre avant le milieu du jour.

En réalité cela lui prit trois jours.

Une journée entière à errer à l'est puis à l'ouest, dans une futaie chétive, à la recherche de la brèche. Lorsqu'il la localisa enfin, bien plus à l'est qu'il ne l'avait imaginé, l'Indien dut encore passer une journée entière à batailler dans une forêt de trembles, de saules et de conifères mêlés, très dense, et qui s'épaississait jusqu'à former un rempart infranchissable à quelques portées de flèche à peine de la rivière.

Finalement, Mohawks dut se résoudre à sortir sa hache pour abattre des arbres. Il mit encore une demi-journée à construire un véritable chemin jusqu'à la rivière.

Enfin, au milieu du troisième jour, il atteignit la surface gelée du fleuve. Il poussa un grand cri de victoire d'autant plus exalté que la surface était belle, uniformément gelée d'une rive à l'autre et recouverte d'une mince mais parfaite couche de neige qui allait donner de l'adhérence aux chiens et aux rennes.

Les bêtes s'étaient reposées pendant que l'homme luttait dans la forêt, ils pourraient s'élancer aussitôt qu'ils auraient mangé. Pourtant, tandis qu'il dégustait un morceau de filet de renne – excellent car la viande était rassie à souhait –, Mohawks songea qu'il lui restait encore une chose à accomplir avant d'aborder le fleuve : s'attirer la bienveillance des Esprits. Pour cela, il devait trouver un endroit propice aux offrandes.

L'Elyu-Enè donnait une impression de puissance incomparable. Gouiev l'avait prévenu, mais le spectacle dépassait l'imagination. D'après l'Évène, la glace, au cœur de l'hiver, avait l'épaisseur d'un homme debout.

Le rituel devait être fait dans les règles. Il préféra donc libérer les chiens du harnais. Seuls les rennes restèrent entravés, grattant tristement le sol. Les bêtes avaient les flancs creusés, le poil terni. En trois journées, elles avaient maigri à vue d'œil. La hâte de l'homme, le peu de cas qu'il faisait de leur estomac les avaient rendues encore plus sauvages que de coutume, elles qui étaient habituées à vivre au milieu de la harde, là où la nourriture était abondante et le travail peu contraignant.

*
* *

Après avoir libéré les chiens, il rejoignit la rive et s'arrêta, plissant les yeux sous l'intense réverbération. Le feu du ciel uni à celui de la glace rendait la surface du fleuve aussi scintillante qu'une étoile. Comment choisir un lieu d'offrande, alors que l'Elyu-Enè tout entier portait la marque du sacré ?

Il avait préparé un beau filet de perche fumé, une pincée de sauge et sa dernière poignée de myrtilles sèches. Pourtant, face à tant de merveilles, le don lui parut soudain insultant. Que diraient les divinités de ce repas frugal ? Fallait-il sacrifier un ékati ? Ces pierres servaient au Voyage, aux transactions, il devait les conserver aussi longtemps que possible.

Un brusque froissement d'ailes attira son attention. Un lagopède, délogé par Kishi, venait de prendre son envol sous les jappements furieux de la chasseresse. Aussitôt, les chiens se déchaînèrent tandis que l'oiseau s'élevait en traçant une large boucle au-dessus d'eux, hors d'atteinte, offrant la vision de son ventre gras. Son plumage d'hiver, d'un blanc immaculé, se piquait des premières teintes brunes, annonçant son habit de saison sèche. Malgré son impatience, Mohawks eut une illumination : plutôt que d'offrir une part de ses réserves, il chasserait l'oiseau en l'honneur du Fleuve et lui sacrifierait cette première prise ! Quelle plus belle offrande que le symbole du renouveau ? L'oiseau immaculé était revenu de son exil hivernal, et les divinités seraient flattées.

Pour ne pas avoir la meute entière sur les talons, Mohawks ordonna aux chiens de rester auprès de l'attelage, mais il garda Torok et invita Istu à le suivre. Le chien n'avait participé qu'à une seule traque avec son maître, au cours de laquelle son étourderie lui avait fait manquer un lièvre. Il était facilement distrait, fonçait à l'aveuglette, et Mohawks s'amusait parfois à lancer des écorces pour le voir démarrer et avaler au vol un copeau, qu'il mâchouillait ensuite, faute de mieux. Pourtant, durant la longue descente, il avait supporté les grognements de Nootka, et tiré avec force et courage sans renâcler. Doté d'un tempérament joyeux, peu rancunier, Istu ne trichait jamais pour ménager ses forces. Il méritait bien une récompense.

Mohawks s'adressa au reste de la meute d'une voix impérieuse, celle qu'il prenait pour conduire le traîneau. Les oreilles se dressèrent aussitôt, attentives.

— Couchés, les chiens ! Vous attendez ici. Nous partirons sur le fleuve sacré cette nuit.

Perplexes, les bêtes virent s'éloigner l'homme, Torok et Istu sur ses talons. Le jour était encore lumineux, aucune tempête ne menaçait. Ignorant l'ordre qui résonnait encore, Kishi fut la première à s'élancer à leur poursuite et les autres suivirent dans une joyeuse débandade. Mohawks dut revenir sur ses pas en désignant les harnais pour qu'ils obéissent, à regret. Vexée d'être sans cesse cantonnée au rang de gardienne, Niäniä grogna son désaccord avant de se rouler en boule dans la neige. Les autres restèrent sur le qui-vive, gémissant sourdement, les babines gonflées de dépit, tandis que la silhouette de l'homme disparaissait derrière une butte.

Alors qu'Istu fonçait dans chaque buisson, affolé par les effluves et le mouvement des branches agitées par le vent, Torok furetait, aux aguets, la truffe collée au sol tout en veillant du coin de l'œil aux gestes de Mohawks. Quand l'homme levait la main, il fallait se figer en silence ; s'il tirait une flèche de son carquois, la proie était proche, sur le point d'être tuée ou blessée. Il était devenu un chasseur accompli.

D'un ton sec, l'Indien commanda à Istu de rester dans son sillage et le jeune chien finit par comprendre que, s'il n'était pas harnaché, il devait néanmoins obéir. Malgré son excitation, il se résigna à suivre le maître.

Ils traversèrent ainsi, sans bruit, une futaie de saules. Soudain, une odeur musquée chatouilla les narines d'Istu, enivrante. Un renard filait en bonds souples entre les replis du terrain. D'une détente prodigieuse, le chien se jeta à sa poursuite. Pendant un instant, Mohawks crut qu'il rattraperait le frêle animal. Depuis qu'ils avaient quitté Ytyk, Istu s'était métamorphosé en un superbe mâle. Son poitrail s'était développé, il avait aguerri ses muscles sur la piste. Malheureusement, le petit coureur des neiges était trop agile pour Istu qui venait de s'épuiser à bondir. Le renard disparut comme par magie et le chien eut beau chercher dans les buissons d'épinettes, il revint bredouille.

— Istu, je sais que ton instinct est difficile à maîtriser, mais je ne cherche pas de renard. Et j'ai besoin que tu restes sage, sinon tu videras la futaie de toute vie avant que j'aie seulement bandé mon arc !

Réprimant un sourire devant la mine dépitée du chasseur maladroit, Mohawks reprit sa marche.

Ils avançaient sur le tapis blanc depuis un bon moment, lorsque, non loin d'un bouquet de saules, Torok se figea, la queue battant doucement, les prunelles fixes. Il avait repéré une proie. La main levée, Mohawks intima le calme à Istu dont le poil s'était aussitôt hérissé. Moins coutumier de l'affût, le chien ressentit pourtant l'autorité qui émanait de l'homme. Il se pétrifia à son tour.

D'un mouvement fluide – ce geste mille fois répété qui revêtait le même pouvoir sacré –, Mohawks tira une flèche de son carquois et l'encocha, en accordant sa respiration. Il leva son arc, plissa les yeux pour ajuster son tir et attendit, la tête tournée vers le faîte des arbres. Sans même avoir besoin d'une parole, Torok comprit le signal : le maître était prêt. Il bondit en avant, suivi par Istu. Ils filèrent d'un trait et le bruit causé par leur approche effraya le groupe de lagopèdes tapis dans la futaie. Quatre oiseaux aussi blancs que la neige s'égaillèrent dans un bruissement d'ailes.

La flèche fusa avec un claquement sec, mais manqua le gibier qui alla se percher un peu plus haut dans la pente, à plusieurs portées de flèche. L'Indien avait manqué sa cible, mais Torok ressortait victorieux du buisson, une grosse perdrix dans la gueule.

Mohawks aurait pu poursuivre la compagnie dont il avait déterminé l'emplacement et se régaler de viande fraîche. Mais un élan de respect l'en empêcha, peut-être pour épargner l'animal symbole de vie nouvelle. Il sentit que son intuition était juste et appela son chien. Torok déposa l'oiseau de neige aux pieds de son maître. Son bec court était à moitié ouvert et la morsure qui traversait son poitrail de part en part tachait le plumage d'une longue larme écarlate.

Délicatement, tandis qu'il le remerciait d'avoir accepté de sacrifier sa vie, Mohawks attacha le lagopède par les pattes à un cordon de sa ceinture.

Il restait encore deux heures de lumière, assez pour le rite de l'offrande et un repas rapide. Il s'élancerait sur le fleuve au crépuscule.

*

* *

Le traîneau volait sur la glace de l'Elyu-Enè. Toute la nuit, veillées par les dieux et les étoiles, les bêtes coururent, dans le chant lancinant des patins et du battement des onglons sur la glace. Pour une fois, les rennes suivaient à bonne cadence, sans rechigner.

En donnant le signal du départ, Mohawks avait senti

affluer dans ses reins le Graam, l'énergie du Grand Voyage, et l'onde s'était propagée le long de sa colonne dans un frisson de pure jouissance... Les pieds fermement campés sur les patins du kamutik, il se laissait griser par cette course nocturne. La piste était si large qu'elle aurait pu mener vers l'antre de Wacondah ! Blanche, lumineuse, rapide.

Au milieu de la nuit, déjà, ils avaient couvert une distance respectable. Sur la terre, avec le relief, il aurait fallu au moins trois journées pour la parcourir.

Malgré les heures de trot, les chiens conservaient un rythme soutenu, et les panaches gris-brun de leurs queues dressées se balançaient joyeusement. Ils avaient perçu l'enthousiasme de l'homme, d'abord au ton de sa voix, puis à cette vibration étrange qui émanait de son corps. Quand Mohawks se mit à chanter l'arrivée de l'aube, ils redoublèrent la cadence. Même Yuma, qui avait l'habitude de traîner un peu la patte, galopait sans faiblir.

Quand le premier trait du soleil vint caresser la glace, ils s'arrêtèrent devant un îlot aux abords gelés pour y aborder sans risquer de tomber dans un piège d'eau et de neige fondue. Le froid avait dû être extrême pour figer l'eau à de telles profondeurs ; d'ailleurs, Mohawks n'avait pas envie de regagner la berge pour chercher l'endroit idéal de son campement. Les épinettes fourniraient le bois du feu et un abri contre le vent.

Les chiens s'étaient couchés et commençaient déjà à somnoler. Il mena les rennes épuisés sur la butte de terre, large d'une demi-portée de flèche, puis il fit provision de neige fraîche et prépara son feu. Quand les flammes s'élevèrent, il mit à dégeler les filets de caribou et monta son tepee. Une fois la viande correctement roussie, il ajouta quelques boulettes de suif et de farine dont il badigeonna chaque morceau.

Il bâillait à s'en décrocher la mâchoire et sa vision se brouillait de fatigue, mais, malgré son épuisement, il sentait poindre une certaine assurance pour les jours à venir. Afin de se tenir éveillé, il se mit à murmurer une mélopée de son enfance. Les rations prêtes, il réveilla les chiens qui engloutirent leur repas en quelques coups de dents. Mohawks vérifia ensuite leurs coussins, légèrement enflés d'avoir ainsi couru sur la glace pendant si longtemps. Un peu de graisse et un bon massage suffiraient, mais il ne se sentait pas la force de s'en occuper maintenant. L'épuisement rendait le froid plus aigu et Mohawks tremblait de tous ses membres.

— Vous êtes les meilleurs coureurs de la Coiffe, mes chiens, et moi le plus fatigué des hommes… Je vous soignerai demain.

Un soupir lui répondit. Mohawks rejoignit son sac de fourrure et à peine eut-il le temps de s'y enfouir qu'il dormait déjà.

*

* *

Quand ils repartirent, le lendemain matin, ils ne croisèrent pas la moindre trace de présence humaine en descendant le fleuve. De nombreuses tribus de ces rives étaient semi-nomades et installaient leurs campements d'hiver plus haut, à la limite des forêts et des alpages, là où était le gibier. Les villages se repeupleraient après la débâcle.

L'Elyu-Enè présentait de multiples visages et chacun d'eux émerveillait Mohawks. Son cours s'élargissait parfois, devenait si vaste que l'Indien avait l'impression de traverser un lac. D'autres jours, les berges se resserraient, bordées de rochers, surplombées de forêts épaisses ou saturées de fourrés courts mais impénétrables. Il croisa des falaises si hautes qu'elles portaient leur ombre jusqu'à lui. Il vit disparaître les sommets des Monts de Glace dans la brume, et cet ultime arrachement lui donna la mesure de son Voyage : sa progression était inéluctable, chaque pas en avant le coupait physiquement du passé. Il ne reviendrait plus en arrière.

Et son enfant grandirait, inconnu de lui à jamais.

Le convoi progressait jour après jour, nuit après nuit… Selon les vents, les brumes ou les pluies de grésil, le paysage changeait, tantôt mystérieux comme l'antre d'un autre monde, tantôt lumineux, aussi pur que l'eau d'une source. Certains matins, le brouillard crachait des gouttelettes de neige aveuglantes, les brumes avalaient la terre et Mohawks avait la sensation de progresser dans des nuées sans limites ni consistance. Et puis un coup de vent poussait les lambeaux de brouillard et le monde renaissait sous ses yeux.

Cette odyssée avait sur lui un pouvoir hypnotique. Animé par le Graam et la certitude qu'il s'était concilié les Esprits, le Nahanni se sentait happé en avant, presque aspiré par une puissance invincible. Il ne songeait qu'à avancer, progresser.

Sur les rives du fleuve, le lichen était devenu rare et, malgré l'herbe qu'ils engloutissaient à chaque halte, les rennes avaient encore maigri. Leur fourrure d'hiver commençait à tomber, aggravant leur allure famélique. Les chiens aussi perdaient leur poil, mais eux dévoilaient une musculature saillante. Les épreuves endurées dans les Monts de Glace en avaient fait des bêtes impressionnantes de force.

S'il n'y avait encore aucun signe de vie humaine, on devinait les prémices de la saison du renouveau. Les oiseaux étaient de plus en plus nombreux, des oies, des eiders, des canards de toutes sortes, des pluviers et des courlis. Les ours sortaient de leur long sommeil et sillonnaient les berges, affamés et irascibles. Les lièvres et les lagopèdes muaient comme les chiens, perdaient leur tenue d'hiver et la bourre épaisse qui constituait un isolant parfait. Mohawks en arrachait des touffes entières quand il caressait ses chiens dont l'allure devenait parfois comique :

— Mon pauvre Torok ! Tu as l'air d'un vieil arbre qui perd son écorce !

Avec le printemps, la vie était partout et l'Indien aurait pu chasser, poser une ligne de trappe, le gibier ne manquerait pas de s'offrir. Pourtant, il continuait à filer sur le fleuve gelé. La débâcle était proche, il fallait se hâter.

Pour préserver la puissance des chiens, l'Indien les nourrissait abondamment, et les provisions diminuaient. Il avait conscience de la folie de son entêtement, mais refusait d'interrompre sa progression envoûtante. Le fleuve le poussait en avant, comme le vent souffle sur une feuille sans qu'elle puisse résister…

*

* *

Un matin, l'Elyu-Enè fit don de nourriture à Mohawks.

L'attelage suivait une trajectoire proche de la berge de l'est quand il distingua un point sombre sur la glace. Les chiens flairèrent l'aubaine bien avant que leurs yeux ne voient la dépouille. Ils accélérèrent la cadence, jusqu'au cadavre de l'élan à demi dévoré.

Nootka, attachée en tête avec Torok, voulut se jeter dessus quand Mohawks donna le signal d'arrêt à quelques pas de l'animal mort. Elle tirait à s'étouffer sur son harnais et Torok gronda pour la calmer. Sa fille se résigna à attendre, réprimant à grand-peine des gémissements d'impatience.

Aux morsures, le Nahanni reconnut la marque des loups.

L'élan avait dû être pourchassé longtemps et rattrapé sur la glace. Pour oser attaquer un tel géant, la horde comptait sûrement de nombreux mâles solides. Les loups avaient commencé à déchiqueter leur proie avant de l'abandonner, sans doute repus. Le gibier devait être abondant sur ce territoire, car un tel gâchis était rare à la sortie de l'hiver.

Énorme, coiffée de ses bois veloutés, la tête s'était presque détachée du reste du corps, posée sur une tache sombre, là où le sang avait jailli. Les viscères éparpillés avaient gelé, les organes et le gras des flancs avaient disparu. Heureusement, le froid avait figé les odeurs, préservant la viande des autres prédateurs. La berge était éloignée… et le fleuve avait peut-être voulu encourager le Voyageur !

Après avoir découpé la viande qu'il emporterait, Mohawks lâcha les chiens afin qu'ils se repaissent des restes et des viscères. L'Indien en vint à regretter que les rennes ne mangent pas de viande. Ils maigrissaient encore, un peu plus chaque jour, et ne vaudraient bientôt plus grand-chose…

Le lendemain, c'est une tempête de neige qui le stoppa.

Poussées par un vent violent, les nuées crevèrent alors que l'attelage courait au milieu du fleuve. Inquiet, Mohawks rejoignit la rive peu boisée dont les contours disparaissaient déjà dans le tourbillon des flocons. Après avoir entravé les rennes et ôté le harnais de ses chiens, il monta la tente sous les rafales glacées, déchargea en hâte les fourrures, un sac de nourriture presque vide, et de quoi faire du feu, quelques branches récoltées le matin même.

Il se félicita d'avoir conservé les lichens, car le bois humide prit lentement et enfuma son tepee. Alors que la tempête faisait rage, menaçant d'emporter son abri, il resta des heures à grelotter et à réfléchir. Craignant le mal des fièvres, il s'était enroulé nu dans une fourrure ; ses vêtements gorgés d'humidité séchaient tant bien que mal, aussi puants qu'une charogne. Vers le soir, il profita d'une courte accalmie pour sortir et récolter un peu de bois, chétif et humide.

Les dieux étaient décidément changeants ! Un jour, ils lui faisaient don d'un élan mort et lui envoyaient une tempête le lendemain ! Le ciel voulait-il l'avertir ? Sa colère avait-elle un sens ? Faute de comprendre le langage des Esprits, Mohawks n'avait pas d'autre choix que d'accepter le présage. En premier lieu, nourrir les chiens, refaire ses provisions, réparer les pièces du traîneau qui commençaient à donner des signes d'usure. À la fin de la tempête, il se mettrait en chasse.

Il dormit d'une traite, tout un jour et une nuit.

Au matin du deuxième jour, la tempête se calma. Le soleil se leva dès l'aube et trouva Mohawks changé : la conscience du Voyage et des difficultés à venir avait repris le dessus, et l'étrange vertige de joie qui l'avait saisi lorsqu'il avait foulé l'Elyu-Enè l'avait maintenant abandonné.

3.

Tygyn n'avait jamais rencontré de Zuyis et il interrogea longuement Mohawks sur le Grand Voyage, cette mission qui consistait à accomplir un grand cercle tout autour de ce que l'on appelait la Coiffe, les pays d'en haut. Il voulait tout savoir de ces peuples dispersés que Mohawks avait rencontrés. Il étudia, avec une minutie presque religieuse, les Zuyissmans, ces statuettes que le Zuyis avait reçues dans les deux premiers villages sacrés, le sien, Raitankia, et Ytyk, en pays yakoute.

— Kiruna, le troisième village, n'est plus très loin. Ensuite, tu n'auras plus qu'une seule statuette à récupérer… Ton Voyage touche à sa fin.

Mohawks soupira. Ce n'était pas le cas.

— Tu oublies que j'ai reçu la première statuette dans mon village, au moment de mon départ pour le Grand Voyage, chaque Zuyissman étant nécessaire à la fabrication du suivant. Cette troisième statuette que je recevrai à Kiruna ne marquera que la moitié du Voyage.

— Je m'excuse de cette question sans doute idiote, mais à quoi bon un tel Voyage, tant de souffrances, si loin des tiens ?

De nouveau, Mohawks soupira.

— Je me le demande encore. Parfois, des bribes de réponses apparaissent au travers d'une rencontre ou d'un événement. Et je suppose qu'il me faut achever le Grand Voyage pour comprendre totalement. J'ai rencontré des chamans et des Zuyissans, ceux qui ont accompli le Grand Voyage, comme mon arrière-grand-père Raian. Tous m'ont dit que nos peuples devaient rester unis malgré les distances. Car une menace s'avance vers nous.

Tygyn buvait les paroles du Zuyis, curieux et concentré.

— Une menace ?

— Cette vision est encore très floue, mais tous les chamans m'en ont parlé. Notre survie, celle des Peuples d'en haut est en danger, et cette vision nous sauvera.

— Ce que tu dis est inquiétant.

— Les Zuyis et le Grand Voyage qu'ils accomplissent, les souffrances qu'ils éprouvent sont le seul rempart à cette menace. Le Graam coule dans nos veines et, cette énergie du Voyage, nous la diffusons tout au long des territoires de la Coiffe. N'aie crainte ! Quelle que soit cette menace, nous ferons face. Je le sais. Je le sens. Le souffle du Voyage, l'énergie du Graam, le message de mes ancêtres et des Esprits qui nous protègent, tous m'appellent à poursuivre ma mission. Ils me donnent cette force qui parfois me manque. J'irai au bout de cette quête.

Mohawks se tut, épuisé, comme sortant d'une transe. Il s'était laissé emporter par ses paroles, ses révélations qui l'impressionnaient lui-même.

Tygyn acquiesça respectueusement et posa son regard sur le fleuve qu'ils se mirent à contempler en silence.

— Il est calme, mais il va toujours au bout de son chemin. Ce fleuve est une sorte de Zuyis, dit posément Mohawks pour conclure.

*
* *

Tygyn était un géant, surtout comparé aux hommes de sa tribu, plutôt trapus. Haut comme un arbre, les membres longs et les mains épaisses, le Sakha avait une allure redoutable, accentuée par une mine sévère, mais il avait accueilli de bonne grâce le Voyageur et lui avait offert l'hospitalité sous sa hutte de peau, enduite de terre grasse, qui opposait son refuge douillet aux vents violents.

Le village de Tygyn se trouvait aux abords de l'Elyu-Enè, à mi-chemin entre le pied des Monts de Glace et la Grande Mer.

Le géant vivait avec ses deux fils, leurs compagnes, sa femme et leur dernière fille, et, malgré la promiscuité, l'atmosphère était sereine. À force de croiser les hommes des tribus, Mohawks avait appris à détecter cela.

Tygyn était chef de tribu, gardien de chevaux, chasseur, et pêcheur à la saison chaude ; il expliqua au Nahanni que les eaux du Fleuve majeur regorgeaient d'une faune extraordinairement riche. Mille espèces y prospéraient, qui revenaient à chaque fonte des glaces. Sa préférence allait pourtant à sa harde, car il était « homme-cheval » et révérait l'esprit de l'animal.

Les poneys sakhas parurent à Mohawks très différents du cheval des Sisjos, dont il gardait un souvenir mitigé. Couverts d'une fourrure hivernale longue et drue, résistants, agiles, ils paissaient en bandes semi-sauvages tout autour du campement. En cette fin d'hiver, lassés de l'herbe jaune sous la neige, ils cherchaient les zones déneigées par le soleil qui dessinait les premières taches vertes sur cet infini blanc et jaune.

Comme les Évènes, les Sakhas veillaient à regrouper la harde pour ne pas la voir s'éparpiller trop loin. Eux aussi prélevaient les bêtes pour se nourrir, mais seulement quand la chasse était mauvaise, et ils faisaient grande consommation du lait des juments. Après la pénurie des mois d'hiver, la naissance des poulains marquait le vrai changement de saison et surtout le retour de la traite.

À chaque rituel, une bête ou deux étaient sacrifiées et on voyait partout dans le campement des symboles de l'animal ou de sa divinité, celle qui conduisait au ciel tous les chamans sakhas. En revanche, contrairement aux éleveurs des Monts qui utilisaient les rennes sans se soucier de les dresser, les Sakhas nouaient une relation très forte avec leurs montures. Durant la nuit, ces chevaux étaient attachés à des poteaux sacrés où l'on sculptait vœux et prières.

Mohawks fut très surpris de découvrir que, chez ce peuple de cavaliers, nul ne connaissait la technique d'entraves que Pag lui avait enseignée. Plutôt que de se perdre dans les explications, il mena Tygyn devant ses rennes lâchés en liberté et désigna la cordelette qui bridait leurs antérieurs.

— Tu vois ? Ainsi, ta monture ne peut pas s'enfuir très loin.

— Ma foi, si un tel prodige marche avec mon brave Kwani, alors je te serai redevable, étranger !

Le visage de Tygyn s'était éclairé d'un large sourire, et Mohawks vit que ce chef cachait sous son apparence farouche un émerveillement d'homme passionné.

Le dialecte sakha était différent de celui des Évènes ou des Tchouktches. Rompu aux voyages, le Nahanni ne fut pas long à en comprendre les subtilités. Trois jours lui suffirent pour dialoguer avec la tribu qui s'égayait de ses barbarismes. Bientôt, tous connurent le but de sa mission, car la rumeur allait ici plus vite que la brise. Le soir même de son arrivée, le village entier défila sous la hutte de Tygyn ; chacun avait une question à poser, une idée à échanger, un conseil à livrer. Les femmes surtout se pressaient autour du bel étranger dont la venue coïncidait avec la fin du long hiver et le réveil des sens. La plus chanceuse d'entre elles était Hateya, la fille de Tygyn, car elle dormait à trois pas du Nahanni et le servait chaque matin.

Mohawks perçut son trouble dès leur premier regard. Instantanément, son cœur se figea et, horrifié, il éprouva beaucoup de difficultés à ne pas fuir. Peu lui importait que Hateya soit jolie, aimable, jeune et déjà attendrie, au contraire ! Il l'aurait souhaitée laide, vieille et aveugle… Car tout chez elle lui rappelait Sassi, l'hospitalité du père, la générosité de la tribu, l'attente de cette fille qui rêvait déjà de se glisser dans sa couche.

Mohawks aurait préféré affronter l'ours plutôt que de se retrouver à nouveau emporté dans une histoire d'amour non partagé. Si sa chair aspirait aux caresses, son cœur ne désirait qu'une seule chose : la liberté. Il savait ce qu'il lui en avait coûté de se laisser aimer. L'enfant à naître, qu'il avait abandonné, pesait trop lourd en lui pour qu'il s'autorise la légèreté d'une autre étreinte.

Le Zuyis accorda sourires et regards appuyés aux femmes de la tribu, sans paraître remarquer l'insistance de Hateya. Trop jeune pour comprendre les ruses de la séduction ou les feintes qui attisent le désir, la fille revenait à la charge, aveuglée par son amour naissant. Au repas, elle lui réservait les meilleurs morceaux et, en le servant, n'hésitait pas à se frotter à lui… En vain. Mohawks semblait de pierre.

Pourtant, sous ce masque d'indifférence, son sang bouillonnait de désirs auxquels il lui était de plus en plus difficile de résister. Quant à Tygyn, la situation semblait l'amuser sans trop le préoccuper. Le chef et son épouse devaient penser que Hateya était prête à connaître les plaisirs et que Mohawks n'était pas un si mauvais premier homme, même pour peu de temps.

Plutôt que d'attendre la nouvelle lune et la veillée de fête prévue en son honneur, Mohawks préféra régler tout de suite les échanges de présents. Il lui fallait un cheval solide, des provisions de graisse et de farine, des plantes médicinales et des tisanes. En contrepartie, il donnerait les deux rennes. Même si ceux-ci faisaient piètre figure, ils valaient bien un poney.

Le chef sakha accepta sans discuter l'offre du Voyageur. Il choisit pour lui une bête vigoureuse âgée de trois soleils et lui offrit un système de harnachement pour son traîneau ; le collier de bois enveloppé d'une peau fine était passé par la tête et disposé sur l'encolure. Il ajouta un arceau qu'il fixa au kamutik, afin de relier l'ensemble, collier et brancard, grâce à des tendons de cuir.

Enfin, Tygyn monta le poney une journée, pour l'habituer au poids d'un cavalier, et, une fois assuré que la bête ne se cabrerait pas, il invita Mohawks à galoper dans la plaine.

Le Zuyis avait encore beaucoup de choses à apprendre dans l'art de la monte. Après le cheval sisjos, rétif et peureux, après le trot saccadé des rennes de Gouiev, Mohawks avait pris des habitudes qui privilégiaient davantage l'équilibre que la voltige. Tygyn se révéla être un maître patient, jamais moqueur. Est-ce cette indulgence à laquelle on ne l'avait guère accoutumé qui donna des ailes au Zuyis ? Toujours est-il que le Nahanni fit d'énormes progrès, encouragé par l'homme-cheval ; bientôt, il sut faire des demi-tours sur place, prendre des virages secs, et même sauter par-dessus un obstacle peu élevé. Tygyn lui apprit enfin à tirer sur une cible en étant au galop. Mohawks perdit quelques flèches et manqua beaucoup de cibles, mais, à la fin de la journée, lancé au grand galop, il parvint à toucher trois fois de suite un gros tronc.

Heureux comme un enfant, Mohawks choisit de baptiser son poney Waban, parce qu'il filait comme le vent d'est et que sa robe était couleur de brume.

*

* *

La fête de la nouvelle lune serait dédiée au Zuyis, Marcheur au nom de toutes les tribus des hommes, ainsi en avait décidé Tygyn. Elle durerait jusqu'à ce qu'il ne reste plus un seul Sakha debout et serait arrosée du lait tiré des poulinières.

On dressa une hutte commune, les femmes firent bouillir la viande et servirent, sous la forme d'un ragoût malodorant aux narines de Mohawks mais dont la tribu raffolait, la chair des poissons conservés tout l'hiver. Devant l'hésitation de Mohawks, Hateya s'empressa d'expliquer que, même l'été, on consommait ainsi les créatures de l'eau : il suffisait de creuser une fosse non loin du fleuve, d'habiller les parois d'écorce et d'y laisser tremper les bêtes éviscérées jusqu'à ce que leurs chairs deviennent bleues et tombent en bouillie… un régal !

Chaque famille apporta une outre de koumiss fermenté qui montait délicieusement à la tête. Après trois bols de ce breuvage acidulé et légèrement pétillant, Mohawks se sentit envahi par une onde d'euphorie. Il but encore, chanta avec la tribu, dansa et raconta les légendes de son peuple. Au cours de la veillée, deux femmes se glissèrent à ses côtés et lui signifièrent sans détour qu'elles avaient envie de lui.

Troublé par ces avances, Mohawks eut à peine un instant d'hésitation quand il sentit le regard suppliant de la jeune Hateya posé sur lui. Même embrumé d'ivresse, il sut enfin comment lui échapper ; les femmes étaient plutôt jolies, très dépoitraillées, et leur détermination ne laissait aucun doute… D'un rire, il les invita à approcher plus près. Son corps réclamait d'être contenté, et la contrainte qu'il s'était imposée à l'égard de Hateya cédait, balayée par les brumes de l'ivresse. À Ytyk, Naitma avait rendu ses sens exigeants. D'ailleurs, le défi l'excitait. Grâce aux savants enseignements de la belle Youkagir, il était sûr de le relever… Satisfaire deux femmes à la fois !

Tinka et Shaké étaient cousines par le sang, mais sœurs par le cœur. La venue du Zuyis avait pourtant failli les séparer. Le mystère nimbait l'étranger d'une attraction irrésistible, et jamais leurs yeux n'avaient contemplé plus bel homme sous le ciel des ancêtres ! Elles commencèrent par se disputer pour savoir laquelle le charmerait, pensèrent le jouer au sort, mais, puisque aucune ne voulait perdre sa place ni ressentir le poison de la jalousie, elles finirent par conclure une alliance. Ensemble, elles le séduiraient. Ensemble, elles le mèneraient dans leur couche !

Hateya ne pouvait guère s'y opposer. Tinka et Shaké étaient ses aînées ; l'une veuve, l'autre pas encore promise, toutes deux libres. La jeune fille était battue d'avance et elle le comprit cette nuit-là, quand elle vit Mohawks sortir de la tente au bras de ses conquêtes.

Par la suite, chaque fois qu'il repenserait à sa halte sur le Fleuve majeur, Mohawks verrait les deux visages gracieux, leurs yeux roulant sous l'afflux du plaisir, leurs bouches entrouvertes sur de petits gémissements qui s'achevaient en longues roucoulades. Les cousines aimaient les plaisirs de l'amour sans façons ni promesses. Pas une fois elles n'exigèrent de Mohawks ces mots qui lient le cœur des amants. Chacune savait qu'il s'agissait d'une aventure de passage. Tinka, la veuve, avait été abandonnée par son compagnon ; mort ou disparu dans la toundra, peu lui importait, l'homme était un rustre et ne l'avait jamais satisfaite. Shaké était promise à un guerrier d'une tribu éloignée ; une fois partie dans la tribu de son époux, sous la férule de sa nouvelle famille, elle n'aurait plus tellement l'occasion de s'amuser. Ainsi, tous trois avaient les meilleures raisons du monde de se trouver ensemble et d'atteindre le même but, leur plaisir. Et aucun ne se sentit lésé…

Hateya quant à elle pleura en secret chaque soir, triste et frustrée jusqu'au départ du Voyageur.

*

* *

La saison du renouveau agitait les corps, animait la sève et pour beaucoup d'animaux vint la période des accouplements.

Niäniä fut la première atteinte, et son caractère habituellement égal changea. La tribu élevait une meute qui avait toléré l'arrivée des molosses étrangers, trop redoutables pour risquer le combat. Les chiens s'étaient jaugés puis ignorés, les uns par prudence, les autres pour marquer leur dédain. Pourtant, au contact de tous ces mâles, Niäniä ne tarda pas à tomber en chaleur. Elle gémissait sans raison, se laissait approcher, flatter et renifler, avant de s'enfuir, la queue plaquée contre son postérieur. Puis elle recommençait, aguicheuse, semant derrière elle des parfums irrésistibles…

Un matin, des aboiements enragés alertèrent Mohawks qui se précipita hors de la hutte des cousines, à moitié nu. Il reconnut Torok, le poil hérissé, les oreilles plaquées en arrière, figé dans l'attitude du combat. Protégeant Niäniä, le chien faisait face à cinq mâles robustes. Ceux-là approchaient lentement en demi-cercle, les babines retroussées, les crocs luisants d'une salive de rage. De chaque poitrail montait un grondement aussi caverneux que le tonnerre. Désarmé, le Zuyis hurla à l'adresse des assaillants :

— Allez-vous-en ! Arrière, sales bêtes !

Il eut beau crier, les chiens ne lui accordèrent pas un regard, sourds à ce qui n'était pas l'ennemi. Malgré sa détermination, Torok ne pouvait pas gagner, il risquait d'être blessé sévèrement, ou pire encore de succomber sous le nombre des morsures. Ses adversaires étaient sans doute plus trapus, moins aguerris, mais l'appel de la femelle et l'effet de meute leur donnaient l'avantage. Niäniä, quant à elle, restait tapie dans un coin, paralysée par la peur.

Le cœur battant à tout rompre, Mohawks fit une tentative pour s'interposer quand l'un des mâles se retourna d'un bond contre lui, grognant avec violence, le museau parcouru de spasmes. Que pouvait faire un homme dévêtu face à ces bêtes enragées prêtes à tuer ? Même devant le loup gris, l'Indien n'avait jamais eu aussi peur.

Soudain, Nootka et Yuma surgirent de la plaine et rompirent le cercle pour rejoindre Torok. À présent, les chiens sakhas faisaient face à trois démons et leurs grondements décrurent, jusqu'au silence.

Mohawks hésita. Siffler le rappel de la meute ? Il craignait que son intervention ne déclenche la bagarre. Le péril était moindre, mais encore trop grave.

Les chiens se toisaient toujours, les babines retroussées sur des crocs ruisselants de bave, les yeux fous lançant des éclats meurtriers. Yuma, si joyeux de coutume, semblait possédé par l'envie d'en découdre.

À l'instant même où l'Indien crut que le pire était passé, les chiens se jetèrent en avant, sans un cri.

Ce fut un tourbillon féroce de corps cabrés qui roulaient sur le sol. Horrifié, Mohawks chercha une arme et aperçut un sac ; sans réfléchir, il s'en saisit et flanqua des coups au hasard pour séparer la mêlée, jusqu'à ce que des mâchoires happent le cuir, ratant de peu sa main. Il distingua Torok, la gueule refermée en étau sur le cou d'un mâle, trop bas pour le tuer. Puis il entendit le jappement de douleur de Nootka. Yuma avait disparu sous la masse des adversaires. Un chien hurla et s'esquiva de la mêlée en rampant à moitié, le poil ensanglanté. Sa truffe était ouverte et il traînait la patte, broyée par un coup de dent. Ce n'était pas Yuma. Où était passé le gros pataud ? Jamais encore l'Indien ne l'avait vu se battre…

Réduits à quatre, les chiens sakhas n'emporteraient plus le combat, mais les derniers instants pouvaient encore signifier la mort. La bouche séchée par l'angoisse, Mohawks ne savait que faire. Deux bêtes roulèrent à ses pieds, l'une accrochée à la gorge de l'autre, ruisselante de sang. Il reconnut Nootka, incapable de se dégager, entre les mâchoires d'un gros mâle. Les crocs écrasaient sa veine de vie et ses prunelles se voilaient déjà. L'Indien voulut se précipiter, mais il perçut un mouvement dans l'air. Torok venait de bondir sur le dos de l'assaillant et lui broyait la nuque. On entendit un bruit de bois brisé et le chien sakha s'affaissa, libérant Nootka. Étourdi par la perte de sang, l'animal tenta de se remettre debout.

Et puis tout s'arrêta aussi soudainement que cela avait débuté. Les vaincus s'enfuirent, l'échine fuyante, abandonnant le terrain aux vainqueurs. Torok lança un ultime aboiement de menace avant de rejoindre son maître, la tête basse. Il portait de vilaines morsures et boitillait. Nootka titubait toujours, le poitrail couvert de sang. Yuma, apparemment indemne, haletait bruyamment, les flancs agités de frissons.

À peine honteuse, Niäniä s'approcha de son compagnon et entreprit de lécher ses plaies, comme pour demander pardon. Sa queue frétillait de satisfaction.

Mohawks sentit la colère l'envahir. Malgré le froid qui lui gelait la peau, il fulminait. Il repoussa la stupide femelle, réprimant à grand-peine son envie de la punir. Il était conscient que la pulsion de l'accouplement avait été plus forte que tout, mais ses deux chiens dominants avaient risqué la mort à cause des caprices d'une chienne !

— C'est bien le moment de te frotter, toi ! Laisse-moi voir leurs blessures !

Il se demanda comment Yuma avait pu s'en sortir sans une morsure sérieuse. Lui si doux et peu bagarreur venait de participer à son premier vrai combat ! Son attachement pour Torok lui avait donné le courage d'un guerrier.

Alertés par les bruits et les cris, des hommes arrivaient qui s'enquirent de la bataille. Mohawks s'excusa de ce que ses chiens avaient fait tout en plaidant la légitime défense, ce que tous comprirent sans le moindre commentaire. Les chiens étaient remplaçables et les bagarres faisaient partie de la vie.

Les deux cousines approchaient d'un pas vif, l'une apportant le manteau du Zuyis, l'autre ses bottes. Tout en s'habillant à la hâte, il les pria de préparer la glaise médicinale pour refermer les plaies et entraîna les trois mâles vers la tente, après avoir rageusement ordonné à Niäniä de se coucher.

*
* *

Plus tard, la chienne parut vexée quand Mohawks l'attacha au kamutik, non loin de sa hutte, là où les chiens sakhas ne se risqueraient pas. Impatiente de repartir en chasse, elle gémissait de frustration. Aussi, lorsque Torok surgit devant elle, empressé, elle l'accueillit avec des manifestations de joie délirante. Le chien boitillait encore un peu et portait deux emplâtres de glaise, de graisse et d'herbes, retenus par un bandage confectionné par Tinka. Niäniä sembla intriguée, mais n'en oublia pas pour autant ses pulsions. Elle se colla à son compagnon, la truffe levée vers son museau, comme pour lui demander consolation. En retour, la queue frétillante d'impatience, Torok huma sa truffe, lécha son museau et ses oreilles. Enivré par les effluves, il tenta des coups de tête cajoleurs, mais Niäniä refusa de se laisser saillir, excitée par les préliminaires amoureux. À force de se tourner autour, ils se retrouvèrent face à face, le derrière levé, prêts à se poursuivre. Mais la chienne était entravée, le jeu tourna court et Torok se jeta sur Niäniä qui finit par se soumettre.

Mohawks contemplait le spectacle de ce désir puissant, impressionné par la facilité avec laquelle les chiens oubliaient le danger et les rancœurs. Il ne put s'empêcher de comparer ce comportement avec le sien, avec ses propres interrogations. À l'évidence, pour Torok et Niäniä, seule la Vie importait ! Et, même si la femelle avait failli être infidèle et provoquer le pire, c'était vers son mâle qu'elle revenait, soumise et amoureuse.

La Vie ! Elle balayait toutes les feintes, tous les artifices, toutes les vaines promesses. Rien ne pouvait la contraindre… Le Zuyis sentit monter en lui comme une révélation sacrée dont il ne mesurait pas encore l'importance. L'union des deux chiens lui avait simplement rappelé la puissance de l'instinct.

4.

Le temps pressait. L'Elyu-Enè formait encore une piste de glace assez épaisse pour voyager, mais, tout autour, la neige fondait, découvrant de larges bandes de terre boueuse et d'herbe jaunie par la froidure. Çà et là, on distinguait même des pousses plus tendres. Les forêts se teintaient de vert-brun et les arbres, libérés du poids de la neige, redressaient la tête. Les montagnes laissaient apparaître les reliefs cachés par le Grand Hiver. Revenant vers les terres d'abondance, des nuées d'oiseaux voyageurs traversaient les cieux. Fasciné par le spectacle de ces volées sillonnant les airs, Mohawks croyait voir des flèches géantes bandées par un dieu solaire.

Partout, l'eau montait sur la glace qui se fissurait et commençait à fondre alors que la terre se muait en un immense marécage.

Il fallait repartir !

Les adieux à la tribu des hommes-chevaux furent légers, presque joyeux. Le Zuyis laissait derrière lui deux femmes comblées et des rennes amaigris. En retour, il emportait un équipement complet, un poney baptisé Waban, un savoir neuf en matière de monte et la promesse d'une nouvelle portée de chiots, car Niäniä était pleine. Il en était certain.

Juste avant de fouler le fleuve gelé, le Nahanni ne put s'empêcher de repenser au vertige si fort qui l'avait envoûté la première fois. Pourtant, il n'éprouva rien de semblable. À moins qu'il ne soit trop impatient pour se laisser reprendre… Mohawks ne songeait qu'à la glace, aux fissures et aux pièges cachés. Si la fonte se produisait avant qu'il n'ait atteint les rives de la Grande Mer, il pourrait toujours progresser sur les berges du fleuve, mais la terre était tellement gorgée d'eau que la piste ne formerait plus qu'un long chemin de boue, où son traîneau risquerait de s'embourber. Il n'était même pas sûr que Waban passerait partout avec une si lourde charge. La progression deviendrait trop lente.

Or, pour rejoindre les rives et remonter la Coiffe vers l'ouest en direction du troisième village sacré, il n'existait pas de chemin plus direct que celui de l'Elyu-Enè. L'Indien devait donc le suivre aussi loin que possible en espérant que, au nord, le froid tiendrait plus longtemps et retarderait la fonte des glaces.

L'approvisionnement en nourriture ne l'inquiétait plus. Les Sakhas avaient fourni assez de filets séchés et de farine pour tenir une lune, et lui-même avait abattu un bœuf musqué la veille de son départ. Quand les provisions seraient épuisées, il n'aurait qu'à partir chasser ou poser une ligne de trappe sur la rive giboyeuse. Son souci tenait plutôt aux chiens : comment les retenir s'ils se dispersaient à chaque empreinte, pour suivre la piste d'un gibier ? Mohawks avait choisi d'atteler le traîneau au vigoureux poney, mais la meute devait apprendre à le suivre aveuglément.

*
* *

Ce fut le combat d'un nain contre un géant !

Mohawks galopait vers le Grand Nord, talonné par les vents plus doux qui venaient de l'intérieur des terres. Le traîneau avançait vite et bien. Pourtant, la douceur les rattrapait chaque jour davantage, la lumière se faisait plus claire et plus durable. Parfois, au milieu du jour, il devait ôter son manteau en peau de renne, le corps ruisselant de sueur.

Heureusement, la glace de l'Elyu-Enè semblait toujours aussi épaisse ; l'Indien en surveillait les luisances bleues, essayant de repérer à sa couleur plus sombre, un peu grise, la neige pleine d'eau qui recouvrait la glace, pesant sur elle jusqu'à provoquer des fissures, plus larges de jour en jour.

Les chiens n'avaient jamais été aussi heureux. La compagnie du poney leur semblait plus naturelle que celle des caribous et ils ne manifestaient aucune jalousie, même quand l'homme harnachait l'animal au kamutik. Sous la conduite de Torok, ils allaient et venaient, sans trop s'éloigner du maître. D'ailleurs, pour limiter les tentations, Mohawks préférait conduire au milieu du fleuve, loin des berges giboyeuses.

Il n'avait cependant pas la maîtrise du relief. Bientôt, les rives se resserrèrent et la meute donna des signes d'excitation. Istu et Kishi s'arrêtaient de plus en plus souvent, tête levée, pour flairer les effluences venues des terres. Conscient qu'ils pouvaient filer à tout moment, Mohawks profita d'une halte pour expliquer à Torok ce qu'il attendait de lui :

— Écoute, ami ! C'est toi qui mènes la meute et j'ai besoin de ton aide. Je ne peux pas te laisser chasser à ton aise, nous n'avons pas le temps. Il faut remonter le fleuve et vite !

L'après-midi même, Kishi repéra les traces toutes fraîches d'un élan et partit en flèche, suivie par la meute excitée. Furieux, mais surtout inquiet de voir disparaître les chiens et de perdre la journée, Mohawks s'égosilla pour les faire revenir. Seul Torok hésita en entendant les cris du maître :

— Reviens, Torok ! Reviens ! Non ! Non !

Le ton était impérieux et recelait de l'angoisse. L'animal s'élança en avant, dépassa Kishi, juste avant d'atteindre la berge. Pendant un instant, la meute hésita. Torok entamait un virage pour revenir vers le lit du fleuve, or il était le chef incontesté. Nootka fut la première à suivre, embarquant Niäniä, Aponi, Istu et Yuma dans son sillage. Kishi freina sa course puis stoppa. Déchirée entre deux désirs contraires, elle tournait la tête de gauche à droite : d'un côté, les siens qui couraient sur cette glace dénuée d'effluves ; de l'autre, la proie savoureuse dont elle reniflait la piste. Elle émit un gémissement de protestation puis revint au petit trot, mécontente.

Mohawks sentit monter des larmes de gratitude. Les chiens avaient donné la preuve de leur fidélité. À leur manière, ses compagnons à quatre pattes lui enseignaient une leçon digne d'un chaman. Leur cœur les menait, par-delà toute raison, par-delà même leur instinct.

Il leur offrit aussitôt des morceaux de poisson gelés en guise de récompense, puis les flatta avec tendresse, en appuyant ses caresses de paroles :

— C'est bien, les chiens ! C'est très bien !

Kishi reçut les plus chaleureux encouragements. Ravie, la belle chasseresse avait oublié sa déception.

La nuit venue, le froid retomba sur le fleuve, gelant la fine couche de neige fondue.

Mohawks établit son campement dans un repli du fleuve, au pied d'une falaise qui offrait un renfoncement propice. Cette grotte naturelle lui évitait de monter le tepee. Il alla poser quelques collets sur une sente visiblement fréquentée par les lièvres et les zibelines, puis s'installa pour manger, devant son feu.

Il regardait le poney qui broutait l'herbe nouvelle. La neige avait encore perdu du terrain, bientôt la glace du fleuve serait la dernière trace du Grand Hiver… Il existait pourtant un moyen de gagner du temps sur la fonte inexorable de l'Elyu-Enè. Il suffirait de voyager après le coucher du soleil, jusqu'au matin.

Réconforté par cette idée, le Zuyis s'endormit paisiblement, au milieu de sa meute.

*

* *

Dès lors, l'équipage voyagea aux heures les plus froides de la nuit et de l'aube, fuyant les ardeurs du soleil. Le poney sakha galopait avec vigueur, sans jamais donner le moindre signe de fatigue ou de mauvaise humeur.

Depuis l'incident de la chasse manquée, la meute

avait encore renforcé sa cohésion, guidée par la seule volonté de Torok. Kishi elle-même semblait avoir compris l'urgence de leur progression. Ils sentaient plus qu'ils ne comprenaient l'urgence de leur maître.

Mohawks chassait au crépuscule. Il prit l'habitude de se faire accompagner d'un chien. Il s'obligeait à prendre les moins doués pour la traque comme Aponi, Yuma ou Istu. Ce n'était pas seulement par gratitude, mais il avait l'intuition qu'en renforçant le lien avec chacun d'eux il fortifiait l'esprit de toute la meute.

Waban aussi le surprenait. Le petit cheval montrait une résistance incroyable. Ému par ses efforts, l'Indien décida de lui céder sa réserve de lichen, un sac plein qu'il destinait à l'allumage du feu. L'animal en raffolait et les mousses contenaient un pouvoir fortifiant bien meilleur que les herbes. Tygyn lui avait fourni un peigne pour ôter de sa crinière les dards de glace ou démêler les bourres agglutinées et le Nahanni prenait grand plaisir à le brosser. Dans ses prunelles douces irradiait un éclat qui semblait fait de tendresse. Insensiblement, il commença à s'attacher au cheval, plus qu'il ne l'aurait cru possible.

Quand le temps le permettait, Mohawks dormait à l'arrière du kamutik, bien enveloppé dans ses fourrures. Il évitait ainsi de perdre un temps précieux à monter le campement, et se reposait quelques courtes heures avant de repartir sous la lueur des étoiles.

*

* *

Vallée après vallée, ils passèrent des montagnes, des forêts d'une densité prodigieuse, des falaises hautes à toucher le ciel, et atteignirent enfin les étendues plates qui annonçaient les paysages de la toundra côtière, couleur d'ambre. Toute cette beauté traversait le Zuyis sans qu'il s'attarde à y penser, trop préoccupé qu'il était d'avancer. Quelles que soient la vitesse de sa course et l'endurance de ses bêtes, le géant Printemps gagnait sur eux.

Puis une nuit, peu avant l'aube, il vit que la couche supérieure de la glace avait commencé à fondre, et se mélangeait à l'eau de la fonte des neiges que le froid nocturne ne suffisait plus à geler. Les sabots de Waban s'enfonçaient et l'attelage semblait marcher sur les flots.

Mohawks s'entêta pourtant et fit claquer son fouet, en veillant à ne pas atteindre le cheval, pour l'encourager.

Son obstination faillit lui coûter son traîneau.

Alors qu'ils dépassaient une congère, le cheval se mit à donner des coups de tête affolés. L'air parut frémir, le fleuve eut un grondement sinistre. Dans un craquement sourd, la glace commença à se fissurer sous ses sabots, dévoilant une zone d'eaux libres.

Mohawks hurla pour faire avancer le kamutik vers l'est où le sol semblait solide et fit claquer son fouet, mais Waban n'écoutait plus rien, paniqué par le vacarme du fleuve. Les chiens qui trottaient en terrain sûr stoppèrent aussitôt, impuissants. Seul Torok continua de courir pour approcher au plus près de son maître. Le cheval tirait droit vers une fissure qui venait de s'ouvrir, en plein milieu du lit ! Tout était perdu !

Désespéré, l'Indien se préparait déjà à sauter quand le cheval fit un brusque écart pour regagner la rive. Entraîné sur sa trajectoire, le kamutik glissa sur la neige brisée et s'enfonça d'un pouce dans un magma d'eau et de glace. Les larges patins flottaient assez pour empêcher le traîneau de plonger. Au lieu de quitter sa place, Mohawks tenta d'équilibrer la poussée en sens contraire et d'éviter le naufrage. Il criait toujours des encouragements, au milieu des jappements de la meute. Torok avait stoppé à la frange de la glace et se tenait ramassé sur lui-même, prêt à bondir, comme à l'affût. Mohawks aurait presque pu le toucher. Sous les patins, il entrevit les flots noirs courant d'une fissure à l'autre. Le sol se disloquait sous ses pieds. Et soudain il ne vit plus rien, juste le blanc bleuté de la glace.

Ils étaient passés !

Le Zuyis reprit son souffle et inspecta le lit du fleuve. Cette fois, il remarqua des zones suspectes que l'obscurité avait masquées et de petites fumées qui montaient des trous d'eaux libres. S'il avait continué ainsi, il se serait trouvé piégé.

— Si je dois mourir en Voyage, c'est toi qui me guideras aux portes du monde invisible, Torok…

Sa main caressa le front du chien qui émit un gémissement de plaisir. Son maître était hors de danger.

En revenant vers la berge, Mohawks comprit ce qui avait fragilisé l'Elyu-Enè à cet endroit : une rivière en pleine débâcle se jetait dans le fleuve et ses eaux s'étaient frayé un chemin sur la glace, pesant sur elle pour la briser et rejoindre le cours majeur.

Il évalua les chances de passer sans encombre. La zone suspecte s'étendait trop loin. L'autre rive était flanquée d'une falaise qui rendait toute progression impossible. Il se résigna donc à remonter le cours de l'affluent jusqu'à un gué, avant de redescendre sur le lit de l'Elyu-Enè.

Seul avec ses chiens, peut-être aurait-il tenté sa chance, mais le cheval était trop lourd pour passer et la panique le rendait sourd. En prenant la mauvaise décision, le Zuyis risquait de perdre Waban ou le traîneau. Or il n'était pas prêt à ce sacrifice... Depuis son départ de chez les Sakhas, Mohawks savait bien que la débâcle devait le rattraper et ralentir sa progression. S'il ne pouvait gagner la course contre la nature, il était en revanche capable d'écouter le murmure des dieux.

Comme pour éprouver sa soumission aux lois naturelles, la rivière l'obligea à un long détour. Les chiens en tête, Mohawks conduisit le kamutik en longeant la rive de l'affluent, sur la berge encore boueuse de neige à moitié fondue. Pendant les passages difficiles, il prenait la bride de Waban et marchait devant lui pour l'encourager à avancer.

Ils franchirent ainsi des éboulis de roches, s'enfoncèrent dans le taillis inextricable d'une forêt d'épineux et, plus d'une fois, l'Indien crut qu'il devrait renoncer. En contrebas, l'affluent rugissait de toute la puissance de ses eaux libérées.

L'aube se leva sur un jour morose, d'un gris brumeux. Ils parvinrent à une gorge aux parois sombres et verglacées par laquelle la lumière ne pénétrait pas.

Le gué apparut enfin, de gros rochers posés en travers du lit de la rivière, qui avaient dû rouler ici depuis les temps anciens. Ils pouvaient passer en amont, là, le courant était moins fort et quelques pierres affleuraient. Grimaçant d'appréhension, Mohawks entra dans les flots et tira sur le harnais du cheval. L'eau n'avait pas encore pénétré l'épaisseur de ses bottes, mais il en ressentait l'étau de froid autour de ses chevilles. Waban suivit, en assurant chaque sabot sur les pierres moussues. La meute sagement groupée sur la rive attendait son signal.

En hissant le traîneau sur l'autre berge, Mohawks faillit pousser un cri de joie. Ici la bande de terre qui bordait l'affluent était plus large, tapissée d'une couche de neige peu profonde mais gelée par le froid qui régnait dans la gorge. Le retour serait facile. À quelques portées de flèche en aval, il avait repéré un raccourci. Il gagnerait du temps en prenant par la forêt clairsemée qui menait à l'embouchure de la rivière.

— Allez, les chiens, à votre tour !

Torok avança sans hésiter et fut bientôt mouillé jusqu'au poitrail. La rivière était peu profonde, mais le courant impétueux. Devant les rochers, des tourbillons indiquaient sa puissance. Niäniä, beaucoup plus prudente, le suivit avec des mines inquiètes, hésitant sur la meilleure trajectoire. Enfin, les jeunes s'engagèrent, tous en même temps. Il y eut une bousculade et l'Indien vit Kishi bondir en avant. Croyant à un jeu, Aponi sauta à son tour, dérapa sur les pierres moussues et tomba dans une gerbe d'écume.

Mohawks qui s'était posté en aval, regarda, impuissant, le chien qui, happé par le courant, cogna contre le rocher, puis se laissa aspirer vers l'eau plus profonde. Il disparut dans un tourbillon, émergea quelques brassées plus bas, flottant dans un remous.

— Aponi !

L'animal luttait visiblement de toutes ses forces, mais l'aspiration était trop forte. Son museau apparaissait et disparaissait au milieu des flots. Sans réfléchir, Mohawks arracha son manteau et se jeta dans l'eau alors que la pauvre bête à moitié noyée passait en tournoyant devant lui.

Le froid lui coupa la respiration. On aurait cru le coup de poing d'un dieu. Son cerveau se vida de toute pensée, ses mains se tendirent en avant, vers la gueule de l'animal qui émergeait du flot. Il agissait sans conscience, aiguillonné par l'instinct de survie. Ses pieds battirent tandis qu'il se sentait aspiré à son tour dans un irrésistible tourbillon de froid. L'étau était en train de l'étouffer et son souffle parut se figer dans sa poitrine. Il crut qu'un rocher venait frapper ses mains, mais, au lieu d'une arête de pierre, il vit un mufle émerger entre ses moufles. Aponi ouvrait des yeux affolés, mais se laissait faire.

Mohawks le saisit par le cou et, dans un ultime effort, donna un puissant coup de pied contre le fond qui les propulsa ensemble contre la berge. Sa vision commençait à se brouiller. En sentant la terre ferme sous ses pattes, Aponi se débattit et, arc-bouté sur la rive, il parvint à s'extraire d'une poussée. Mohawks se hissa derrière lui, à bout de forces.

Il devait se déshabiller sans perdre un instant. Il devait… mais ses mains n'obéissaient plus et ses jambes étaient en cire fondue. Sa gorge laissa échapper un sanglot de douleur. Une langue chaude vint lui caresser le front. Un aboiement bref. Suivi d'une autre langue, de la fourrure, des souffles tièdes… La meute s'empressait autour de lui et Torok entreprit de tirer sur ses vêtements qui se figeaient déjà sous l'action du gel, transformés en carcan.

Tant bien que mal, Mohawks arracha un gant d'un coup de dents et s'extirpa de la gangue trempée sans pouvoir s'aider de ses doigts, en se tortillant comme un ver. Sa peau avait viré au bleu. Le traîneau, qui n'était pourtant qu'à quelques pas, lui parut aussi lointain qu'irréel. Ses contours palpitaient dans un brouillard cotonneux, néanmoins, il parvint à l'atteindre, presque à l'aveuglette.

En tâtonnant, il attrapa entre ses paumes le poignard de Raian qu'il portait à la taille et rompit le tendon qui retenait son sac de couchage au kamutik. En entendant le claquement de la fourrure tombée au sol, il sut qu'il était sauvé. Il s'enroula dans la peau et appela les chiens, pour qu'ils se couchent sur lui, ce qu'ils firent aussitôt sur l'impulsion de Torok.

Il ne songeait qu'à la catastrophe évitée. Aponi était vivant ! Il n'aurait pas supporté de perdre un autre fils de Torok et Niäniä. Le pauvre chien resta collé contre lui, tremblant de froid et de gratitude. Quand Mohawks s'assoupit, un court instant, il lui lécha le visage, inquiet de son immobilité.

Longtemps, il resta ainsi, jusqu'à ce que la douleur du sang bouillonnant dans ses veines lui indique qu'il était sauvé.

Plutôt que de faire un feu pour sécher ses vêtements, ce qui l'aurait contraint de monter son campement au milieu de cette gorge sombre, le Nahanni revêtit ses habits de fête, moins chauds, et disposa une couverture sur ses épaules.

Il préférait quitter cet endroit sombre et revenir à la lumière de l'Elyu-Enè !

Quand ils parvinrent au fleuve, le soleil luisait haut dans le ciel. Waban était exténué et les chiens devaient manger. Lui-même n'était guère en meilleur état. Pourtant, malgré la fatigue, Mohawks ressentait une curieuse sérénité. En cessant toute résistance, il avait prouvé aux dieux qu'il entendait leurs messages. Aponi avait survécu. L'image du chien flottant dans l'eau glacée l'accompagna dans son sommeil.

Il se savait désormais capable d'entrer en paix avec la terre et lui-même.

*

* *

Une demi-lune avait passé depuis leur départ du village sakha et le poney commençait à donner des signes d'épuisement. Mohawks décida donc de remettre les chiens à l'attelage et de continuer ainsi jusqu'aux rives de la Grande Mer.

Le paysage changea, le temps s'éclaircit encore.

Trois jours plus tard, le fleuve faillit l'engloutir une seconde fois.

Afin de laisser reposer Torok qui avait mené le traîneau aux heures les plus obscures, Mohawks l'avait relégué au milieu de l'attelage. En tête, Nootka courait ; elle n'était pas aussi habile que son père à repérer les trous d'eau, mais Torok souffrait d'une patte, il fallait le ménager. D'ailleurs, l'aube teintait le ciel des premières lueurs et Mohawks guettait chaque reflet suspect, les sens en éveil. Pour ne pas céder à la torpeur, il se mordait la langue.

Brusquement, une ombre traversa la glace, très loin devant, presque invisible à l'œil nu. C'était un loup solitaire que l'approche du traîneau avait dû alerter. Mais trop d'odeurs mêlées… la bête s'éloignait déjà à petites foulées rapides.

Kishi, qui courait juste derrière Nootka, tira dans sa direction, incitant sa sœur à l'imiter. Aussitôt, le train s'emballa, et le cri de Mohawks se perdit dans les hurlements de la meute :

— Arrêtez, les chiens ! Yooooooooooooooo !

Ni Nootka ni Kishi n'avaient vu la faille noire des eaux libres qui coupait le lit du fleuve, droit devant eux. Le loup esquiva le danger et rejoignit la rive d'un bond avant de disparaître. Le kamutik pendant ce temps filait à pleine allure, droit sur la faille. Mohawks pesait de toutes ses forces sur le frein en bois, quand il le sentit éclater sous sa botte.

Il pouvait encore sauter, il en serait quitte pour s'assommer, mais la meute disparaîtrait dans les eaux glaciales. Cette fois, il ne s'agissait plus de prendre un bain, même gelé. Il n'y avait ni berge pour s'accrocher, ni rocher, ni fond, rien que les eaux mortellement froides ! Le fleuve l'avalerait comme on gobe une mouche !

Mais abandonner les chiens ? Autant crever avec eux !

La faille se rapprochait si vite que Mohawks crut distinguer le clapotis des eaux gourmandes. L'image de sa mère Aïga surgit alors devant lui, les traits assombris d'inquiétude. Ses lèvres bougeaient, pourtant Mohawks n'entendait rien, sinon le grondement du traîneau lancé à pleine allure ! Au milieu de l'attelage, Torok courait, aveugle.

— Toroooooook ! Djeeeeeeeeeeeeeeee !!!

Une lueur l'aveugla et, l'espace d'un instant, l'Indien se crut suspendu dans les airs. Puis un mouvement infime fit trembler son pied, une poussée venue d'en haut.

Torok avait flairé le danger et le cri du maître agissait comme un coup de fouet. Il était couplé avec Niäniä, très alourdie par sa portée. Quand il tenta de virer, la femelle le suivit aussitôt et entraîna les derniers de la ligne avec eux. Devant, Kishi, Istu et Nootka n'avaient pas encore compris et continuaient à courir vers la faille, mais le mouvement antagoniste gêna assez leur course pour qu'ils tournent enfin la tête et comprennent que quelque chose clochait. Leur père tirait comme un possédé, en direction contraire, loin du loup. Nootka n'hésita pas. Elle aurait suivi Torok dans les flammes d'un cratère. Istu lui emboîta le pas et Kishi, la fichue chasseresse, succomba à la puissance du nombre.

Le kamutik commença à virer.

Quand le traîneau stoppa enfin sa course, loin de la faille, l'Indien roula sur la glace et s'immobilisa, prostré, le corps secoué par des frissons de panique. Il resta ainsi un long moment, s'étonnant de voir réapparaître le visage de sa mère.

Aïga pouvait-elle le voir depuis les steppes de Wacondah ? Pourquoi était-elle apparue aujourd'hui ? Que voulaient les dieux ? Qu'il reprenne la route vers le nord et avance jusqu'à la mer ? Ou qu'il s'arrête ici, aux portes de l'autre monde ?

Mohawks ne comprenait plus rien, pris entre deux opposés. Trahison et sauvetage. Menace et encouragement.

Encore secoué par la peur, l'Indien décida de se fier au monde visible. Il commencerait par réparer le frein pulvérisé, puis monterait son campement.

D'un pas hésitant, il revint vers les chiens qui attendaient, penauds.

*

* *

Une demi-lune passa encore.

Un matin, sans vraiment savoir pourquoi, l'idée de Raitankia s'imposa à lui avec la puissance d'un mirage. Cette vision n'avait rien à voir avec celle d'Aïga, le fantôme de sa mère, il ne s'agissait pas non plus d'un souvenir. Le village semblait palpiter sous ses yeux, presque à portée de main. Les yeux brillants de larmes, Mohawks avança le bras, la paume tournée en geste de supplique. Rochia, Ragirak, ses frères… Étaient-ils toujours vivants ? Pensaient-ils à lui ?

Sajawa avait-elle rejoint cette butte de terre où elle voulait être ensevelie ?

La chasse avait-elle été abondante pour le clan ?

Pourquoi les souvenirs revenaient-ils aujourd'hui, si vifs ?

Il commanda une halte, remonta le traîneau en flattant chaque chien d'une caresse, puis il s'accroupit là, sur ses talons, le cœur empli d'un sentiment immense fait de nostalgie et d'espoir.

Il repéra une légère élévation du terrain qui lui offrirait une meilleure vue. Arrivé en haut et avant même de s'asseoir pour profiter de la féerie du paysage rayonnant sous les feux de la saison du renouveau, il aperçut au loin la flèche d'un aigle. Il plissa les yeux pour mieux le voir, cherchant à comprendre le signe que Raian lui envoyait là. Alors, au loin, il la vit : une ligne d'horizon bleue se substituant à celle, plus grise, de la terre. Il se mit à chanter de gratitude et de bonheur.

5.

La Grande Mer roulait à l'infini, mouvante, changeante, tantôt scintillante comme une pierre de lumière, tantôt grise et sombre, hérissée de blocs gelés glissant à la dérive. Le ciel la rejoignait à l'horizon et, de l'étreinte des deux géants, naissait une ligne à peine visible, sur laquelle le Zuyis fixa son regard.

Posté sur la falaise, il remplissait son âme de l'étonnante vision. Il retrouvait la langueur du mouvement, la senteur âpre du sel, le chant des ke-waks, discordant et étrangement triste. On eût dit que la terre entière respirait ici, au rythme cadencé des vagues.

Un jappement le rappela à l'ordre et il se pencha vers Torok :

— Tu vois, ami, nous avons réussi !

Le chien poussa sa truffe contre la main de son maître, puis tourna la tête vers le campement, comme pour lui faire entendre quelque chose. Un peu plus tôt, Niäniä l'avait repoussé d'un grondement avant de s'enfuir et il était inquiet.

— Je sais ce qui te préoccupe, Torok, elle n'est pas en colère, juste fatiguée. Regarde là-bas… Tu sens la fumée des hommes ? Nous sommes arrivés ! Demain, nous nous reposerons dans un village et ta femelle pourra mettre au monde vos petits !

Mais Torok ne voulait rien entendre. Il jappa, les oreilles frémissantes, recula de quelques pas et attendit, la tête tournée vers l'homme.

Le Zuyis s'arracha à sa contemplation et rejoignit les bêtes. Abrité derrière un rocher, le tepee se fondait dans le paysage. Waban cherchait des herbes tandis que les chiens somnolaient, couchés non loin du feu. Niäniä s'était réfugiée à l'écart, sous un buisson d'épineux, après avoir tenté de creuser le sol gelé pour se faire une niche.

Depuis que Mohawks avait libéré la chienne du harnais, l'attelage avait été réduit à trois lignes de deux chiens. Pour gagner un peu de vitesse et ménager Torok, il s'était beaucoup appuyé sur Nootka et avait tenté différentes combinaisons. Kishi avait ainsi galopé avec elle, mais l'ombrageuse supportait mal d'être couplée à ses côtés sur un terrain qu'elle jugeait le sien, surtout que l'orgueilleuse ne lui cédait jamais sans une bonne bagarre. Le Nahanni réalisa que, s'il voulait préserver l'harmonie et obtenir un attelage performant, il fallait respecter une hiérarchie que seuls les chiens décidaient.

Avec Istu, les choses se passaient mieux puisqu'il ne songeait pas à rivaliser avec son frère et tolérait ses coups de crocs. Mais la meilleure combinaison fut encore de coupler Aponi et Nootka. Aponi était d'une gentillesse qui rappelait celle de Wapi, et elle révérait sa sœur presque autant que Torok. Elle trouvait son bonheur dans celui des autres, faisait preuve d'une belle endurance, sans jamais le moindre mouvement d'humeur.

La débâcle progressait elle aussi ! Au cours des dernières journées, l'Indien avait redoublé de prudence, utilisant les pistes de terre aussi souvent que possible. Par endroits, la glace se déformait, travaillée par les courants, les vents tièdes et les pluies du renouveau. Parfois, elle formait des barrages de glace qui rappelaient les hummoks de la Grande Glace.

Niäniä courait avec son ventre rebondi, aussi gonflé qu'une outre pleine.

La veille, pourtant, son humeur avait changé, son excitation présageait la délivrance. Mohawks décida de la faire monter sur le kamutik pour la dernière journée de route. Au besoin, il l'attacherait. Niäniä risquait de perdre les petits en épuisant ses forces et ils étaient si près du but !

Si la carte de Gouiev était aussi précise qu'il l'avait affirmé, le Nahanni trouverait juste derrière la falaise le village d'Olienok sur la rivière du même nom. Tygyn avait confirmé leur présence. Les deux tribus avaient noué des alliances et les Évenks entendaient fort bien le langage des Sakhas. Ils vivaient essentiellement de chasses, et eux aussi possédaient des chevaux.

Pour rejoindre Olienok, le Zuyis avait délaissé le delta géant et emprunté les méandres du petit affluent. En quittant le Fleuve majeur, son cœur s'était serré. L'Elyu-Enè avait été tantôt un compagnon, tantôt un maître, et il lui en coûtait de le laisser derrière lui. Néanmoins, il était impatient de retrouver la compagnie des hommes et de mettre sa chienne à l'abri. La perspective d'avoir une nouvelle portée à élever le rendait heureux.

*
* *

Quand ils furent à un peu plus d'une heure de course du village, les chiens sentirent la présence humaine et forcèrent l'allure. Waban suivit sans rechigner. Nichée dans un ballot de peaux, Niäniä s'agita faiblement.

Mohawks discerna d'abord les premiers panaches de fumée, puis la pointe blanche des yarangas, regroupées en spirale. Enfin, il aperçut quelques rennes et une bande de chiens à la fourrure claire qui se précipitèrent vers l'attelage en aboyant.

Soucieux de démontrer une fois pour toutes leur supériorité, Torok et les siens ne firent même pas mine de ralentir et l'attelage passa, indifférent au tapage, pour stopper au beau milieu du campement.

Les Évenks en restèrent pétrifiés d'ébahissement. L'étranger qui venait de mettre pied à terre semblait réunir les signes de plusieurs tribus. Bottes tchouktches, manteau et kamutik évènes, chiens de race inconnue. Son visage lui-même était curieux, plus clair et plus ouvert que les faces évenks, burinées par les intempéries. Et ses yeux n'étaient pas bridés…

Le village était en pleins préparatifs d'union. Le frère du chef évenk donnait sa fille à la tribu des plaines et, pour la circonstance, le village abritait plus de vingt familles alliées. Légèrement à l'écart, une tente à rituels avait été dressée. Elle était immense et semblait flotter comme un oiseau géant.

Un homme fendit la foule et s'avança, la tête coiffée d'un bonnet, le front ceint d'un hukmotk brodé de coquillages.

— Bienvenu, ami des Évenks ! Mon nom est Ajako et ma yaranga est ta demeure.

— Merci à toi, ami des Nahannis. Je suis Mohawks, Zuyis des peuples de la Coiffe, et je voyage au nom de tous !

— Ainsi, tu n'appartiens pas aux tribus des Monts… J'ai entendu parler des Voyageurs par le père de mon père.

Le visage buriné d'Ajako se fendit d'un large sourire édenté et il ouvrit les bras.

— Sois vraiment le bienvenu ! Nous sommes fiers ! Ta présence ici nous honore. Ce soir, nous danserons pour ma nièce et son compagnon. Tu seras notre invité d'honneur !

— Mes chiens sont affamés et la femelle est prête à mettre bas.

— N'aie aucun souci. Mes fils s'occuperont de ta meute.

— Niäniä a besoin d'un endroit calme…

— Niäniä ?

— Ma chienne.

L'Évenk éclata de rire devant la mine sérieuse de son hôte. Si celui-ci préférait soigner ses chiens que ses pieds, c'était son affaire ! Et quelles que soient ses coutumes, Ajako se réjouissait de l'aubaine. La perspective d'un troc intéressant se doublait du plaisir de cette visite inattendue qui donnerait de l'importance à la fête. Et le vieux chef était vraiment curieux d'entendre l'histoire de ce Grand Voyageur.

*

* *

Le soir même, les festivités de l'union débutèrent.

La promise était encore très jeune, pas plus de seize soleils, et ne semblait pas très enthousiaste à l'idée d'allier sa vie à celle d'un autre. Son compagnon, à peine plus âgé, explosait de fierté dans son costume de fourrure aux multiples ornements. Il se destinait à devenir chaman pour, selon ses dires, « voyager à travers les sept cieux sur son tambour ». Quand il apprit que l'étranger venait de l'autre bout de la terre, il se rengorgea davantage : les Esprits venaient d'approuver son choix en lui envoyant un messager. Il voulut savoir si Mohawks avait rencontré l'Arbre-Monde des légendes, qu'il situait sous l'étoile du Nord, au centre de la terre, et parut très déçu quand le Zuyis lui assura qu'aucun arbre ne poussait sur la Grande Glace.

Ajako avait offert la place d'honneur à son invité et l'avait fait parler tant et tant que Mohawks avait le sentiment d'avoir été vidé de toute parole. Sa tête bourdonnait sous l'effet de la tisane fermentée, et il se sentait bizarrement isolé au milieu de cette assemblée débordante d'allégresse. Son impatience à retrouver les hommes s'était vite éteinte. Niäniä lui manquait, il aurait préféré être auprès d'elle pour l'aider à la délivrance.

L'intervention du conteur du clan soulagea un peu son malaise. L'Évenk, une sorte de gnome au teint cuivré qui s'était échauffé la langue avec force rasades de koumiss, débuta l'Olonkho, moitié chantant, moitié récitant l'épopée des peuples sakhas. Son éloquence était connue sur tout le territoire. On murmurait qu'il savait plus de mille légendes et qu'il était capable de réciter plus de mots que les forêts ne comptent d'arbres !

Mohawks se laissa bercer jusqu'à l'aube par la mélopée lancinante ponctuée de gesticulations. Il finit par somnoler sur place, entre Ajako et le futur chaman, épuisé par la transe digestive.

Il dormit peu et se réveilla en sursaut, les oreilles percées par les ronflements de son voisin. Sa première pensée fut pour Niäniä.

Il s'éclipsa en hâte, aussi silencieusement que possible, en esquivant les corps vautrés sur le sol. Avant même d'atteindre la niche de peau et de branchages qu'il avait bâtie pour Niäniä, il entendit des couinements et son cœur tressaillit de joie !

La chienne avait levé la tête à son approche et le fixait avec un éclair de tendre fierté, comme pour lui dire : « Viens voir un peu comme ils sont beaux, mes petits ! »

Mohawks tendit la main vers les boules duveteuses qui gigotaient contre le flanc de leur mère :

— J'aurais tant voulu être là pour t'aider…

Niäniä lécha une tête ou deux, puis reposa son museau et cligna les yeux. Elle avait mis au monde six chiots, dont deux femelles. La poche du ventre avait disparu, avalée, et l'Indien eut honte de ne pas avoir préparé à l'avance des boulettes de viande et de graisse à lui donner.

Le plus noiraud des chiots rampa vers lui, égaré. Il levait des pupilles laiteuses, son adorable museau renfrogné autour d'une truffe minuscule. Mohawks s'en empara et murmura :

— Toi, tu seras Elyu, en l'honneur du fleuve sacré que ta mère a foulé en te portant…

Poussé par une intuition qui venait moins de l'œil que du cœur, il saisit un deuxième chiot :

— Toi, je te nomme Réou, en l'honneur d'une tribu des bords de la Grande Mer…

Enfin, après avoir évalué les quatre chiots restants, il attrapa le plus costaud et l'éleva jusqu'à son nez.

— Et toi, tu seras Watanka le guerrier ! Pour les autres… Je préfère ne pas vous nommer car je ne pourrai pas vous emporter tous les six. Les petites femelles donneront de belles lignées, qui prolongeront la légende des chiens de Mohawks le Zuyis !

Niäniä soupira d'aise quand il lui rendit ses petits. L'Indien la caressa longuement entre les oreilles, jusqu'à ce qu'elle s'endorme, parfaitement apaisée.

*
* *

Les lois de l'hospitalité ne cédèrent en rien aux lois du troc. Accoutumé à la générosité des tribus, Mohawks ne s'attendait pas à affronter si forte partie avec Ajako. Il avait eu le malheur de montrer ses pierres de lumière au cours d'une veillée et, depuis lors, le chef évenk rêvait de se composer une coiffe unique, digne de sa renommée. Les tractations furent donc serrées, car les deux hommes savaient parfaitement ce qu'ils voulaient.

Pour continuer son Voyage jusqu'à Kiruna, sur les côtes du pays saami, Mohawks avait choisi un nouveau moyen de transport, adapté à la saison chaude. Il devrait se séparer de Waban. Pour se consoler, il songeait que l'existence du courageux poney serait sûrement bien meilleure dans le village évenk que loin de ses congénères, à l'aventure. Waban était beau, puissant et courageux ; il valait largement un kayak de mer, aussi le Zuyis fut-il très surpris quand Ajako grimaça de dédain :

— Des chevaux, j'en ai. Que veux-tu que je fasse d'un poney fatigué ?

— Cette bête est magnifique, courageuse et fidèle, et elle n'a pas trois soleils ! Après une lune de repos, tu verras que tu ne perds pas au change ! En outre, je te laisserai mon kamutik !

— Ton traîneau tient à peine assemblé. Je préférerais autre chose de ta part. Un don que personne ne pourra me donner, sinon toi, Voyageur…

— Et quoi donc ! Mes fourrures sont abîmées, mes armes trop précieuses pour que je les troque… Es-tu en train de parler des…

— Des pierres de lumière, oui !

— Waban vaut bien ton kayak de mer.

— Va pour un kayak. Mais dis-moi, que feras-tu de ta meute ? Veux-tu aussi échanger tes chiens ?

— Sûrement pas. Ceux-là ne me quittent jamais. Ils me suivront, depuis la côte. J'emmènerai les chiots et leur mère les premiers temps. Je n'ai même pas besoin de m'embarrasser de provisions car mes chiens sont chasseurs, ils se nourriront eux-mêmes.

— En plus du kayak, contre des pierres, je peux te procurer des armes pour pêcher. Tu ne possèdes pas de harpon ?

— Non, mais j'ai ma lance.

— Tu es ici sur le territoire des phoques et des aiviqs, des becs courts et du narval. Il te faut un équipement solide…

— Je n'aime pas qu'on me force la main, Ajako… Mais je suis ton hôte. Laisse-moi choisir la pierre pour toi et donne-moi ce que tu estimes juste et bon pour mon Voyage.

— Une pierre ! J'aurais aimé…

L'Évenk n'osa aller plus loin. Il avait imaginé son bonnet incrusté de trois flammes, l'une bleue, la deuxième rouge et la troisième jaune, mais c'était pure folie. En insistant, il ferait injure au Zuyis… Et qui sait si les Esprits ne prendraient pas ombrage de sa convoitise ! À demi satisfait, il s'inclina devant le Voyageur :

— Très bien. Une pierre et ton cheval.

— Et n'oublie pas le kamutik dont tu sauras sûrement tirer parti, sans compter les trois chiots nouveau-nés. Je te demanderai une dernière faveur, ami. Veille sur Waban, car il a été un bon compagnon de route et mon cœur sera plus léger si je sais qu'il est bien soigné.

— Il sera le plus admiré des chevaux de la région puisqu'il a porté le Zuyis !

Les deux hommes s'étreignirent en signe d'accord. Chacun avait cédé la moitié de ce qu'il désirait.

6.

Un matin, ce fut le premier jour de la saison chaude. Écrasée sous le soleil, la plaine s'étirait à perte de vue, semblable à un tapis que l'air faisait frémir en courtes vaguelettes, aussi brillante qu'un lac. On eût dit qu'une seule nuit avait suffi à faire fleurir les taches violettes, jaunes ou bleues, une multitude de fleurs aux couleurs vives, presque piquantes. Ciel et terre bruissaient de vie animale, réveillés du long sommeil.

Il y avait longtemps maintenant que Vèlouvnè, la femme sage, lui avait parlé du plaisir comme d'une chose essentielle au Voyage… Et ce jour-là, face au spectacle du monde, le Zuyis comprit le sens de ces mots.

Il plongea sa pagaie dans l'eau et dirigea son embarcation dans le courant. Un peu d'écume jaillit et se déposa sur sa langue. L'eau était salée. Le Zuyis se promit de marquer ce jour d'une offrande.

Après avoir passé l'embouchure de l'Olienok, Mohawks s'élança le cœur battant à l'assaut de la mer, le visage fouetté par les embruns. Cette immensité mouvante et mystérieuse l'angoissait tout en l'émerveillant. Désormais, il devait apprendre à lire en elle comme il avait déchiffré le ciel.

Il avait décidé de ne jamais s'éloigner des côtes de plus de deux portées de flèche, et gardait un œil sur l'horizon. Ajako prétendait que les pires tempêtes naissaient là-bas et qu'elles pouvaient fondre sur le pêcheur à la vitesse de la foudre.

Nichée sous la peau de phoque qui composait la coque du kayak, ballottée par la houle, Niäniä lui jetait des œillades anxieuses. Mohawks tentait de la rassurer, mais la chienne ne semblait guère convaincue. Loin de la meute et du sol ferme, les repères lui manquaient.

Heureusement les chiots l'occupaient. Sitôt éveillés, les voraces ne pensaient qu'à téter, et c'était l'unique moment où la femelle semblait oublier sa position précaire pour devenir mère nourricière, calme et apaisée.

Mohawks avait quitté Olienok sans bien savoir comment réagiraient les chiens. Ils avaient pris l'habitude de courir à côté des rennes, puis du poney, mais jamais encore en suivant un kayak à distance. Le Zuyis voulait transformer la meute en horde, aussi autonome que des loups mais fidèle à son appel. Tout dépendait de Torok.

Quand il avait expliqué ses projets aux Évenks, ceux-là n'avaient pas caché leur scepticisme. Certains avaient ri, persuadés que le Zuyis plaisantait. Qui allait croire cette légende de chiens escortant un homme depuis la terre tandis qu'il pagayerait sur l'eau !

Pourtant, il ne fallut pas deux journées pour que les chiens acceptent cette nouvelle façon de voyager. Le kamutik avait disparu et les harnais avec, mais la toundra entière s'offrait à eux, saturée de parfums et de vie. Emmenés par Torok, ils vagabondaient non loin de la rive, ivres de liberté, en veillant toutefois à retrouver toujours l'homme-guide qui naviguait à petite allure sur les flots.

Curieusement, le plus difficile fut de faire comprendre à la meute qu'elle devrait chasser pour se nourrir. Les chiens avaient appris à refréner leurs instincts pour attendre l'ordre de Mohawks. Plusieurs fois, Torok parut hésitant, alors que les effluves du gibier l'attiraient loin du rivage. D'un geste, Mohawks dut l'encourager à foncer. Pour Kishi, c'était inespéré. La chienne avait la traque dans le sang et, soudain, la terre entière devenait un terrain à gibier ! Les proies étaient partout, sur la terre, sous l'eau et dans les airs, si nombreuses que sa truffe ne savait plus où flairer.

L'Indien aussi remarquait les empreintes, quand il ne saisissait pas le passage furtif d'un animal : les ours, les loups et les gloutons, les lynx, les renards et les zibelines soyeuses, les rongeurs de la toundra, les lièvres, les caribous, les élans et les gros bœufs musqués, et d'autres bêtes encore dont il n'avait pas idée parce qu'elles n'existaient pas sur sa terre natale, comme ces mouflons ou ces chevreuils étranges que les Sakhas nommaient des « porte-musc ».

Dans les eaux tumultueuses des affluents, il vit les premiers poissons gras et brillants qu'il avait tant espérés au cœur de l'hiver lorsqu'il devait creuser le lit des cours d'eau gelés. Perches, saumons rosés et ombles gigantesques. Il suffisait de laisser traîner une ligne pour que le poisson morde.

*
* *

Sa première veillée, il la passa devant une grande flambée, face à la mer.

Juste après avoir regagné la côte et monté son tepee, il vit surgir la meute d'un repli de terrain. Les chiens lui firent fête puis tous allèrent se frotter contre Niäniä. Ils étaient rassurés de retrouver la femelle après l'avoir vue disparaître dans le ventre du canoë. Épuisés par leurs vagabondages, ils ne tardèrent pas à somnoler, le ventre rempli, heureux de sentir le bonheur de l'homme.

Mohawks dégusta un lièvre et un énorme poisson qu'il partagea avec Niäniä.

Agrémenté d'une infusion préparée à base d'herbes aromatiques, son repas lui parut le meilleur de son Voyage. Il s'étira sur la fourrure, devant son tepee, et contempla le ciel rempli d'étoiles rieuses.

Peu après, Niäniä alla rejoindre le kayak arrimé à un rocher et s'y coucha pour la nuit. Les trois chiots l'attendaient et Mohawks perçut leurs couinements de faim. Tant que leur mère les allaitait, il les tiendrait au chaud dans leur nid de fourrures tapissé de mousses. Dans une lune, les petits pourraient s'aventurer dans la toundra.

Trop excité pour dormir, il se releva pour examiner le ballot d'armes donné par Ajako. Il comprenait un harpon à trois têtes et une foëne hérissée de dents reliée à son tendon de cuir. Mais ce qui intriguait surtout Mohawks, c'était ce curieux piège à oiseaux que le chef évenk avait ajouté au dernier moment, sans doute pris d'un remords tardif.

Il s'agissait d'une sorte de filet de cordes reliées à six poids en ivoire. Une fois la proie débusquée, il suffisait de lancer le piège sur l'oiseau en plein essor. Bien ajusté, le tir assommait ou entortillait l'animal. Bien sûr, cela exigeait une approche furtive et de la patience, mais, selon l'Évenk, cette méthode faisait des merveilles, plus infaillible encore que l'arc et la flèche, du moins pour les petits oiseaux qui proliféraient ici.

Mohawks essaierait le lendemain, puis il consacrerait les heures du crépuscule à la cueillette de baies et d'herbes parfumées. Il voulait prendre le temps de vivre, de jouir du bonheur si rare du renouveau.

« Le plaisir. » Telles étaient les paroles de Vèlouvnè. Elles résonnaient si justement ici !

À son réveil, l'Indien crut émerger dans l'autre monde. Une sorte de brouillard nuageux avait piégé les contours de chaque chose. La lumière, qui semblait venir de partout et de nulle part à la fois, ne projetait aucune ombre ! Le temps d'un souffle, Mohawks fut incapable de distinguer l'est du nord, ni même le haut du bas. Le kayak avait disparu, gobé par le brouillard ! Il jeta un cri auquel répondit aussitôt la meute. Torok et Aponi vinrent aussitôt contre lui. Les autres flairaient les alentours, anxieux. Kishi ne se montra pas, elle avait dû se lancer sur la piste d'une proie.

— Niäniä ! Où es-tu ? Viens !

La chienne avait-elle été emportée à la dérive, avec l'embarcation ? Dans le brouillard épais, rien ne bougeait.

— Torok, cherche le kayak !

Le chien trouva aussitôt le chemin de la rive, et Mohawks n'eut qu'à le suivre, à quelques pas de là.

Les chiots dormaient dans le kayak. Leur mère était peut-être partie en chasse avec Kishi, frustrée d'être privée de traque.

L'Indien éprouva un soulagement si fort qu'il réalisa combien son plaisir était fragile, suspendu aux caprices de cette nature imprévisible. La veille encore, le soleil avait fait fleurir les sols, aujourd'hui les nuages rappelaient que le Grand Hiver pouvait encore frapper et tuer.

Il demeura tout le jour à l'abri de son tepee, n'osant s'aventurer avec les chiens par crainte de ne jamais retrouver son campement. Pour être sûr de ne pas s'égarer entre la mer et son tepee, il tendit une corde et en profita pour récupérer quelques mollusques accrochés aux rochers qu'il fit cuire entre les mousses.

La situation n'était pas si mauvaise, pourtant la lumière opaque et dévorante le laissait dans un malaise profond.

Niäniä revint recouverte d'épines, la queue frétillante de joie, et toute gonflée d'impatience à l'idée d'allaiter ses petits. L'Indien n'eut pas le cœur de la gronder, d'ailleurs le reste de la meute venait de disparaître dans les brumes.

Une fois encore, il reconnut la supériorité de l'esprit animal qui jamais ne se laisse entamer par de vaines peurs ou des superstitions. À quoi servait de trembler si le danger n'existait pas ? Et si le péril surgissait, seule importait la réaction, qui laissait peu de place à la peur.

Les hommes étaient décidément de curieux esprits.

*

* *

Le lendemain, le ciel était redevenu pur, le froid sec, et de nouvelles fleurs piquetaient la steppe.

Mohawks fut réveillé par le vacarme d'une troupe de canards caquetants de colère. Même éloignés de plusieurs portées de flèche, on les entendait distinctement. Les chiens se jetèrent aussitôt sur la piste, l'échine basse, tentant une approche discrète dans ce paysage uniforme.

Le Zuyis faillit les suivre puis renonça. Le sol était marécageux, sillonné de ruisseaux ou de simples filets qui sourdaient de la terre détrempée. Il n'avancerait pas. Partout, les oiseaux nidifiaient, venus des pays lointains. Mohawks se contenterait de prélever quelques œufs, de quoi faire une grande galette jaune agrémentée de baies.

Plus haut, sur une éminence, il reconnut avec émotion la silhouette solitaire d'un ookpik. L'oiseau veillait sur son nid, caché entre les pierres.

Un bon présage.

Il partit d'un pas léger, armé de son arc et du piège à oiseaux, et marcha longtemps, animé par le seul plaisir d'errer au hasard, sans se sentir talonné par l'urgence ou le danger. Il trouva les premiers œufs, ceux d'un eider à tête d'or, qu'il enveloppa avec soin dans une fourrure puis dans une bourse, afin qu'ils ne se brisent pas en s'entrechoquant. Il repartit en traçant une boucle qui le ramènerait vers le campement. Son bonheur revenu, il aspirait à pleins poumons les odeurs nouvelles, la peau chauffée par les rayons du soleil.

À cet instant, de légers piaillements attirèrent son attention.

Il avança prudemment et vint presque buter sur la tanière d'une louve. Trois boules velues se mordillaient et roulaient les unes sur les autres en poussant de petits couinements d'excitation.

Mohawks se figea, la main sur son poignard.

Il regardait, incapable de s'arracher au spectacle de ces louveteaux. Il aurait voulu les tuer, avant qu'ils ne grandissent et ne deviennent les ennemis de l'homme solitaire. Ces petits auraient pu être ceux du grand mâle gris qui l'avait pris en chasse. Pourtant, sa main retomba, inerte. Inconscient du danger, un louveteau le remarqua et entreprit de trotter vers lui, le postérieur de travers prolongé par une queue minuscule. Propulsé sur sa lancée, il roula sur lui-même, et aussitôt ses frères lui sautèrent dessus.

Ces gambades joyeuses rappelaient trop celles des chiots. Le Zuyis recula d'un pas, puis de deux, afin de ne pas alerter la louve, car, elle, il n'aurait pas pu l'épargner.

Il s'éloigna, songeur.

La mer l'attendait.

7.

Mohawks croisa quantité d'aiviqs, si nombreux qu'ils couvraient des pans entiers de la côte. Même au repos, ou engagées dans des joutes amoureuses, ces masses de graisse et de muscles imposaient la prudence au Zuyis. L'Indien se contentait de les admirer de loin car, si l'on pouvait encore tenter de piéger ce colosse sur la terre, il aurait fallu être fou pour le combattre seul, à bord d'un kayak.

Moins impressionnants que leurs cousins, les phoques s'ébattaient sur les rives ou les blocs de glace à la dérive. Tranquillisé par l'abondance du gibier, plutôt que de se fatiguer à traquer ces habiles plongeurs, Mohawks s'amusa à observer leurs jeux et leurs coutumes. Le kayak permettait une approche discrète. Le vent était favorable, et l'Indien se laissait dériver à quelques brassées à peine. Au début, Niäniä grognait sourdement en flairant les grasses bestioles, mais elle comprit très vite que le maître exigeait le silence. C'est en admirant un groupe qu'il eut enfin l'occasion de croiser le fameux Géant des mers, celui dont les Tchouktches parlaient avec tant de respect.

Ce fut le bruit qui l'alerta d'abord. Un soupir puissant, si caverneux qu'on aurait pu le croire soufflé des entrailles de la mer. L'Indien leva sa pagaie, oppressé par l'angoisse, et aperçut l'ombre gigantesque qui assombrissait l'eau, à une portée de flèche du kayak, filant vers un hummok qui s'était détaché de la croûte côtière. Un phoque solitaire y sommeillait. L'ombre creva les flots pour lever une queue immense, plus longue que son embarcation, et gifla la surface. La vague ainsi créée vint ébranler la galette de glace qui gîta, propulsant le phoque à son extrémité. Conscient du danger, l'animal regagna à toute vitesse le centre de son refuge, mais déjà la queue frappait une nouvelle fois, causant une seconde vague, plus forte que la précédente, et la bête roula vers l'abîme bouillonnant. Le phoque ne reparut pas, sans doute avalé par l'orque. Figé entre l'émerveillement et l'effroi, Mohawks vit alors le poisson géant s'élever hors de la mer d'un saut, pareil à une montagne, étincelant d'un noir bleuté, puis retomber presque au ralenti entre les flots. Un geyser d'écume fusa dans l'air, comme un adieu, et l'ombre gigantesque s'éloigna tandis que l'onde de choc faisait tanguer le kayak.

Après cette rencontre, l'Indien choisit de pagayer tout près des côtes, terrifié à l'idée de réveiller l'intérêt du Géant. Il imaginait sans cesse la queue qui frappait la mer pour le noyer et l'avaler. Mais les hummoks étaient si nombreux qu'il dut repartir au large où sa progression était plus rapide. Il comptait sur la protection des Esprits autant que sur son intuition qui s'affinait au fur et à mesure du Voyage.

Un matin, son embarcation croisa des ours piégés sur des îlots de glace dérivants. À son approche, alertées par l'odeur, les bêtes se dressèrent sur leurs pattes postérieures, piétinant le sol. Ils avaient faim mais la proie filait trop vite sur les flots et ils se désintéressèrent d'elle. Seul le plus jeune tenta de le poursuivre, enragé de flairer un gibier alors que son ventre était vide. En vain ! Le kayak était déjà hors de portée. Mohawks réalisait sa chance d'avoir échappé par deux fois à de tels monstres !

*
* *

Le crépuscule était chaque jour plus tardif, et les heures à pagayer plus nombreuses. En dépit des crampes qui nouaient ses muscles, Mohawks attendait de voir l'horizon s'empourprer pour rejoindre la côte et établir un campement.

Mystérieusement avertie de son retour, la meute ne tardait pas à le rejoindre et lui faisait fête. Ensuite, les chiens s'empressaient d'aller renifler Niäniä et ses petits. Aponi s'était pris d'affection pour eux. Il se laissait chahuter sans jamais grogner, même quand Watanka tentait d'escalader sa tête, ou que Réou, le plus vorace des trois, cherchait vainement à le téter. Elyu se contentait de lui mordiller le cou, après quoi il s'endormait en boule entre ses pattes. La vision du gros mâle veillant sur les trois chiots était comique. Niäniä en profitait pour filer à son tour en chasse, seule ou en compagnie de Kishi qui ne s'en lassait jamais.

La région côtière était aride, dépouillée de futaies. Le Zuyis brûlait du bois flotté, des buissons ou des mousses. Ses peaux séchaient mal, sauf quand le vent était sec, aussi prit-il l'habitude de porter sa chemise la plus fine, celle qui servait aux rituels, sous sa tunique de fourrure. Pendant son sommeil, il la suspendait à sa pagaie, devant le feu, et l'enfilait sèche au petit matin, avant de revêtir la veste encore humide. Au moment de mettre le kayak à l'eau, les jambes et la taille serrées sous la jupe de cuir, il avait la sensation déplaisante d'être prisonnier d'une gangue de froidure. Les jours de beau temps, en revanche, il pagayait torse nu, ivre du plaisir de sa peau chauffée par le soleil.

Pour garder la cadence, il prit l'habitude de se nourrir de coquillages, de poissons et d'œufs. Le goût de la viande commençait à lui manquer, mais la traque du gibier de terre exigeait du temps et Mohawks préférait rallier la terre saami avant la pleine saison de chaleur. Pourtant, en regardant les chiens s'éloigner joyeusement alors qu'il pagayait vers le large, l'Indien se prenait à envier leur autonomie. Insoucieux de l'écoulement des saisons, ses compagnons étaient aussi libres que le souffle de l'air !

Au cours des deux lunes que dura la traversée, les chiens devinrent de grands chasseurs avertis, ne se frottant pas au danger. Les proies fourmillaient sur le sol gelé des steppes. Les rongeurs tentaient bien de fuir, mais malheur à ceux qui n'étaient pas assez rapides, pas assez petits pour se glisser dans les anfractuosités du sol. Les chiens les croquaient d'un claquement de mâchoires et dévoraient les plus gras, lièvres ou marmottes, avec des grondements de plaisir destinés à avertir les autres qu'il était inutile de mendier. Kishi avait affiné sa technique de chasse et parvenait parfois à attraper un oiseau au vol, après avoir levé une compagnie. Istu, lui, était le plus habile à pêcher les ombles et les poissons-serpents. En revanche, pour traquer les gros mammifères, les chiens s'étaient d'instinct unis en meute, comme les loups. Kishi menait la chasse car il n'avait pas son pareil, pas même Torok, pour prendre une proie en tenaille. Lors du partage en revanche, le chef de meute reprenait ses droits et exigeait toujours d'être le premier à manger. Après un coup de crocs en guise de semonce, la femelle laissait faire, soumise à la loi du groupe.

Un jour, la meute accula un carcajou et rapporta sa dépouille à l'Indien, qui ne sut jamais pourquoi ses chiens ne l'avaient pas dévoré sur place. Yuma et Istu portaient des lacérations sur le poitrail, preuve de la lutte acharnée qu'ils avaient dû mener contre le féroce glouton. Mohawks les soigna avec l'onguent donné par les Évenks, dont il usait avec parcimonie pour les plaies ou les courbatures. Il distribua cette viande à l'odeur forte et acide à ses chiens.

Désormais, la lumière illuminait l'horizon jusque tard dans la nuit, comme si la saison chaude, si courte, offrait toute sa puissance dans le peu de temps qui lui était imparti. Elle faisait pâlir la lune.

Quand le temps était à l'orage, le Zuyis restait au campement et s'occupait à cueillir les tubercules qui poussaient en abondance sur ce territoire. La saveur piquante des oignons sauvages agrémentait les galettes d'œufs ou le poisson grillé. Il explorait aussi le cours des rivières. Pendant la période de transhumance, les poissons remontaient par myriades vers les zones de reproduction. Mohawks n'avait qu'à se servir ; il pêchait avec un collet au bout d'une fourche ou avec sa lance. Heureux de retrouver la compagnie de l'homme, les chiens renonçaient volontiers à leurs traques pour rester auprès de lui. Immobiles au milieu du cours d'eau glacé, ils attrapaient saumons, perches ou ombles, et même les plus impatients acquirent assez d'habileté pour satisfaire leur estomac. À les observer, Mohawks sentait la fierté gonfler son cœur. Uniques, ses compagnons l'étaient à bien des égards. Ils alliaient désormais la puissance et l'intelligence au savoir-faire d'une meute sauvage ! Et avec eux, aucun danger de tomber sur un ours, ils l'auraient flairé de loin…

Malgré la fatigue, l'Indien vivait en état de sérénité profonde. La constance de son bonheur l'étonnait car, au cours de son Voyage, il ne l'avait guère ressenti que par éclairs. Souvent, lorsqu'il pagayait, ou la nuit au moment de sombrer dans le sommeil, il était traversé par des instants de jouissance pure, presque aussi aigus que les plaisirs de la chair.

La solitude ne lui pesait plus. Ses chiens l'entouraient à chaque halte et, pour la première fois depuis son départ, il sentait la présence des Esprits bienveillants. C'était une sensation étrange, impossible à décrire, et néanmoins palpable.

Un matin, alors qu'il émergeait d'un rêve, le Zuyis comprit que les dieux avaient toujours été là pour veiller sur son chemin. Simplement, il l'avait ignoré. Il ne courait plus pour lui-même, pour se prouver qu'il était capable de vaincre les obstacles ou la mort, mais parce que c'était sa mission d'homme libre. En gagnant en puissance, il avait aussi acquis la sagesse… à moins que ce ne soit l'inverse.

*
* *

À force de manier la pagaie jour après jour, ses muscles s'étaient encore développés, et Mohawks se sentit bientôt à l'étroit dans sa chemise, l'un des rares vestiges qu'il avait pu conserver de son ancienne vie. Il dut la recoudre en élargissant le col et les côtés pour se sentir à l'aise.

Un matin où il s'était accordé quelques instants d'oisiveté, il trouva un trou d'eau tranquille sur laquelle la lumière jouait en reflétant le ciel pur. Amusé, il se pencha vers l'onde afin d'y contempler son image. De surprise, il recula d'un bond. L'homme qui le dévisageait était un étranger ! Il ressemblait davantage à Rochia ou à Ramuk qu'à l'enfant farouche de Raitankia !

Il s'observa longtemps, fasciné, effleurant ses lèvres charnues, l'arête du nez un peu busquée, son front large et la courbe puissante des mâchoires. Plus marquées désormais, ses pommettes donnaient au regard une acuité profonde. Lui qui avait pris l'habitude de croiser des yeux bridés remarqua combien ses prunelles semblaient rondes et noires. Ses cheveux avaient poussé et tombaient en coulées brillantes jusqu'à sa taille. Il sourit timidement et son double lui sourit à son tour, laissant soudain entrevoir l'enfant d'autrefois, solitaire et rêveur.

Troublé par sa découverte, Mohawks décida de célébrer le passage du temps en offrant un oiseau aux Esprits de l'air. Il resterait au campement un jour de plus. Il siffla les chiens et se mit en marche avec ses armes de chasse.

Quelques heures plus tard, alors qu'il rejoignait le campement chargé de trois lagopèdes, l'Indien tomba, près de la rive d'un ruisseau, sur la dépouille d'une bête énorme qui semblait avoir été sculptée dans le sol glacé de la toundra. L'animal gisait dans les entrailles de la terre, déterré à mi-corps par le travail de l'eau.

Le spectacle était si impressionnant que Mohawks crut d'abord qu'il se trouvait devant un totem façonné par les hommes. La main humaine n'était cependant pour rien dans ce prodige. Seuls la nature Mère et le froid avaient engendré puis préservé l'animal. Il ressemblait à un bœuf musqué, mais un bœuf monstrueux pourvu d'une trompe aussi épaisse qu'un sapin et de membres lourds comme des colonnes de pierre. Sa fourrure, d'un brun-rouge, était longue d'une coudée. Une défense pointait vers le ciel, aussi haute que le Zuyis lui-même !

Une telle puissance… Mohawks se sentit incapable de tourner le dos au géant pétrifié et de le laisser là, s'éroder et se détériorer au contact de l'air et de l'eau, alors que le froid perpétuel de la terre l'avait préservé de l'immensité du temps. Il caressa la laine raidie par le gel, appuya sa paume sur le cuir que les âges avaient martelé et durci presque autant que de la roche.

Il saisit sa hache et, sans plus réfléchir au sacrilège éventuel, il infligea un coup puissant à la racine de la défense. Il y avait mis toute sa force, mais ne parvint à ouvrir qu'une mince entaille. Alors il recommença, coup après coup, à un rythme soutenu, jusqu'à ce qu'elle cède.

L'ivoire ferait un cadeau grandiose à son arrivée à Kiruna, le troisième et avant-dernier village sacré. D'après la carte, la position des étoiles et celle des fleuves dessinés par Ajako, il ne pouvait plus être très loin, à présent.

Il arriva au campement, épuisé d'avoir dû traîner la défense, en plus des trois lagopèdes qui composeraient son repas. Sans harnais, les chiens ne pouvaient pas l'aider, il avait donc arrimé la lourde charge à son hukmotk frontal et marché deux heures durant. Pour se donner du courage, il avait pensé au ravissement que susciterait un tel présent chez les Saamis.

Pendant qu'il mangeait, il examina pensivement son kayak. Il devait vérifier que la charge n'entraverait pas sa progression. Niänia pouvait maintenant courir avec les autres, car les chiots étaient assez grands pour se passer de son lait pendant la journée. En se serrant un peu et en équilibrant les poids, la défense pourrait tenir. Par prudence, toutefois, il scia la base de l'ivoire et testa le chargement. Même alourdi, le solide kayak flottait à la perfection.

Excité par ces préparatifs, Mohawks eut bien du mal à s'endormir. Même amputé de sa base, la défense était magnifique ! Elle marquerait son passage au second village sacré, Kiruna la Blanche.

8.

— Il n'y a donc personne ici ?

Le Zuyis marchait au milieu des ruines du village des Saamis.

Kiruna. Et partout la dévastation. Un vent mauvais semblait avoir balayé les huttes, piétiné les bois de soutien et déchiré les peaux pour ne laisser que des lambeaux qui ondulaient sinistrement sous la brise. Près des restes d'un feu ancien gisaient des marmites renversées, les éclats d'une poterie fracassée ; plus loin, un kamutik pourrissait, les patins piqués par des taches de lichen.

Devant une tente éventrée, Mohawks distingua une petite figurine à demi enterrée dans la boue ; en s'approchant, il réalisa qu'il s'agissait d'un jouet d'enfant, une poupée démantibulée, faite de cuir et d'os. Quelle puissance avait donc ravagé les lieux ? Les traces n'avaient rien à voir avec un départ de transhumance, elles témoignaient plutôt d'une fuite précipitée, ou pire encore.

Sentant son inquiétude, les chiens s'étaient regroupés autour de lui et flairaient le sol, le poil hérissé par la méfiance. Seuls Réou, Elyu et Watanka, les trois chiots, gambadaient au hasard, insensibles aux effluves de désolation.

Arrivé sur la place centrale, Mohawks se figea, les sens en alerte. Le silence pesait si lourd sur lui qu'il eut la sensation qu'une main géante le maintenait cloué sur place. Il lança un nouvel appel, plus faible, angoissé à l'idée de réveiller un Esprit maléfique. La tribu avait-elle été attaquée par un clan rival ? Dans ce cas, où donc étaient les corps ? Il tenta de se raisonner, mais la peur commençait à brouiller ses idées. À cet instant, une truffe vient frotter son poing serré et il chuchota, soulagé :

— Il n'y a personne, Torok, sauf les ombres des âmes… Que dois-je faire maintenant ?

Un jappement brisa le silence, en réponse à sa question. Mohawks reconnut le timbre excité de Kishi. La chienne avait quitté le groupe, alertée par une odeur familière. Une proie ou autre chose ?

— Ta fille chasserait même dans le territoire des démons ! Allons voir ce qu'elle a trouvé.

Ils traversèrent le village à pas pressés, vers l'est, et découvrirent un spectacle qui aurait fait rire l'Indien en temps ordinaire. Fièrement campée sur ses pattes, Kishi dominait un animal malingre, qui tremblait si fort qu'il semblait en proie à une transe. Aplati sur le sol, il présentait à la femelle son ventre et sa gorge, les yeux mi-clos, en signe de soumission. Mohawks se précipita. Si un chien vivait ici, il avait peut-être des maîtres !

D'un geste, il intima le calme à Kishi, puis fouilla son sac et tendit un morceau de viande séchée que la pauvre bête engloutit en un éclair. L'animal mourait de faim, ce n'était pas bon signe. À cet instant, une voix chevrotante s'éleva, et le Zuyis ravala un cri de surprise.

— Si tu remplis le ventre de mon chien, il ne voudra plus veiller sur moi et tu me condamneras à la solitude…

Certains mots étaient inconnus, mais le sens général et l'ironie du discours étaient perceptibles. Mohawks dévisagea le vieillard en guenilles qui se tenait à quelques pas, recroquevillé sur le seuil d'une hutte basse recouverte de tourbe dans laquelle il paraissait se fondre. On aurait pu passer à côté de lui sans le voir. Ahuri mais soulagé, il bredouilla une vague formule de présentation.

— Je suis l'ami des Saamis, le Zuyis Mohawks, et je suis heureux de te rencontrer, Grand-Père !

— Un Zuyis ! Tu arrives bien tard…

— Sommes-nous bien à Kiruna, le village sacré ? Que s'est-il passé ici ?

— Doucement, fils. J'ai perdu l'habitude d'utiliser ma langue, et tes questions me font mal à la tête. Nous parlerons dans ma hutte. Et si tu peux m'offrir un peu de viande, je te serais reconnaissant… Mais attention ! Je ne serai pas aussi docile que cet idiot de chien ! Viens. Une fois le ventre plein, je te dirai tout…

La hutte était crasseuse et enfumée. Un maigre tas de branches composait la réserve de bois, non loin du foyer où brûlait un feu étique. Un bouillon d'herbes mijotait dans une marmite, dégageant un parfum aigrelet qui ne faisait que souligner la puanteur des lieux. Le sol était jonché d'épines de pin, gluantes par endroits. Une couche de fourrures sales prenait la moitié de l'espace. L'autre partie était encombrée de sacs, poteries, paniers et peaux tannées. Il y en avait trop pour un seul homme, et Mohawks comprit qu'il s'agissait sans doute des dernières possessions intactes des Saamis disparus.

Comme le vieux paraissait attendre, il palpa son sac dans lequel il transportait toujours quelques morceaux de viande ou de poisson. Mais il était presque vide. Refrénant sa curiosité, il fit signe qu'il allait revenir, et traversa en hâte le village jusqu'au cours d'eau où le kayak était amarré. Il prit le sac de farine, lui aussi presque vide, sa récolte d'œufs et un omble qu'il avait pêché et vidé deux jours plus tôt, et dont il avait levé les filets. Avant de repartir, il prit également l'onguent, l'aïeul était peut-être blessé. De retour devant la hutte, il avala une large bouffée d'air pur et pénétra dans l'abri de tourbe.

*
* *

Le vieux Saami dévora les filets d'omble tandis que la galette d'œufs et de farine cuisait sur les pierres brûlantes. En dépit de la faim qui creusait ses traits et de la crasse de ses vêtements, le petit homme avait des gestes empreints de dignité. Il mâchait vite, avec un plaisir visible. Le fumet qui se dégageait de la galette peinait à combattre la pestilence ambiante, qui pourtant ne paraissait guère l'indisposer. Son chien s'était glissé dans la hutte et levait la gueule vers son maître, la queue frétillante, en quête d'un reste de nourriture.

Mohawks attendit la fin du repas en silence, ravalant les questions qui lui brûlaient les lèvres. Il avait refusé de manger, se contentant de boire sa tisane fadasse à petites gorgées. Une déception absurde l'avait pris à la gorge, lui coupant l'appétit. Il avait tant rêvé son arrivée à Kiruna, la joie des Indiens saluant son apparition ! Les jambes fourmillant d'impatience à l'idée de fouler le sol sacré, il avait imaginé chaque geste, répété une à une les paroles rituelles au moment d'élever les deux Zuyissmans sertis de pierres devant le clan ébloui... Quant à la défense qu'il leur destinait et qui lui avait coûté tant d'efforts, l'abandonner dans ce village ravagé serait aussi grave que d'enfreindre un tabou.

Depuis la nuit des temps, les Marcheurs parcouraient le monde d'en haut afin de relier les quatre points sacrés. Rares étaient ceux qui survivaient aux dangers du Voyage et parvenaient à clore la boucle. Les Indiens de Raitankia, d'Ytyk, de Kiruna et de Nain, villages élus entre tous, apprenaient dès l'enfance l'importance du rituel. Les plus chanceux ne pouvaient espérer rencontrer un Zuyis qu'une fois dans leur vie, peut-être deux. Mohawks se croyait attendu par le clan tout entier, mais voilà qu'il en était réduit à écouter le dernier des Saamis mastiquer avec application !

La sérénité qui l'avait porté reflua, laissant place à une lassitude immense. Ce fut le moment que choisit le vieillard pour parler, après un rot sonore de satisfaction.

— Je me nomme Aki, et je te remercie, Zuyis, de m'avoir nourri. Je n'ai plus assez de force pour chasser et mes frères animaux ne viennent plus guère s'offrir à mes pièges. Eux aussi fuient la malédiction blanche... Pourtant, je suis heureux, autant que peut l'être un homme qui a vu la mort se détourner de lui.

Excédé par le bavardage confus, Mohawks interrompit l'aïeul :

— Ce village… C'est bien Kiruna ? Es-tu le seul survivant ?

— Notre peuple a connu des épreuves, la famine et les guerres. Jamais pourtant il n'avait eu à affronter le mal invisible des démons blancs. C'est un sortilège qui te mange l'esprit et fait pourrir ton corps ! Aucune médecine, aucune magie ne peut rien contre lui.

— Que veux-tu dire ? Les Esprits ont-ils massacré ceux de Kiruna ?

— Pas les Esprits… Ou alors, ils sont aussi discrets qu'une ombre. La magie des Grands Sourcils, plutôt.

— Aki, peux-tu me raconter simplement ce qu'il s'est passé ?

— Pardonne-moi, Zuyis. Je n'ai plus parlé à un homme depuis plusieurs lunes… depuis que les survivants ont fui. Nous t'attendions, tu sais… Toi, le Zuyis venu des terres lointaines de l'autre bout de la Coiffe. Notre chaman nous avait prévenus de ton arrivée. Il la sentait dans le souffle des airs, portée par la rumeur des tambours. Nous étions très impatients de découvrir ton visage. Et puis… au lieu du Marcheur, porteur de l'Esprit de nos peuples, voilà que les Grands Sourcils ont débarqué ! Ils sont arrivés sur des radeaux, après avoir laissé leur incroyable embarcation dans le lit de notre fleuve. Je l'ai vue une fois, si haute qu'elle cachait le ciel. Plantées sur son ventre, ses ailes immenses de la couleur des brumes touchaient les nuages. Les femmes qui sont montées dessus prétendaient que ces ailes étaient de simples peaux – de je ne sais quel animal – et que le corps de cet oiseau était fait de bois !

— Une Indienne tchouktche m'a parlé d'eux !

— Alors le péril s'étend… Que les Esprits nous protègent !

— Que s'est-il passé ?

— Au début, nous avons eu très peur. Jusqu'à ce qu'Olmeï, notre chef, touche l'un des leurs. Il a affirmé qu'il s'agissait d'un homme, né d'un ventre de femme. Leur visage porte des poils, leur nez est long et disgracieux, leurs dents sont très blanches et leur langage curieusement modulé. Un Inuit des terres intérieures les accompagnait et traduisait leurs paroles. Nous avons appris que les Grands Sourcils venaient de l'autre bord de la mer que nous croyions vide, et ils voulaient troquer des outils et des peaux très fines et colorées, des herbes noires et une farine inconnue, comme de la neige sèche. Ils voulaient nos fourrures et des phoques, beaucoup, car ils sont mauvais chasseurs. Ils cherchaient aussi des pierres de feu. Ensuite, ils ont réclamé des chiens parce qu'une fois débarqués de leur oumiak ailé, ils n'ont que leurs jambes pour se déplacer. Et crois-moi, l'outarde a plus de grâce que ces hommes-là ! Olmeï a refusé. Ils lui ont montré un bâton de foudre, alors il a cédé deux bêtes malades, car lui aussi voulait faire gronder le tonnerre. Les étrangers se sont réjouis, et nous autres avons ri de leur bêtise. Nous ne savions pas que les fous, c'étaient nous ! Les Grands Sourcils paraissent perdus sur notre Terre Mère. Ils sont comme des enfants, tu ne te méfies pas, mais ils sont porteurs de sortilèges mortels !

Aki s'interrompit, essoufflé, et sa mine déjà grave s'assombrit encore. Quand il reprit la parole, Mohawks crut entendre le frémissement de la peur.

— Ensuite, ils ont voulu inviter les femmes sur leur oumiak. Les plus jeunes et les plus belles. Pour les attirer, ils ont donné des tissus – c'est ainsi qu'ils nomment leurs peaux – et des morceaux de glace qui reflètent les visages, mieux que la plus pure des sources. Et de l'eau parfumée, aussi, qui donnait mal à la tête. Une veuve est d'abord allée avec leur chef, parce qu'il avait des yeux de ciel et elle le feu au ventre ! Elle est revenue au village couverte de cadeaux, et s'est confiée aux autres femmes. Nous, les hommes, nous entendions leurs rires sans savoir de quoi elles parlaient. Puis les autres ont suivi, presque toutes les filles du village ont, peu à peu, cédé à la tentation. Les Grands Sourcils leur ont fait boire une tisane qui met le feu à la tête et elles ont partagé leur couche. Certaines ont passé plusieurs jours et plusieurs nuits à bord de l'oumiak. Peu de temps après, pour les punir, les Esprits mécontents nous ont envoyé un mal étrange. Nous avons sacrifié un renne blanc, mais les Esprits bienfaisants ne répondaient plus à notre appel, nos dieux étaient trop fâchés. En seulement une demi-lune, la moitié du village est passée dans l'autre monde ! À la fin, Olmeï a commandé qu'on abatte les malades pour préserver les autres, même ceux qui présentaient les premiers signes de nausées. Pourtant, les fièvres continuaient de brûler les guerriers, les femmes et les enfants, sans distinction. Nous n'avions même plus assez de bras pour charger les dépouilles jusqu'à l'île de nos morts. Alors, les plus courageux ont porté les corps à l'écart du village, dans des grottes. Pour échapper au mal, les survivants ont mis le feu aux huttes souillées, puis ils ont abandonné leurs huttes et sont partis vers le nord-est, fonder une nouvelle communauté, avec l'espoir que les Esprits finiraient par leur pardonner.

— Pourquoi n'es-tu pas parti avec eux ?

— Pour oublier ce que mes yeux avaient vu. J'ai voulu affronter la colère des Esprits, j'ai prié pour qu'ils me dévorent et se désintéressent des survivants... Ils n'ont pas voulu de moi, peut-être parce que je suis trop vieux, Zuyis. Je prie pour mes frères, mais personne n'est revenu. Je doute qu'aucun ait survécu.

— Combien sont partis ?

— Ils étaient deux fois autant que les doigts de tes deux mains. Jirkki, notre chaman, était à leur tête.

— Et ces hommes-démons ?

— Enfuis, dès les premières fièvres des femmes. Ces hommes portent le mal en eux, et ils sont aussi lâches que le lièvre !

— Alors, tu attends ici, et tu meurs de faim...

— Ce n'est pas aussi terrible que tu le crois. C'est vrai que je ne mange plus guère, mais, dans le silence, j'entends mieux les Esprits de la nature. Les arbres et les roches me parlent depuis leur départ. Ils me soufflent des secrets que j'étais trop bavard pour entendre. Et puis, j'ai des amis.

— Ici ?

— Ici même. Regarde...

Le vieux trottina vers l'entrée et fit signe à Mohawks de le rejoindre sans faire de bruit. Il tendit sa main ouverte et, après un moment, laissa filtrer une stridulation. Bientôt, le cri d'un geai lui répondit et l'oiseau surgit à trois pas de la hutte, sautilla vers eux. Lorsqu'il vit le morceau de saumon dans la paume d'Aki, il vint se poser sur son poignet et entreprit de picorer le lambeau de chair. Quand il eut tout avalé, il s'ébouriffa joyeusement, émit un gloussement puis s'envola.

— Tu l'as ensorcelé ?

— Apprivoisé, plutôt. J'ai aussi la visite d'un renard, mais, depuis que la viande manque, il ne vient plus qu'à la bonne saison. S'il a résisté au Grand Hiver, il ne devrait plus tarder. Vois-tu, Zuyis, après ce qui est arrivé, cette existence est la meilleure que je pouvais souhaiter.

*

* *

Le lendemain, Mohawks se réveilla d'une nuit agitée, pleine de cauchemars. Luttant contre son envie de fuir le village dévasté, il demeura quelques jours auprès de l'aïeul pour l'aider à faire une provision de nourriture et de bois. Il abattit quelques pins qu'il débita en rondeaux, fabriqua une roue à saumons qui ne nécessiterait pas une grande force, et chercha le meilleur emplacement pour tendre une ligne de trappe, assez proche du village afin de ménager les jambes du vieillard. Il disposa les pièges. Certains étaient à lui, d'autres qu'il avait réparés provenaient des décombres. Ce travail occupait ses mains, mais son esprit restait hanté par les images de mort. Tout lui rappelait le désastre : les sentiers de chasse envahis par la végétation, l'état de délabrement du village déserté, les objets oubliés sur lesquels son pied butait. Quand il proposa au Saami de brûler les huttes abandonnées, celui-ci refusa énergiquement. Kiruna devait garder l'empreinte du mal comme un avertissement des dieux. L'effacer reviendrait à nier ce qui s'était passé.

Durant les veillées, le Saami racontait encore et encore la tragédie, quitte à raviver ses peurs, fouillant sa mémoire à la recherche de détails sur les Grands Sourcils.

Pris de pitié, Mohawks tenta de le distraire, lui racontant la vie des Nahannis. Mais Aki l'interrompait sans cesse pour revenir à son obsession, la ruse des étrangers, leurs paroles mensongères, les armes curieuses dont ils disposaient, comme ces bois qui tonnaient. Il concluait sur la même prophétie, le visage renfrogné par une grimace : « Ces hommes portent en eux le mal. Puisses-tu ne jamais les rencontrer, Zuyis ! »

L'indécision rongeait désormais Mohawks. S'il retrouvait les survivants de Kiruna, ne risquait-il pas de tomber malade à son tour ? Rien ne lui assurait que Jirkki avait survécu. Or, sans la main du chaman, seule capable de façonner le troisième totem, le Voyage était fini, Mohawks n'aurait plus qu'à rentrer vaincu à Raitankia et, chaque jour de sa vie, il porterait le poids de sa défaite. Il songea à disparaître, à faire croire à sa mort pour rejoindre Sassi et son enfant. Cette idée le hantait autant qu'elle lui faisait honte, mais il avait beau la repousser, elle revenait sans cesse… Le Nahanni redoutait la maladie. C'était une peur terrible, pire que celle de l'ours ou du Grand Hiver. Et son effroi grandissait chaque soir, nourri par l'évocation infernale que le vieux donnait des derniers jours du clan. Les fièvres vidaient l'homme de ses forces et rendaient le guerrier aussi faible qu'un nourrisson. Nul n'y pouvait rien !

Pris entre deux feux, Mohawks hésitait. La nuit, la peur l'emportait et il décidait de revenir vers Sassi. Au matin, son orgueil lui soufflait de partir à la recherche des survivants.

Il s'isola pour prier, non loin des grottes funéraires, dans l'espoir de recevoir un signe de l'Aigle, son animal-totem. Les yeux fermés, il chanta à mi-voix comme il avait vu faire les chamans, guettant l'inspiration. Mais le temps passait et rien ne lui venait, hormis un vertige. Il chanta plus fort et sa voix lui parut discordante. Il reconnut alors la peur et le doute qui ternissaient tout. Furieux contre lui-même, Mohawks se releva d'un bond et rejoignit en courant la rive du fleuve. Peut-être trouverait-il dans l'eau la réponse qu'il avait cherchée en vain dans le ciel ! Il s'était trompé de guide ! Plutôt que l'Aigle, il aurait dû choisir l'Omble ou le dernier des petits poissons !

Sans prêter attention au froid qui s'installait avec la nuit, l'Indien arracha ses peaux et plongea dans les flots glacés. Sous l'eau, le calme l'envahit aussitôt. Les oreilles bourdonnantes, il se laissa flotter. Aïga, sa mère disparue, murmurait. Il ferma les paupières pour mieux l'entendre.

« Va ton chemin, Mohawks ! »

Il avait sa réponse…

Finalement, ce ne fut ni la fierté ni la peur qui l'emportèrent, mais la curiosité. Le Zuyis voulait découvrir le sens de la prophétie des chamans qu'Aïga venait de lui rappeler.

*

* *

— Aki, je pars à la recherche des tiens. Veux-tu m'accompagner ? Si tu viens, je laisserai ici la corne géante que je destinais à Kiruna et tu pourras embarquer avec moi. Ta vie est plus précieuse que l'offrande…

— Tu es un homme bon, Mohawks, et je te suivrais sans doute si mes yeux n'avaient pas vu la menace peser sur nos peuples. Ma vie est ici, désormais. Tu me l'as fait comprendre.

— Moi ?

— Chaque homme trouve sa place sur cette terre… Moi, je suis le gardien de notre mémoire. Toi, tu es un Marcheur. Ne te soucie pas de moi.

— Je ferai selon ton vœu, mais mon cœur ne t'oubliera pas.

— Le mien non plus, Zuyis. Et, une fois dans l'autre monde, je veillerai sur toi !

Quand les préparatifs furent achevés, les chiens prêts à courir, débordants d'impatience, Mohawks s'inclina devant le petit homme. Aki s'était remplumé en quelques jours, mais il puait toujours autant. Selon lui, la Nature avait repris ses droits et l'honorer n'avait rien à voir avec un bain ! Ses compagnons, le geai et le renard, se moquaient bien de son odeur…

Sur la carte d'Ajako, il pointa un groupe d'îles et désigna un point sur la bande côtière, en face d'un îlot en forme d'étoile. C'est là que les survivants avaient dû chercher refuge.

— Si Jirkki a survécu, tu trouveras le clan autour de lui. Sa mère est née sur l'île des lagopèdes et le lieu est protégé des dieux.

9.

La fatigue frappa la première, un matin, au réveil. Mohawks avait l'habitude des courbatures, mais jamais il ne les avait ressenties avec cette intensité. Son corps lui parut mou et, quand il se leva, ses jambes tremblèrent violemment. Il prépara une tisane de saule, qu'il savait bonne pour les fièvres, et se força à manger en espérant que l'ankylose se dissiperait une fois assis dans le kayak.

Il pagaya toute la journée, la tête martelée par le soleil, en proie à un vertige léger mais tenace. Le soir venu, il grelottait de froid. Son sommeil fut agité, peuplé de visions chaotiques. À son réveil, le froid persistait et les courbatures s'étaient changées en douleurs sourdes qui inondaient ses muscles. Il refusa pourtant de s'attarder et repartit, en dépit de sa faiblesse.

La veille, conformément aux indications d'Aki, il avait rejoint la Grande Mer. Les îles étaient nombreuses et la côte accidentée. Il fallait louvoyer entre les montagnes de glace et de terre, emprunter les bras d'eau majeurs, éviter le piège des deltas où convergeaient les affluents, mais le vertige accentuait l'impression de cheminer dans un labyrinthe monstrueux. La meute avait disparu dans l'immensité de la steppe et Mohawks se sentait abandonné.

Tout le brûlait. Le ciel immaculé, l'éclat de la mer et la luisance cruelle des glaces bleutées, le sel des embruns qui venaient fouetter son visage à chaque changement de cap. Les yeux mi-clos, la tête couverte d'un panier d'écorce, l'Indien progressait à l'aveuglette. Chaque fois qu'il s'arrêtait pour tenter de faire le point, les îles se mélangeaient sous ses yeux, nimbées d'une lumière aveuglante.

Le soir venu, il n'eut même pas la force de monter son campement, tout juste celle d'allumer un feu de broussaille car il était dévoré par la soif. Incapable d'avaler un repas, il se contenta d'une tisane qui manqua le faire vomir, mais il ne s'en soucia pas, car une nouvelle angoisse le taraudait. La meute n'avait pas reparu, contrairement à son habitude. Il pensa à nouveau au sentiment d'abandon qui l'avait envahi plus tôt, et se demanda si son intuition n'avait pas pressenti un péril. Après un moment de repos, il se remit debout et tenta de crier. Mais sa voix était trop faible pour porter. Il finit par renoncer, se recroquevilla auprès du feu mourant et sombra dans une mauvaise somnolence.

Le jappement des chiots le réveilla quelques heures plus tard. Réou, Watanka et Elyu n'avaient rien avalé depuis la veille, et ils se disputaient une souris minuscule qui avait dû s'égarer entre leurs pattes. Mohawks leur donna un poisson, le dernier. Il n'avait toujours pas faim, mais il étancha sa soif et mâchouilla de l'écorce de saule en guise de repas.

Un peu réconforté, il réalisa alors ce qu'il s'était passé et fut pris d'une quinte de rire. La veille, étourdi par le vertige, il avait abordé une île et non la Grande Terre. Voilà pourquoi Torok et la meute n'avaient pas pu le rejoindre ! Le soulagement lui rendit assez de forces pour embarquer. Il fit le point et partit vers l'ouest. Les chiens devaient être fous d'inquiétude…

Après une demi-journée passée à ramer, il vit enfin se dessiner une silhouette familière sur une dune.

— Torok !

La queue fouettant ses flancs, le chien lança un aboiement bref, et la meute apparut à son tour, lançant des appels excités. Ils dévalèrent la pente, jusque sur la grève de galets et de sable.

L'Indien traîna son kayak hors des vagues et se laissa entourer, incapable de faire un geste. Maintenant qu'il avait retrouvé les chiens, l'épuisement le terrassait. Il se laissa glisser sur les galets, et demeura inerte, les yeux clos, le cœur étreint par un soulagement qui lui arracha un sanglot sec. Son corps brûlait d'un feu ardent dont les flèches de douleur lui transperçaient le crâne.

Un à un, les chiens se couchèrent autour de lui. Ils avaient flairé la faiblesse de l'homme-guide et faisaient rempart entre son corps et le mal. Mohawks tenta de les repousser en gémissant :

— Allez-vous-en, mes amis. Vous devez vivre, et moi je suis à moitié mort. Va-t'en, Torok !

Au lieu de l'écouter, le chien entreprit de lécher son visage bouillant. Peu à peu, les protestations de l'Indien s'apaisèrent et il tomba dans un sommeil hanté, les membres agités de spasmes. Les chiots s'étaient sagement mêlés à la meute et, au lieu de jouer ou de chahuter avec Aponi, ils s'endormirent à leur tour en soupirant.

Toute la nuit, la meute veilla l'homme malade. Parfois, Niäniä gémissait, inquiète, et Torok la réconfortait d'un coup de truffe. Rien n'arriverait au maître.

*

* *

Jamais Mohawks ne sut où il avait trouvé la force de remonter sur le kayak. Le Graam, cette énergie sacrée qui irradiait le corps des Marcheurs, avait déserté son sang. Les dieux attisaient peut-être ses dernières forces, lui insufflaient une ultime étincelle de vigueur pour se rire de lui, l'homme-créature, et assister à son agonie !

Les chiens étaient anxieux. Quand leur maître réussit à grimper dans le kayak et resta à flotter, le temps de reprendre son souffle, ils piétinèrent nerveusement la plage au lieu de disparaître comme à l'accoutumée. Mohawks agita faiblement le bras pour leur faire signe de courir, mais ils refusèrent de bouger. Alors, l'Indien se mit à pagayer, très lentement, levant et abaissant sa rame avec effort. Sur ses genoux, il avait posé une gourde de tisane et un sac d'écorce. S'il mâchait du saule toute la journée, il tiendrait le coup…

Il ne réfléchissait pas, ne luttait même plus contre ses visions, il avançait simplement, une brassée après l'autre, les yeux sur le point qu'il s'était fixé le matin même, quand la fièvre avait desserré suffisamment son étreinte pour qu'il lise la carte et la mer, devant lui.

Plutôt que de risquer de se perdre dans le dédale

des îles, il longeait désormais la côte, si près qu'il butait parfois sur un rocher affleurant. La meute guettait sa progression, pas à pas, sans jamais s'éloigner ni chasser. Elle veillait l'homme malade.

Il s'arrêta alors que le soleil brillait encore haut dans le ciel, échoua son embarcation sur la grève, tira une couverture et s'affala, divaguant à cause de la fièvre.

Aussitôt, les chiens reprirent leur veille.

En émergeant, un peu après la tombée du jour, Mohawks aperçut un lièvre mort, posé sur une pierre. Ses compagnons avaient compris qu'il fallait chasser pour nourrir l'homme. Eux-mêmes avaient besoin de manger car ils n'avaient pas quitté la grève de la journée. Pendant que l'homme dormait, ils s'étaient éclipsés l'un après l'autre et Torok avait rapporté le gibier.

Se traînant à quatre pattes, Mohawks alluma un maigre feu, fit cuire l'animal et s'obligea à en manger la moitié. Il n'avait toujours pas d'appétit, mais il était conscient qu'en cessant de s'alimenter, il risquait de perdre ses dernières forces.

— Merci, mon brave Torok. Merci, les chiens !

Le lendemain soir, trop épuisé pour allumer un feu, le Zuyis avala cru le poisson rapporté par Istu. À peine eut-il fini de mâcher péniblement qu'il glissa sur sa couverture et s'endormit au milieu de la meute.

Depuis que les chiens suivaient sa progression sur le rivage, les chiots les accompagnaient, surveillés par Niäniä et Aponi. L'Indien semblait les avoir oubliés. Le trajet n'était jamais très long, car, malgré les heures passées à ramer, il avançait lentement. Les petits se disciplinèrent très vite, comme s'ils avaient compris l'importance d'être dociles.

Mohawks bénéficiait de plus de place pour étendre ses jambes endolories, mais la fièvre qui le rongeait était en train de l'affaiblir ; bientôt, jour et nuit se mélangèrent, à l'instar de toute chose. Dans son esprit embrasé par les fièvres, soleil et averses battaient son crâne, froid et chaleur se fondaient en une même sensation de torture, l'éveil et la somnolence s'enchevêtraient sans qu'il puisse les distinguer, luttant dans ses cauchemars aussi fort que quand il donnait des coups de pagaie. Les seuls moments de répit, quand la souffrance dénouait enfin son emprise, survenaient au milieu de la meute. Là, il pouvait se laisser aller, juste avant de plonger dans le gouffre du sommeil, chaque fois plus profond.

Les chiens épiaient ses mouvements, le nourrissaient, protégeaient son repos. À deux reprises, alors qu'il pleuvait, Torok parvint à tirer une couverture sur son corps – car, dans son délire, Mohawks avait omis de la dérouler. Une autre fois, la meute mit en déroute un ours, alléché par l'odeur de chair vivante. Face aux sept molosses – et aux trois chiots qui imitaient leurs parents ! –, la bête préféra reculer plutôt que d'engager un combat risqué, et disparut en grognant de dépit.

Mohawks ne sut jamais qu'il avait échappé à Nanuk, pas plus qu'il ne fut conscient des prodiges accomplis par son fidèle Torok. Pourtant, alors qu'il se mourait à petit feu, l'intuition d'être protégé le berçait dans l'entre-deux-mondes.

*

* *

La lune formait un croissant parfait dans le ciel.

Quand Mohawks crut distinguer une sorte de montagne inversée scintillante de teintes pourpres, il ne comprit pas tout de suite que son œil lui jouait un tour, et il cria de surprise. Un vague souvenir l'effleura ensuite, à propos des visions que les dieux envoyaient parfois aux hommes durant la saison chaude. Aki l'avait mis en garde.

Il détourna la tête et se remit à pagayer.

Sa provision d'écorce était épuisée. Ses forces avaient encore décliné, il souffrait de crampes qui lui tordaient les entrailles, mais une colère plus forte que la douleur le poussait à continuer.

Sur la côte, les chiens lancèrent un aboiement d'alerte. Pouvaient-ils eux aussi se laisser tromper par un mirage ?

Quand il releva la tête, la montagne avait disparu, remplacée par une volute blanche toute fine qui dessinait un serpent dans l'air. Un serpent émergeant d'une ombre conique…

Le Zuyis secoua la tête pour dissiper cette nouvelle vision, cligna les paupières et regarda de nouveau. Le serpent de fumée était toujours là.

La fumée… et le cône. Il ne s'agissait pas d'une vision, mais bien des volutes d'un feu échappées d'une hutte ! Un village ! Mohawks avait trouvé Kiruna !

Le cœur cognant, il agita sa rame en direction des chiens pour leur faire signe de l'attendre, puis il entreprit de regagner la côte, à deux portées de flèche. La nuit était claire, presque blanche. L'effort le vida de son souffle, mais l'espoir était si puissant qu'il fit refluer une part de son épuisement, pour le porter jusqu'au rivage.

Il hala avec peine son kayak et, sans prendre le temps de se munir d'un arc, des totems ou d'un présent, il s'enfonça dans la broussaille, à pas chancelants. En songeant à l'arrivée glorieuse qu'il avait imaginée, il eut un rire sec qui acheva de l'épuiser. Peu importait le rituel, il devait d'abord s'assurer que les hommes qui vivaient là étaient les Saamis de Kiruna, se soigner et dormir.

Ensuite, tout irait bien…

Flanqué de Torok et Niäniä, les autres courant devant lui, l'Indien titubait. Il n'avait pas conscience de son allure, de ses yeux injectés de sang, de la maigreur qui dévorait ses joues et de ses mains tremblantes. La fièvre l'avait décharné comme une machette épure un tronc.

L'équipage se fraya un chemin à travers une futaie d'épinettes avant de tomber sur une piste, visiblement entretenue de main d'homme. Les chiens refrénaient leur envie de courir, terriblement énervés par les effluves du village tout proche. Pour le Zuyis, c'était la promesse de la guérison, Torok le comprenait, et il attrapa le pan de veste de l'homme-guide, l'incitant à avancer plus vite. Celui-ci marmonnait à mi-voix, ivre de fièvre.

— Je suis Mohawks, le Marcheur. Je suis l'homme qui sert les dieux qui rient et se moquent, je suis l'ami des hommes, je suis Mohawks, fils d'Aïga et de Shokan, je dois marcher ou mourir…

Soudain, les chiens se mirent à gronder et se figèrent, le poil hérissé. En proie au vertige, quasi aveuglé par la douleur qui ébranlait son crâne, Mohawks eut l'impression que l'enfer se déchaînait au ralenti, comme dans un rêve. Il mit quelques instants avant de distinguer le groupe des guerriers qui avaient surgi de la forêt. Leurs lances brandies en avant, ils les encerclaient, lui et sa meute, et opéraient un mouvement prudent de rotation. Dans un frisson, il reconnut la stratégie des chasseurs qui ont acculé une bête féroce. Les visages grimaçaient de colère et les bouches semblaient hurler des mises en garde, pourtant, le Nahanni n'entendait rien d'autre que le rugissement de la douleur. Un petit homme rabougri fit mine de planter son arme dans la gorge de Nootka qui grondait sa hargne.

Même à travers les vapeurs de son mal, le Zuyis comprit que s'il ne réagissait pas très vite, les autres attaqueraient. Brusquement dégrisé, il retrouva l'usage de ses sens et entendit les cris. D'un geste, il commanda à la meute de se ranger derrière lui. Les guerriers s'étaient immobilisés, mais leur attitude menaçante restait sans équivoque. Mohawks fit un pas vers la lance levée et parla d'une voix cassée, presque inaudible :

— Baisse ton arme si tu ne veux pas déchaîner la colère des dieux ! Ces chiens sont mes compagnons !

— Que marmonnes-tu, étranger ? Es-tu venu porter la désolation parmi nous ? Viens-tu de la part des démons ?

— Quels démons ? Le vieil homme de Kiruna, Aki… Il m'a dit de venir… de vous trouver… votre chaman… Sinon, tout est perdu, mon chemin, ma vie…

Brusquement, l'épuisement frappa le Zuyis. La surprise, la peur et l'effort qu'il avait dû déployer pour s'expliquer brisèrent le dernier lien qui le retenait encore à la conscience. Le vertige s'empara de lui et il s'affaissa si lentement que les autres crurent qu'il s'agissait d'une ruse et avancèrent encore, prêts à frapper.

La nuit l'avait happé dans ses profondeurs et tout cessa, la douleur et l'égarement, l'angoisse et l'amour de ses chiens, les visions et les questions amères qui le tourmentaient depuis sa rencontre avec Aki. Mohawks tournoyait toujours plus bas, si loin que même les cauchemars s'éteignirent.

Il ne vit pas les hommes agiter leurs armes, ni les chiens reculer en grondant, puis s'enfuir, vaincus par leur détermination. Il ne sentit pas les mains l'effleurer, pas plus qu'il n'entendit le cri d'effroi.

— Le Mal Blanc ! Il est atteint du Mal !

10.

Le chaman saami forçait le respect et personne ne pouvait ignorer son autorité. Bien sûr, il était grand et massif, bien plus que la plupart de ses congénères plutôt trapus, mais son allure extérieure n'était rien comparée à la force de son esprit.

Dès le retour des guerriers, il convoqua les hommes du clan pour un conseil extraordinaire. Il fallait décider du sort de l'étranger et, s'il y avait peu de doutes sur son avenir, le Saami tenait à accomplir les choses selon la loi, surtout depuis la mort d'Olmeï, dont il avait repris la charge.

Il rompit le silence, la mine sombre :

— Varru affirme que l'étranger a nommé Kiruna ! S'il a traversé ces lieux maudits, alors il a pu avaler un esprit malin et le transporter jusqu'ici !

Une voix moqueuse l'interrompit et certains refrénèrent un sourire malgré la gravité du moment.

— Allons, Jirkki. Chacun sait que Varru était occupé avec la belle Inari quand tu as donné l'alerte, peut-être trop pour garder les idées claires ! L'étranger délire. Pourquoi ne pas attendre son réveil et l'interroger ?

Varru voulut protester, mais Jirkki fut plus rapide.

— Son réveil ou le premier mort ?

— Cela fait un soleil que nous n'avons pas eu de malade. L'étranger est peut-être simplement épuisé…

— Ou infecté ! Et sa horde de molosses ! Ce n'est pas une chose normale.

— C'étaient des chiens, pas des loups !

— Des chiens aux mœurs curieuses, ne penses-tu pas, Keijo ?

— Sans doute, mais tu oublies les lois de l'hospitalité. Personne ne tue l'étranger qui demande assistance !

— La loi du don cède devant la loi de survie ! Prendrais-tu le risque de voir tes frères périr pour sauver un seul homme ?

— Je n'ai pas dit cela.

— Alors, que la tribu décide ! Moi, j'ai déjà fait mon choix. Il faut abattre l'étranger avant qu'il ne laisse sortir les démons qui sont dans son corps. Ils nous ont déjà pris assez de vies !

Un murmure d'approbation salua le discours de Jirkki. La cause était entendue et Keijo, le jeune chasseur trop généreux, haussa les épaules, vaincu.

Pour valider la décision, les guerriers hochèrent la tête à tour de rôle, sans oser parler à voix haute, mais ce signe condamnait aussi sûrement qu'une sentence de mort.

L'homme serait abattu, le clan avait choisi.

Mohawks avait été transporté sur une plate-forme de bois, en avant du village, et abandonné là, inconscient. Le belvédère servait à surveiller les environs, une langue forestière et, au-delà, la côte escarpée, face à l'île des morts. Jirkki l'avait voulu ainsi, inspiré par des rêves difficiles à cerner, hantés d'Esprits-oiseaux et du murmure des ancêtres qui lui soufflaient la vigilance.

Deux guerriers, Keijo et Naujak, furent chargés de descendre le corps puis de le traîner au centre du village. Les Saamis frissonnaient de terreur à l'idée que le mal pût surgir et sauter sur eux, en dépit du tambour de leur chaman qui battait frénétiquement une mélopée de protection. Jirkki avait hésité à procéder sur la pierre de Beaivi, le dieu solaire pourfendeur des démons, mais il craignait de Lui déplaire en immolant un homme dont il ignorait tout. Les sacrifices – des rennes blancs le plus souvent – demandaient une longue préparation destinée à recevoir l'approbation des dieux. Or le temps pressait.

L'Indien fut allongé, bras et jambes alignés, et les douze guerriers du clan firent cercle autour de lui, vaguement dégoûtés, fascinés aussi par ce qui allait se produire. Les femmes avaient reçu la consigne de rester à l'écart, dans les huttes.

Jirkki se pencha à contrecœur vers l'Indien immobile. Peut-être était-il déjà passé dans l'Autre Monde ? Il écarta un pan de sa chemise, afin de vérifier si la veine de vie battait toujours. La peau était brûlante, et il sursauta à son contact ! Cet homme n'était pas plus mort que l'esprit du démon !

Pourtant, même si l'envie d'en finir au plus tôt le taraudait, une mise à mort ne pouvait s'opérer dans la précipitation. Une fois le sacrifice achevé, la dépouille serait brûlée et le mal enterré avec les cendres. Ensuite, chaque guerrier accomplirait un rituel de purification.

Le chaman s'empara de son tambour qu'il frappa à l'aide du marteau en os de renne pour appeler

Tiermes, le dieu Tonnerre, puis il entonna le chant rituel. Les coups retentissaient dans son ventre et bientôt il sentit son sang pulser en cadence, tandis que la peur refluait. Il devina l'approche des Esprits auxiliaires, si nombreux qu'il faillit en lâcher son instrument. Sa voix s'éleva, aguicheuse, hélant les formes flottantes. Parmi les Présences indiscernables aux yeux des hommes mais parfaitement visibles aux siens, il reconnut l'esprit de l'Aigle et celui de l'Ours-que-l'on-ne-peut-nommer, le souffle puissant du Renne et l'âme du Corbeau. Fallait-il que le sacrifice soit important !

L'écoulement du temps lui échappa et ses pieds battirent le sol d'un mouvement frénétique. Les hommes de la tribu lui jetaient des regards inquiets, saisis par une sourde angoisse. Ils ne se tranquillisèrent qu'en entendant le chant se muer en bourdonnement, le moment approchait.

Le noaidi éleva son couteau et l'abattit d'un mouvement retenu, tranchant la chemise de part en part, en se gardant d'écorcher le torse. Quel qu'il soit, l'étranger méritait une fin honorable. Il chercha le cœur, pour le percer d'un coup.

L'homme haletait, sous l'emprise d'un souffle trop court, signe que la fièvre avait encore monté.

Jirkki laissa glisser le tambour, désormais inutile, et accentua son chant de gorge en élevant son poignard, juste au-dessus du cœur palpitant.

Il allait frapper. Mais son regard s'égara, attiré par un défaut minuscule qui apparaissait sous le pli de la tunique déchirée. Un coin de chair tuméfiée… ou boursouflée, pareille à une cicatrice. Le couteau encore brandi, le chaman cessa de respirer. Le silence tomba avec la force d'un coup. Lentement, la lame glissa sur la poitrine, effleura la peau sans l'égratigner et repoussa la tunique.

Il s'agissait bien de scarifications. Mais pas n'importe lesquelles. Jirkki frémit à l'idée du sacrilège qu'il avait failli commettre. Sous le coup de l'émotion, il tomba à genoux et souffla :

— Sacrilège ! Honte sur nous ! Nous avons failli tuer le Zuyis ! Emmenez-le ! Vite !

— Le Zuyis !?

Les hommes du clan le regardaient, partagés entre l'inquiétude et la stupéfaction.

— Ses épaules, vous ne voyez pas ! Elles portent les cicatrices rituelles. C'est lui, le Zuyis, celui que l'on nous a promis.

— Tu es sûr ?

— Plus sûr que de mon propre nom ! Il ne faut plus perdre de temps, portez-le à l'abri !

— Où ?

— Dans ma hutte. Si je n'arrive pas à le sauver, le dieu Tiermes ne me le pardonnera jamais ! Et si je tombe malade et que je meurs à mon tour, vous mettrez le feu à la hutte sans vous occuper de nos corps. Ensuite, vous partirez !

— Sans toi pour nous guider ?

Jirkki ne répondit pas. Il comprenait l'angoisse de sa tribu, mais cette fois les hommes devraient se débrouiller avec leurs peurs. Bientôt, Keijo serait assez fort pour devenir chef.

*

* *

Jour et nuit, Jirkki et le Zuyis luttèrent contre les fièvres. L'un voguait dans les brumes de l'entre-monde peuplé de visions chaotiques, en proie à une souffrance qui alimentait des images de feux gigantesques ; l'autre voyageait dans les circonvolutions de la transe.

En premier lieu, le chaman invoqua les Esprits auxiliaires afin qu'ils lui indiquent la cause du mal, et il fut aspiré à grande vitesse vers son village natal. Il sut alors que le Zuyis avait attrapé le Mal Blanc et que pour le sauver il faudrait combattre dans les trois mondes.

Ses ancêtres et ses frères décédés à Kiruna l'aideraient dans le territoire des morts. Jirkki fit brûler des encens et des herbes sacrées en leur honneur, et invoqua la longue litanie des disparus, veillant à gratifier chacun d'une flatterie, allusion à un don ou une qualité singulière.

Pour le monde terrestre, il prépara plusieurs décoctions car il fallait attaquer le mal dans chaque direction. Pour éteindre le feu de poitrine, il broya des racines de l'arbuste à baies rouges qu'il mélangea à l'écorce de saule. Puis il fit mijoter des mousses de lichen et des tubercules sauvages, ail et oignon afin de renforcer le souffle de l'âme du guerrier. Il composa ensuite une tisane aux bourgeons de sureau pour la fièvre. La dernière infusion, destinée à tonifier le sang, fut préparée à base de rhizomes séchés d'oseille sauvage. Enfin, il prépara un emplâtre d'épinettes noires qu'il appliqua sur tout le corps du malade en murmurant les invocations de guérison.

Restait le territoire des Esprits, celui qui exigeait l'état de transe. Le chaman savait qu'il aurait affaire à forte partie. Non seulement il appela son guide-totem, celui de l'Ours, mais il demanda également l'aide de l'Esprit-Aigle, le guide-totem du Zuyis. Cela, il l'avait vu parfaitement en donnant les premiers soins. L'Indien, dans son délire, ne cessait de l'implorer…

Tout à son rituel, le chaman ne songea pas au danger d'être contaminé. Il avait déjà lutté et vaincu les fièvres, il les craignait surtout pour son clan. Son rôle, il le comprenait maintenant, était de sauver le Zuyis. C'était la raison pour laquelle les ancêtres étaient apparus dans ses rêves et lui avaient demandé de construire la plate-forme : de là, il devait guetter l'arrivée de celui qui viendrait les sauver. Au lieu de ça, il avait failli le tuer.

Guidé par la mélopée sacrée, Jirkki sentait monter les premiers effets de la transe, et il accéléra encore les battements du tambour. Les Esprits étaient contents, il les devinait tout proches. Les contours du monde visible se disloquèrent et il fut arraché à son enveloppe, guidé par les Esprits bienveillants qui chassaient les obstacles devant lui. Il vit le Grand Oumiak rouler dans les flots d'une mer rouge sang, et les visages des Grands Sourcils aussi grimaçants que des Ombres. Précédé par son animal-totem, il avança, presque timidement, vers le grand tourbillon du cosmos, attentif à synchroniser sa respiration avec celle de l'Haleine divine. Quand il fut certain d'avoir accordé son souffle, et seulement à cet instant, il toucha à tâtons la poitrine du Zuyis, et chercha les battements désordonnés du cœur malade. Il le sentit cogner avec la force d'un marteau et l'invita à entrer lui aussi dans la danse des Souffles. Le temps s'étirait. Soudain, il distingua un oiseau prisonnier dans les rets du démon. Soutenu par le rythme répétitif du chant et des battements, il fit sonner les paroles de guérison, tantôt avec le cri de la gorge, tantôt avec le ventre, puis le crâne et, enfin, avec tout le corps. À présent, le chaman résonnait tout entier, comme la peau de son tambour magique, et les Esprits auxiliaires affluèrent, précédant Tiermes, le dieu Tonnerre.

Le combat commençait.

Pendant trois jours et trois nuits, Jirkki lutta sans prendre de repos. Les attaques du mal s'assourdissaient, les Esprits mauvais s'essoufflaient, la fièvre se faisait moins virulente.

Au matin du quatrième jour, le dernier démon fut vaincu, et l'homme-médecine put entamer le chant de l'apaisement.

Mohawks se sentit aspiré vers la lumière d'en haut, un tourbillon à l'envers qui le propulsa à la vitesse de la foudre. Il ouvrit les yeux et poussa un cri rauque.

Devant ses yeux égarés, un homme-ours psalmodiait. L'apparition portait une fourrure, et sa coiffe à sonnailles était surmontée du crâne luisant d'un grizzli. L'hukmotk cérémoniel garni de lanières accompagnait chaque inclinaison de tête d'un tintement doux. L'homme salua l'éveil du Zuyis avec une exclamation malicieuse.

— Tu peux remercier les ancêtres d'être né avec un gros cœur dans un corps solide, Zuyis ! Sans cela, tu n'aurais pas survécu !

— Qui es-tu ?

— Je me nomme Jirkki et je suis…

— Le chaman de Kiruna ! Alors, j'ai réussi.

— Avec l'aide des Esprits… Oui !

— Et le tien.

— Le mien n'est rien.

— Que veut dire un gros cœur ?

— Celui qui en est doté possède le don de l'apprentissage. Je l'ai vu, tandis que nous luttions tous deux contre les démons.

Mohawks rit faiblement, avant de s'étouffer dans une quinte de toux.

— C'est une chance pour un Marcheur. Vois-tu, chaman, je n'en finis pas d'apprendre…

— Ce don doit se transmettre pour prospérer.

— Il faudrait déjà que j'atteigne le bout du Voyage !

— Ne sois pas impatient.

— Impatient ? Je suis presque mort sur la route et tu parles d'impatience.

— Ce qui importe aujourd'hui n'est pas le but, mais la place où tu te trouves.

Épuisé par cette joute, Mohawks renonça à s'expliquer davantage. L'envie de dormir, irrésistible, rendait ses paupières aussi lourdes que des pierres. Il était en train de se laisser glisser dans le sommeil quand l'image de Torok fouetta ses sens.

— Mes chiens ! Où sont-ils ?

— Ils se sont enfuis.

— Torok ? C'est impossible…

— Les hommes qui t'ont trouvé ont eu peur. Tu as jailli de nulle part, délirant, malade, entouré de chiens féroces. Les lances de nos guerriers les ont fait fuir !

— Ils ne peuvent pas être loin. Je dois les retrouver. Sans eux, je ne suis rien…

Mohawks tenta de se redresser, mais il parvint tout juste à soulever sa tête.

— Calme-toi, Zuyis. Si ces animaux sont si forts, ils auront survécu et tu les retrouveras. Ce n'est pas un jour qui changera les choses.

— Depuis quand...

Mais déjà, il dormait, oubliant ses compagnons et toutes les questions qu'il aurait voulu poser. Les ténèbres cette fois étaient douces, comme lavées des cauchemars.

Jirkki se coucha à son tour sur une natte, épuisé mais heureux. Il marmonna des remerciements aux Esprits, puis se mit à ronfler.

Le lendemain, malgré son extrême état de faiblesse, Mohawks exigea de sortir et Jirkki appela Keijo pour l'aider à faire ses premiers pas. Le chaman n'avait pas oublié que le jeune guerrier avait été le seul à prendre la défense de l'étranger, et c'était une manière de le remercier.

Soutenu par le Saami, Mohawks expliqua qu'il devait retrouver sa meute. Il était persuadé que les chiens rôdaient non loin du village et attendaient son appel.

Comme le Zuyis ne se souvenait de rien, Keijo raconta comment sa tribu l'avait trouvé, la fuite de la meute, et avoua même le conseil des guerriers qui avait failli le condamner à mort par ignorance. Il voulut excuser Jirkki, mais c'était inutile. Le Nahanni ne broncha pas en apprenant que celui qui l'avait sauvé avait d'abord envisagé de le mettre à mort. Le chaman lui avait fait forte impression et il était trop préoccupé par le sort de ses compagnons pour se soucier des détails du passé.

Intrigué par la fébrilité du Zuyis, Keijo l'interrogea :

— Tu es certain que les chiens t'ont attendu ? Cela fait plusieurs jours, maintenant.

— Pour mes chiens, le temps ne compte pas. Seule la force du lien importe. Ils seront là… ou bien morts !

Il pressa le pas, vacillant, et le Saami retint une grimace sceptique.

Depuis que l'homme-guide avait été emporté par les hommes armés, la meute revenait sans cesse rôder à l'endroit où la séparation avait eu lieu. Prudemment, ils restaient à couvert des broussailles et humaient l'air, en quête de l'odeur familière. Ils avaient repéré le village, mais préféraient se tenir à distance. Parfois, ils hurlaient, la tête tournée vers les huttes, dans l'espoir de voir l'homme apparaître.

Ce jour-là, avant même que Mohawks eût lancé le premier cri, ils le flairèrent et piquèrent droit sur lui. Leur maître était revenu, le monde retrouvait son sens !

Ils déboulèrent sur la piste, se bousculant en grand désordre et, sans se soucier de Keijo pétrifié de surprise, ils fondirent sur Mohawks qui s'était accroupi, les bras ouverts, les yeux luisants de larmes. Pendant un long moment, l'homme et sa meute se fondirent en une seule masse, et il fallut l'arrivée des trois chiots, jappant d'excitation, pour que Mohawks se relève, confondu par leur métamorphose. Watanka, Réou et Elyu avaient gardé leur fourrure mousseuse, la queue de travers et une démarche un peu pataude, mais ils avaient doublé de taille depuis la dernière fois qu'il les avait vus ! Ils vinrent flairer et lécher l'Indien mais, très vite, la tendresse vira en gambades. Watanka le bien-nommé voulait visiblement faire régner sa loi sur les deux autres, moins assurés, et il les mordit assez fort pour les faire reculer. Le chiot était fou de joie de retrouver l'odeur de l'homme au kayak. Il avait passé une lune entière niché contre ses jambes, et sa disparition avait créé un manque.

— Niäniä, je crois que la fièvre m'a rendu aveugle… Tes fils sont devenus presque aussi redoutables que des jeunes loups !

Fasciné par le spectacle de ces retrouvailles, Keijo était resté silencieux. Lui qui avait vu la meute bavant de rage découvrait maintenant des animaux aussi doux que le miel. Il sentait qu'un lien rare et puissant unissait le Zuyis et ses chiens, un lien qui tenait presque de la magie. Un pincement d'envie griffa le cœur du jeune guerrier… Puis sa bonne nature reprit le dessus et, moqueur, il interpella Mohawks :

— Maintenant que tu as retrouvé tes compagnons de voyage, accepteras-tu la compagnie des hommes ?

Mohawks éclata de rire, en réalisant à quel point les circonstances de son arrivée étaient inopportunes.

— Évidemment ! Mais laisse-moi encore un peu de temps. Je suis trop épuisé pour m'occuper des chiens, puis-je te les confier ?

— Je fabriquerai un enclos, juste à côté de ma hutte.

— Ce n'est pas nécessaire. Nourris-les, vérifie leurs coussins et débarrasse leur fourrure des parasites. Mes chiens vivent libres depuis deux lunes, ils ne supporteront pas d'être enfermés. Tu peux prendre les chiots dans ta hutte, il faut qu'ils se réhabituent à l'homme. Jirkki ne voudra pas s'encombrer d'eux.

— Comme tu veux.

— Je dois m'occuper de mon kayak. Il y a dedans des totems précieux, et s'il a dérivé…

— Laisse-moi m'en charger. Je connais le sentier que tu as emprunté, et toi, tu dois retourner auprès de Jirkki. Il m'a recommandé de ne pas te fatiguer.

— Tu y trouveras une défense géante. Peux-tu la cacher pour moi ? C'est un don que j'aimerais offrir aux tiens.

— Je le ferai.

— Merci, Keijo, ami des Nahannis.

— Merci, Zuyis, ami des peuples ! C'est un honneur de t'aider.

— Ne m'as-tu pas déjà sauvé la vie ?

— Justement, non !

— Tu as essayé. Cela vaut autant qu'un acte.

Maintenant qu'il était rassuré sur le sort de sa meute, le Zuyis sentait revenir l'épuisement accablant. Il n'avait plus qu'une seule envie : dormir…

11.

Le Zuyis ressentait un véritable ébranlement du corps et de l'esprit. Il était plein de doutes qu'il s'efforçait d'ignorer. Comment les dieux avaient-ils pu l'éprouver ainsi, jusqu'à frôler le territoire des ombres, lui alors si fort et si serein ? Quel était le sens de tout cela ? Aussi, quand le chaman l'informa qu'une période d'isolement était nécessaire, il accepta sans discuter.

Le chaman exigea d'abord qu'il se repose, ensuite qu'il se purifie, et enfin qu'il se recueille en silence. Les heures se changèrent en jours, l'épuisement de Mohawks s'estompa, mais Jirkki continuait à refuser de le laisser sortir, même pour faire quelques pas. « Prends patience, tu n'es pas encore prêt ! Il y a des cycles à respecter, jeune guerrier. » Quant à lui, en revanche, il quittait la hutte de bon matin pour vaquer à sa tâche de chef ou de guérisseur et ne revenait qu'au crépuscule, rompant enfin la solitude du reclus.

Après trois longues journées de repos, le Zuyis sentit les premiers fourmillements faire bouillir son sang. L'ennui l'empêchait de réfléchir à la noblesse du Voyage ou aux dieux auxquels, d'après Jirkki, il devait la vie. Derrière les parois de la hutte faite de branchages et de tourbe, il entendait le pas des Saamis, leurs interjections, la rumeur de cette vie dont il était exclu. Parfois, le rire d'une fille venait lui chatouiller l'oreille, d'autres fois, c'était le jappement de l'un des chiens qu'il aurait reconnu entre mille.

Le soir, heureusement, le chaman lui relatait l'histoire de son peuple, la rencontre avec les Grands Sourcils, l'exil vers le nouveau village qu'il avait rebaptisé Kiruna, non pour effacer le drame, mais pour témoigner sa dévotion aux lois.

— L'homme n'est pas né sur Terre pour corriger la nature, mais pour en être le fidèle gardien. Il est toujours plus difficile de rétablir l'équilibre naturel que de produire un déséquilibre. Le mal frappe quand les Esprits sont mécontents, expliquait-il.

Mohawks l'écoutait avidement et retrouvait l'écho des paroles d'Aki, surtout quand Jirkki tentait de lui dresser un portrait des « hommes blêmes ». La tragédie de Kiruna l'ancienne avait affermi sa foi en les dieux saamis, mais aiguisé sa méfiance envers les hommes et leur folie. Quand il apprit qu'Aki était toujours vivant, Jirkki sourit pensivement.

— Qui aurait pu penser que le vieux survivrait ? Et Olmeï, lui…

— Votre chef ?

— Il est mort en chemin. C'était la dernière victime des étrangers.

— Les fièvres ?

— Non. La peine et la culpabilité. Jamais il ne s'est pardonné de ne pas avoir su protéger son clan, de ne pas avoir deviné le danger. Nous vivions d'échanges depuis les temps anciens, Zuyis. Les pères de nos pères troquaient déjà leurs fourrures avec des peuples venus de loin, c'est pourquoi Olmeï ne s'est pas méfié. Je lui ai parlé du sort qu'on ne peut changer, mais il ne m'entendait plus. Avant de mourir, il a voulu que je prenne la tête du groupe survivant et me voilà chef et chaman !

— N'as-tu pas de femme pour t'aider ?

Jirkki se renfrogna et se tut un court instant, avant de reprendre d'un ton assourdi.

— Elle est morte, et mes fils aussi.

— C'est une rude épreuve pour un homme.

— Les temps sont risqués, Zuyis, et nos ancêtres le savaient… Connais-tu la légende de nos pères ?

— Non.

— Alors, laisse-moi te la conter. Jadis, en des temps immémoriaux, une femme-médecine très réputée eut la vision d'une île flottant vers nos terres où poussaient de grands arbres et des êtres vivants. Une fois revenue de sa transe, la chamane prophétisa que ce qu'elle avait vu arriverait un jour, dans les temps futurs. Que des oumiaks grands comme des îles se déplaceraient en flottant sur les mers avec leurs ailes blanches aussi grandes que celles des oiseaux géants. Que les êtres à la peau blême qui l'habitaient parleraient de divinités inconnues ici, des divinités aussi étrangères à nos dieux que ces hommes nous seraient inconnus. Ces nouveaux venus porteraient un mal capable de détruire nos peuples. Les hommes véritables perdraient alors leur esprit. Ensuite viendrait le temps où la Terre Mère tomberait très malade. Les pluies seraient empoisonnées. Les poissons mourraient. Les esprits de chacun, homme ou animal, retourneraient dans des corps aux couleurs de l'arcen-ciel. Alors viendrait le temps béni du renouveau, quand les hommes de couleurs multiples s'uniraient pour redonner la santé à la Terre Mère.

— Ton histoire rend mon Voyage vain et inutile !

— Au contraire, Zuyis ! Si les choses sont écrites au Ciel, les efforts des hommes se gravent jour après jour sur la terre. En perdant ta confiance en la Vie, c'est comme si tu la tuais un peu en toi et autour de toi. Jamais le Voyage n'a été si important.

— Je veux bien t'écouter, car tu es sage, Jirkki, mais une question ne cesse de me harceler depuis que j'ai entrepris de marcher. Chaque chaman ou presque que j'ai rencontré m'a parlé d'un secret, et chaque fois que j'ai cru le découvrir ou obtenir une réponse il fallait encore marcher jusqu'à la prochaine étape.

— Je peux répondre à cela.

— Vraiment ?

— Oui. Je l'ai vu dans la transe.

— Le Grand Secret ?

— C'est une rencontre.

— Tu veux dire quelqu'un ! Qui ? Un autre chaman ?

— Je l'ignore, mais tu le sauras le moment venu.

— Quand ?

Une onde de colère balaya l'espoir du Nahanni. Comment Jirkki pouvait-il être assez cruel ou stupide pour lui faire miroiter une réponse et ensuite le laisser se débrouiller avec une vague prophétie ! Se moquait-il de lui ? Une rencontre ! Il les accumulait, les rencontres, autant que de rennes dans une harde ! Comment faire autrement quand on voyage au nom des Peuples d'en haut !? *Sa rencontre* l'enverrait sûrement vers quelqu'un d'autre, chaque fois plus loin, et ainsi poussé par sa curiosité dévorante il bouclerait le Voyage, les mains vides !

C'était une supercherie, ce Voyage, ce secret, cette satanée rencontre. On se moquait de lui !

Il observa l'homme à la dérobée dans l'espoir de deviner un signe qui trahirait le subterfuge. Les chamans n'usaient-ils pas de ce mystère afin de l'inciter à poursuivre sa quête, comme on appâte une ligne ? Sans doute n'existait-il aucune réponse, juste un leurre qu'on agitait devant lui… Sous le coup de la déception, Mohawks fut pris d'une nausée et il se tourna ostensiblement sur sa couche en marmonnant un vague salut. Dans la pénombre, pourtant, il ne put refréner une dernière remarque sarcastique.

— Une rencontre !

— Qui va bouleverser ta vie et changer le sort de la Coiffe…

Mohawks refusa de se laisser impressionner et mit longtemps à s'endormir, bercé par les ronflements du chaman.

*

* *

La pleine guérison du Zuyis coïncida avec la nouvelle lune, le surlendemain.

Jirkki invita le Zuyis à se mêler à la tribu et l'avertit qu'une grande fête d'accueil serait donnée le soir même, sur la place du village, car le temps était doux.

Il sortit aussitôt et tomba sur Keijo qui l'attendait, impatient de lui montrer les lieux. Mohawks fut très heureux de retrouver le Saami, mais son cœur se languissait des chiens. Il expliqua qu'avant de se mêler aux autres, il voulait marcher à l'aventure seul avec ses compagnons, pour retrouver l'harmonie qui le liait à eux. Malgré sa déception, Keijo parut comprendre et le laissa s'enfoncer dans la forêt, entouré de sa meute.

Le Zuyis ne revint qu'au crépuscule, les yeux brillants, deux perdrix accrochées à la ceinture. Au cours de ces heures passées au cœur de la nature Mère, il avait enfin recouvré une part de sa sérénité.

Il fut bientôt entouré de guerriers venus le saluer. Les Saamis étaient curieux de rencontrer cet homme, le fameux Zuyis qu'ils attendaient depuis longtemps et qu'ils avaient vu agonisant. Des femmes aussi s'approchèrent, étouffant quelques rires. Elles tournaient autour de lui, émerveillées par sa stature et son visage harmonieux. Bientôt, la rumeur se répandit que le Zuyis était beau, plus fort que les Esprits malins, et que son rire avait la clarté d'un ruisseau en crue ! Devant lui toutefois, elles conservèrent une retenue qui sembla un peu affectée à Mohawks.

Keijo finit par renvoyer les curieux en prétextant qu'il devait se reposer avant la fête ; il était agacé par le revirement de ses frères, si prompts à flatter le Zuyis après l'avoir condamné sans une hésitation. Seul Varru était resté en retrait, la mine renfrognée. Le guerrier conservait une part de méfiance, et peu lui importait que l'étranger soit Zuyis ! D'une façon ou d'une autre, son sort était lié aux Grands Sourcils et lui seul semblait en être conscient !

Les Saamis se dispersèrent enfin, et Keijo accompagna Mohawks à sa nouvelle hutte. Durant la journée, Jirkki y avait déposé les affaires du Zuyis. Maintenant qu'il était guéri, Mohawks logerait dans une hutte solitaire. Le chaman l'avait fait préparer près de la pierre sacrificielle, un lieu paisible, un peu à l'écart, ainsi que l'exigeait la coutume des Marcheurs. Un Zuyis devait se recueillir durant la période de jeûne.

Keijo parlait beaucoup, soucieux de son rôle de guide, car le Nahanni lui paraissait toujours un peu perdu. Il crut que l'écart qui les séparait tenait aux différences de coutumes et voulut le combler à force de bavardages. En chemin, il expliqua que la tribu comptait plus d'hommes que de femmes, car celles-ci avaient été touchées par le Mal en plus grand nombre. En un soleil, seulement trois enfants étaient nés, et le plus chétif était mort dans son sommeil.

Mohawks avait autre chose en tête que d'écouter une fois encore cette rengaine sur la tragédie. Il était las des drames, il avait envie de légèreté. Keijo s'était occupé de son kayak et, comme promis, il avait dissimulé la lourde défense. Le Zuyis hésitait à l'offrir le soir même aux Saamis. Quelque chose lui soufflait d'attendre, d'observer, d'arrêter de chercher partout l'encouragement des dieux. Le meilleur moment viendrait à la cérémonie des totems, il en était certain. Keijo finit par percevoir son inattention et le quitta à contrecœur.

Une fois seul, Mohawks se mit à rire doucement. À force de vivre en sauvage avec pour unique compagnie ses chiens et les dieux, voilà qu'il devenait ermite ! Il se rendit à la rivière pour se laver avant de revêtir ses habits de fête. Comme sa chemise était déchirée, presque en lambeaux, une femme lui avait confectionné une nouvelle tunique brodée de coquillages, d'amulettes en grenaille et de dents joliment teintes. Jamais il n'avait possédé pareil vêtement !

Propre et revigoré par son bain glacé, il l'enfila, parcouru d'un frisson de plaisir. Ne luttait-il pas contre la peur, la fatigue et la mort pour vivre des moments comme celui-ci ?

Le soleil éclairait bas un ciel splendide ; les nuées de feu et de pourpre semblaient combattre l'obscurité et, de l'union des contraires, l'ombre et la lumière, naissait un prodige. Cette beauté était le don. « Le ciel promet toujours à la terre », pensa Mohawks. Ému par la solennité du moment, il marcha vers le centre du village où brûlait un formidable bûcher.

À son approche, les hommes le saluèrent, et les femmes l'accueillirent avec de grands sourires. D'un signe, Jirkki lui commanda de prendre place entre lui et Aapo, le plus vieux des Saamis.

Après les proclamations rituelles d'amitié, les plats commencèrent à circuler : poissons fumés, viandes de renne et d'élan accompagnées d'une appétissante sauce aux baies, perdrix et ragoûts de foie et de moelle marinés dans le sang, galettes aux airelles légèrement sucrées que l'on avait enduites de graisse lactée, brochettes de volaille, bouillies d'oignons et d'herbes, le tout arrosé de jus fermenté de baies ou de lait de renne à la saveur acide, et de bols de sang que les Saamis avalaient par larges rasades, claquant la langue de satisfaction.

Dans la chaleur ambiante, légèrement ivre, le Zuyis savourait son plaisir sans arrière-pensées, simplement heureux du sentiment de partage et de solidarité qu'il ressentait au contact de ces peuples rudes mais chaleureux. Voilà qu'il redevenait tout doucement un homme parmi les siens…

Tout à coup, une fille apparut, comme jaillie des flammes, nimbée d'or liquide. Elle marchait, ou plutôt elle ondulait, et pourtant son corps était ferme, d'une densité qui donnait envie de le toucher. Le bras arrondi sur une gourde imposante qu'elle avait négligemment coincée sur sa hanche et qui faisait danser ses reins, elle traversa la place vers les hommes.

Le souffle coupé, Mohawks crut que son cœur cessait de battre… Il pria pour croiser son regard, mais la jeune femme posa la gourde aux pieds de Keijo, à seulement trois pas de lui, et retourna vers ses compagnes sans lui prêter attention. Sous les paupières bombées, il avait cru voir l'éclat de ses prunelles, d'un vert profond.

Elle avait attaché ses cheveux en deux nattes luisantes qui dessinaient un fouet d'ébène sur ses épaules, battaient sur la courbe gracieuse des seins que l'on devinait ronds et haut plantés, et descendaient jusqu'à sa taille. Assez petite, elle était pourtant d'une harmonie parfaite. Une vision. Un mirage de femme.

L'Indien voulut tout savoir d'elle, mais une brusque paralysie l'empêcha de prononcer le moindre mot.

Il pensa à la foudre qui brûle le cœur des arbres et sut que cette apparition resterait gravée en lui pour toujours. C'était si fort qu'il en éprouva une sorte de désespoir. Qui était-elle ? D'où venait-elle ? Pourquoi ne l'avait-il pas vue encore ?

Elle riait à présent, inconsciente du trouble qu'elle avait suscité, à demi cachée par sa voisine, une Saami aussi ronde et grasse qu'un aiviq. Il vit son pied chaussé d'un mocassin et s'imagina saisir la chaussure entre ses deux paumes, l'ôter doucement pour découvrir le pied à l'intérieur, niché dans la fourrure comme un oiseau dans son nid.

Pourquoi avait-elle servi Keijo ? Était-elle sa compagne ? Lui avait-elle été promise ? Une onde de peur le parcourut et ses mains devinrent moites. Des femmes lui souriaient, les hommes l'interpellaient joyeusement, chacun le regardait. Sauf elle. Il tenta de se ressaisir, mais la curiosité le dévorait désormais. Il se pencha vers Aapo et demanda d'un ton désinvolte :

— Keijo a-t-il une compagne ?

— Non, pas encore. Il a perdu la fille qu'il aimait… là-bas, à l'ancien village.

— Et depuis il n'a trouvé personne ? Jirkki dit qu'il prendra sa suite, et un chef ne peut pas demeurer sans femme.

— Oh, il a des vues sur Kiia.

— Qui est-elle ? Je n'ai pas retenu chaque nom.

— Elle n'est pas d'ici, mais d'un village à trois jours de marche. Tu ignores les lois du sang, cousin ?

Le soulagement qui l'envahit fut si puissant qu'il put à peine répondre.

— Non, bien sûr… je n'ai pas réfléchi.

Elle était libre. Du moins, ce n'était pas Keijo qui la convoitait. Le Zuyis s'était pris d'amitié pour le jeune guerrier saami. Un sentiment intuitif, quasi instantané, qui l'avait déjà traversé lors de sa rencontre avec Churuk, le pêcheur nhyanna frappé de tabou, et il n'aurait pas supporté d'être son rival. Il chercha le moyen d'interroger Aapo sans paraître trop curieux, conscient que l'émotion le rendait malhabile.

— Et Inari ?
— Quoi, Inari ?
— On m'a dit que c'était la compagne de Varru et qu'elle était belle à faire les étoiles. Est-elle ici ?
— En face de toi. Elle te sourit… C'est Varru qui va être content !
Mohawks prit en effet conscience du regard appuyé d'une jeune Saami, coquettement vêtue d'un habit aux couleurs chatoyantes. Elle avait certes un beau visage, assez plat, les yeux très écartés et un charmant nez retroussé, mais rien qui pût arracher le Zuyis à son ravissement. C'est à peine s'il lui accorda un regard, envoûté par l'autre fille. Il comprit qu'il était l'objet de toutes les attentions, surtout de la part des femmes. Jeunes ou vieilles, toutes l'observaient avec un intérêt non déguisé, sans oser pourtant l'interpeller directement. Toutes, sauf elle !
— Vos femmes sont-elles timides ?
— Pourquoi demandes-tu cela ?
— Parce que pas une seule n'est venue m'inviter. D'habitude, les Indiennes ne sont pas aussi farouches avec moi.
— Tu as raison… Mais tu dois comprendre que la plupart d'entre elles sont allées avec les Grands Sourcils et ont déchaîné la colère des Esprits en rapportant les fièvres. Elles en ont gardé un souvenir si cuisant qu'elles n'osent plus se frotter à un étranger, pas avant de le connaître mieux.
— Mais je suis indien, comme vous !
— Elles le savent, mais elles ont conservé une sorte de prudence. Vois comme leurs regards luisent quand ils se posent sur toi ! Tu leur plais ! Bientôt, tu auras sans doute des visites dans ta couche…

— Pas toutes…

— Que veux-tu dire ?

— Tu vois la fille, là-bas, juste derrière la grosse femme… Elle ne m'a pas jeté un seul regard.

— Anja ? Oh, celle-là…

— Anja ?

— C'est son nom. Elle est fière…

— N'a-t-elle pas été sur l'oumiak ?

— C'est drôle que tu poses cette question… Elle a refusé, dès le premier jour, et n'a pas voulu céder, malgré ce qu'ils lui offraient.

— Pour quelle raison ?

— Demande-le-lui.

— Si elle ne m'accorde aucune attention, je ne vois pas comment…

— Tu trouveras bien.

Aapo rit grassement en tapant dans le dos de Mohawks. Il était surpris par sa naïveté. La fière Anja avait encore frappé le cœur d'un homme et, cette fois, il s'agissait du plus valeureux d'entre eux. Feignant de se désintéresser de l'Indien, il se jura de rapporter au plus vite leur conversation à Varru.

Anja. Son nom était si doux que Mohawks aurait voulu le faire rouler toute la nuit sur sa langue. Fière… Qu'est-ce que Aapo voulait dire par là ? Insensible aux hommes ? Un Zuyis pourrait-il lui plaire ?

Quand on l'invita à raconter ses aventures, Mohawks ne se fit pas prier. Il parla pour elle seule, Anja, pour l'éblouir, lui plaire, capter une lueur d'intérêt. Elle l'observait enfin, un léger sourire sur les lèvres. Le Zuyis mit toute la flamme qui dévorait son cœur dans l'évocation de son Voyage, épiant chaque réaction, chaque soupir, et quand il se tut enfin, il osa lui sourire franchement. En pure perte. Déjà, elle s'était détournée et il se sentit brusquement glacé par cet ostensible dédain.

Quand vinrent les danses, au lieu de se mêler aux autres, Anja disparut au moment même où Mohawks esquissait un geste pour l'appeler. Quand Aapo se leva pour se soulager, Keijo s'empressa de prendre sa place au côté de Mohawks. Il souriait malicieusement.

— On m'a chargé de te transmettre un message. Une fille à laquelle tu plais…

— Anja ?

— Elle ? Oh, non… Il s'agit de Mintu.

Il ne put cacher sa déception.

— Oublie Anja ! Elle est belle mais farouche, insaisissable. Et puis, elle est la sœur de Varru, et lui ne t'apprécie guère.

— Je ne lui ai rien fait !

— Tu l'as désavoué devant les autres.

— Peu importe Varru.

— Cette fille est aussi glacée qu'un hummok, et le cœur des hommes s'y brise à vouloir le réchauffer.

— Pourquoi ? Qu'a-t-elle de si particulier pour se jouer de ceux qui sont épris ?

— Elle ne joue pas… Simplement, si tu veux t'amuser, mieux vaut penser à une autre.

— Tu ne comprends pas, Keijo, je ne veux pas m'amuser !

— Et tu as découvert ça ce soir ? Combien de femmes as-tu prises depuis que tu es parti ? Crois-tu qu'Anja supporterait d'être une parmi d'autres ?

— Non. Il n'y aura qu'elle, il n'y a qu'elle…

— Tu n'as jamais connu les plaisirs ? Toi ?

— Si…

— Alors ?

— Alors, c'est elle. Ma Rencontre. Elle !

En prononçant ces mots, Mohawks comprit soudain la violence de son émotion, et ses doutes furent balayés par l'incroyable certitude. Si Anja était celle qu'il attendait, les dieux n'avaient pas menti ! Il reprit d'une voix hachée :

— Jirkki m'a prévenu et je n'avais rien compris. Maintenant, je sais : c'est elle, je te dis !

— Moi non plus je ne comprends rien, sauf que cette fille te tourne complètement l'esprit.

— C'est pourtant très simple, Keijo. J'éprouve pour cette fille quelque chose de plus fort qu'une tempête.

— Mais tu ne lui as jamais parlé !

— Je n'en ai pas besoin.

Devant la gravité du Zuyis, le Saami préféra ne rien répliquer. Il commençait à connaître son entêtement et la fièvre que l'Indien mettait dans ses désirs. Après toutes ces histoires avec sa meute, voilà qu'il s'était entiché de la plus farouche des filles de la tribu. La pauvre Mintu risquait de l'attendre longtemps dans sa couche déserte…

On les appelait à rejoindre le cercle des danseurs et, comme le Zuyis ne faisait pas mine de bouger, Keijo finit par se lever. Mohawks patienta un instant alors que l'envie de fuir le taraudait. On ne s'occupait plus de lui, et il put enfin s'éloigner vers sa nouvelle hutte. Dans la pénombre, il se mit à courir de toutes ses forces. Il voulait être seul pour se réjouir et se torturer en répétant son nom : Anja, Anja, Anja…

Il ne dormait pas. Brusquement, tout devenait clair dans son esprit. Les paroles de Raian, celles de Mulonia, et aussi le désespoir de Rochia, son frère aîné, abandonné par la belle Sajawa qui se mourait d'une étrange maladie. Tous lui avaient parlé d'amour, et lui n'avait rien entendu. Il se rappela son sentiment d'orgueil face à son frère démuni, son incompréhension devant la fidélité absurde de l'aïeule, morte sans avoir revu Raian.

« Amour ». Il avait jadis prononcé le mot sans jamais en percevoir la forme, la couleur, le poids. À présent, chaque fibre de son être éprouvait sa puissance. Et pourtant, il n'avait fait qu'entrevoir cette fille. Il ne lui avait même pas parlé. Comment une telle chose était-elle possible ? Il l'ignorait et peu lui importait. Il avait découvert grâce à elle une sensation rare, à la fois délicieuse et douloureuse, incomparable.

Ses anciennes étreintes lui revinrent en mémoire, les visages et les ventres de ses compagnes fugitives, leurs caresses. Même Sassi… Elles formaient une sarabande dans son esprit, nues et offertes. Mohawks avait goûté leur chair et s'était réjoui de leur tendresse. Mais il n'avait rien compris, rien perçu, rien deviné car il était aveugle et sourd à l'amour, pire qu'un homme privé de ses sens ! En cet instant, il aurait volontiers échangé tout son savoir, tous les plaisirs vécus avec toutes les autres, contre un seul sourire d'Anja !

Jirkki savait. Le chaman ignorait sans doute l'identité d'Anja quand il avait parlé de rencontre, mais il avait prévu le bouleversement qu'elle créerait en lui. Voilà pourquoi il avait ri. Ce soir, la vie avait basculé de façon irréversible. Mohawks ne pouvait l'expliquer, simplement le vivre ; pas d'échappatoire possible. Eût-il voulu les oublier, le visage, le corps, la présence d'Anja lui seraient revenus, encore et encore, car elle l'habitait maintenant complètement. Il ne la connaissait pas, à peine l'avait-il admirée, et pourtant chacun de ses traits lui était plus familier que sa propre main. C'était gravé en lui et le brûlait, tantôt avec douceur, tantôt avec férocité. Bien sûr, il avait perçu les doutes de Keijo et il les comprenait. Il redoutait ceux d'Anja. Comment lui dire, et la convaincre ? Celui qui n'est pas frappé par l'évidence ignore la certitude. Lui aussi avait pris son frère pour un fou ! Et Mulonia elle-même, dont la fidélité semblait excessive, presque anormale.

Ainsi passèrent ses heures d'insomnie, jusqu'aux lueurs de l'aube.

Aujourd'hui, il la verrait. Mais comment lui parler avec naturel alors qu'il était devenu fou ? Aujourd'hui…

12.

— Torok, si tu pouvais parler et me comprendre !

Le chien pencha sa grosse tête et remua la queue, les oreilles à demi dressées pour mieux capter les effluves qui émanaient du maître. Ils ressemblaient à ceux de l'affût, pourtant l'homme restait là, sans bouger, à bouillir intérieurement. La veille, il était parti chasser en oubliant son arc et sa lance !

L'animal lécha la figure de son maître en guise d'encouragement, mais l'homme le repoussa en soupirant.

Mohawks ne comprenait plus rien. Anja était aussi inaccessible qu'une terre inconnue. Aimable, elle répondait toujours à ses saluts, mais, chaque fois qu'il l'abordait et tentait de l'amuser ou de l'attendrir, elle gardait ses distances, avec cette mine altière qui lui donnait envie de disparaître sous terre. Il en venait à douter d'avoir la moindre chance de la séduire ; d'ailleurs, il ne possédait rien, en tout cas aucun charme assez fort pour l'émouvoir ! Et les autres ? Les femmes aguicheuses, Mintu, et même Inari… que trouvaient-elles chez lui qu'Anja ne voyait pas ? Il tentait de comprendre la raison de l'indifférence de la jeune femme et interrogea plusieurs fois Keijo – il n'osait pas questionner Jirkki, craignant ses railleries.

— Anja hait-elle les hommes à cause des Grands Sourcils ?

— Pourquoi donc ? Ils ne l'ont pas touchée ! La faute d'un seul n'est pas celle de tous… Et puis ils ne sont pas inuits. Toi, tu l'es presque !

— C'est cela ! Elle ne veut pas d'un Indien des terres intérieures ! Elle préfère un homme des Glaces !

— Non. Sinon, pourquoi aurait-elle refusé toutes les demandes ?

— Comment veux-tu que je le sache ! Dis-moi, toi !

— Je l'ignore. Demande-le-lui, c'est elle qui dit non. Si je pouvais t'aider, Mohawks, je te l'amènerais pieds et mains liés, comme une carne de femelle caribou !

— C'est peut-être ce que je finirai par te demander…

*
* *

Une nuit, alors qu'il tournait en rond dans sa hutte, le sang bouillant dans ses veines, l'Indien eut une idée qui l'enchanta si fort qu'il en oublia de dormir. Puisque Anja le boudait, il forcerait sa gratitude. Il offrirait un cadeau, un don si fabuleux qu'elle ne pourrait que s'émouvoir. Et ce geste dirait à tous que le Zuyis avait choisi une femme, nul ne pourrait l'ignorer… même ses rivaux !

Il sortit aussitôt, muni de sa hache et son hukmotk. La lune, pleine et luisante, favoriserait son projet. Les chiens l'avaient rejoint et marchaient en silence. Ils atteignirent la boucle d'eau où le kayak était amarré. Seul Keijo connaissait l'existence de la défense sacrée. Elle était dissimulée sous un tas de branches, bien à l'abri des regards. L'ivoire ne serait ni pour les dieux ni pour la tribu saami, témoignage du passage d'un Zuyis. Elle ornerait la hutte familiale où Anja vivait, avec son frère et ses parents. Même Varru serait obligé de reconnaître la magnificence du don.

Mohawks disposa la défense sur une peau de renne afin de faciliter le transport et tracta la lourde charge à travers le village, en veillant à ne faire aucun bruit pour ne pas alerter les Saamis. Perplexes, les chiens, excités par l'ardeur du maître, flairaient le sillon que la dent laissait derrière elle.

Arrivé devant la hutte d'Anja, l'Indien eut un moment de panique. Comment lever une telle masse sans aide ? Il répugnait à réveiller Keijo et tenait absolument à déposer son offrande avant le réveil des villageois.

En évitant de faire du bruit, il creusa un trou à l'aide de sa machette, aussi large que la base de la dent et profond d'une coudée, puis évida une sorte de court chenal pour manœuvrer la défense. Il la fit glisser dans l'encoche puis, d'un formidable coup de reins, souleva l'énorme dent et la tint dressée contre lui, tandis que du pied il tassait la terre. Quand il fut assuré que l'ivoire ne tomberait pas, il se dépêcha d'aller chercher des branches et tailla des baguettes de soutien longues de deux coudées afin de consolider la charge. Quand il en jugea la quantité suffisante, il enfonça ces bûchettes tout autour du pied aussi loin que possible. Le bois dépassait du trou sur une main de hauteur, maintenant la défense dans une étroite bague.

L'étayage achevé, il poussa afin de s'assurer que la dent tiendrait contre les vents les plus violents. Les premières lueurs de l'aube annonçaient déjà l'astre solaire et il fallait balayer toute trace de son passage ! Mais avant, il lui restait une dernière chose à faire… Il s'empara du couteau de Ramuk qu'il gardait toujours sur lui, invoqua l'Esprit totem et se pencha vers la défense.

Il fit un détour par la rivière pour laver son visage et ses mains souillées de terre, puis regagna sa hutte, prêt à attendre une éternité la réponse d'Anja.

Il souriait, seul et bienheureux, alors que les bruits du réveil lui parvenaient déjà, le claquement des peaux, le raclement d'un traîneau, le salut d'un homme à un autre. Il imaginait la surprise, les yeux écarquillés et le sourire qui viendrait fleurir sur le visage de la jeune Saami. À la plus belle des femmes de la Coiffe, Mohawks le Zuyis offrait une dent consacrée par le passage des âges. Sur l'une des faces, il avait gravé la silhouette d'un aigle volant vers un soleil ardent, car tel était l'amour qui le consumait.

*

* *

Fini ! C'était fini ! Il éteindrait le feu qui l'avait consumé dans une mer de froideur ! Il oublierait Anja dans les bras d'autres femmes, dans la contemplation des dieux, dans le danger du chemin ou la transe de l'ivresse, peu lui importait maintenant ! Comment avait-elle pu lui faire cela ? Voulait-elle l'humilier ou lui faire entendre que jamais elle ne serait à lui ? Cette façon de sourire, à peine concernée, ce remerciement qu'elle lui avait jeté en pleine face et qui l'avait heurté comme une gifle !

Les Saamis étaient restés médusés, autant par la splendeur de la défense que par l'aveu public de l'amour du Zuyis. Les promis avaient certes l'habitude d'entasser les dons sur le seuil de leur belle, mais jamais, sur tout le territoire de la Coiffe, on n'avait vu pareille offrande ! Et chacun de s'exclamer que c'était assurément un présent digne d'un Zuyis ! Seule la principale intéressée avait paru insensible à l'hommage. Puis le Zuyis était apparu et elle s'était tournée vers lui, tranquille, attendant qu'il soit devant elle pour s'incliner un peu – si peu ! – et murmurer une vague formule de gratitude. Ils étaient restés là, à se dévisager, elle sereine comme une statue et lui rouge de honte !

Les femmes du clan avaient ravalé des bouffées de jalousie, mais certaines comme Inari et Mintu n'avaient pu cacher leur colère. Cette Anja n'était décidément pas comme les autres, trop altière, trop distante. Voilà qu'aujourd'hui le beau Zuyis avouait son désir et elle restait aussi froide que la glace ! À quoi rêvait-elle, l'orgueilleuse ? Voulait-elle épouser un dieu ?

Anja dut ressentir le trouble causé par son calme apparent. Si les réactions de ses compagnes saamis ne la touchaient guère, elle comprit néanmoins qu'elle devait parler au Zuyis ; aussi guetta-t-elle Mohawks. Pour la première fois, elle le voyait en colère, et cet état suscitait chez elle un fou rire secret tout autant qu'une excitation délicieuse.

Le soir même, elle l'attendit sur le sentier qui menait de la rivière à sa hutte. En l'apercevant, il avait accéléré le pas, détourné la tête avec rage, et Anja dut lui barrer le chemin. Son visage, jusqu'ici si lisible, n'était désormais qu'un masque fermé. La jeune Saami adoucit sa voix afin de l'amadouer :

— Quelle sorte d'enfant es-tu pour jouer ainsi ?

Voilà qu'il la regardait, les yeux écarquillés de stupeur. Anja dut se mordre la langue pour conserver une feinte sévérité. Elle le sentit hésiter entre colère et ravissement, car c'était la première fois qu'elle lui adressait la parole. L'orgueil pourtant le bâillonna et il se contenta de hausser les épaules. Feignant de ne pas remarquer sa rage, elle insista d'un ton moqueur :

— C'est à cause de la défense ? Je t'en suis reconnaissante et ma famille est très flattée.

Mohawks ne put s'empêcher de répondre, alors qu'il s'était juré de ne pas lui parler :

— Et toi ? Es-tu flattée ?

— Bien sûr.

— C'est tout ?

Poussé par l'envie de la blesser autant qu'elle l'avait blessé, il n'attendit pas sa réponse et enchaîna, les dents serrées :

— Les étrangers ont-ils flatté ton orgueil, eux aussi ?

— De qui veux-tu parler ?

— Des Grands Sourcils. On m'a dit que tu leur avais résisté. Pourquoi ? Par orgueil, comme avec moi ?

Elle soupira pensivement et, loin de se mettre en colère, sourit avec mélancolie.

— Je ne sais pas moi-même pourquoi. J'ai été tentée, car ils étaient généreux et certains me rendaient curieuse. Je crois que c'est une voix à l'intérieur qui m'a retenue. Je l'entends parfois, quand je suis perdue. Elle n'est ni le murmure de la raison ni celui de la folie.

— Alors, ta vertu t'a sauvé la vie et depuis tu te voues à la solitude ? C'est ça ? De l'orgueil ?

— C'est drôle que tu parles d'orgueil, Zuyis, car le tien est si énorme qu'il te rend stupide !

Cette fois, elle était fâchée !

Elle partit sans un regard, laissant Mohawks en proie à une confusion dévorante, un mélange de joie – elle lui avait parlé et s'était même confiée pour la première fois ! – et de colère contre lui-même, qui avait été assez fou pour la défier… Pourtant, tout valait mieux que son indifférence. En fait, il avait envie de hurler de bonheur et de courir toute une nuit sans s'arrêter pour calmer le feu qui le brûlait.

*

* *

Les jours suivants, Mohawks multiplia les avances et ne se laissa pas décourager par les refus obstinés d'Anja. Elle avait repris son attitude indifférente, mais il était trop tard, elle avait laissé entrevoir son autre visage.

Le Zuyis était parfaitement conscient de la curiosité des Saamis, témoins de ses efforts malheureux, envers son comportement. Il entendait presque la rumeur des commérages et refoulait des bouffées d'humiliation, obstiné qu'il était à la conquérir. Elle l'accusait d'orgueil ? Il lui offrait sa défaite, une défaite aussi publique que son cadeau d'accordailles, une façon pour lui de se laver de ses erreurs passées, de ses propres indifférences envers Niä, Hateya, et surtout Sassi dont il mesurait, seulement maintenant, la souffrance.

Pourtant, il avait beau proposer promenade ou conversation, Anja demeurait distante et froide.

Un jour qu'il rôdait autour de sa hutte, Mohawks vit arriver Keijo, la mine soucieuse. Contrairement à ses habitudes, le Saami l'interpella avec rudesse :

— Ami, si tu vénères cette femme comme un Esprit, elle te traitera comme un homme faible. Tu la supplies et elle t'ignore… Tu n'es plus ce guerrier que je croyais connaître.

Ces paroles ébranlèrent Mohawks. Tous ses espoirs, ses tentatives n'avaient servi à rien. Il voulait Anja plus que tout, mais il l'avait éloignée de lui-même. Quoi qu'il fasse, elle restait inaccessible. Pire, il avait perdu toute dignité. Keijo avait raison. Obsédé par son désir, il en avait oublié de rester un homme !

Mohawks tendit à son ami le lièvre qu'il avait fléché, pour lui montrer qu'il ne lui gardait pas rancœur, et le quitta sans un mot, pour rejoindre sa hutte.

Il sombra alors dans une tristesse profonde, limitant les contacts avec les autres, car il ne voulait aucune compassion. Seuls ses chiens l'accompagnaient dans de longues marches, durant lesquelles il tentait de s'épuiser.

Quand Jirkki lui parla de la fête du Long Jour, il refusa d'y participer, pas plus qu'il ne souhaitait envisager une date pour la cérémonie des totems. Le chaman ne le questionna pas davantage et Mohawks lui en fut reconnaissant. Qu'aurait-il pu dire ?

L'Indien refusait qu'on l'aide ou qu'on le plaigne. Il fuyait les attentions de Mintu et ignorait les agaceries d'Inari qui enrageait de le laisser insensible. Il évitait la compagnie de Keijo et ne se mêlait même plus aux repas pris en commun. Il voulait être seul pour laisser cicatriser sa blessure, avant de tenter une ultime approche de la belle Anja. Elle n'avait pas été sensible aux cadeaux, mais que dirait-elle en entendant la vérité toute simple, la prophétie du chaman ? Mohawks lui avouerait son amour. Une crainte le retenait pourtant. Elle risquait de prendre peur, ou de percevoir de la folie là où il y avait en vérité un sentiment sacré. Lui-même, avant d'aimer, avait douté de sa puissance.

Pris entre deux feux, il demeurait prostré, incapable de se résoudre à un choix.

C'est finalement Anja qui dénoua la situation, d'un sourire accompagné de quelques mots.

Un matin, elle se présenta devant la hutte, chargée de sacs.

— Bonjour, Zuyis. Je pars quelques jours rejoindre le grand lac où ma mère est morte. C'est à mi-chemin entre ici et l'autre Kiruna. Je m'y rends chaque nouvelle saison pour commémorer son esprit. Veux-tu m'accompagner ?

— Moi ?

— Toi. Mohawks. C'est bien toi, Mohawks le Nahanni ?…

Elle souriait, taquine.

Muet de surprise, le Zuyis acquiesça et prépara quelques sacs. Mille questions lui traversèrent l'esprit, mais il n'en posa aucune, de crainte qu'Anja ne change d'avis. Elle l'observait avec une douceur nouvelle, et semblait amusée par la fébrilité de ses gestes.

— Tu as déjà pris une fourrure de couchage, inutile d'en charger une autre. En revanche, tu oublies ton arc.

— Je vais demander de la viande fraîche à Keijo…

— Inutile. J'ai des poissons, de la farine et des baies. Tu chasseras. Je suppose que tu sais le faire, Zuyis !

Mohawks avait le vertige. Son cœur battait dans sa poitrine bien plus fort qu'il ne l'avait jamais fait auparavant, même face à l'ours géant de la banquise. Et c'était pour une femme qui lui avait proposé de l'accompagner. Était-il devenu fou ? Oui, il l'était, fou de cette jeune fille, à en mourir sur place.

— Je vais prendre une toile de tente.

— Comment vas-tu porter tout ça ?

— Les chiens m'aideront… Si tu es d'accord, j'aimerais emmener la meute avec nous. Ils nous protégeront des ours.

— Ce sont tes frères d'âme, à ce qu'on dit, s'esclaffa la belle Saami. Soit, mais il faut se dépêcher. Je n'ai pas envie de donner des explications à tout le village.

— Dois-je prévenir Jirkki ?

— Il sait. Viens maintenant…

Ils partirent. Les chiens ne tardèrent pas à disparaître en chasse, ravis de cette aubaine. Mohawks suivait Anja sur la piste, entre les taillis touffus, mais il ne voyait rien, ne disait rien. Il pensait à peine, terrifié à l'idée que la magie se brise, que la jeune femme change soudain d'avis et le rejette. En même temps, il essayait d'endiguer une vague de bonheur si forte qu'il en avait le souffle coupé. La belle Saami marchait devant lui et parfois, quand elle tournait la tête pour l'encourager, on aurait dit qu'elle retenait un éclat de rire, toute froideur enfuie.

Il marcha à sa suite des heures durant sans rien voir de cette nature qu'il aimait tant, sans s'occuper des chiens qui gambadaient. Watanka, Réou et Elyu étaient restés dans l'enclos et il n'avait même pas prévenu. Keijo comprendrait et les soignerait, l'Indien en était certain.

Devant lui, Anja s'immobilisa. À travers une trouée de la végétation, il aperçut le reflet d'une rivière qui roulait à leurs pieds, en contrebas de la roche. Le bruit ne parvint pas à couvrir les battements de son cœur qui s'était emballé.

Il sentit la main de la jeune fille glisser le long de son bras et se lover dans la sienne, chaude et minuscule. Son sang s'était figé. Elle le touchait et lui, en proie à un trouble profond, se mit à trembler.

— Tu as froid, Zuyis ? Allez, viens !

Et elle le tira sans lui lâcher la main tandis qu'il trébuchait. Ils marchèrent un moment, et lui ne pensait à rien d'autre qu'à cette main nichée dans la sienne, à la chaleur qu'elles dégageaient en se frottant l'une contre l'autre. Anja avait accordé son pas au sien et il sentait qu'elle l'observait souvent. Mais il était incapable de lui rendre son regard, sinon il n'aurait pu s'empêcher de la prendre dans ses bras, de l'embrasser, de… Il fallait qu'il cesse de penser, qu'il revienne à la raison. Comment faire ? Ses repères s'étaient brouillés. Il ne savait plus rien, ni où il était, ni où il allait. C'était un rêve. C'était donc ça ! Mais il ne voulait pas se réveiller.

Le ciel s'assombrit au-dessus d'eux au moment où ils parvinrent à une clairière parsemée d'herbes folles et de fleurs qui semblaient danser gracieusement sous la brise. Un arbre énorme et solitaire veillait sur l'endroit. Anja appuya son dos contre le tronc. Elle lâcha alors la main de Mohawks et le scruta avec une douceur et une gravité qui lui tordirent le cœur. Puis elle se dressa sur la pointe des pieds, approcha son visage jusqu'à frôler le sien, et ses lèvres touchèrent sa joue.

— C'est toi, dit-elle seulement.

Ce contact libéra le désir de Mohawks. Aussi violent que l'eau de la débâcle qui se rue hors du lit des fleuves, il le submergea. Voilà plus d'une lune que l'Indien vivait chaque instant le souffle coupé par son désir. D'un effleurement, elle venait de faire éclater le barrage qui l'obstruait.

Il la saisit à la taille et aspira la peau tendre de son cou, humant son odeur pour mieux la goûter. D'une main, il écarta l'échancrure de la tunique dont les coutures craquèrent, mais il ne s'en soucia pas, emporté par le besoin de la sentir nue, de la pénétrer enfin, de boire son souffle et de se fondre en elle. Ils roulèrent sur le sol sans qu'il ait eu conscience de tomber. Il entendait sa respiration précipitée, presque un grognement auquel il mêla le sien. Soudain, il avait tout oublié des enseignements de Naitma, celle qui lui avait appris l'attente et les savantes caresses ; son envie était un feu qui consumait tout.

Il pénétra Anja d'un coup de reins et, l'espace d'un instant, magique, il crut qu'il était arrivé au centre du monde, là où naît toute chose. Et le désir le reprit, si fort qu'il cria. Elle avait basculé le cou en arrière et ses yeux roulaient sans rien voir. La jouissance le surprit, rapide, violente, et il retomba sur le corps aimé, à bout de souffle.

Comme elle ne disait rien, il prit conscience qu'il l'écrasait de tout son poids et s'écarta d'elle avec douceur. Le sang avait taché ses cuisses, et il eut honte de sa précipitation.

— Pardonne-moi, Anja. Pardonne-moi ! J'ai… j'ai honte, mais cette attente m'a rendu fou. Avant que tu ne parles, je veux que tu saches : je t'aime à en mourir !

Il risqua un regard vers elle et vit une lueur scintiller dans ses prunelles. Le vert était profond, pailleté de poussières dorées.

— Mohawks, ne t'excuse pas. Je t'ai aimé au premier instant où je t'ai vu. Sans doute même avant. Je t'attendais.

— Mais alors pourquoi tant d'indifférence, pourquoi ?

— Parce que rien n'est plus beau que le désir d'un homme, et que j'ai voulu en profiter un peu…

Elle éclata de rire devant la mine ébahie du Zuyis, puis ajouta en rougissant un peu :

— C'était la première fois. Tu sais, Mohawks, j'ai toujours su que quelqu'un arriverait et qu'il me suffirait de le regarder pour savoir. Je me suis gardée pour lui, j'ai refusé toutes les demandes et ma famille m'a cru folle. Quand tu es apparu, à la fête, j'ai compris que mon intuition ne m'avait pas menti.

— Tu ne m'as accordé aucune attention !

— Je t'ai vu avant toi, Zuyis ! Mon cœur chantait de joie et j'aimais cette émotion. Et puis j'ai remarqué le trouble des autres femmes et toi, fier comme l'aigle, tellement sûr de toi ! J'ai cherché à faire durer cet instant unique. Le reste, je savais que cela viendrait.

— Et moi qui devenais fou !

— J'ai savouré chaque instant de ta folie !

Mohawks saisit son pied, minuscule dans sa paume, et le caressa pensivement.

— Ce soir-là, j'avais tellement envie de faire cela.

— Et moi, je rêvais de tes mains sur mon corps…

Sous les doigts du Zuyis, sa peau frissonnait. Anja soupira, sourit puis rougit une nouvelle fois et demanda, la voix enrouée :

— Crois-tu que tu pourrais m'aimer encore, là, maintenant ? Cette fois, je veux te regarder.

— Je ne veux pas te faire mal…

— Aime-moi encore !

— Anja, je veux tout ce que tu veux, aujourd'hui et demain et jusqu'à la fin des temps !

Ils ne parvinrent jamais au but de leur voyage, mais restèrent près du gros arbre qui abritait leurs étreintes. Ils passèrent trois jours à s'aimer éperdument et, quand leurs corps demandaient grâce, rompus de fatigue, ils se racontaient inlassablement leur amour, les premiers instants, et l'émerveillement de s'être trouvés.

Mohawks apprit une vérité essentielle sur le partage des plaisirs, que Naitma n'aurait pas pu lui enseigner : il découvrit l'enivrement des sens, l'intensité du plaisir magnifié par la puissance de l'amour.

13.

— Punuk ne s'offre qu'aux meilleurs chasseurs, ceux qui savent se montrer dignes de son sacrifice !

Ainsi parla Varru, le frère d'Anja, lorsque Mohawks demanda à prendre part à la pêche au Géant des mers.

Le Zuyis ne se laissa pas démonter par l'hostilité du Saami. Rien ne valait la solidarité d'une chasse pour aplanir les rancunes et, pour sa part, il n'avait rien à reprocher à Varru, sinon sa mauvaise humeur.

— Doutes-tu de mon habileté ?

— Non, Zuyis. J'ai entendu le récit de tes prouesses à la chasse. Mais la traque de Punuk exige des capacités particulières et elle met à rude épreuve…

— J'apprendrai !

— Dans ce cas, il faudra quitter Kiruna au moins une demi-lune et je sais ce qui t'y attache !

— Si tu parles des sentiments qui m'unissent à ta sœur, sache qu'ils ne me ligotent pas les pieds, mais qu'ils me donnent de la force.

— C'est dangereux. Beaucoup sont morts.

— J'ai vaincu d'autres périls.

Les deux hommes s'affrontèrent un moment en silence, puis Varru céda d'un haussement d'épaules, mais sa mine sévère trahissait clairement ses réticences.

— Je ne peux pas refuser cela au Zuyis, mais je t'aurai prévenu…

— Quand partez-vous ?

— Demain. Si tu veux nous accompagner, il faudra que tu sois prêt à l'aube. La cérémonie des chasseurs doit avoir lieu au premier croissant de lune.

— Je serai là…

Les deux Indiens se saluèrent et Mohawks, impatient de partager sa joie avec Anja, courut la rejoindre dans leur hutte.

La jeune femme reprisait une paire de bottes sur le seuil. À voir sa mine rayonnante, elle devina sans mal la réponse de son frère et son cœur se serra.

— Il a dit oui, alors…

— Et je vais devenir un chasseur de Géants !

— C'est bien…

Mohawks s'accroupit devant elle et releva son menton d'un geste caressant.

— As-tu peur pour moi ? Anja, je serai prudent, maintenant que je t'ai trouvée, j'ai toutes les raisons de vouloir rester vivant.

— Punuk est redoutable…

— Le Voyage qui m'attend est long, tu dois garder confiance. Ta foi nourrit la mienne et me donne la force de tout vaincre, n'oublie pas cela.

— Je le sais, mon amour, et j'aime te voir heureux. J'étoufferai mes peurs en regardant le ciel, chaque fois que tu seras loin. Simplement, j'aurais voulu rester une vie entière là-bas, près de notre arbre.

— Nous trouverons un autre saule, un pin géant ou l'arbre magique des chamans ! Il en existe de fabuleux sur ma terre natale. Anja, ma douce, tu sais que je dois reprendre la route… bientôt. Ma quête n'a pas changé, mais à présent tu l'illumines et je ne peux plus me perdre.

— Quand vas-tu partir ?

— Après la campagne de pêche, j'irai voir Jirkki pour fixer la date de la cérémonie des totems.

Elle ne répondit rien, mais lui offrit un regard amoureux. Une larme grossit et coula sur sa joue ; elle s'empressa de l'essuyer avec un large sourire, pour démentir la tristesse. Mohawks ne se lassait jamais de la contempler. Paupières convexes, étirées en amande, pommettes hautes et lèvres couleur de baie mûre, modelées pour le rire et pour le baiser.

D'un même élan, ils se jetèrent l'un vers l'autre et s'étreignirent. Le désir les emporta aussitôt, comme chaque fois qu'ils se touchaient, que leurs corps semblaient chanter un langage qui leur était propre, fait de caresses et de furie. Chaque nouvelle étreinte les rendait plus avides encore, jamais rassasiés, et leur amour devenait une source d'émerveillement autant que d'effroi, l'éblouissement de se sentir appartenir à l'autre avec la peur de se perdre, qui venait parfois leur glacer le cœur.

Dès leur retour à Kiruna, une lune auparavant, Anja avait fait part au chaman de sa décision d'habiter la hutte du Zuyis. Elle ne réclamait aucun accord, seulement les vœux usuels de bénédiction. Ses parents et grands-parents se montrèrent ravis d'accueillir un Zuyis dans leur famille. Seul Varru afficha une mine sombre. À sa sœur, il expliqua qu'elle serait malheureuse car un Zuyis est un homme de vent, semblable au souffle des airs, qui passe et ne revient jamais. À ses parents il ne dit rien, mais son silence valait tous les discours. Il ne voulait avouer ni sa jalousie ni la honte de s'être trompé, quand il avait souhaité sa perte.

À peine éclos, l'amour entre Anja la Saami et Mohawks le Zuyis prit des allures de légende. Leur passion mutuelle était éclatante, presque trop singulière pour ce peuple qui subsistait plus qu'il ne vivait, à la merci des lois naturelles. La tendresse et la joie y étaient célébrées, mais l'essentiel restait la survie. Leur bonheur était si palpable que même un aveugle aurait pu remarquer le feu qui les unissait. La rumeur se répandit bientôt de tribu en tribu, et certains Saamis murmurèrent que tant d'éclat risquait d'attiser la jalousie des Esprits malveillants…

Aussi, quand l'Indien partit chasser le grand Punuk, personne ne s'en étonna, car les légendes sont tissées des exploits des héros.

*
* *

Le ciel était sans nuages, d'un bleu qui faisait plisser les yeux. La réverbération du soleil rendait la surface de la mer luisante. Dans un silence absolu, quatre oumiaks flottaient à la lisière de la côte. Chaque embarcation comptait neuf chasseurs et un harponneur. Chacun avait ralenti son souffle et vidé son esprit, afin d'accueillir dans les meilleures conditions l'énergie de la traque.

Lors de la cérémonie des prières, le chaman avait vu un animal solitaire, à la traîne d'un groupe de six

Géants, un mâle puissant dont la chair nourrirait plusieurs clans durant la saison, à condition qu'il s'offre aux lances des Saamis. Leur succès dépendait de nombreux facteurs : les chants et les invocations, l'habileté des hommes et le déroulement de la traque dans le respect des lois. Des chasseurs ou du Géant, le meilleur vaincrait sous l'œil impartial des dieux.

Pour l'instant, tout reposait sur le guetteur, perché sur une saillie de la falaise, à l'aplomb du village. L'homme était trop chétif pour manier le harpon, mais il avait la vue perçante. Son rôle consistait à repérer l'ombre de Punuk à l'horizon, l'étrave de sa nageoire ou le geyser de son souffle. Au moment de prévenir ceux qui patientaient, il agitait les bras en une série de gestes précis, et les pagayeurs se lançaient à l'assaut des vagues, donnant toutes leurs forces dans cette course titanesque.

Durant leur progression, les hommes se gardaient de faire du bruit. Les Géants étaient imprévisibles et certains fuyaient les flottilles d'oumiaks. Il suffisait qu'un seul animal ait survécu à une chasse ou ait vu l'un des siens succomber pour que les autres membres de la colonie soient immédiatement prévenus. Une fois repéré, il fallait avancer avec la légèreté d'une ombre et approcher d'assez près le Géant pour harponner sa chair épaisse et l'empêcher de s'enfoncer dans les sombres abysses, hors de portée.

Le temps s'écoula. Les yeux piquaient, chacun scrutant l'horizon.

Mohawks avait embarqué dans l'oumiak de Taavi, le chef du village de Saana. Varru en était le harponneur de tête, celui qui avait la lourde tâche d'indiquer la direction, d'anticiper les virages de Punuk ou ses soubresauts d'agonie. Et surtout, c'était lui qui choisissait le point où piquer l'animal et arrimer le premier dard. Ces instants étaient périlleux, les harponneurs le savaient : si la plupart des Géants tentaient de rejoindre le fond de la mer, il arrivait qu'un crochet douloureux réveille leur furie et les pousse à attaquer l'oumiak d'un mouvement de queue. Une fois le premier coup infligé, les harponneurs des autres oumiaks devaient aussitôt planter leur lance, pour entraver la progression de l'animal. De la taille de trois embarcations mises bout à bout, on racontait qu'il était capable d'en traîner une à sa suite pendant deux jours sans ralentir. Il n'y avait alors rien d'autre à faire que d'attendre que l'animal s'épuise. Quand il remontait respirer à la surface, les chasseurs piquaient de nouvelles lances dans la chair épaisse, afin de le vider de son sang, de l'épuiser. Cette traque, faite d'attentes et d'assauts, pouvait durer près de quatre jours, jusqu'à ce que l'animal ne puisse plus plonger, jusqu'à l'agonie du Géant.

Durant les jours de rituel qui avaient précédé la campagne de chasse, Mohawks avait découvert le vrai visage de Varru. Le frère d'Anja était assurément un homme valeureux. Il alliait la force à une bonne dose de ruse, qui est la marque du vrai guerrier. L'Esprit de la chasse avait balayé la rivalité qui l'opposait au Zuyis. Pour affronter Punuk, les hommes de l'oumiak devaient être unis, capables de braver la mort. L'Esprit de solidarité commandait d'oublier la méfiance ou la haine, et Varru le savait mieux qu'aucun autre. Il avait laissé mourir sa rancune. Le Zuyis était devenu l'un des leurs.

— Quand les hommes sont victorieux, ils rapportent l'âme de Punuk au village, avant de la rendre à l'océan, mais, s'ils meurent au combat, c'est Punuk qui entraîne leurs âmes à jamais !

Mohawks frissonna en se remémorant les dernières paroles du chaman. Comme l'attente se prolongeait, plutôt que de se laisser envahir par l'appréhension, il entreprit d'examiner encore une fois son arme, admiratif de l'ingéniosité du système.

Sa lance tenait bien en main. Le crochet amovible fiché au sommet de cette longue dent de narval était redoutable : une fois enfoncé dans la chair grasse du Géant, il était indélogeable. Cette tête hérissée de piques était solidement fixée à une ligne en tendon de phoque, particulièrement longue et résistante, qui rattachait Punuk aux chasseurs. La force de leurs bras restait néanmoins insuffisante et la ligne était rattachée à de grosses vessies de phoque gonflées d'air qui faisaient office de flotteurs et permettaient de suivre le Géant même lorsqu'il nageait sous l'eau.

Lassé par cette interminable attente, Mohawks fixa de nouveau l'horizon dans l'espoir d'apercevoir quelque chose, mais il ne vit rien d'autre que les mille bras de l'écume qui semblaient danser sous le soleil.

La mer donnait au Zuyis le sentiment d'un espace infini, un monde mouvant et porteur de mystères. Libérée des glaces, elle lui parut plus impénétrable encore car, sous l'immensité scintillante, on devinait les profondeurs obscures et inviolées que l'homme se contentait d'effleurer.

Soudain, un frémissement parcourut l'équipage et les pagaies plongèrent dans un même mouvement. Les oumiaks s'ébranlèrent vers le large. Mohawks tenta de rattraper la cadence en maudissant ses rêvasseries : il avait manqué les deux premiers coups de pagaie. Il était bien le seul à s'être laissé surprendre !

Tandis qu'il pagayait de toutes ses forces, il pensa à la consigne de Taavi : « Ménage ton souffle et tes muscles. Quand tu seras à portée de harpon, il faudra frapper vite. Si tu rates ton coup, Punuk deviendra terrible ! »

L'Indien avait beau scruter l'eau au loin, il ne distinguait rien, pas même une ombre. Le guetteur s'était-il trompé ? Soudain, la houle enfla, et une pointe creva les flots vers l'est. La queue venait d'apparaître, à plusieurs portées de flèche des oumiaks, telle une lame gigantesque.

Le vent était favorable. Associé à la force des hommes, il fit voler les embarcations, réduisant peu à peu la distance qui les séparait du Géant. Chacun s'efforçait de garder le silence, d'étouffer le bruit rauque de sa respiration. On distinguait à présent comme une ombre sous les flots, nageant avec une grâce paresseuse. Ils n'étaient plus qu'à deux portées de flèche quand Punuk se mit brusquement à accélérer l'allure. Il les avait sentis ! Une gerbe d'air et d'écume jaillit de la mer, aussi puissante que le soupir d'un volcan ! La bête lançait un avertissement à ceux qui la traquaient : « Vois ma puissance, d'un souffle je te pulvérise, petit homme ! »

Sa trajectoire dévia vers le sud et les harponneurs crièrent. Penché à la proue de l'oumiak, Varru tenait son harpon à demi levé.

Il y eut alors un flottement, cet instant de la traque où tout se trouve suspendu, et le Zuyis crut le moment venu pour les harponneurs. Il se trompait. Varru avait saisi la manœuvre de Punuk avant même qu'il n'entame son mouvement. Le Géant venait de se retourner d'un prodigieux coup de queue, et fonçait maintenant droit sur les embarcations, la tête dressée au-dessus de la houle, tel un rocher monstrueux animé de vie, une montagne d'ébène luisant, dont la pointe s'ornait d'un œil énorme, rivé sur les chasseurs !

Le Géant planta fermement son regard dans celui du Zuyis, comme pour graver un message en lui. Mohawks eut à peine le temps de frémir que déjà l'animal plongeait à nouveau. Les rameurs avaient placé leur pagaie à contre-courant pour ralentir la course de l'oumiak. Chacun priait, le souffle coupé, que ce demi-tour ne les envoie pas dans les flots !

Mohawks ne bougeait plus, envahi par une paralysie étrange qui empêchait toute pensée cohérente. Il lâcha son harpon sans même en avoir conscience, hanté par la luisance de l'œil de Punuk.

Le monstre arrivait déjà sous les oumiaks. La mer gonfla et frémit. La vision de cette ombre immense glissant sous ses pieds était si terrifiante que le jeune Nahanni en eut le vertige. Il s'obligea néanmoins à bouger et empoigna son arme.

Agrippés d'une main aux plats-bords, les hommes brandissaient leur harpon de l'autre, guettant le moment propice pour frapper. Tant qu'il présentait son dos, l'animal restait invincible. Sa queue ondulait à peine et ils la regardèrent s'éloigner avec un frisson. Le chaman avait vu juste : ils avaient affaire à un mâle puissant, sans doute âgé de nombreux soleils. Il était long d'une vingtaine de pas, énorme. Sa nageoire échancrée portait la trace d'une cicatrice profonde, d'une couleur plus pâle, qui zébrait d'un éclair violet l'ébène de sa peau. Une lance ?

Alors qu'il avait dépassé les oumiaks, le Géant dressa une nouvelle fois la tête comme pour les narguer encore. Mohawks put observer sa mâchoire gigantesque et les lamelles noires des fanons qui étincelaient dans la lumière, parsemées de filaments argentés, ses lèvres épaisses tachées de gris, son rostre courbe.

Cette bravade fut fatale à Punuk car, en replongeant, il présenta l'intérieur de sa nageoire caudale, là où courait une veine de vie, le meilleur endroit pour les harponneurs. C'était précisément ce point qu'ils cherchaient à atteindre, le moins douloureux pour l'animal, mais le plus vulnérable. Quand cette veine était touchée, Punuk se vidait de son sang, sans même en avoir conscience.

Varru se dressa vivement. D'un geste puissant, accompagné d'un cri de gorge, il lança le harpon droit vers la nageoire caudale. La bête était à trente pieds de lui, et la pointe se ficha trop haut, dans la chair du ventre. Pris de vitesse, les harponneurs des autres oumiaks lancèrent à leur tour leurs armes. Le premier harpon ripa et se perdit dans les vagues. Le deuxième se planta à l'arrière de la tête car Punuk venait de se redresser dans un soubresaut furieux ! Le troisième égratigna le flanc.

Ni Mohawks ni les autres chasseurs n'eurent le temps de lever le bras : déjà le Géant se cabrait au-dessus des flots et retombait, fendant la mer dans un épouvantable fracas. La houle frappa les oumiaks et fit voltiger deux lances. Les lignes se dévidèrent dans un sifflement sec et chacun s'agrippa comme il put au plat-bord. Punuk entamait un plongeon à l'oblique, hors d'atteinte des pointes. Espérait-il noyer les hommes ? Les flotteurs se mirent à gîter follement dans le tourbillon d'écume, les lignes se tendirent au point de rupture et la course commença.

Mohawks s'accrochait, les doigts blanchis par l'effort. L'oumiak était devenu mi-oiseau mi-poisson, tantôt volant sur la crête des vagues, tantôt retombant dans un creux, entraîné dans le sillage de la bête. Le Zuyis eut une bouffée de honte en songeant à son inertie, incapable d'ébaucher un geste quand Punuk avait sauté, pas même une tentative pour projeter sa lance ! Quel fameux chasseur il faisait ! Fasciné par le spectacle de la proie, il en avait oublié la traque elle-même. À présent, le gigantesque poisson avançait dans les flots, traînant deux des oumiaks à sa suite ! Les chasseurs des autres embarcations, qui n'avaient pas réussi à harponner l'animal, souquaient ferme pour ne pas se laisser distancer.

Une heure passa sans rien changer à la course de Punuk et à la vigilance des hommes. Enfin, le Géant parut s'apercevoir de l'inutilité de sa fuite et ralentit sensiblement. Les lignes, tendues à se rompre, n'avaient pas lâché, les harpons avaient dû s'enfoncer loin dans sa chair, le contraignant de lutter sans cesse contre l'aspiration des flotteurs qui imposaient leur résistance.

Mohawks observa Varru afin de comprendre ce qui se tramait ; les traits crispés, le harponneur surveillait la ligne, prêt à la couper au moindre signe d'attaque. Malgré son incroyable puissance, Punuk, incapable de rompre les tendons ni de se dégager des harpons, restait à la merci des hommes. En revanche, il pouvait décider de combattre à mort.

Les lignes mollirent, les flotteurs cessèrent de ballotter frénétiquement d'une crête à l'autre et le silence se fit. Punuk semblait avoir renoncé à avancer, ou peut-être entamait-il sa remontée. Les hommes gardaient les yeux rivés sur les lignes qui se tendaient au gré de ses déplacements, et cherchaient à deviner ses intentions. Chacun s'arma d'un harpon ou d'une lance. Ils frapperaient ensemble, dès que la tête surgirait.

Taavi s'adressa à Varru d'un ton préoccupé :

— Crois-tu qu'il va nager encore ?

— Il a besoin de respirer.

— Si nous le laissons souffrir, les dieux seront mécontents.

— Le combat vient tout juste de commencer.

— Je n'aime pas la tournure qu'il prend. As-tu vu son œil ?

— J'ai vu.

Le dernier mot fut englouti dans un formidable fracas. Le monstre jaillit de la mer, si vite que le cri d'alarme des hommes retentit alors qu'il était déjà trop tard.

La queue frappa l'oumiak sur lequel se trouvait Mohawks. Hasard ou volonté délibérée de Punuk, c'était de là qu'était parti le premier dard. L'animal fracassa l'embarcation, précipitant les hommes dans la mer glacée. Tandis que l'eau submergeait les plats-bords du deuxième oumiak rudement secoué, la ligne qui retenait l'autre crochet fut arrachée des mains du second harponneur qui dut se cramponner de toutes ses forces pour ne pas sombrer à son tour. Punuk piqua de nouveau droit vers l'abîme, entraînant à sa suite les flotteurs comme s'ils n'étaient rien de plus que des brindilles.

Sur les autres oumiaks malmenés par le ressac, les hommes réagirent assez vite. Ils parvinrent à extirper des eaux quatre malheureux chasseurs avant qu'ils ne sombrent dans les profondeurs glacées. Taavi fit partie de ceux-là. Les autres étaient perdus.

Bloquant sa respiration, Mohawks se laissa emporter par les flots lourds, rouler et avaler par la vague, incapable de reconnaître le bas du haut, les oreilles assourdies par le rugissement de l'eau. Une seule pensée l'obsédait : celle de se retrouver devant la gueule de Punuk ! Et si la bête en colère le cherchait pour l'achever ? Sa queue était peut-être sur le point de frapper, car il était sur son territoire, sous l'eau, sans arme, mais encore vivant !

Il fit un effort surhumain pour ouvrir les yeux. Il ne vit d'abord qu'un tourbillon de bulles. L'obscurité régnait partout et il tourna plusieurs fois sur lui-même, affolé, avant de discerner une vague clarté quelque part à l'arrière, indiquant la surface. Nulle trace de Punuk. L'animal avait dû s'enfoncer dans la noirceur des eaux. L'Indien commença aussitôt à nager vers la lueur. L'air commençait à lui manquer.

Soudain, il crut que son cœur allait exploser de terreur : le Géant revenait ! Non, c'était un homme qui se débattait. Sans réfléchir, Mohawks se mit à nager frénétiquement dans sa direction.

Le corps cessa de bouger et continua sa descente dans le puits obscur, la tête inclinée, les membres amollis, ouverts en croix. Soit l'homme était inconscient, soit il n'avait plus la force de lutter. Mohawks n'avait pas d'autre choix que de le rattraper. La pression de l'eau devint insupportable, une douleur aiguë lui perça l'oreille. Sa poitrine et ses tempes compressées lui hurlaient de remonter pour avaler une bouffée d'air, pourtant il poursuivit sa progression.

Le corps était maintenant à sa portée, mais chaque geste devenait une épreuve. Mohawks eut soudain l'impression d'évoluer dans un brouillard épais, un flot poisseux et affreusement glacé. Il tâtonna en avant, crocheta un pan de tunique et se mit à tirer avec l'énergie du désespoir. L'homme pesait trop lourd, le froid intense paralysait ses pensées, mais, étrangement, la douleur avait cessé. Les bruits s'étaient éteints. Même les couleurs avaient disparu. Mohawks conservait comme unique point de repère la tache de clarté, au loin, comme un mirage. Il poussait sur ses jambes sans éprouver la moindre sensation de mouvement. Il eut une pensée furtive pour Anja, l'oublia aussitôt. À bout de résistance, il était désormais trop engourdi pour penser, et plus encore pour agir.

Sa bouche s'ouvrit et l'eau pénétra en lui, puis la lumière, toute la lumière du ciel et enfin l'air ! Toussant, crachant et grelottant de froid, les sens soudain douloureusement à vif, le Nahanni comprit qu'il avait regagné la surface, qu'il tenait toujours l'homme, mais que son poids risquait de les entraîner tous deux sous l'eau. Il releva la tête pour hurler à l'aide. Chaque instant comptait, désormais. S'ils ne sortaient pas très vite de cette eau glacée, ils mourraient.

Les Saamis observaient la scène sans réagir.

— À l'aide !

Un Saami émergea de sa stupeur comme un dormeur sort du sommeil. Il saisit une ligne et la lança vers le Zuyis qui, d'un réflexe, l'attrapa au vol. Il se laissa haler, le poing toujours crispé sur la tunique de l'homme.

Des mains tentèrent de le hisser à bord, mais le poids du noyé fit gîter l'oumiak et les hommes abandonnèrent Mohawks pour empoigner le Saami inerte par les cheveux et le remonter à bord. Le Zuyis s'enfonçait sous l'eau, quand il se sentit arraché une nouvelle fois à l'aspiration mortelle. Il chuta rudement sur le fond de l'embarcation. Le souffle coupé, il parvint à lever la tête. Ses sauveteurs semblaient toujours paralysés et il dut gronder pour que Taavi se décide à l'aider à se déshabiller entièrement. Enfin, les autres sortirent de leur torpeur et chacun se dépouilla d'une pièce de peau pour recouvrir le naufragé.

L'autre homme n'avait pas repris conscience. Il avait dû avaler beaucoup d'eau de mer. Incapable de bouger les doigts, Mohawks tenta malgré tout de retourner le corps sur le dos afin de vérifier sa respiration. Ce n'est qu'en dégageant les cheveux qui couvraient son visage qu'il reconnut Varru.

Le Zuyis ignorait comment ranimer un naufragé – puisqu'il en avait réchappé à deux reprises ! –, mais il avait entendu les accoucheuses nahannis parler du moment où l'on arrache le nouveau-né au monde des eaux pour l'éveiller à celui des airs. Il cria aux hommes de soulever le corps par les chevilles et de secouer aussi fort qu'ils pourraient tandis que lui-même frapperait sa poitrine.

Tête en bas, Varru éructa un filet de bave et les chasseurs le reposèrent brutalement dans le fond de l'oumiak. Le harponneur gémit, expulsa l'équivalent d'une gourde d'eau salée mêlée de crachats sanguinolents. Les yeux toujours clos, il se mit à trembler violemment.

— Il faut le réchauffer, vite, sinon il va mourir de froid !

Aiguillonnés par les cris furieux du Zuyis, les Saamis déshabillèrent Varru et se mirent à masser vigoureusement sa peau qui avait viré au bleu, avant de rouler son corps dans un manteau d'ours dont Taavi venait de se dépouiller. Le harponneur gardait les paupières closes, mais sa respiration était à nouveau régulière.

Il y eut un moment de calme. La mer s'était apaisée, les débris de l'embarcation fracassée flottaient à la surface. Punuk avait disparu et, avec lui, quatre chasseurs. Sur les oumiaks rescapés du désastre, les hommes n'osaient ni rompre le silence ni échanger le moindre regard. Ils restaient muets, écrasés par la terreur de cette course mortelle.

La chasse était finie, Punuk avait vaincu.

14.

Mohawks et Varru marchaient d'un bon pas, portant quelques provisions et produits hâtivement troqués dans la précipitation du départ. Ils ne s'étaient guère parlé depuis le sauvetage, car une ambiance sinistre pesait sur Saana. Il avait fallu attendre les funérailles des disparus, courber la tête devant la colère du chaman, et surtout supporter le gémissement lugubre des veuves.

Varru se sentait responsable du drame. Dix fois, en pensée, il avait lancé son arme, cherchant à comprendre pourquoi la veine de vie s'était dérobée alors qu'il la sentait si proche, à la pointe de son harpon. Sa main avait tremblé. Que les autres harponneurs aient raté leur tir ne l'effleurait pas. Lui seul avait donné le premier coup et il l'avait manqué.

De son côté, Mohawks se sentait tout aussi coupable. Malgré son manque d'expérience de la traque aux Géants des mers, il avait harcelé Varru pour qu'il le laisse participer à la chasse. Il revoyait la prunelle noire de Punuk et songeait au message insaisissable qui l'avait paralysé. L'animal avait-il perçu sa faiblesse, qui l'aurait incité à attaquer ?

Le retour avait été long et silencieux. Varru, couché dans le fond de l'embarcation, avait peu à peu retrouvé assez de forces pour entendre le récit de son sauvetage, mais il n'avait pas remercié Mohawks. Sur le bateau, les regards étaient fuyants et l'Indien ne comprenait pas pourquoi. N'avait-il pas sauvé Varru ? Pourquoi le regardait-on avec ce mélange de crainte et de rancune ?

Le clan, qui, de loin, avait vu qu'il manquait une embarcation, ne posa aucune question, tout à la tristesse des morts qu'ils comptèrent eux-mêmes.

Anja était là, sur la plage, le visage grave. Elle accueillit Mohawks sans un mot.

La cérémonie des morts eut lieu aussitôt, comme l'exigeait la tradition lorsque la mer ne rendait pas les corps.

S'ensuivit une période de jeûne et de recueillement. Durant la cérémonie, Mohawks et Anja étaient restés collés l'un à l'autre, se nourrissant l'un de l'autre. Mohawks posa des questions, en vain. Il ne comprenait pas pourquoi le malaise qu'il avait perçu dans l'embarcation persistait, pourquoi le clan semblait hostile à son égard alors même qu'il avait sauvé l'un des leurs au péril de sa vie.

— Varru va t'expliquer, finit-elle par lui dire. Il t'attend.

À mesure que Mohawks et Varru s'éloignaient du village, l'Indien sentait son malaise s'alléger.

La piste était belle et le temps assez doux pour provoquer des suées, si bien qu'ils finirent par ôter leur chemise. Ils allèrent ainsi torse nu, mais bientôt les mouches piquantes qui abondaient en cette saison fondirent sur eux et ils se rhabillèrent en pestant. L'incident brisa la distance qui les tenait muets, et Varru lança une plaisanterie :

— Voilà qu'on nous attaque encore !

— À ton tour de me protéger !

Aussitôt, Mohawks voulut ravaler sa réplique. Mais, au lieu de se vexer, Varru éclata d'un rire sonore qui libéra le dernier vestige de gêne.

— J'ai un moyen, viens !

Il descendit vers un ruisseau, fouilla la vase de son lit et appliqua soigneusement la boue sur chaque parcelle de sa peau nue. Il se tourna vers Mohawks qui affichait une mine dégoûtée :

— Alors ? Tu préfères être dévoré vif ?

— Si tu n'as rien d'autre à proposer…

— Si, de l'ail. Il m'en reste quelques gousses, mais pas en quantité suffisante. En descendant la vallée, nous en trouverons. Il pousse à la lisière des feuillus, dans les sous-bois. Les insectes piqueurs détestent son odeur.

— Combien d'heures de marche ?

— Au moins trois.

— Tu n'es pas fatigué ?

— Tu me crois si faible ?

Ils se remirent en marche. Mohawks ignorait comment aborder le sujet du naufrage sans mettre Varru mal à l'aise, mais les questions ne lui laissaient aucune paix. Que s'était-il vraiment passé sur la mer ? Pourquoi les Saamis semblaient-ils les tenir pour responsables de l'échec, de telle sorte que la honte s'était portée sur eux seuls ? Pourquoi pas sur Taavi ou les autres harponneurs ? Le Zuyis aurait voulu libérer Varru du poids de la gratitude et parler librement de ce qui le tourmentait. Bien sûr, il lui avait sauvé la vie, mais son geste avait été purement instinctif, commis presque sans volonté. Il se promit de le lui dire à la première occasion.

Bien des heures plus tard, ils firent un grand feu et s'allongèrent près des flammes, sur leur sac de fourrure. Ils craignaient moins le froid de la nuit que l'approche d'un ours. Les fumées écartaient également les insectes et ce répit leur arracha un soupir d'aise. La nuit était encore douce et les deux hommes contemplèrent le ciel constellé d'étoiles. La sérénité du moment contrastait avec le poids des derniers jours.

En se nettoyant de la boue, un peu plus tôt, dans une rivière peu profonde, Varru n'avait pas semblé incommodé de se retrouver dans l'eau, immergé jusqu'à la taille. Mohawks avait failli lui demander s'il savait nager, mais s'était tu, par crainte de commettre une autre maladresse.

Le Saami parla enfin d'une voix tranquille, comme s'il devinait les questions qui hantaient Mohawks.

— Ceux de Saana ont des raisons de réagir comme ils l'ont fait.

— Sommes-nous tenus pour seuls responsables des morts ?

— Sais-tu ce qui s'est passé quand Punuk s'est enfui ?

— Les chasseurs restaient là, à nous regarder nous noyer sans faire un geste !

— Pour nous, Inuits, un pêcheur qui se noie ne peut pas être sauvé, car son âme change quand il est avalé par les eaux. Une partie de son esprit retourne dans la vie antérieure, quand nous étions fils du Géant des mers.

— Tu veux dire que j'ai enfreint un tabou en te sauvant de la noyade ?

— Oui.

— Je ne comprends pas… Pourquoi Taavi et les autres nous ont-ils quand même aidés, alors ? Ils auraient pu nous laisser couler.

— Parce que tu es Zuyis et que les lois qui te gouvernent sont différentes des nôtres… Tu as donné l'ordre que l'on t'aide. Ils n'ont pas osé aller contre toi, contre un Zuyis !

— Mais pourquoi ne m'a-t-on rien dit, pourquoi m'a-t-on laissé si longtemps dans l'ignorance ?

— Parce que nous ne savions que faire, te parler ou nous taire. Le chaman lui-même a demandé du temps. C'était ta pénitence.

Mohawks était furieux et le montra.

— Je n'ai fait que sauver un homme au péril de ma vie, et voilà comment je suis remercié !

— Il n'y a pas que ça…

— Je t'écoute.

— Les lois de chasse saami disent qu'il ne faut jamais blesser un Géant sans le tuer, car, un jour ou l'autre, Punuk se venge… Toujours. Or nous avons blessé ce Géant.

— Tu veux dire que… le Géant traquera les chasseurs qui l'ont blessé ?

— Nous le retrouverons, c'est une certitude, et il se vengera. C'est ainsi depuis toujours. Nous craignons que cette vengeance ne soit au-delà de ce que nous imaginons, car, en plus de l'avoir blessé, tu as commis, sans le savoir, un autre sacrilège.

Comme le Zuyis restait songeur, Varru ajouta, presque à regret :

— Je te remercie de m'avoir sauvé la vie. C'était un geste noble, surtout pour un homme qui se comportait en rival. Je me méfiais de toi et j'ai été jaloux. Tu es le Zuyis que chacun admire, ma sœur si froide avec les hommes t'a donné son cœur, et même Inari, ma promise, te fait les yeux doux. Cela n'était pas facile à accepter. Pourtant, tu n'as pas hésité à braver la mort pour me sauver.

— Je ne te cacherai rien, Varru. J'ignorais que tu étais celui que je hissais hors de la mer ; pourtant, cela n'aurait rien changé. Je n'ai pas réfléchi, je ne pouvais pas laisser un homme s'enfoncer dans cette eau noire ! Et quand je t'ai reconnu, mon cœur a tressailli de joie. J'ai pensé à Anja qui ne te pleurerait pas.

— Est-ce que tu aimes vraiment ma sœur ?

— Tu en doutes ?

— Non, mais il faut que tu la laisses tranquille.

— Quelle étrange façon de montrer ta gratitude ! En me demandant de quitter Anja ?

— Mohawks, réfléchis ! Tu es un Voyageur, tu habites si loin que plusieurs saisons de marche nous séparent. À quoi servira cette alliance avec une femme saami, sinon à la faire souffrir ! Tu crois peut-être que tu vas revenir, tu le lui as sans doute même promis. Mais vois la vérité, Zuyis ! Tu ne reviendras pas ! Même si tu réussis à rester vivant !

Mohawks sentit une colère énorme monter en lui. Mais plutôt que de se laisser emporter par le ressentiment, il prit le temps de respirer. Il approcha son visage du harponneur, suffisamment près pour sentir son souffle, et, d'une voix sourde, il articula :

— Écoute-moi bien, Varru, et que le mensonge me brûle la langue si je mens. Je reviendrai aussi sûrement que le jour pousse la nuit et que la nuit emporte le jour. Ta sœur est ma vie ; sans elle, je ne suis rien, je suis mort.

*

* *

Conformément aux vœux du Zuyis, la cérémonie des totems fut fixée au moment où la saison chaude bascula vers l'hiver. Quand le troisième ookpik serait fondu, le Nahanni devrait partir. Selon la loi, il n'aurait plus qu'une nuit à passer avec Anja.

Mohawks avait repoussé le moment jour après jour, sans pouvoir se décider. La vie à Kiruna était douce, mais la saison chaude finissait et la nature elle-même semblait réclamer son départ. Chaque fois qu'il songeait à la séparation, un vide se creusait en lui qu'il refusait de sonder. Tout son être s'y opposait, car, en dépit de ce qu'il avait juré à Varru, la peur de ne plus revoir Anja empoisonnait son âme.

Pour la première fois de son existence, l'Indien craignait de perdre quelque chose, et le fait que ce ne soit ni un totem ni même sa foi dans le Voyage rendait la peur plus grande encore. Et puis il se mit à douter. Le Zuyis voulait redevenir simple chasseur et vivre un amour d'homme. Risquer sa vie pour servir les dieux et une quête mal définie lui paraissait absurde.

Il en vint à redouter la colère des dieux. Plus il différait son départ, plus il attisait leur courroux. D'ailleurs, ce n'était plus eux qu'il priait, ni l'aigle qu'il cherchait des yeux, en quête d'un signe ou d'un appel. C'était Anja et la flamme verte de son regard, son sourire, la chaleur de sa peau, la soie de son ventre. Que lui importait de collecter les totems ou de réunir les peuples de la Coiffe maintenant qu'il l'avait rencontrée !

Il en était là de ses réflexions quand il reçut la visite de Jirkki.

D'emblée, il comprit que ce n'était pas en chef de clan que le Saami se présentait. Le chaman n'avait nul besoin de son couvre-chef à sonnailles ou de son tambour pour marquer le changement de rôle. Une force émanait de lui, différente.

La mine grave, le Saami se contenta de le dévisager. Anja avait compris, elle aussi, et ne fit pas un geste pour retenir son compagnon quand il emboîta le pas au sorcier.

Ils traversèrent le village et Jirkki proposa d'aller jusqu'à la réserve de viandes, située à une heure de marche, dans une faille du permafrost, afin d'estimer la quantité de nourriture avant les froids. Cette marche était un préambule à la discussion, un moment d'apaisement, et les deux hommes en avaient besoin avant de prononcer le premier mot.

La cache était aux trois quarts pleine. Ils comptèrent les dépouilles empilées – d'un côté les rennes, bœufs musqués et gibier à plume ; de l'autre, les phoques, aiviks et poissons de mer ou de rivière –, puis rebouchèrent soigneusement la faille à l'aide de pierres et de tourbe.

Jirkki était satisfait, le clan avait suffisamment de réserve pour affronter les grands froids, et les mouvements de migration promettaient encore quelques belles chasses. En retournant vers le campement, il put attaquer sans détour le vrai sujet de ses préoccupations :

— Comptes-tu remplir ta mission de Zuyis ou veux-tu rester vivre parmi les Saamis, Mohawks ?

La question était simple, l'alternative si nettement exposée qu'il était difficile de se dérober. Toutefois, au lieu d'y répondre, Mohawks voulut expliquer pourquoi il était incapable de choisir. De l'hésitation naissait le doute et le doute entraînait de sombres présages, ainsi il lui était impossible de se décider ! L'Indien sentait bien combien ses explications embrouillées étaient peu convaincantes énoncées à voix haute, surtout face à l'homme sage qui avait tant vu et tant souffert. Excédé, il finit par conclure :

— Écoute, Jirkki, je me suis présenté à toi comme Zuyis et cela m'a sauvé la vie. Aujourd'hui, je suis écartelé entre deux forces puissantes et je ne sais plus de quel côté aller… ni quel bras me laisser arracher ! D'un côté, il y a l'amour d'Anja ; de l'autre, mon Voyage.

Le chaman réfléchit un moment, pesant chaque terme, car il sentait la nécessité d'être pertinent. Quel que soit le choix du Nahanni, ce serait une décision mûrie qui l'engagerait tout entier. Personne, pas même une assemblée de chamans, ne pouvait exiger d'un homme qu'il serve le Voyage à contrecœur.

— Les hommes ont besoin de rêver, Mohawks, et c'est la réalisation des plus belles chimères qui maintient l'équilibre du cercle. Sans ces rêves, le monde ne serait qu'un chaos de désirs violents, de ravages et de drames. En cela, l'amour est plus fort que tout car il stabilise le désordre et il œuvre à l'harmonie. Voilà que tu te trouves justement face à une question compliquée puisqu'elle semble comporter deux réponses contradictoires. Dois-tu aimer Anja et renoncer au Voyage ou accomplir ta mission pour servir les hommes de la Coiffe ? Je te dirai que l'amour doit effectivement te guider et qu'il est ta réponse. Aime et choisis. Prends garde cependant. Ne fais pas l'erreur de réduire ton amour, car la réponse deviendrait fausse ! Aime la terre, aime Anja, aime la vie, et alors seulement pose-toi la question. Tu sauras quoi faire.

Après cela, ils rentrèrent en silence, plongés dans leurs pensées. Mohawks éprouvait de la tristesse et une sourde colère contre Jirkki. Car ce dernier ne l'avait pas aidé ; au contraire, le chaman lui avait brouillé l'esprit. Il ne l'avait pas poussé à poursuivre sa quête, sa mission. Il l'avait responsabilisé, et ce piège était de nature à rendre le Zuyis irascible.

Anja fut frappée de plein fouet par les paroles que lui rapporta Mohawks, sans doute parce qu'elle était femme et qu'elle avait réfléchi au sens de l'amour bien avant de le rencontrer. Le futur départ de l'Indien la rongeait elle aussi. La nuit, entre ses bras, elle s'imaginait fuyant avec lui, vivant comme deux clandestins.

Ce fut elle qui força la décision.

Au début, quand Mohawks lui avait raconté la prophétie de Jirkki, cette rencontre qui devait tout changer, Anja avait souri, ravie de savoir que leur amour avait été pressenti par le chaman. Et puis Mohawks était revenu de la grande chasse, lui avait détaillé le naufrage, raconté comment il avait sauvé Varru. Elle tremblait depuis lors qu'on lui arrache l'homme pour lequel elle était faite, parce qu'il avait enfreint un tabou. Sa peur s'était muée en un élan de révolte contre les dieux qui éprouvaient les hommes forts, bien davantage que les frileux. Pourquoi exiger tant de lui ?

Elle partit marcher seule.

La terre la fit pleurer en lui soufflant ces choses qu'elle ne voulait pas entendre : que l'amour le plus grand exige beaucoup de ceux qui le vivent, et qu'en se recroquevillant craintivement, en attendant que tout s'apaise, elle rendrait l'amour frileux et minuscule.

Sa promenade l'amena au faîte d'une colline qui offrait une large vue sur le fleuve. Elle se hissa sur un rocher et laissa pendre ses jambes, regardant les oiseaux qui dérivaient paresseusement sur les courants ascendants. De la vallée montaient des bruits, branches cassées net, course d'un renne ou cri d'un huant. Toute cette vie résonnait comme un murmure, le chant des merveilles de la terre. La saison d'ambre couvrait les arbres de couleurs si douces qu'Anja aurait voulu caresser du doigt les frondaisons rouge et or, les lichens aux mille nuances qui tapissaient les versants arides des monts. Oui, depuis que Mohawks l'avait éveillée à l'amour, elle aimait sa terre plus fort encore. Était-ce de cela que Jirkki voulait parler ?

L'aigle guidait son bien-aimé. Pour sa part, la jeune Saami ignorait son animal-totem. Elle affectionnait le renard parce qu'elle le trouvait beau et la zibeline pour la douceur de sa fourrure. Elle admirait l'ours tout en le redoutant et aurait voulu planer comme le plus petit des oiseaux pour connaître l'ivresse du vol… Jamais jusqu'à présent elle ne s'était posé la question de son Esprit totem. Elle sentait pourtant un besoin nouveau, comme si ce paysage cherchait à lui dire quelque chose. Quel était son rêve à elle, Anja, compagne de Mohawks ?

Un rapace tournoyait dans le ciel, attiré par une proie tapie entre les herbes hautes. Anja ferma les yeux pour mieux entendre. C'était doux et parfaitement clair.

Elle l'aiderait à déployer ses ailes. Elle serait tour à tour le vent qui gonfle les plumes et inspire le vol des oiseaux, le souvenir qui réconforte, l'amour qui donne confiance. C'était pour cela qu'elle avait attendu si fort cet homme sans rien en savoir. C'était cela encore qui l'avait protégée de la maladie des Blancs et de son propre désir.

Anja prit à cet instant la mesure des choses. Le Voyage devait continuer et, d'une façon ou d'une autre, leur amour viendrait s'intégrer dans sa trame. Tout était devenu tellement simple !

Elle devait aller au-delà de ses propres envies et de ses craintes. Il fallait pousser Mohawks au départ, non le freiner, et l'aider à prendre sa liberté d'homme.

*

* *

Jirkki accepta d'enfreindre le règlement ; pendant la période de jeûne et de purification, Mohawks dormirait avec sa bien-aimée. Le chaman savait que le Zuyis se nourrissait de cet amour et que cette force lui serait nécessaire pour aller au-delà de lui-même et de cette mission qu'il devinait essentielle, au-dessus même de toutes celles que les précédents Zuyis avaient accomplies.

Chaque jour, Mohawks et Anja se quittaient le matin. Elle aidait aux préparatifs de la grande fête – coudre les peaux du rituel, cuisiner galettes et ragoûts, veiller au nouvel équipement que le Zuyis emporterait pour la suite du Voyage. Mohawks, de son côté, partait se recueillir, marchant de longues heures, sans arme, avec les chiens pour seuls compagnons. Le soir, ils se retrouvaient, s'aimaient et dormaient ensemble, lovés l'un contre l'autre, les doigts noués dans le sommeil.

Ils se parlèrent peu durant cette période. Il y avait trop de gravité dans l'air. Si Anja demeurait sereine, Mohawks conservait un regret qu'il n'arrivait pas à chasser.

Renoncer au Voyage, abandonner cette promesse qu'il s'était d'abord faite à lui-même, mais aussi à son peuple et à tous ceux de la Coiffe ? Bien sûr, il s'en sentait capable aujourd'hui. Mais qu'en serait-il dans quelques années ? Le remords et le regret ne viendraient-ils pas obscurcir son amour pour Anja ? S'il stoppait sa mission, ne risquerait-il pas de lui en vouloir d'avoir brisé sa trajectoire ?

Mohawks ne savait plus, hésitait. Il faisait face à deux choix, deux chemins entre lesquels il était comme écartelé.

Il savait bien, au fond de lui, qu'en interrompant son Grand Voyage, un sentiment d'inachevé le poursuivrait partout, rongerait sa vie et sans doute celle de sa compagne, si fortes soient leurs amours.

Par ailleurs, comment vivre sans Anja ? Ce n'était plus le Grand Voyage qui le nourrissait, qui le poussait vers l'avant, mais Anja. Le Graam était passé entre ses mains.

Puis, lentement, Mohawks découvrit que l'amour d'Anja, cette force qu'elle lui insufflait, résisterait à la distance, l'accompagnerait aussi sûrement que ses compagnons de route, Torok et les autres.

Il devait utiliser cette force pour continuer, achever le cercle au centre duquel se tenait Anja, car il tiendrait sa promesse et la retrouverait. Elle était sa lumière, sa raison de vivre, son sang, son souffle. Le Grand Voyage n'était qu'un voyage, si grand soit-il.

Alors qu'Anja était sa vie. Toute sa vie.

*

* *

Le troisième totem était d'un bel or cuivré, légèrement plus sombre que les autres. Au milieu de son front, tourné vers le nord, brillait une pierre d'un rouge profond. Sur les ailes déployées, Jirkki avait serti des pierres plus petites, multicolores, et cette constellation scintillante donnait une impression de mouvement, comme la palpitation du vent dans les plumes de l'oiseau sacré. L'une des ailes venait s'imbriquer dans le totem de l'Ouest, celui qui avait été façonné à Ytyk. Ainsi enchâssées, les trois statuettes composaient une couronne encore ouverte qui n'attendait plus que le dernier totem, celui du Sud.

Mohawks éleva les Zuyissmans, les bras tendus afin que chacun voie, puis il tourna sur lui-même et sa peau nue, nimbée par les flammes du bûcher, parut prendre feu.

— Zuyis, Zuyis, Zuyis !

Ils scandaient son nom, hommes et femmes du territoire saami. Le cri rauque gonflait les poitrines, roulait de bouche en bouche, pareil au serpent tonnerre.

Les tambours et le lourd piétinement des danseurs martelaient ce leitmotiv et, de la foule enfiévrée, naquit un mouvement, une énergie qui se propagea de l'un à l'autre pour atteindre Mohawks.

Il tournait, tournait encore, et les totems semblaient le soulever de terre sans effort, il tournait, insoucieux du vertige car le vertige n'existait plus quand l'Aigle guidait son esprit.

— Zuyis, Zuyis, Zuyis !

L'homme que les Saamis acclamaient avait profondément changé. Il n'était plus le jeune guerrier nahanni impatient de prouver sa bravoure et soucieux de bien tenir son rôle. Mohawks ne jouait plus. Il arrêta brusquement son mouvement de rotation. Les Zuyissmans brandis haut dans l'air, il sentit l'onde du Graam le traverser de part en part et tomba enfin à genoux, foudroyé.

Jirkki marcha vers lui en psalmodiant. Le chaman saami portait son habit rituel, le crâne d'ours surplombant la coiffe à sonnailles, et la lourde fourrure parée de pièces d'ivoire, de plumes et de lanières. D'une main, il l'invita à accomplir sa danse pour que chacun connaisse son animal-totem. Étourdi, Mohawks chercha le regard de sa bien-aimée, puis se releva d'un bond et se mit à tournoyer à nouveau, ses bras tendus simulant le vol de l'aigle.

Les statuettes pesaient à présent à son cou, retenues d'une babiche en cuir d'ours, mais il ne s'en soucia pas, car à cet instant il aurait pu porter le monde entier sur ses épaules.

— Zuyis, Zuyis, Zuyis !

À Kiruna, Mohawks incarnait enfin le Grand Voyage, car l'amour d'une femme l'avait rendu homme. Il était devenu le Marcheur qui relie les peuples de la Coiffe et il dansait devant les siens, mi-homme mi-aigle, sous les yeux innombrables des étoiles.

La veille, Anja lui en avait montré une dans la constellation de l'Élan :

— Tant que nous serons séparés, cette étoile sera notre Esprit protecteur.

— Je la regarderai chaque nuit, n'oublie pas.

— Tant que la vie me prêtera souffle, mon amour.

15.

Il navigua une demi-lune pour atteindre le cap Nord, filant de vague en vague sur son kayak. Parfois, il pensait à Punuk et aux paroles de Varru : « Un Géant blessé se vengera toujours. Toujours… » Heureusement, la mer était vaste à l'infini. Jamais il ne croiserait l'animal. D'ailleurs, le Géant était peut-être mort de ses blessures ou tué par d'autres chasseurs. En un sens, le Zuyis préférait l'imaginer libre, se frayant un chemin dans les profondeurs obscures. Cette vision faisait naître un frisson, mais il la chassait par l'effort, concentré sur sa vitesse. Le froid de plus en plus mordant l'inquiétait. Une chute dans cette eau glacée et il n'aurait plus à se soucier d'aucune mauvaise rencontre avec Punuk !

L'hiver était arrivé. Parfois, l'Indien croyait le voir avancer à pas majestueux, immense et blanc, qui gelait le bord des rivières, chassait les hardes d'oies vers le sud et précipitait la fuite des saumons.

De pourpre, la toundra vira au gris de givre, les fleurs disparurent et l'herbe se racornit sous la morsure des premières gelées. La cime des monts coiffée de neige était d'une douceur trompeuse et offrait un contraste saisissant avec les plateaux arides, dénudés par les blizzards. Les jours raccourcissaient et les heures de soleil se faisaient plus rares. Enfin, la neige recouvrit les versants et combla cuvettes et vaux, moins exposés à la lumière. Sur la mer, des blocs de glace surgissaient, de plus en plus nombreux.

Mohawks accosta sur des plages de sable clair, léchées par des eaux d'un bleu surnaturel, longea des falaises en à-pic que dévalaient les fumées tourbillonnantes des torrents. Il croisa des îles si nombreuses qu'elles semblaient refléter les constellations du ciel, des monts de roche grise habités par des colonies d'oiseaux bruyants et des coulées de glaciers qui venaient mourir dans la mer. Chaque paysage portait la marque d'Anja car partout il voyait son sourire, partout ses yeux de flamme verte. Couché dans sa couverture, il cherchait leur étoile parmi la multitude de scintillements, et le nœud de solitude se desserrait un peu, rien qu'en imaginant Anja la tête levée vers le ciel, leurs pensées mêlées. Il devinait son profil adouci par la pâle luisance de la lune, son nez court aux narines palpitantes, ses lèvres entrouvertes, celle du bas légèrement renflée qui appelait tous les baisers du monde.

La lumière faiblissait chaque jour davantage, la nuit dévorait la lumière, mais Mohawks ne s'en souciait guère, guidé par les constellations.

Puis le temps changea et devint capricieux. Quelquefois, sans aucun signe précurseur, le vent se levait dans un ciel sans nuages et poussait soudainement des nuées grises qui déversaient pluie et neige sur le crâne du Zuyis. Il se dépêchait alors de rallier la rive, terrifié à l'idée du naufrage. Il retrouvait sa meute qui le suivait depuis les berges, la perdant parfois de vue lorsqu'elle s'écartait pour se lancer, à l'intérieur des terres, sur les traces fraîches d'un gibier.

La nature se préparait à la venue du Grand Hiver. Les rongeurs remplissaient leurs caches, les ours gras s'empiffraient de viande fraîche, les brouteurs se dépêchaient de ratisser les dernières herbes et les bourgeons mûris par le soleil. Bientôt, tout serait couvert de neige, un territoire immaculé fait de silence et de vide infini.

La région abritait de nombreuses hardes de rennes sauvages qui rappelèrent au Zuyis son séjour chez les Évènes. Ce temps lui parut lointain, presque effacé de sa mémoire. En les observant paître à leur gré, il méditait sur la liberté et combien l'animal semblait plus noble sans maître ni direction.

Il pensa à Anja, bien sûr. Et à cette jeune fille avec laquelle il s'était uni en pays évène, qui portait un enfant de lui et qui l'avait aimé. Lui n'avait aimé que son corps, son sourire, son parfum et celui de ses seins. Il avait hésité parfois, confondu cette attirance, ce plaisir des sens avec le véritable amour parce qu'il ne le connaissait pas. Et comment aurait-il pu en être autrement ? Il n'y avait pas d'amour possible avant ni après Anja.

Aurait-il dû lui parler de Sassi, de l'enfant qu'elle portait ? Mohawks n'y avait pas pensé durant tout le temps qu'il était resté avec les chasseurs de Géants. Et à quoi cela aurait-il servi ? Un jour, il en était certain, il aurait un enfant avec Anja. Alors peut-être lui raconterait-il l'histoire de cette jolie Évène qu'il avait cru aimer.

Trois jours passèrent encore, trois éternités à lutter contre les éléments, sur une mer déchaînée. À mesure que Mohawks approchait de sa destination, le vent soufflait plus fort.

Giflé par les bourrasques d'embruns salés et le blizzard givré, le Nahanni pagayait emmitouflé dans ses fourrures, à moitié aveuglé. Quand il posait pied à terre, ses habits craquaient de gel. Son premier geste consistait à chercher des provisions de bois flotté ou des buissons épineux, pour nourrir le feu. Ensuite seulement il montait son abri de peau.

Il s'efforçait de retrouver les habitudes de l'hiver avec bonne humeur, pour entrer dans la cadence de la saison, l'apprivoiser comme on charme une bête sauvage, en vain. Le froid rendait l'absence d'Anja et de la chaleur de leurs étreintes plus cruelle encore. Elle lui manquait tant !

Tandis que la meute se blottissait non loin du feu, Torok le suivait pas à pas, attentif à ses paroles, guettant un geste ou une caresse.

Le chien entendait inlassablement parler d'Elle. Il avait appris à reconnaître son nom, car il revenait souvent dans la bouche de l'homme, bien plus que « chasse », « silence », « viens » ou « ami ».

« Anja », disait Mohawks, et l'animal entendait la tristesse dans sa voix. Il connaissait la femme et son odeur. Elle s'était peu à peu mêlée à celle du maître et, après le départ du village, elle avait mis plusieurs jours à disparaître. À présent, l'homme-guide avait retrouvé son odeur, mais il avait changé, cela, Torok l'avait parfaitement assimilé.

*
* *

Un soir, en accostant sur un rivage de galets, Mohawks fit une rencontre surprenante. Quand il voulut poser son sac sur un rocher, celui-ci s'ébranla et se mit à courir de travers en direction des flots où il plongea et disparut. La plage entière parut se réveiller, précipitant ses rochers vers la mer.

Les chiens qui venaient d'arriver se jetèrent aussitôt à leur poursuite, bondissant et aboyant avec une excitation inquiète. Kishi se montrait la plus enragée de tous. À moins de posséder des ailes, aucune proie ne lui échappait. Riant à gorge déployée, Mohawks dut la rappeler plusieurs fois avant qu'elle n'abandonne, grognant contre les eaux.

— Ce sont des crabes géants, petite sauvage ! J'ai été trompé par la pénombre ! Un peu plus et je m'asseyais sur leur dos ! J'aurais disparu à jamais !

Il montra sa prise aux chiens, un crabe dont il avait écrasé la tête juste avant qu'il ne plonge. La bête faisait la taille de son bras. Kishi le renifla puis, sur un jappement dédaigneux qui semblait dire « aucune importance », elle partit s'affaler à côté du kayak, boudeuse.

Après qu'il eut grillé le crabe géant sur un feu de bois, Mohawks se régala de sa chair délicate et fondante. Tout en mangeant, il songeait que la mer renferme décidément des êtres étranges. Cette pensée combla sa solitude. Sans le Voyage, il aurait ignoré tant de choses ! Il apprenait jour après jour, parfois sans même en avoir conscience.

Une fois son repas terminé, il sortit, comme à chaque halte, la carte de cuir pour l'étudier. La peau était constellée de marques et d'inscriptions. Le village indiqué par les Saamis n'était plus très loin. Jirkki avait signalé d'une croix l'immense falaise du Nord. À son pied vivait une tribu de pêcheurs qui l'aiderait à préparer la traversée vers Kalaallit, l'île-berceau des peuples inuits. Il attendrait la prise des glaces avant de se risquer sur la mer. La traversée serait sans doute périlleuse. Les ours étaient nombreux à rôder, la force des vents redoutable et les tempêtes imprévisibles. Cette fois, il ne s'agissait plus de franchir le bras – même énorme – de la mer tchouktche, mais de marcher des jours et des nuits en équilibre sur un monde gelé qui pouvait s'ouvrir et l'engloutir à tout instant.

Absorbé par le dessin des pistes, le Zuyis réalisa soudain qu'il avait plus ou moins parcouru la moitié du Voyage. S'il avait été oiseau ou s'il avait pu projeter son âme dans les cieux, en droite ligne, il aurait suffi de traverser la mer pour trouver le chemin de Raitankia. Cette constatation lui arracha à peine un sourire tellement les distances paraissaient considérables.

Anja lui manquait. La chaleur de ses bras, son ventre doux, son rire quand il mordillait doucement la peau tendre de son cou.

Il s'endormit, le corps tendu par le désir, et rêva d'elle.

Le lendemain, le haut plateau décrit par Jirkki émergea des brumes. Le point nord de la Coiffe ! Il était arrivé !

*
* *

La rumeur de son Voyage l'avait précédé. Quand il posa le pied dans le village d'Akuliat, le clan l'attendait. La femme-chamane, Idja, avait annoncé l'arrivée du Zuyis.

Comment avait-elle su ? Mohawks n'arrivait pas à le comprendre, il rejetait encore l'idée que l'on communiquât avec les Esprits au point de voir l'invisible.

Idja était une femme encore jeune, d'une beauté rayonnante qui troubla quelque peu Mohawks. Comment une telle créature pouvait-elle entendre les Esprits ? Ce n'était pas le désir qui le tourmentait – car, désormais, seule Anja avait le don de l'émouvoir –, mais plutôt le sentiment que ce corps gracieux était fait pour le plaisir et non pour la transe sacrée.

La belle chamane lui offrit de partager sa hutte où elle vivait avec Hannu, son compagnon, leurs trois jeunes enfants, les parents de Hannu, un oncle et son grand fils. Tous s'entassaient dans la partie centrale de l'habitation faite de pierres et de tourbe. Les murs étaient tapissés de peaux de phoques et, sur l'un d'entre eux, on avait ménagé une ouverture recouverte d'une peau d'intestin. Il y avait un petit trou au centre et, pour regarder à l'extérieur, il suffisait d'y coller son œil. Sur le sol, isolé grâce à une couche de racines, étaient disposées des peaux tannées. Deux lampes à graisse dispensaient une lumière tremblante. Près du couloir d'entrée où l'on entreposait habits humides et outils, une marmite dégageait un fumet de chair bouillie.

L'endroit confiné était douillet mais étouffant pour un homme habitué au grand air et à la solitude. Devant ces Inuits et leurs yeux écarquillés, Mohawks fut saisi par l'envie de tourner les talons, de fuir leur curiosité et les palabres à venir. Que faisait-il là, parmi ces étrangers ? Déjà, on le pressait de questions sur sa tribu, sur Kiruna, sur les unions qui s'étaient conclues, les chasses de la fin de l'été, le Voyage…

Il mangea du phoque faisandé et gluant, but de la soupe au sang et aux herbes et répondit comme il pouvait aux nombreuses questions. Les mots lui manquaient, car le langage des Inuits n'était pas tout à fait le même que celui des Youkagirs ou des Évènes, et il en profita pour mimer l'incompréhension ou laisser régner des silences, mais son oreille décryptait l'essentiel.

Enfin, Idja parut comprendre le malaise de l'étranger et elle donna le signal du coucher. Les six occupants de la hutte dormaient sur une litière commune surélevée qui servait aussi de banquette. On désigna au Zuyis une fourrure, non loin de l'entrée, destinée aux invités. La couche était posée sur un tas de branches qui l'isolaient du sol.

Il se coucha, vaguement nauséeux, gêné par le bruit des respirations, la toux des vieux, quelques grognements de satisfaction. L'oncle se mit à ronfler presque aussitôt. La proximité de ces corps remuants l'empêchait de dormir. Alors il se leva pour aller voir ses chiens, les cajoler, les rassurer. Quand ils arrivaient dans un village, il les sentait toujours inquiets. Torok pesait de sa tête contre sa cuisse.

— Je t'aime, mon Torok.

Puis Mohawks observa le ciel, cherchant l'étoile.

— Je t'aime, Anja.

*
* *

Le village se composait d'une dizaine de huttes familiales, dont la moitié était inoccupée. Hannu, le volubile compagnon d'Idja, expliqua que plusieurs groupes étaient partis sur la trace des dernières migrations. Le gibier était encore abondant, les brouteurs nombreux dans les forêts en altitude – caribous, élans, bœufs musqués, lièvres et lemmings –, ainsi que les prédateurs – renards, gloutons, loups et ours. Ceux qui demeuraient à Akuliat profitaient des eaux libres pour pêcher. Tout ce qui ne servait pas à la consommation immédiate partait remplir les caches creusées dans le permafrost.

Des chasseurs étaient partis tendre des pièges sur les lignes de trappe disséminées aux alentours. Un dernier groupe, armé d'arcs et de filets à boule d'ivoire, traquait les guillemots et les oies sauvages qui se regroupaient par milliers avant d'entamer le long voyage par-delà les mers. Comme Mohawks les enviait ! Avec des ailes, il aurait volé d'une traite jusqu'au dernier village sacré !

Pour que le temps passe plus vite, le Nahanni tenta de s'intéresser aux coutumes du clan. Seuls les patins de marche piquèrent sa curiosité. Au lieu d'utiliser des raquettes, les Inuits portaient des semelles en ivoire semblables à celles des traîneaux. Sur la glace et quand la neige n'était pas trop profonde, elles faisaient merveille. On les fixait sous les bottes grâce à un lien de cuir. L'un des patins était plus court afin de faciliter les manœuvres. Pour assurer son équilibre ou s'aider à tourner, les chasseurs utilisaient deux bâtons qu'ils plantaient simultanément dans la neige. Cela leur donnait une démarche curieuse, comme celle d'un homme aux pieds gigantesques, mais la vitesse de progression était impressionnante. Dans les pentes, il suffisait de se laisser glisser.

Le Zuyis échangea d'abord son kayak contre un solide kamutik, des fourrures de zibeline contre les patins de glisse, des onguents contre des lunettes de glace. Les Saamis s'étaient montrés généreux et lui avaient fourni des marchandises à troquer. Il attacha enfin une solide bourse de cuir à la poignée du traîneau et y déposa ses trésors, les trois totems et les pierres de lumière qu'il avait économisées. Tôt ou tard, il en aurait besoin.

Maintenant qu'il possédait un kamutik, Mohawks pouvait commencer l'entraînement de ses jeunes chiens. Cette perspective lui rendit un peu d'enthousiasme. Il expliqua au clan qu'il comptait traverser la mer en profitant des glaces, et ignora les mines sceptiques qui accueillirent le projet.

— Il faudrait un hiver vraiment très froid, Zuyis !

— Il le sera. Je ne connais pas assez la mer pour tenter la traversée avec mes chiens sur un oumiak. Il en faudrait un gigantesque pour nous transporter, la meute et moi. En revanche, avec un traîneau, je me débrouillerai. Je l'ai déjà fait sur la mer des Tchouktches.

— Si tu le dis…

Torok et sa meute régnaient en maîtres parmi les chiens inuits. Leur liberté d'action, les chasses qu'ils menaient pour se nourrir avaient renforcé leur sauvagerie naturelle. Ils ne cédaient que devant leur maître. Plus rien ne les impressionnait. Ces quelques molosses apprivoisés pouvaient bien essayer de les intimider ! Ils avaient chassé l'ours, traqué gloutons et caribous sauvages, ils avaient vaincu la famine et le froid des rapides, et les épreuves avaient endurci leurs muscles ! Même la douce Niäniä montrait les crocs quand il s'agissait de défendre son territoire.

Contrairement à ce que redoutait Mohawks, les chiens manifestèrent une joie délirante à la vue des harnais. Bien des lunes avaient passé depuis leur dernière course en traîneau, pourtant la meute qui aimait tirer n'avait rien oublié…

Pour leur première sortie, le Zuyis coupla Watanka avec Nootka, Réou avec Aponi et Elyu avec Niäniä. Elyu reniflait nerveusement et tenta de ronger la courroie qui le maintenait attaché. Watanka, pourtant plus rebelle de nature, se tenait aux aguets, sans toutefois manifester de fébrilité ; il avait compris que quelque chose était en train de se passer. Seul Réou demeurait tranquille, rassuré par la présence d'Aponi. Mohawks prit sa place sur le kamutik et interpella Torok, attelé en tête :

— On ira doucement, pour apprendre à tes fils. Allez, hééé !

Flairant la présence des jeunes, Torok comprit qu'il s'agissait d'une simple promenade. Pourtant, il démarra un peu vite, la queue frémissante d'allégresse. L'attelage s'ébranla derrière lui d'une traction sèche. Terrifié, Elyu se laissa tomber dans la neige et piétiner par Aponi. Mohawks hurla le signal d'arrêt et sauta à terre. Il n'était pas vraiment inquiet : le froussard avait été traîné sur quelques pas tout au plus.

Aplati dans la fine couche de neige, Elyu geignait pitoyablement. L'Indien tenta de l'apaiser, mais la bête refusait de bouger. Réprimant une bouffée de colère qui n'arrangerait rien, Mohawks le détacha pour le coupler en tête, avec Torok, dans l'espoir que la vision de la piste ouverte l'inciterait à galoper sans se soucier de ses attaches, mais rien n'y fit, quand il voulut lui remettre le harnais, Elyu se mit à hurler à la mort.

Partagé entre l'irritation et l'amusement – ce sacré chiot avait le sens du drame –, Mohawks hésita. Forcer un chien d'attelage pouvait le dégoûter à jamais du harnais. Mais si Elyu refusait d'apprendre vite et que la glace se formait, il faudrait l'abandonner et cette perspective lui paraissait absurde.

— Cesse de crier comme si on t'égorgeait, Elyu ! Tu portes le nom du plus puissant des fleuves et tu pleures comme le plus maigre des ruisseaux !

Mais le chien ne se calmait pas, et il dut se résoudre à le laisser auprès d'Istu et Kishi, en simple spectateur. À sa place, il attacha un Yuma frétillant d'enthousiasme et donna le signal du départ.

Les chiens coururent trop peu de temps pour se fatiguer, mais Watanka et Réou se comportèrent parfaitement pour une première sortie. Déjà endurcis par le trajet de Kiruna à Akuliat, ils tirèrent avec ardeur et apprirent vite les ordres simples des directions, du départ et de l'arrêt. Ce qu'ils ne comprenaient pas, ils l'imitaient en calquant leur allure sur les aînés.

Mohawks était content, mais les réticences d'Elyu l'inquiétaient. Nul maître ne peut obliger un chien à aimer tirer, sauf s'il veut prendre le risque d'avoir un animal peu fiable, fragile, que la peur ou la mauvaise volonté poussera inévitablement à la faute. Or, sur la Grande Glace, le Zuyis ne pouvait se permettre une seule erreur. Il aimait beaucoup Elyu, il l'avait choisi parmi une portée de six chiots, et il détestait l'idée de s'en débarrasser, mais si l'animal refusait d'apprendre, il n'aurait pas d'autre choix !

Il fallait habituer le chiot en douceur. Les jours qui suivirent, Mohawks emmena Elyu chasser. Il lui passa le harnais autour du poitrail, mais, au lieu d'accrocher la ligne à un traîneau, il la garda à la main. Curieux spectacle ! Les Inuits s'en amusèrent beaucoup, ils riaient de voir déambuler le grand Zuyis précédé par un chiot vigoureux qui trottinait joyeusement sur la neige, la queue dressée ! Sans charge à traîner, Elyu ne semblait pas gêné par le harnais. Manifestant une franche curiosité, il était vite distrait mais désireux de satisfaire son maître. C'étaient de fort bons signes.

Mohawks avait compris une loi que les Inuits ignoraient en matière d'attelage : à force de patience et de confiance, un chien pouvait vaincre ses peurs les plus instinctives et apprendre le courage. Il savait également qu'avec sa meute il possédait *le* don. Les chamans parlaient aux Esprits, certains Indiens entendaient le langage des chevaux, d'autres celui des arbres. Lui communiquait avec ses chiens et Elyu ne ferait pas exception.

En effet, le chiot finit par se laisser harnacher sans gémir, du moment qu'il n'y avait pas de kamutik pour l'effrayer. Mohawks passa alors à l'étape suivante qui consistait à lui faire traîner une luge d'enfant, d'abord vide, ensuite occupée par la petite dernière d'Idja. La fillette adorait câliner le chiot qui lui rendait ses caresses avec enthousiasme. Il consentit à la promener, encouragé par ses cris de ravissement.

Ainsi, peu à peu, Elyu s'habitua à sentir le harnais, puis à tracter un être humain.

Un jour, il accepta d'être couplé avec Niäniä et put enfin tirer avec les autres, sans emmêler son trait, sans geindre ni hurler. Il ne serait sans doute jamais un meneur, mais il pourrait traverser les glaces au milieu de l'attelage.

À présent, Mohawks était fin prêt pour le départ. Ne manquait plus que la glace.

*
* *

Une lune passa, puis deux. Le froid était rude, les vents soufflaient si fort qu'ils levaient des brouillards givrés et suffoquaient les hommes partis à la chasse. La neige recouvrait désormais les forêts de l'intérieur, coiffait les monts, les rochers, et pétrifiait les fleuves. Sur la mer, les hummoks flottants se soudaient pour former des îles gigantesques et beaucoup de criques avaient gelé. Des plages pétrifiées naissaient au pied des falaises et gagnaient inexorablement sur l'eau.

Au loin pourtant, la houle restait mouvante. La mer ne gelait pas.

Les chasseurs rentrèrent au village, lourdement chargés de carcasses gelées. Ils distribuèrent des quartiers de viande à chaque famille et entreposèrent le reste dans les caches, autour d'Akuliat. Quand le temps était propice, ils allaient poser des lignes dans les rivières et le lac voisin et, à chaque relève, ils devaient découper la glace à coups de machette. Eux aussi attendaient l'englacement des eaux pour chasser phoques et aiviqs, beaucoup plus faciles à attraper sur un sol ferme.

La mer semblait narguer le Zuyis. Le bruit du ressac perçait les parois de la hutte, couvrait le ronflement des dormeurs et mettait ses nerfs à vif, comme une provocation, un chant moqueur inlassablement répété et qui disait : « Si fort sois-tu, Zuyis, tu es à ma merci. »

La lumière n'était plus qu'une lueur, quelques instants au cœur du jour, et le moral s'en ressentait. Une angoisse sourde lui venait à l'idée de cette longue nuit de pénombre bleutée, entrecoupée des fulgurances des feux du ciel.

Sans le soleil, la distance qui le séparait d'Anja s'épaissirait encore.

Un jour, ils attendirent en vain l'éclat du soleil. La nuit d'hiver l'avait avalé. Les hommes se recroquevillaient dans leur hutte, autour des feux qui rappelaient l'astre enfui.

Mohawks n'en pouvait plus de tourner en rond. Il n'en finissait pas de revoir son équipement : armes, graisse, fourrures, peaux, farine, tisanes, herbes-médecine, nourriture séchée. Tout était prêt depuis longtemps.

Il n'aurait plus qu'à charger un gibier fraîchement tué et à partir. Le traîneau avait été vérifié, les patins graissés. Les chiens avaient été entraînés. Eux aussi commençaient à trouver le temps long, et les entraînements, toujours sur les mêmes parcours, ne suffisaient plus à satisfaire leurs envies de course et de voyage.

Pressée de questions, Idja demeurait évasive sur l'embâcle de la mer, et Mohawks se prit à penser que sa réputation de guérisseuse devait certainement plus à ses attraits physiques qu'à son savoir-faire.

La chamane semblait quant à elle peu soucieuse de l'impressionner. Elle vivait comme une bonne épouse, cousait, grattait et mastiquait les peaux. Elle cuisinait avec ses filles et sa belle-mère, préparait bien quelques poudres et mélanges médicinaux, mais rien de très spectaculaire. Et quand Mohawks, à bout de patience, revenait à la charge pour tenter de lui extorquer une prédiction, elle haussait les épaules en lui recommandant d'attendre encore.

— Attendre ! Bien sûr que j'attends ! Je ne fais que cela !

Un jour qu'il répétait avec rage ces questions, Idja perdit son flegme coutumier.

— Quand je te dis d'attendre, je ne te dis pas de piétiner le sol comme une bête furieuse. L'attente n'est pas l'impatience, c'est tout le contraire. Elle permet de réunir ton énergie pour mieux comprendre les choses.

— Ah oui ? Alors peux-tu me dire ce que j'ai à comprendre ici, devant cette fichue mer qui ne se décide pas à geler ?

— Toi seul le sais !

— C'est très commode, non ?

— La nature n'aime pas l'inutile. Chaque événement a un sens. Ce qui importe pour toi, je ne le trouverai pas à ta place.

Comme Mohawks, furieux, malaxait un morceau de cuir sans répondre, elle reprit plus doucement :

— Zuyis, les seuls rêves où tu m'apparais me parlent du Voyage. Tu vas partir, un jour ou l'autre. Mais méfie-toi de l'ours. Et de la trahison. C'est tout ce que je peux te dire.

— Qui me trahit ? Une femme ?

Idja le toisa d'un air moqueur. Elle savait ce qui tourmentait le Marcheur. Elle s'apprêtait à le rassurer quand une voix brisa la torpeur du village.

— Idja, viens voir ! La mer ! La mer !

La terreur contenue dans ce cri glaça son esprit.

Mohawks se précipita derrière la chamane qui s'était levée d'un bond. Ils n'eurent pas à courir longtemps, car la vision venait vers eux, trouant les ténèbres tel un monstrueux mirage.

Là, sur la ligne d'horizon, cabré par-dessus les vagues, un animal ailé avançait. Sur son corps rebondi poussaient des arbres sans feuilles étranglés par mille cordes. Trois ailes blanches gonflées sous le vent le soulevaient en l'air, si bien qu'il paraissait voler au-dessus des flots malgré son gigantesque ventre brun.

Partagée entre l'émerveillement et l'épouvante, Idja chuchota :

— Le père des chamans l'a vu ! L'oiseau de l'Autre Monde ! Il vient de la lune, vois comme ses ailes sont pâles !

— Ce n'est pas un oiseau, mais un oumiak. Et dessus vivent des hommes, les Grands Sourcils, objecta Mohawks calmement.

— Tu les connais ?

— Non. Mais j'en ai entendu parler. Laisse-moi faire. Et surtout garde les femmes dans les huttes. Tu ne dois pas t'approcher d'eux, Idja, ton clan a besoin de toi.

— Et de toi encore plus, Zuyis ! Tous les peuples comptent sur ta venue !

— Ne t'inquiète pas. Je crois que les dieux ont voulu que je les trouve sur mon chemin, sinon cela n'aurait aucun sens.

16.

En réalité, malgré son aplomb apparent, le Nahanni tremblait de peur. Il avait vu les vestiges de l'ancienne Kiruna, senti les effluves de désolation, et voilà qu'il était sur le point de rencontrer des Grands Sourcils. Ces hommes étaient-ils ceux qui avaient abordé Kiruna ? Ou leurs frères ?

Le cœur battant, il se tenait debout sur la plage, seul. Il avait convaincu les Inuits de rester à couvert dans les huttes. Les chiens étaient attachés aux harnais, car Mohawks ne voulait pas de combat. Il portait le poignard de Raian, son arc et ses flèches. Sur sa poitrine, attachés par la babiche de cuir, il sentait peser les trois Zuyissmans. Leur présence le rassurait. C'était en Zuyis qu'il voulait accueillir les hommes blancs.

Une embarcation se détacha du grand oumiak et il distingua la silhouette de six hommes : cinq rameurs et leur chef, dressé à la poupe, qui pressait contre son visage un outil composé d'un long tube. Une arme ? À mesure qu'ils se rapprochaient, éclairés par la lumière de leurs torches, Mohawks distingua mieux leurs visages et sa peur reflua un peu : l'un d'entre eux avait les traits inuits.

Le silence était impressionnant, uniquement rompu par la caresse des vagues sur les galets.

L'Inuit sauta dans l'eau, suivi par deux hommes vêtus de peaux nues et pelées qui semblaient bien fines pour le froid ; ils entreprirent de haler la lourde embarcation sur le sable. Quand elle fut à sec, les autres débarquèrent à leur tour et le groupe s'avança vers le Zuyis. Celui qui était resté debout dans l'oumiak marchait en tête. Il tenait toujours le tube, mais semblait l'avoir oublié. Son visage était livide, coupé par un nez imposant, ses cheveux assez courts, jaunes et broussailleux. Mohawks se rappela alors les paroles d'Aki et il frissonna.

« Leur peau est blême, leurs sourcils touffus et parfois leurs cheveux se confondent avec des poils sur les joues. Quand ils rient, ils montrent des dents aussi longues que blanches. Leur odeur est curieuse, assez puante, et elle fait penser à de la viande morte. »

L'homme s'était arrêté à un pas du Zuyis. Il se mit à parler une langue inconnue, en le fixant droit dans les yeux. Quand il se tut, son visage grimaça une sorte de rictus contraint, comme s'il s'efforçait de plaire tout en cachant sa peur. Qu'est-ce qui l'effrayait ? Un Indien solitaire ?

L'Inuit s'approcha. Sa face jaune et aplatie lui donnait l'air d'un rongeur inquiet. Il parlait au nom des Grands Sourcils et Mohawks comprit chaque mot, car il venait de passer deux longues lunes à apprendre la langue des glaces.

— Je suis Anaslak-Jon, et je parle comme les étrangers venus du monde de l'intérieur. Le capitaine Knut Aarhus te fait dire qu'il est heureux de te saluer et que ses intentions sont pacifiques.

— Je suis Mohawks, le Nahanni ami des hommes et je remercie ton… capitaine Knut Grands Sourcils.

En entendant la traduction, l'homme accentua son rictus et découvrit une rangée de dents étincelantes qui parurent effectivement fort longues au Zuyis.

— Le capitaine serait heureux de faire du troc avec ton clan. Il a beaucoup de trésors à donner et voudrait des fourrures en échange.

— Le troc exige l'équilibre. Le capitaine connaît nos coutumes ?

— Il a les siennes et il est pressé.

— Pressé par quoi ?

— Il dit qu'il cherche la grande île pour l'explorer et qu'il a besoin d'un guide pour passer les glaces.

— Parle-t-il de Kalaallit ?

— Je crois bien.

— Crois-tu que leur oumiak peut l'atteindre ?

— As-tu déjà admiré un pareil prodige ? Dans son ventre, vingt hommes peuvent manger, dormir, cuisiner et même danser, car il est assez vaste pour contenir un village entier ! Aucune mer ne l'arrête, les vagues les plus grosses le caressent comme une plume et ce bateau brise des glaces épaisses comme une jambe !

Oubliant sa réserve, Anaslak s'emballait, les yeux brillants. Mohawks aurait voulu l'interroger sur son clan, l'histoire qui l'avait mené jusqu'aux Grands Sourcils, mais mille questions lui venaient, plus pressantes. Subitement, la peur avait cédé la place à l'espoir. Avec l'oumiak ailé, il pourrait enfin quitter ce village et rejoindre Kalaallit, l'île qui se dressait sur la mer gelée. Ensuite, il passerait de l'autre côté, là où les glaces sont si denses qu'elles se confondent avec la grande terre. Le dernier village sacré serait alors à portée de jambes et il pourrait enfin revenir vers Anja.

— Si ton capitaine Grands Sourcils est d'accord pour embarquer mes chiens et mon kamutik, je l'aiderai sur l'île.

— Il demande si tu es capable de les guider. Il dit que tu n'as pas l'air d'un Inuit des glaces…

— Je suis Zuyis, le Marcheur de nos peuples, et j'arpente le territoire de la Coiffe depuis près de deux soleils. Je saurai.

— Le Zuyis ! Mon père m'en a parlé…

Le visage d'Anaslak était devenu grave. Il s'inclina devant Mohawks et le Grands Sourcils parut intrigué par ces marques de respect inhabituelles. Il posa une question à laquelle l'Inuit demeura sourd.

— Je lui dirai que tu es l'homme qu'il faut. Le capitaine est brave, mais tous ne lui ressemblent pas… Es-tu sûr de toi ?

— Avant, j'aimerais te poser une question. Votre oumiak a-t-il abordé les rives de Kiruna, il y a près d'un soleil ?

— Je ne crois pas. Le capitaine a tenté de voyager vers l'est, mais les glaces l'ont bloqué et il a tourné en rond. Ensuite, il m'a trouvé et nous sommes revenus sur les côtes de leur territoire qu'ils nomment Norvège.

— As-tu déjà eu des fièvres ?

— Jamais.

— Pourquoi es-tu allé avec eux ? Depuis combien de temps ?

— Je suis du clan des Eanis et, comme tu vois, je suis chétif, ce qui me rend maladroit à la chasse. Un jour, les étrangers sont venus et les chasseurs ont pris peur. Tous ceux qui riaient de mes efforts ou qui se moquaient de mes prises, voilà qu'ils se terraient loin dans les terres pour ne pas croiser les Grands Sourcils. Alors, moi, j'ai décidé de les affronter et, quand ils m'ont proposé d'apprendre leur langue pour les aider à parler aux nôtres, j'ai accepté. J'ai appris beaucoup de choses moi aussi, Zuyis, et un jour je reviendrai à mon clan riche de multiples savoirs. On me regardera avec respect…

— Pourquoi te nomment-ils « Jon » ?

— C'est mon nom qallunaat. Pour eux, c'est plus facile.

— Moi, je te nommerai Anaslak. Tu peux dire au capitaine Grands Sourcils que je viendrai.

— Vas-tu l'inviter dans ton village ?

— Il ne doit pas voir les femmes.

— Pourquoi ?

— Je t'expliquerai.

Le capitaine attendait calmement la fin de ce dialogue, mais ses hommes commençaient à s'agiter sous la morsure du froid. L'un d'eux, qui dépassait les autres de deux bonnes têtes, se mit à piétiner la neige en grognant des mots incompréhensibles. Il jetait de fréquentes œillades en direction du village dont on distinguait les pointes des huttes. Mohawks nota sa ressemblance avec un ours. L'étranger n'avait toutefois pas la grâce du féroce animal, son dandinement était bien maladroit. Le capitaine se tourna vers l'homme impatient et l'interpella vivement. Anaslak traduisait au fur et à mesure :

— Jorge voudrait faire du troc et rencontrer les femmes. Il dit qu'il connaît la coutume. Qu'il donnera des biscuits, du sel et de la mélasse. Et des lames. Du fer. Il dit qu'il veut échanger des fourrures. Et qu'il veut aussi goûter nos femmes…

— Ce Grands Sourcils est cannibale ?

— C'est une façon de parler, Zuyis. Il veut juste partager les plaisirs.

— Et que répond ton capitaine ?

— Il l'engueule. Il est plus intéressé par toi que par les peaux ou les quelques indigènes qui soulageront les hommes.

— Eh bien, tu peux prévenir les Qallunaats qu'ils ne verront aucune femme ! C'est par elles que les fièvres arrivent et se propagent dans nos villages. Toi, tu n'es pas tombé malade… Promets-leur que demain je les attendrai ici, avec mes chiens, mon traîneau et un aiviq que je gardais pour le Voyage.

— Ils se moquent de manger de la viande fraîche. Ils préfèrent leur viande salée et leurs galettes aussi dures que la pierre !

En écoutant la proposition de Mohawks, les Grands Sourcils laissèrent poindre leur excitation. Le capitaine hocha vigoureusement la tête en signe d'accord, mais celui qui se faisait appeler Jorge parut mécontent. Plusieurs cicatrices boursouflaient vilainement sa peau livide et se perdaient dans les poils de ses joues. Il vint se planter devant le Nahanni qui renifla une bouffée d'haleine aigre. Cernés de rides profondes, ses yeux minuscules pétillaient de ruse. Les mots jaillirent, comme des crachats nauséabonds.

Anaslak murmura :

— Il dit que vous serez amis même s'il regrette les femmes. Il dit qu'il aime bien ton allure et que ça change des macaques jaunes.

— Et moi, je n'aime pas trop son odeur, mais ne le lui répète pas.

— Alors, je traduis quoi ?

— Juste que je serai là demain.

*

* *

Pour mener les chiens, le traîneau, le chargement et l'Indien de la rive au grand oumiak, il fallut faire deux voyages.

Le capitaine Knut Aarhus était satisfait. Sans trop savoir pourquoi, l'indigène lui plaisait, sa fierté farouche augurait une certaine droiture d'esprit. Avec lui à bord, cette foutue chance allait peut-être enfin tourner ! Il trouverait le passage vers les Indes, cette route mythique qui ferait de lui un homme riche !

Le lacis des fjords créait des paysages trompeurs. Comment distinguer un détroit d'une baie, un continent d'une île ? Partout où le regard se posait, la glace surgissait, menaçante, tantôt de simples galettes dérivantes, tantôt des icebergs assez vastes pour créer l'illusion de terres gelées. Quand *L'Aventureuse* s'engageait dans ce labyrinthe de chenaux, le capitaine ne pouvait s'empêcher d'aller vérifier le sillage, hanté par l'idée de voir la mer se refermer derrière eux pour les piéger au beau milieu du grand Nulle Part ! Les fumées libérées par les zones d'eaux libres lui servaient de repère, mais la nature restait trompeuse, ici. Par-dessus tout, Knut redoutait l'englacement invisible et mortel du gel. Plusieurs fois, il avait fallu envoyer les hommes avec des filins tracter le navire avant de se trouver coincé dans l'étau. Aucune boussole, aucun portulan n'y pouvait rien. Sur la carte ou devant lui, c'était l'inconnu, le vide abyssal des flots. Par temps brumeux, tout empirait. Knut Aarhus se sentait happé dans un cauchemar que la nuit polaire rendait plus terrifiant encore.

Il n'était pas le seul à avoir les nerfs secoués. Ses hommes étaient rudes à la tâche, pourtant, le capitaine sentait monter les problèmes à mesure que le temps passait.

La veille, à bord de *L'Aventureuse*, il avait dû taper du poing sur la table pour que Jorge et sa bande oublient leurs velléités de rapprochement avec les « petites bridées ». Voilà plus de trois mois que ses marins n'avaient pas touché une femme. Ils s'ennuyaient. Le froid trop vif, l'errance sur cette mer et les rares rencontres avec des sauvages affolés, rien de tout ça n'était très bon pour le moral. Les hommes avaient l'habitude de se passer du superflu, mais les conditions extrêmes de la navigation, ajoutées aux privations, finissaient par les rendre enragés !

Le pire, c'était que, sans le refus de l'Indien, ils auraient pu « fraterniser » avec les indigènes, et ce bougre de Jorge ne l'ignorait pas ! Lui aussi avait entendu parler de l'équipage du *Neptunia*, ces histoires de femmes indigènes qui se donnaient pour des pacotilles, et avec la bénédiction de leurs époux, en plus ! Quelques cadeaux suffisaient. Ces sauvages acceptaient n'importe quoi. Le capitaine n'était pas puritain, mais la liberté de leurs pratiques n'en était pas moins surprenante. Quelque chose lui échappait dans leur comportement, et cette incompréhension l'agaçait, lui qui se targuait de bien connaître la nature humaine. Les Esquimaux pouvaient montrer autant de courage physique que de lâcheté, de curiosité que d'indifférence, de naïveté ou de duperie. Ils semblaient avides de comprendre et, l'instant d'après, ils vous plantaient là, sans prévenir ! Ils passaient du rire à l'effroi pour des raisons absurdes… Une fois l'effet de surprise passé, ils faisaient peu de cas des produits étrangers. Les biscuits troqués contre des fourrures étaient jetés à la mer, les miroirs brisés, les perles oubliées... Seules les lames en fer servaient. Comme si le troc était plus affaire de politesse que de nécessité.

Sur le terrain de la chasse, toutefois, ces hommes étaient imbattables, incroyablement résistants et inventifs.

L'Indien semblait différent. Il paraissait plutôt malin, calme. Bref, un homme précieux quand il faudrait choisir sa route. Jon prétendait qu'il était Grand Voyageur. Ils s'entendraient forcément.

L'équipage était en train d'appareiller. Le capitaine referma le journal de bord sur lequel il venait de consigner sa rencontre, les coordonnées du rivage et le départ prévu vers le nord-ouest. Il voulait trouver un passage et, cette fois, il ne se laisserait plus tromper par ces satanés icebergs !

D'un pas lourd, il rejoignit le poste de pilotage. Au passage, il interpella Jon qui traînait comme à son habitude du côté des cuisines, sans doute à l'affût d'un chapardage !

— Demande à l'Indien de venir me rejoindre. Je serai à la barre.

Malgré le mauvais vent qui venait de se lever, Knut se sentit brusquement ragaillardi. La chance tournait. Le nouveau lui inspirait confiance.

L'Aventureuse s'éloignait déjà de la crique. Derrière les hublots, la pénombre s'était épaissie avec l'arrivée d'un grain. Des rafales fouettaient le navire et la houle, courte et serrée, augurait quelques heures difficiles. Il aurait pu rester mouiller dans l'anse, mais l'équipage tournait en rond et le village, dont on distinguait les fumées, était trop tentant pour des marins ivres. En mer, au moins, les hommes avaient l'habitude d'une certaine discipline. On ne sait jamais ce que l'océan vous réserve.

Il soupira et affermit sa poussée sur la barre. Direction nord-est. Cette fichue île était bien quelque part. La légende parlait d'une terre de trésors. Thulé. Le royaume des dieux nordiques. Or les dieux aiment les offrandes. Il songea qu'il faudrait interroger l'Indien sur les petites statuettes en or qu'il portait autour du cou.

Anaslak trouva Mohawks le nez levé vers le gréement, fasciné par le mouvement des voiles. Ses chiens l'entouraient, la queue basse, le poil hérissé de méfiance. Les plus jeunes s'étaient frileusement groupés autour de Niäniä, comme pour retrouver le refuge des premiers jours. Seul Torok paraissait tranquille. Tant que le maître était à proximité, il ne redoutait rien.

Occupés à la manœuvre, les marins ignoraient l'indigène, sauf pour lui hurler de se pousser. Le ton restait néanmoins bon enfant. L'émerveillement qui se lisait sur les traits du sauvage amusait ces hommes rudes, et les flattait aussi.

Depuis qu'il avait posé le pied sur le large plancher du pont, le Zuyis était plongé dans la stupeur. L'oumiak était prodigieux ! Du bois partout, cintré, taillé, emboîté, une forêt élaguée et travaillée de façon si ingénieuse qu'il en avait le vertige ! Les troncs qui portaient les voiles surtout l'impressionnaient, car ils ressemblaicnt à des arbres ailés, d'où jaillissaient des cordes serpentines assez longues et épaisses pour lier un géant.

Tout était immense ici ! Et différent ! Même les bruits étaient nouveaux, les grincements des liens frottant le bois, le claquement sec des peaux fouettées par la bourrasque et le cri des hommes qui s'interpellaient, certains aussi agiles que des mouflons perchés en hauteur, d'autres suspendus aux grandes voiles, tirant ou enroulant des cordes avec les gestes rapides et précis que donne l'habitude.

Quand Anaslak lui transmit l'invitation du capitaine, Mohawks ravala une protestation. Il commençait tout juste à entrevoir l'explication des grandes ailes, à la façon de se gonfler et au mouvement de l'oumiak géant, qui prenait son envol, de plus en plus rapidement. Là-dessus, on pouvait traverser les mondes sans plus se soucier des obstacles !

Il commanda aux chiens de se tenir tranquilles et suivit Anaslak.

— Mohawks le Nahanni te salue, capitaine.

— Qu'il approche. L'embarquement s'est-il bien passé ?

— Oui, bien.

— Et les chiens ?

— Ils n'aiment pas être enfermés. Mohawks dit qu'ils n'ont pas l'habitude. Il a refusé de les mettre en cale.

— Alors où sont-ils, sacrebleu ?

— Sur le pont.

— On ne peut pas les y laisser. Ils risquent de se faire emporter par une vague et les hommes vont râler. Il a vu sa cabine ?

— Il a déposé quelques sacs, oui. Et il a inspecté chaque pouce de cloison et de plancher, tiré sur chaque poignée et chaque tablette. Ensuite, il a demandé en quelle glace était faite la vitre de son hublot pour ne pas fondre. Il estime que les tiroirs sont ingénieux mais ne comprend pas leur utilité. Il dit que les chiens dormiront avec lui et qu'il les promènera sur le pont.

— Je n'aime pas ça.

— Il insiste.

— Bon ! D'ailleurs, en parlant de chiens, j'aimerais lui en échanger quelques-uns. Je bricolerai un traîneau en prenant modèle sur le sien. Je suis curieux d'essayer ce moyen de locomotion. Quand nous serons sur l'île, ce sera plus pratique que de faire tirer le matériel par les hommes.

— Ses chiens ne sont pas pour le troc.

— Tous les mêmes ! Foutus Esquimaux !

Durant la discussion, le Zuyis s'était rapproché du capitaine. Il regardait tout, intrigué par les outils. Le Grands Sourcils tenait fermement une roue qui lui fit penser à l'arceau d'un attelage. Il empoigna le bois et infligea une violente poussée. Aussitôt, il sentit l'oumiak réagir en tanguant.

— Hé ! tu vas nous envoyer plein vent ! Regarde plutôt… Voilà, je redresse pour garder le cap.

Le Grands Sourcils plissait le front en lui désignant la roue. La roue guidait l'oumiak. C'est cela qu'il voulait signifier !

Mohawks sourit pour faire comprendre qu'il avait parfaitement saisi. Durant ce court échange, le capitaine et lui s'étaient compris sans l'aide d'Anaslak. Il désigna une petite sphère et mima l'étonnement.

— Dis-lui qu'il s'agit d'un astrolabe, pour mesurer la latitude, la position du navire sur la mer par rapport au ciel… Tiens, et voilà une boussole. Avec cela, nous savons toujours où se situe le nord.

Il désignait maintenant un autre outil curieux, rond et creux, qui portait en son centre une aiguille frémissante.

Devant la mine ébahie du Nahanni, Knut Aarhus éclata d'un gros rire.

— Je t'apprendrai, l'Indien ! Ce sera ma manière de te souhaiter la bienvenue, un échange de connaissances d'un explorateur à un autre…

*

* *

Les premiers temps, Mohawks fut tellement absorbé par la nouveauté, avide de tout assimiler, qu'il fit peu de cas des hommes, plus intéressé par les outils, l'oumiak-navire, les manœuvres de navigation, l'utilisation de l'astrolabe et de la boussole. Tout lui apparaissait magique, et pourtant à portée de compréhension.

Il demanda à suivre les gabiers et observa la manière de nouer les liens, les « bouts », d'affaler les voiles ou au contraire de hisser les cordages, serrer les ris sous les rafales. Il tanna le capitaine pour prendre son tour de gouvernail, sous sa surveillance. Il apprit les termes des marins : lofer, virer de bord, garder le cap, affaler, cintrer, envoyer, parer ; et tant d'autres mots : boussole, Norvège, vin, accordéon, portulan ; des insultes aussi : bougre, foutre-queue, vermine, canaille et sacrebleu. Si bien que les langues se mélangeaient parfois dans ses rêves pour composer un chant étrange, celui de son Voyage, tissé de chaque rencontre, chaque aventure.

Le capitaine et lui se passaient souvent de l'aide d'Anaslak. Ce que le langage ne pouvait traduire, ils l'expliquaient avec des gestes et des mimiques. Mohawks réalisait combien la maîtrise des mots est profitable à l'homme curieux, et plus précieuse encore pour celui qui voyage.

Bien sûr, le capitaine avait d'étranges réactions, il traitait la mer et le ciel en ennemis sournois et, à plus d'une occasion, Mohawks l'avait vu lever le poing vers les étoiles en crachant des insultes : « Sacrebleu de mauvais ciel ! » Et quand il avait tenté de le mettre en garde contre la réaction des dieux, Knut s'était contenté de rire.

Malgré sa longue-vue – un long tube qui avait beaucoup intrigué le Zuyis –, l'homme était incapable de lire correctement les flots. En revanche, il connaissait bien les lois du vent et se souciait de trouver la « route juste », selon ses propres mots.

Le Grands Sourcils se montrait amical avec Mohawks. Une forme de complicité se noua peu à peu entre les deux hommes, durant les longues heures qu'ils passèrent ensemble à scruter la mer. Il posait des questions, tentait d'écouter les réponses, et démontrait plus de respect envers le Zuyis que tous ses hommes réunis. Pour les marins, l'Indien restait un sauvage naïf.

Pendant les veillées, au milieu des hommes éméchés, l'attention de Mohawks ne se relâchait pas. Il ne s'agissait plus de chercher le meilleur chemin ou d'apprendre à barrer, mais de sonder le cœur des Qallunaats. Parfois, le Zuyis se demandait si Idja n'avait pas raison en imaginant que ces hommes descendaient de la lune tant leur comportement était curieux. La bouche disait une chose que l'œil démentait. Ils riaient beaucoup, mais la colère assombrissait leur teint. Ils redoutaient les mouvements de la nature, mais ne cherchaient jamais à apprendre d'elle. Leurs jeux étaient violents, leur joie mêlée de cruauté. Ce n'était pas tant les moqueries qu'une agressivité latente qui émanait d'eux, leurs paroles contredites par un geste, une menace que le Zuyis sentait flotter même s'il était incapable d'en discerner les contours.

Ses chiens aussi restaient sur le qui-vive et ignorèrent les tentatives d'un jeune mousse qui voulut leur faire goûter des biscuits. En général, les Norvégiens préféraient éviter les animaux que de risquer un coup de dents. Et puis, au fil des jours, ils s'habituèrent à voir la meute circuler sur le pont. Le sauvage les nourrissait de la même viande qu'il mangeait lui-même, indifféremment crue ou cuite !

Le reste, c'était l'affaire du capitaine.

Quand le temps était assez bon pour leur laisser un répit, les hommes aimaient faire la fête, et ils tentèrent d'initier Mohawks à l'accordéon et aux chants paillards. Le Nahanni apprit à ânonner les plus connus avec son accent impayable. On lui fit boire cette fameuse eau-de-feu dont Aki avait parlé comme d'un poison.

La première fois, le Zuyis goûta avec prudence et ses grimaces déchaînèrent l'hilarité, mais, comme il aimait la chaleur qui se répandit dans ses veines, il but encore, au milieu des rires et des exclamations, et se trouva bientôt à quatre pattes, luttant contre la houle qui mettait l'oumiak sens dessus dessous.

Le lendemain, il fut malade à en mourir, mais se leva néanmoins pour rejoindre le capitaine et ses « leçons de choses », comme il disait. Il jura de ne boire jamais plus d'un verre de cette boisson enivrante.

Les Norvégiens finirent par apprécier sa ténacité et son calme. Mohawks les distrayait du morne quotidien et, contrairement à Anaslak-Jon qui ne pensait qu'à dormir, sa curiosité était vive. Certains perçurent que son intelligence ne l'était pas moins. Même les plus fermés, les plus méprisants reconnurent que, pour un indigène, c'était un sacré gaillard ! Tous… sauf Jorge et sa bande. Ceux-là comprenaient mal l'indulgence générale et le favoritisme dont Knut Aarhus faisait preuve à son égard.

Un soir, Anaslak-Jon, qui avait un peu trop abusé d'eau-de-feu, tenta d'expliquer le Voyage de Mohawks et l'importance de son chemin destiné à relier entre eux les villages de la Coiffe, mais son discours se perdit dans le rire des marins. Jorge le toisait, la mine sombre.

Le Nahanni resta silencieux, cherchant à comprendre. L'indifférence était peut-être un trait de caractère des Grands Sourcils : mépriser les coutumes des autres peuples tant on est sûr de sa puissance. Ne craignaient-ils pas d'offenser les Esprits ? Qui étaient donc ces hommes blêmes ? Quels étaient leurs rêves ?

Quand ils n'affrontaient pas les mers, avec un grand courage, Mohawks l'admettait, la plupart de ces Qallunaats ne pensaient qu'à boire l'eau-de-feu et à parler de leurs conquêtes, des femmes de toutes les couleurs, les Négresses des terres chaudes, les Jaunes de la terre asiate, les blanches Norvégiennes ou les danseuses à peau bistre des mers du Sud. Chacun d'entre eux se vantait d'avoir connu la plus belle, la plus experte, la plus vicieuse ou la plus exotique. À cet instant, nul besoin de traducteur, ce que le Nahanni ne comprenait pas, les marins le mimaient avec des gestes obscènes qui ne laissaient aucune place au doute !

Ce furent les seuls instants où Mohawks dut maîtriser sa colère, car il songeait aux femmes de Kiruna et à ces autres Grands Sourcils qui avaient dû rire de la même façon, qui racontaient peut-être en ce moment même les attraits des belles Saamis, la souplesse de leur corps. Ces corps dont il ne restait aujourd'hui que des os.

Pour le Nahanni, l'unique tabou enfreint qui avait mené au drame de Kiruna était le partage des plaisirs entre Qallunaats et Saamis. Les fièvres n'avaient pas touché Anaslak et lui-même se sentait en pleine forme. C'est pourquoi, en dépit de quelques réticences, Mohawks ne se méfiait pas des Norvégiens. Ils vivaient côte à côte à bord de l'oumiak et leur destination était la même. Qu'aurait-il pu craindre ?

Seul Jorge lui déplaisait absolument. Le marin ne se déplaçait jamais sans être flanqué de sa bande, quatre marins à la mine patibulaire qui ne manquaient pas une occasion de s'enivrer. Le Zuyis préférait les éviter car, chaque fois qu'ils se trouvaient ensemble, la tension montait, aussi palpable que si elle avait réellement existé.

Rivalité, défi ou antipathie, il l'ignorait.

Néanmoins, Mohawks était un homme juste, et il savait la difficulté de faire la part des choses entre son intuition qui lui soufflait des sentiments de haine et son ignorance des coutumes norvégiennes qui le poussait à l'indulgence. Avec Varru, les choses avaient été difficiles au début. Il se trompait peut-être de même sur le compte de Jorge, interprétant mal ses regards.

Comme pour répondre à ses hésitations, le marin parut soudain s'adoucir et vouloir se rapprocher de lui. Il lui offrit de l'eau-de-feu, lui posa des questions sur son équipement, ses chiens, et surtout sur les totems qu'il avait aperçus sur la plage d'Akuliat.

Mohawks finit par lui désigner vaguement le chemin qu'il comptait emprunter, où il situait l'île. Mais Jorge se moquait de l'île. Il avait apporté une carte, ces rouleaux de peau-papier que le capitaine nommait portulans, et désignait tour à tour des terres étranges. La curiosité le dévorait et il lui demanda de nommer les terres, les fleuves, les monts et chaque emplacement où l'on trouvait les pierres transparentes et l'or.

Pour Mohawks, les cartes étaient difficiles à traduire. Elles fourmillaient d'inscriptions sans importance, et comportaient des vides là où il aurait dû y avoir les villages des clans, les pistes des transhumances ou des grandes migrations animales. Comme l'autre insistait, le visage rouge d'excitation, il indiqua vaguement un lieu où on aurait pu situer le fleuve des Nhyannas, là où il avait fait naufrage. Il se rappelait les pierres de feu, qui étaient en grand nombre, sans comprendre pourquoi le marin trépignait à entendre son histoire. Une excitation dérangeante…

Pourquoi Jorge exigeait-il de voir sur les cartes l'emplacement des quatre villages sacrés ?

Brusquement, le voile de bienveillance qui entourait le monde des Qallunaats parut se déchirer et la peur noua le ventre du Zuyis.

Comme Jorge insistait, il finit par lui répondre d'un ton vif :

— Je ne peux pas inventer un chemin qui n'existe pas, Grands Sourcils ! Seuls les chamans et quelques initiés détiennent le pouvoir de déchiffrer les cartes. J'ai appris à lire la mienne, mais tes portulans ne me disent rien ! Celui qui dessine un chemin sur une peau ou sur l'écorce d'un boulot l'a d'abord écrit avec ses pieds. Il y met des inscriptions sacrées, les lieux à offrande. Toi, tu me parles de cailloux ! Je ne prête attention qu'à ceux qui me permettent de me repérer.

— Tu viens de me parler d'un fleuve bourré jusqu'à la gueule de pépites d'or !

— Tu exagères mes propos.

— Et l'or de tes masques, c'étaient des hallucinations ? Ce truc que tu portais sur la plage, quand on s'est rencontrés. Pourquoi tu ne veux pas me le montrer ? De l'or et des diamants, ces pierres transparentes comme tu les appelles, je les ai vues de mes yeux !

— Mes masques, comme tu les appelles, sont des statuettes sacrées qui m'ont été remises par des chamans ; quant aux pierres transparentes et à l'or, je ne sais rien. Les lieux dont ils proviennent sont secrets et seuls les chamans en connaissent l'emplacement.

— Tu mens ! Tu mens, foutre-dieu !

— Pourquoi je ferais cela, Jorge… Nous sommes amis, non ?

Plus tard, quand il eut regagné sa cabine, Mohawks sentit la honte le consumer. Voilà qu'il devenait comme les Grands Sourcils, à proférer des mensonges, à jouer avec les mots pour éviter de devoir s'expliquer. Et pourtant, quand Jorge l'avait accusé de mentir, il avait failli se jeter sur lui, le couteau en avant. Et il avait renoncé. Maintenant, il ne savait pas si la honte venait du mensonge ou de son élan de haine. Peut-être aussi d'un soupçon qui commençait à s'insinuer dans son esprit, mais sur lequel il n'aurait su mettre un nom.

Incapable de trouver le sommeil, il rejoignit ses chiens sur le pont. Ceux-ci restaient souvent couchés dans les cordages, au centre du navire où le roulis était moindre. Ils se levaient pour se délier les pattes, allaient et venaient le long du pont, mais ne s'y attardaient jamais, car le tangage leur faisait peur. Mohawks passait de longs moments avec eux, les rassurant de la voix.

— Bientôt, nous retrouverons la terre, mes chers compagnons, et nous filerons sur la neige. Ne craignez rien, je n'aime pas plus que vous la mer !

La tempête s'était un peu calmée, le bateau avançait majestueusement sur les montagnes d'eau, d'un creux à l'autre. Grâce à la lune, Mohawks calcula qu'il voyageait à bord de *L'Aventureuse* depuis une lune. Eux disaient un mois.

— Ces Grands Sourcils ne sont pas comme nous, Torok. Ce sont bien des hommes, mais je me sens plus proche de toi qui comprends les lois de notre Terre, qui chasses pour manger, qui es fidèle par amitié.

À cet instant, un cri perça le silence. Mohawks reconnut le mot qallunaat. L'homme de quart, chargé de veiller aux alentours, criait d'une voix éraillée :

— Terre !

Le Zuyis vit alors surgir de la pénombre les contours de plusieurs monts si acérés qu'ils semblaient vouloir déchirer le ciel.

17.

La bagarre éclata avec la violence d'un orage, imprévue et dévastatrice.

Quelques instants plus tôt, Jorge s'était dressé face à Knut Aarhus, les poings serrés, les yeux rivés dans les siens pour bien montrer qu'il était déterminé et qu'il n'avait pas peur. Quand le bosco voulut porter secours au capitaine, il buta sur un groupe de marins qui lui barrèrent le passage, tel un mur d'enceinte, épaule contre épaule, les bras croisés. Aucun mot ne fut échangé, mais la menace était claire. Il fallait laisser faire. Cette bagarre devait avoir lieu.

Mohawks ne bougeait plus, figé par l'imminence du péril. Sa main chercha instinctivement la tête de Torok, en vain. La meute était encore à bord. Il avait enfermé les chiens dans la cale au moment du mouillage, pour ne pas gêner la manœuvre.

Le capitaine avait accepté de l'emmener à terre avec quatre hommes d'équipage. Ils devaient explorer la côte, reconnaître les lieux. Le Norvégien ne cachait pas sa mauvaise humeur ; après avoir vérifié et revérifié sur son astrolabe, il doutait fortement avoir découvert la terre mythique de Thulé.

Le capitaine protesta à plusieurs reprises, tandis que Jorge argumentait, la mine rougie d'excitation. Il se tourna soudain vers le Zuyis et le désigna au cercle des marins immobiles, les visages aussi vides que des masques.

La voix de Knut Aarhus dérapa dans les aigus.

— Jorge, tu ne peux pas faire cela !

— Les autres sont d'accord.

— Tous ?

— Tous, sauf Einar. Pas la peine de le consulter, on sait bien à qui il lèche les bottes.

— Comment vas-tu faire sans traducteur ? Et puis l'Indien a coopéré, il peut m'aider encore ! Il sait plus de choses sur la banquise que nous tous réunis ! Il va foutre le camp si tu lui fais un coup pareil.

— Vous avez votre île, et moi je ne demande que ma part du butin. Vous ne pourrez pas nous en empêcher cette fois !

— Mais sacrebleu, on n'est sûrs de rien ! Cette île ne peut pas être Thulé ! J'ai besoin de lui !

— Le partage est fait. Vous garderez les bêtes. Pas besoin d'un guide pour manier le fouet.

— Tu connais le prix d'une mutinerie ?

— Qui parle de se mutiner ? Je vous soumets le résultat du vote ! Si vous n'êtes pas content, les hommes rentrent au port, c'est tout !

— C'est du chantage !

— Là, je peux pas dire le contraire. Mais ça me vaudra pas la corde !

Le colosse s'esclaffa, la bouche tordue par un rire mauvais. Il avait gagné la partie et tous le savaient, même Mohawks l'avait compris. L'instinct lui hurlait de fuir à toutes jambes. Il voulut se relever. En quelques bonds, il serait à la cabine et libérerait les chiens. Ensuite…

Le coup s'abattit sur sa nuque et il s'effondra d'un bloc.

Derrière lui, un marin hilare agitait le lourd aviron avec lequel il venait de lui fracasser le crâne.

— Je crois que le bronzé vient juste de voter. Combien tu crois qu'il vaut, cet animal-là, Jorge ?

Des ricanements éclatèrent et la tension baissa d'un cran. L'équipage ne se battrait pas pour un indigène, surtout si le capitaine admettait implicitement la situation. Ce sacré Jorge avait gagné son pari, chacun empocherait sa part…

Knut Aarhus secouait la tête, horrifié. Il esquissa un pas vers l'Indien assommé et trébucha contre Jorge qui le remit d'aplomb d'une bourrade faussement amicale. Jorge était sans conteste une brute, mais une brute rusée. Maintenant qu'il avait remporté la partie, il fallait apaiser les choses et permettre au capitaine de sauver la face.

— On a peut-être eu la main un peu lourde, cap'tain, mais faut pas vous méprendre. On n'est pas des bêtes. On aurait pu foutre l'Indien par-dessus bord, mais, comme vous le traitez mieux que le dernier des mousses, on lui laisse une chance.

Knut ne prit pas la peine de répondre. Jorge avait raison. Il avait commis une erreur. Obsédé par ses recherches, il n'en avait plus que pour l'Indien. L'équipage avait le sens de la hiérarchie, et pas un seul d'entre eux n'aurait contesté son autorité s'il avait fait preuve d'un peu plus de prudence et d'attention. La nuit polaire, cette course sans fin et l'ennui n'avaient rien arrangé.

Seul, Anaslak-Jon tremblait, blotti contre une écoutille.

Pourquoi les Qallunaats voulaient-ils la mort du Zuyis ? Il allait bondir de sa cachette, affronter ces fous malfaisants, les éloigner de son frère ! Les Qallunaats avaient osé porter la main sur Mohawks, un Marcheur protégé des dieux !

Il tenta de se redresser, mais ses jambes refusèrent de le porter. L'angoisse lui avait volé son souffle. Submergé par la honte, le petit Inuit ferma les yeux pour ne plus rien voir, et plongea dans une torpeur ahurie.

*

* *

Il émergea lentement du gouffre de l'inconscience. Un mouvement doux, lancinant, berçait la douleur. Pourquoi le chaman usait-il de son crâne comme d'un tambour ? Derrière ses paupières closes, les ténèbres avaient la couleur du sang frais et une saveur âcre.

Il avala péniblement sa salive et sentit la brûlure incendier sa langue. Voilà d'où provenait le sang, quelque chose l'avait mordu.

Où était-il ?

Les sensations affluaient peu à peu, transperçant les brumes de son évanouissement. Le tambour dans sa tête, l'enflure douloureuse de la langue, le froid dans chaque fibre de son être. Il essaya de bouger les membres, d'abord les mains et les jambes, puis il fléchit le cou. Un éclair de souffrance fusa aussitôt qui lui arracha un gémissement.

Des oiseaux criaient, quelque part. Incapable de soulever les paupières, il tâtonna à l'aveuglette. Sous ses doigts, il sentit le bois d'une charpente, puis le doux roulis des vagues. Il flottait. Sur quoi ? Le mot effleura sa mémoire. Chaloupe. Il reconnaissait le ventre en bois, sa courbure profonde et la poutre centrale de la coque qui lui rentrait dans le dos. Ses pieds étaient bloqués par le banc des rameurs. Il accueillit la douleur avec gratitude, soulagé de pouvoir se situer. Il dérivait sur la mer, assez près d'une terre pour entendre les ke-waks.

Sa mémoire peinait à remonter le temps. Comment était-il arrivé là ? Où étaient le capitaine, Anaslak et les autres ?

Il grogna le nom de Torok. Il voulait le chien à ses côtés et sentir sa langue chaude sur son front.

Le mal enflait… Il avait l'impression d'avoir reçu un rocher sur la tête. Une chute ?

S'appliquant à discipliner sa respiration, il reprit chaque élément dans l'espoir de comprendre. Il était sur la mer, à bord d'une chaloupe, il souffrait de la tête et avait dû se mordre la langue en tombant. Où était Torok ?

Lentement, les souvenirs affluèrent. D'abord le visage de Jorge et la main du capitaine posée timidement sur son bras, comme une supplique. Le geste d'un homme faible qui a déjà perdu. Et puis le coup fulgurant et la chute dans le noir.

On l'avait assommé.

Connaître la vérité lui procura un regain de forces, et Mohawks parvint à ouvrir les yeux. La pleine lune baignait la nuit de lueurs verdâtres. Prudemment, l'Indien glissa sur le côté et se mit à genoux, puis se redressa avec une lenteur extrême. Le vertige lui donnait envie de vomir. Il s'aperçut qu'il mourait de soif.

La chaloupe lui parut minuscule, perdue au milieu de la mer. Ce n'était pas l'embarcation qui l'avait conduit avec sa meute et le traîneau sur le navire, juste une coquille de bois. La dernière des embarcations, celle dont on se servait en cas de naufrage. Knut lui avait appris cela. Au loin, il distingua l'ombre d'une côte, et la pointe escarpée d'une montagne. L'île… Où était passé le navire ?

Le souvenir des chiens le frappa si durement qu'il cria, comme si cet appel avait eu le pouvoir de faire apparaître ses compagnons au milieu des vagues.

— Torok ! Niäniä !

Il refoula ses larmes et regarda autour de lui.

La chaloupe contenait une gourde, un quartier de viande d'aiviq et quelques galettes dures en farine qallunaat. Tout avait été jeté à la hâte et s'éparpillait au fond de la coque humide. Il tâtonna sous le banc, dans l'espoir de trouver quelque chose, mais sans trop savoir ce qu'il cherchait. Ses doigts reconnurent la besace dans laquelle il rangeait son nécessaire à couture, quelques hameçons et des pointes de rechange pour ses flèches. Pas d'arc ni de lance. Pas de tamahak. La panique s'empara de lui et balaya les dernières traces de léthargie. En vérifiant sa ceinture, il s'écorcha le doigt sur la lame de Ramuk qu'il portait toujours sur lui.

Son soulagement fut de courte durée et se mua en terreur. Le sac des Zuyissmans devait se trouver quelque part. Forcément. Chassant la douleur et le froid qui l'engourdissaient, Mohawks entreprit de chercher frénétiquement les totems. Il retourna sa besace dans tous les sens, même s'il savait bien qu'elle était trop petite, palpa ses vêtements, inspecta chaque pouce du plancher, sous les plats-bords, entre les rainures du bois. Il ne trouva rien hormis la boussole, l'outil favori de Knut Aarhus, ce froussard perfide qui l'avait abandonné ici ! Ce cadeau sonnait comme un don offert aux morts. À quoi pouvait bien servir une boussole quand on manque de l'essentiel pour survivre ? Et survivre pour quoi ? Les totems avaient disparu !

Le Zuyis hurla à pleine gorge son désespoir. Une boussole ! Il aurait voulu rire et pourtant son visage ruisselait de larmes. La flèche qui marquait le nord. C'était l'ultime cruauté de l'homme qu'il avait cru son ami et qui l'avait abandonné là… Les Qallunaats étaient si habiles au mépris ! Tous ces mots qu'il avait refusé d'entendre : « Singes jaunes, macaques, Esquimaux, sauvages. »

Comme s'il avait pu ignorer la direction de la Coiffe ! Dans son affolement, Mohawks triturait la boussole, sans plus rien voir autour de lui car les ténèbres avaient envahi son esprit. Plus rien n'avait d'importance.

Idja l'avait averti pourtant ! Se méfier de l'ours et de la traîtrise. Jorge était l'ours et Knut le fourbe… Comme il avait été stupide d'écouter leurs paroles, de croire en leurs promesses !

Et Aki ! Nuit après nuit, le vieil ermite lui avait répété combien les Grands Sourcils étaient mauvais. Seulement voilà, Mohawks, le redoutable et puissant Mohawks était bien trop fier pour écouter ses mises en garde, si fier d'être le Zuyis qu'il se croyait invulnérable ! Ah, quel fameux guerrier ! On l'assommait aussi facilement qu'un lièvre, pire même, car les lièvres fuient le danger ! Il n'existait pas un seul animal sur tout le territoire de la Coiffe qui se serait laissé prendre aussi facilement que Mohawks le Zuyis ! Pas un lièvre assez fou pour se laisser dépouiller sans rien faire ! À présent, il avait tout perdu, ses chiens, sa quête, il dérivait sur un tas de bois sans arme, sans même une fourrure pour se couvrir !

Les larmes avaient ravivé sa soif. La gourde contenait un vin douceâtre qu'il se retint de cracher. Encore un cadeau du capitaine. Malgré sa nausée, Mohawks s'obligea à boire quelques rasades.

L'idée de la mort l'effleura. Il était pris au piège, ses efforts réduits à néant. Les périls affrontés, les obstacles surmontés… Tout ça pour rien ! Il avait failli à son devoir par orgueil. Une fois encore, il avait préféré suivre son impulsion plutôt que d'écouter les avertissements des anciens et des sages. Cela, plus que tout, l'accablait. Ainsi, il n'avait rien appris depuis son départ ! Emporté par l'impatience, il oubliait de réfléchir. La bienveillance des dieux, si elle avait existé un jour, s'était lassée de lui. Sans les Zuyissmans, il ne pourrait jamais rentrer chez lui, à Raitankia. La honte serait trop forte. Pas plus qu'il ne pourrait se présenter devant Anja, affronter sa déception. Il serait désormais l'exilé, marqué par le déshonneur. Aucune femme ne pourrait accepter de devenir sa compagne, d'endurer un tel fardeau. Autant se laisser mourir.

Il eut un rire sec, puis se laissa glisser dans le fond de la chaloupe.

Mourir. Ses pensées n'étaient plus que tristesse, colère et douleur. Attendre simplement que le froid l'enveloppe tout à fait et ce serait terminé, plus de trahison ni de honte, sa quête s'achèverait ainsi, au milieu de la Grande Mer des Inuits.

À présent, il n'avait plus rien, pas même les chiens pour lui redonner courage. Torok, s'il était toujours en vie, le chercherait en vain. Et Anja…

Anja l'attendrait longtemps, et puis elle comprendrait.

Mohawks ferma les paupières pour mieux voir son visage.

*

* *

Une bourrasque écumeuse et glacée le réveilla, lui lavant le visage et s'insinuant dans l'échancrure de son manteau. Tiré de sa torpeur, Mohawks eut un faible sursaut. Il cligna les yeux, surpris d'être encore vivant.

La lune s'était enfuie du ciel. Les côtes étaient si proches qu'il put distinguer une langue de glace aussi plane qu'un lac. À la saison chaude, elle devait former une plage. Les oiseaux s'étaient tus, tout semblait pétrifié.

Sans trop savoir pourquoi, Mohawks empoigna la rame et entreprit de pagayer vers la côte gelée.

Incapable de penser, il n'était plus qu'une douleur lancinante, plus cruelle à mesure qu'il accentuait son effort. Quand le sang recommença à affluer dans ses veines, le mal se changea en milliers de flèches ardentes. Les pointes mordillaient sa chair, sans rien épargner. Il serra les dents et continua d'avancer, parcouru de frissons violents.

Torok, Niäniä et son amour, Anja… Pour elle et pour ses chiens, il plongeait l'aviron et tirait, les muscles bandés, cherchant le courant qui le pousserait plus fort. Il ne savait plus qu'une chose, une seule, claire et irrémédiable : il ne voulait pas mourir maintenant, pas de cette manière, vaincu par un traître. Il voulait vivre, au contraire, et infliger une mort honteuse à son ennemi ! Car il se jurait de les poursuivre, ces Qallunaats, de reprendre son bien, de libérer les chiens. Il achèverait sa quête, même si pour cela il lui faudrait les poursuivre jusqu'au bout du monde !

*

* *

La chaloupe heurta le fond sablonneux et Mohawks mit pied à terre, de l'eau jusqu'aux chevilles. Il fallait faire un feu sans tarder, une flambée si haute qu'elle éclairerait les confins du ciel ! Se réchauffer pour survivre au froid, mais aussi pour réfléchir. Chaque os de son corps s'était changé en lame de glace et le moindre mouvement lui arrachait un gémissement. Ses doigts, dans les moufles humides, étaient gourds, maladroits.

Après avoir traîné la chaloupe hors de l'eau, il commença par chercher les morceaux de bois flotté que les eaux rapportaient sur les côtes et fut surpris par leur nombre et leur taille. Des troncs entiers avaient dérivé là, portés par un courant majeur, assez fort pour leur faire traverser la mer ! Pressé par l'urgence, il se contenta de quelques branches, des tronçons morts roulés et polis par l'eau et le sable.

Au moment de disposer son foyer, l'Indien hésita. Devait-il grimper le raidillon et tenter de trouver un meilleur abri, ou rester sur la plage, auprès de la chaloupe ? L'embarcation retournée aux trois quarts ferait rempart contre le vent s'il se glissait dessous, mais c'était une piètre défense contre le froid et l'humidité. Le mieux serait de trouver une grotte, ou une faille assez profonde pour s'y nicher. Il n'avait ni la force ni même l'expérience de construire l'igloo des Tchouktches.

Le froid ayant ravivé son mal de crâne, il préféra parer au plus pressé. La chaloupe ferait l'affaire dans un premier temps. Il devait d'abord sécher sa tunique, ses jambières et ses bottes alourdies par l'eau. Pour le manteau, ce serait trop long. Heureusement, on l'avait assailli sur le pont et pas dans sa cabine, où il ôtait toujours sa peau de caribou.

Mohawks sortit sa pierre à feu et l'étoupe qu'il gardait précieusement dans une bourse étroite et étanche pendue à sa ceinture. Le bois qu'il avait ramassé était humide, les brindilles peu nombreuses, mais il garda son calme et nourrit avec précaution la flammèche née dans l'étoupe de lichen, les deux mains refermées sur le point ardent. Son envie de vivre croissait comme la flamme. Aux premiers picotements de chaleur, il sentit la colère, l'immense et terrible appel de la vengeance se propager dans son sang et se mêler au Graam. Les Qallunaats allaient mourir !

Le capitaine et son équipage n'avaient pas seulement mis sa vie en danger. C'était contre la quête du Voyage qu'ils s'étaient dressés, entre Anja et Mohawks, contre tous les hommes véritables de la Coiffe. Ces étrangers avaient semé la mort, la maladie et la peur chez les Saamis, ils devaient payer pour cela aussi.

Il patienta, nu et frissonnant dans son manteau humide qui le couvrait à peine, le temps que ses peaux intérieures dégorgent l'eau de mer. Il les avait suspendues devant le feu, sur des rondins de bois, et les retournait à intervalles réguliers, luttant contre l'envie de s'enrouler dedans alors qu'elles étaient encore mouillées. Il tenait ses bottes en lisière des flammes, attendant le dernier instant pour reculer, lorsqu'il les sentait roussir trop fort. Sécher les peaux était vital. Sans sac de fourrure, ni tente ni abri, un homme ne pouvait tenir en cette saison.

Au premier coup d'œil, l'île semblait faite uniquement de neige, de glace et de pierre. Pour survivre, le Zuyis allait devoir apprendre à lire le moindre de ses replis.

Après s'être rhabillé, il mesura l'épaisseur de neige en plusieurs endroits ; elle ne dépassait pas une hauteur de main. La côte n'était pas protégée par le relief, si bien qu'aucun arbre n'y poussait, et l'Indien en déduisit que les vents constants devaient rendre ici la vie malaisée. Dominant la langue côtière, des pics enneigés surmontaient un vaste plateau d'altitude. Peut-être trouverait-il des saules nains dans les vallées de l'intérieur.

Faute de mieux, il roula son manteau dans la neige fraîche, attendit que l'eau qui l'imprégnait durcisse, puis l'agita vigoureusement. Les particules gelées se détachèrent et il put renfiler la peau presque essorée.

La chaloupe offrirait un refuge correct contre les chutes de neige et surtout contre le vent, danger mortel pour un homme affaibli. En revanche, les parois de l'embarcation ne suffiraient pas à le protéger des grands froids. Il n'avait pour cela que son manteau. Qu'il l'utilise comme couverture ou comme tapis ne changerait pas grand-chose, le gel risquait de le tuer en une nuit.

Il lui fallait trouver en hâte une grotte ou une faille rocheuse. Il pourrait s'y calfeutrer bien plus facilement. Sous la neige, il trouverait du lichen qu'il pourrait sécher pour se constituer un lit douillet, et faire un grand feu pour chauffer l'intérieur de l'abri. Avec les bois apportés par la mer, il pourrait tenir des lunes…

Restait le problème de sa subsistance. Le quartier d'aiviq que lui avaient laissé les Norvégiens suffirait à le nourrir quelques jours, mais il devrait tuer sans tarder un animal assez gras qui lui fournirait tout ce dont il manquait cruellement. Sa peau donnerait un sac de couchage, sa graisse nourrirait un qulliq pour la lumière, quant aux os, ils deviendraient des armes ou des outils indispensables.

Mohawks fabriqua une lance en se servant du lien qui fermait son sac et de l'une des pointes à flèche, la plus épaisse et robuste qu'il possédât.

*

* *

Non loin de l'anse où il avait débarqué, une petite colonie d'une dizaine de phoques se prélassait sur la glace. Les vents avaient faibli et les bêtes somnolaient, paisibles.

Le Zuyis tenta une approche, mais le froid et la douleur dans ses muscles le rendirent maladroit et bruyant. Dérangés par l'intrus, les phoques se dispersèrent en un éclair, et il resta seul, à cinquante pas de là, désespéré d'avoir si lamentablement échoué.

Il devait trouver un moyen de se rendre invisible, sinon il n'aurait d'autre choix que de s'enfoncer dans le glacier intérieur en espérant repérer des trous de respiration, creusés par quelques bêtes piégées par l'hiver. La traque manquée avait réveillé son appétit, et son ventre gargouillait.

Il revint vers la chaloupe et mangea l'une des deux galettes norvégiennes, tout en réfléchissant à la meilleure manière de se camoufler. Impossible d'utiliser la chaloupe. Elle était lourde et il ne possédait ni harnais ni lien assez long pour la tracter. La seule possibilité consistait à s'étendre sur la neige, sous le vent, à se couvrir de son manteau et à attendre. Avec un peu de chance, les phoques le confondraient avec un rocher. Mais, même s'il parvenait à prendre une proie, il serait trempé. Une seule averse de pluie glacée, et c'en serait fini de lui. La recherche du refuge ne pouvait plus attendre…

Ragaillardi par sa décision, Mohawks préleva quelques lamelles de chair de l'aiviq qu'il rangea dans sa bourse et, faute de lien, la coinça sous sa ceinture. Il avala quelques gorgées de vin. Le breuvage lui parut moins désagréable, sans doute parce qu'il donnait la sensation de réchauffer son sang. Puis il se dirigea d'un bon pas vers le glacier qui s'écoulait en pente douce vers la mer, pareil à l'immense langue blanche du dieu Hiver.

18.

Le Zuyis n'eut pas longtemps à grimper avant de tomber sur une encoche naturelle dans le versant rocheux qu'il visait, non loin du glacier.

Il avançait à pas lents, fouillant du regard chaque pouce de terrain, quand son attention fut attirée par un défaut dans la neige, une concavité à peine discernable. À l'aide de sa lance, il dégagea la croûte glacée et tomba sur une sorte de goulot, assez large pour qu'il puisse ramper.

Mohawks se faufila dans le boyau en maudissant l'obscurité. Les ténèbres étaient si profondes qu'elles lui donnaient l'impression de s'enfoncer dans une mélasse opaque. Manque d'air ou panique, sa respiration devint difficile et il dut stopper pour ne pas rebrousser chemin. Il avait sorti son poignard et le tenait fermement brandi en avant, afin de parer toute attaque. C'était une tanière idéale pour un prédateur. Prudemment, il reprit sa marche, s'arrêtant sans cesse pour écouter et humer l'air. Des effluves de musc annonceraient la présence d'un animal et il devait se tenir prêt. Ce que ses yeux lui refusaient, ses oreilles et son odorat pouvaient le lui apporter, à condition de ne pas laisser son esprit s'emballer. Le boyau s'élargit bientôt et il avança à quatre pattes jusqu'à une cavité large de quelques pas et assez haute pour se tenir debout.

Par chance, la grotte était déserte. Elle avait néanmoins déjà dû servir, car l'Indien sentit craquer une quantité de fins ossements sous ses pieds. Il se baissa et sourit en sentant sous ses doigts un tapis de plumes. Sans doute les vestiges laissés par des renards. Le passage était bien trop étroit pour un gros prédateur.

Le Zuyis refréna un cri de victoire. Même sans feu, l'air était moins mordant, presque tiède comparé aux conditions extérieures. Avec un feu, il aurait très vite chaud. La grotte le préserverait des ours, de la bourrasque et du froid. Bien à l'abri dans les douces entrailles de la Terre Mère, il pourrait réfléchir au meilleur moyen de se sortir de ce piège ! De gratitude, les larmes lui vinrent.

En mettant cette grotte sur son chemin, les dieux se montraient bienveillants et l'encourageaient à poursuivre.

Il s'assit en tailleur et s'accorda un moment de calme, le premier depuis son réveil en plein cauchemar. Autour de lui, les ténèbres se firent amicales, effaçant sa peur et une part de son désespoir. Il respira tranquillement, pour retrouver l'équilibre de son esprit.

Un projet encore vague prenait forme.

Il fallait quitter l'île, traverser les eaux et retourner à Kiruna. Les Saamis l'aideraient à retrouver les totems, d'abord parce qu'ils appartenaient au cercle des clans sacrés, ensuite parce qu'ils avaient souffert du mal qallunaat. Survivre ici n'avait aucun sens. Le

Zuyis était voyageur, pas ermite. Les étoiles le guideraient. Il les avait tant regardées qu'il lisait le chemin aussi facilement dans le ciel que sur sa carte. Sur *L'Aventureuse*, quand la nuit était claire, Mohawks avait pris soin de se repérer. Si les vents étaient favorables, s'il évitait les tempêtes et trouvait le moyen de faire avancer sa chaloupe, il avait une chance d'atteindre les côtes de la grande terre.

Le péril était immense, il en avait conscience. Hormis la pêche et la navigation côtière, son savoir de la mer se limitait à ce qu'il avait appris avec le capitaine, sur un navire géant. La chaloupe n'avait rien de comparable, excepté son gros ventre rebondi qui la rendait sûre mais très lourde à manier. Et comment pagayer seul ? Ce serait comme de chevaucher un caribou mort !

Bien sûr, le Zuyis pouvait rester sur l'île en espérant le passage d'un oumiak ou, pourquoi pas, d'un dieu ailé ! Il pourrait sans doute vivre du produit de sa chasse, bâtir des palissades autour de la grotte, vieillir là et oublier sa vengeance contre les Qallunaats. Mais autant mourir de froid car Mohawks avait besoin de revoir Anja. Elle seule panserait la blessure. Elle seule lui donnerait le courage de repartir et de vaincre ses ennemis.

Mais il réfléchirait à tout ça plus tard. Pour l'heure, il devait se concentrer sur le moment présent. Non loin de l'entrée, afin que la fumée s'en échappe, il alluma un feu avec les quelques morceaux de bois qu'il avait pris soin de charger sur son dos, fit fondre un peu de glace et cuire les lamelles de viande d'aiviq, ce qui acheva de le réchauffer. Seul, à la lumière vacillante de son petit feu, il mâchait voracement, en songeant aux phoques qui tomberaient bientôt sous sa lance. Et il s'endormit assis, adossé à la roche qui s'était imprégnée d'un peu de chaleur.

En ressortant de son refuge, Mohawks lut dans les étoiles que l'aube était proche. Il était temps de se mettre à la recherche d'une proie. Il boucha l'ouverture à l'aide de quelques pierres et dissimula le boyau sous la neige. Pas question de se laisser voler son antre par un animal sauvage !

*

* *

Les phoques avaient repris leur place sur la bande de glace, au même endroit que la veille.

La colonie se tenait à deux portées de flèche, il pourrait courir une certaine distance à genoux, ensuite, il lui faudrait ramper. Fugitivement, il pensa à sa meute et réprima une nausée d'angoisse. Avec eux à ses côtés, la traque aurait été si facile !

Il chassa l'image de Torok pour ne pas perdre l'esprit. Si un seul de ses chiens avait été blessé en cherchant à s'enfuir… et Watanka, Elyu et Réou ? Ils manquaient encore de discipline et se montraient agressifs avec les étrangers… Mohawks se demanda si les Qallunaats mangeaient les chiens, puis chassa vite ces mauvaises pensées de son esprit.

La lune avait réapparu dans le ciel, mais des nuages masquaient son éclat. Il fallait profiter des ombres…

Mohawks commença à progresser lentement et fut vite ankylosé, les genoux torturés par la pression. Il s'était placé sous le vent, pour masquer son odeur et approcher aussi près que possible la zone des glaces.

Arrivé à la moitié de son parcours, à gestes lents, il s'allongea sur la neige et rabattit un pan de son manteau sur sa tête. La neige lui parut presque douce sur l'instant, juste avant que le froid ne l'empoigne.

Les phoques restèrent tranquilles. Bien protégés par leur épaisse couche de graisse, ils paraissaient se délecter de la nuit. La plupart somnolaient, mais une femelle gravide, de taille plus modeste et le ventre alourdi, tourna nerveusement la tête en direction de la terre.

Camouflé sous son manteau, Mohawks rampait pouce après pouce. Il dépassa la zone enneigée et roula en silence sur la glace.

Le froid était si intense qu'il était en train de le consumer. Il brûlait ! Les peaux si soigneusement séchées se détrempaient à nouveau sous lui. Le gel insinuait ses griffes et lacérait son ventre, sa poitrine, ses cuisses. Il tenta de réprimer les frissons qui le secouaient de plus en plus rudement. Le peu de chaleur qu'il avait emmagasinée près du feu avait disparu. Il était à présent aussi mouillé qu'à son réveil, dans la chaloupe. Il serra les dents et continua.

Il entendit le frottement des ventres replets sur la glace mais n'osa relever la tête, de crainte de les alerter. Une bouffée de vent lui apporta l'odeur saline, et il évalua leur distance à une vingtaine de pas. Ils étaient tout proches. Sa main se crispa sur la lance, il banda ses muscles engourdis, l'un après l'autre, en réprimant des gémissements. Il devait maintenant se recroqueviller puis bondir, la lance prête à frapper.

Très doucement, au point qu'il semblait immobile, le Zuyis ramena les genoux sous son abdomen et se redressa. Alors que son corps n'était plus que douleur, il sentit un dédoublement s'opérer. Une part de lui gisait sur la glace, à bout de souffrance, une autre voyait la colonie des phoques, à quelques pas seulement !

Accroupi sur la glace, prêt à bondir, il aspira une faible goulée d'air. C'était le moment ou jamais. Il se rua en avant, libérant un cri de souffrance tout en projetant sa lance de toutes ses forces en direction des masses déjà mouvantes.

Elle se ficha dans la glace alors que huit bouillonnements d'écume signalaient la fuite des proies ! Les phoques avaient disparu aussi soudainement qu'un mirage.

Tout était à refaire !

Avant de rejoindre le feu, grelottant et furieux de son échec, Mohawks transporta quelques gros cailloux qu'il disposa ici et là, le long de l'itinéraire qu'il avait suivi pour approcher les animaux. Il s'en servirait pour se cacher et peut-être parvenir plus près d'eux.

Pour sa troisième tentative, le Zuyis décida qu'il se servirait du manteau comme d'un tapis. Qu'il soit ou non recouvert par la peau ne changerait pas grand-chose à sa silhouette. Il préférait encore rester le ventre sec, isolé de la neige et de la boue glacée !

Il passa le reste de la journée à se réchauffer auprès du feu, à sécher ses peaux, tourner ses bottes, secouer son manteau. Il dévora la moitié de sa viande et s'accorda un court moment de sommeil. L'alliance du froid et de l'épuisement pouvait devenir mortelle, mais il avait besoin d'avoir les idées claires.

À son réveil, la colonie avait repris sa place, comme pour le narguer.

Cette fois, le Zuyis en appellerait aux Esprits de la chasse.

Faute d'offrande, l'Indien fit couler un peu de vin sur une pierre orientée vers l'étoile du Nord et pria les dieux de lui donner la force de vaincre. Il chantonna à l'adresse des phoques une incantation de sacrifice et remercia la Nature d'être généreuse.

Il repartit sur ses propres empreintes, courbé au plus près du sol, puis, parvenu à mi-chemin, fit glisser son manteau de caribou et s'allongea dessus.

Le froid lui parut plus difficile encore à supporter, sans doute à cause de sa faiblesse. Le vent, même faible, s'insinuait sous ses cheveux, mordait sa nuque, roulait le long de sa colonne et irradiait ses reins. Il fallait qu'il mange, qu'il tue pour vivre.

Peu à peu, pourtant, il parvint à isoler la douleur et à concentrer ses pensées sur la victoire.

Il devait parcourir une portée de flèche sur la glace. Le manteau favorisait la glissade. Il ferma les yeux pour plonger dans une sorte de transe, que le froid semblait faciliter, puis il se déplaça d'un caillou à l'autre, lentement, sûrement.

Il visualisa le mouvement de la lance tendue vers l'objectif et il lui sembla entendre le bruit sourd qu'elle ferait quand elle transpercerait le phoque. Encore et encore, pour forcer sa chance. Il sentit le choc de la frappe se répercuter jusque dans ses talons. L'odeur du sang. Il imagina la bête embrochée – un mâle, car il fallait épargner les femelles pleines. Les dieux y veilleraient, lui ne pouvait choisir, il n'aurait qu'un instant pour attaquer. Il vit ensuite la lame de son poignard entailler la chair grasse, dépecer les peaux, les quartiers de viande apparaître, luisants dans leur gangue de graisse. Dans sa gorge, il sentit la coulée tiède, qu'il avalerait après avoir tranché la veine de vie…

Le temps se figea sur la glace, la course de son sang ralentit. Le Zuyis se fondait maintenant avec l'univers. La souffrance le portait en avant, silencieux, invisible, ainsi qu'il l'avait demandé. Il ne frissonnait même plus.

À cinq pas du troupeau, il se dressa sans savoir d'où il tirait sa force et frappa le phoque dans le cou, profondément. Un coup parfait, mortel. L'animal mourut sur le coup, sans souffrir.

C'était un mâle, comme il l'avait rêvé, et Mohawks le remercia de s'être offert à lui.

Il entailla la grosse veine et aspira le sang. Un sourire rouge barra son visage.

*

* *

Il enroula les quartiers de viande et la tête du phoque dans la peau écharnée de l'animal. Puis il noua les extrémités à une branche assez large et enfila l'assemblage, en laissant reposer la branche sur sa poitrine et tout le poids de la viande sur son dos. Ce système lui permettait de porter un grand poids sans s'étrangler, tout en gardant les mains libres. Avec le crâne, il se promit de fabriquer un qulliq qu'il alimenterait avec la graisse de l'animal.

Sur le chemin, il repéra la trace d'une compagnie

de lagopèdes des glaces. Encore un signe des dieux bienveillants ! L'excitation de sa victoire ravivait son esprit et mille ruses lui venaient. Le duvet des oiseaux garnirait ses bottes et sa tunique. Avec quelques pièges correctement placés, il pourrait aussi traquer les renards qui devaient abonder dans ces lieux. Leur fourrure chaude et douce ferait un merveilleux isolant.

L'Indien s'inquiéta de ne plus sentir ses orteils. Il était temps de soigner son corps exténué et abîmé par les épreuves. Sans aucune aide, pas même celle de Torok, il devait redoubler de prudence, mesurer chaque geste, peser chaque décision. Chacun de ses choix, même le plus anodin, revêtait une importance vitale. Chaque échec ou erreur pouvait signifier la mort. Sitôt arrivé à l'abri, il soigna ses pieds avec de la graisse et du lichen. Ensuite, il gratta correctement la peau de l'animal, la fit fumer pour accélérer le processus de séchage. Il allait pouvoir dormir au chaud et s'en couvrir pour approcher d'autres proies.

Le phoque était un don de la Nature, jamais le Nahanni ne l'avait si bien compris, alors que tout lui manquait.

Tandis qu'il travaillait à débarrasser la peau des dernières traces de gras, une idée lui vint, si périlleuse et osée qu'il commença par la chasser. Mais plus il y songeait, plus elle le séduisait. C'était une image, d'ailleurs, plus qu'une pensée, celle de l'oumiak planant comme un oiseau sur la mer, jusqu'à Kiruna. Si seulement il pouvait donner des ailes à la chaloupe !

Une seule chose lui manquait pour propulser sa lourde embarcation sur les flots : des voiles ! Jamais la force de ses bras ne suffirait, à moins d'y consacrer un soleil… Or la seule chose qui ressemblait à une voile, sur cette île, c'était la peau du phoque !

Sur *L'Aventureuse*, il avait longuement observé et touché les « voiles » qallunaat pour évaluer leur solidité. La peau du phoque les valait largement. Elle était résistante, imperméable, sans doute un peu lourde, mais il était certain que ça ferait l'affaire. Bien sûr, il en faudrait beaucoup pour faire avancer la chaloupe, au moins cinq ou six, solidement cousues ensemble, avec des tendons prélevés sur l'animal… Traquer autant de bêtes signifiait trouver au moins trois ou quatre colonies différentes. Les phoques avaient beau se montrer fidèles à leurs places de repos, ils finiraient par se méfier. Il perdrait un peu de temps, mais Mohawks était certain qu'il le regagnerait ensuite car, sur la mer, le vent soufflait fort et ne pas se servir de cette puissance était ridicule.

Utiliser le savoir des Grands Sourcils pour assouvir sa vengeance rendit au Zuyis son sourire, mais il s'assombrit aussitôt en songeant à leur avance.

Et comment les retrouver sur cette mer immense ?

Le capitaine cherchait à atteindre Kalaallit. C'était son obsession, un désir qui tournait au délire et qui dessinerait une piste, comme celle que la proie laisse derrière elle et que le chasseur déchiffre. L'île était ailleurs, plus loin au nord. Le capitaine devait l'avoir compris.

Les Saamis sauraient lui indiquer cette île non loin de laquelle il trouverait le bateau. Les Saamis étaient pêcheurs de Géants, ils sillonnaient les mers depuis la nuit des âges, ils aideraient leur Zuyis… Mohawks devait donc les rejoindre au plus vite et se lancer à la poursuite de *L'Aventureuse* !

Le plus grand danger, à part la navigation elle-même, tenait au froid et à l'humidité. Une fois lancé en haute mer, l'Indien ne pourrait plus compter sur la côte pour s'abriter, se nourrir ou se réchauffer. Il faudrait donc prévoir beaucoup de viande, une ligne de pêche, des réserves d'eau douce et un abri résistant. Les vessies des phoques feraient des flotteurs pour les grosses prises et des gourdes parfaites, d'une grande contenance. Il aurait également besoin de peaux et de fourrures. Combien de renards seraient nécessaires pour coudre une couverture épaisse ? Demain, il irait observer l'arrivée du bois flotté, pour tenter de comprendre le mouvement des courants.

L'ampleur de la tâche était décourageante, et chaque question en faisait surgir une autre. Mohawks comprit qu'il deviendrait fou en prenant les choses dans leur ensemble. En revanche, s'il éliminait les obstacles l'un après l'autre, il avancerait d'un pas plus assuré. Son Grand Voyage le lui avait enseigné.

Le qulliq dispensait une faible chaleur et Mohawks finit par s'endormir profondément, sans lâcher la peau ni le grattoir.

La chaloupe traversait la mer, filant à toute allure sur les couloirs de vent, quand un cri déchira l'obscurité. Tout se dilua comme par magie. Le Zuyis flottait en l'air quand le second cri brisa net cette curieuse suspension. Il retomba aussitôt.

Mohawks se réveilla en sursaut et faillit se cogner la tête contre une excroissance de la roche. Le cri du rêve se transformait en rugissement de rage, puis il s'étouffa.

Affolé, il s'empara de son couteau. Quelqu'un, ou quelque chose était en train de gratter frénétiquement la terre. Une bête. Un nouveau grondement s'éleva qu'il aurait reconnu entre tous. Nanuk ! Un ours tentait de se frayer une ouverture, fulminant de sentir une proie sans pouvoir l'atteindre !

Pendant un long moment, l'animal s'acharna à creuser la terre, juste à l'entrée du boyau, introduisant tour à tour son énorme patte et son mufle. On entendait son souffle et le raclement de ses griffes sur la pierre. Mohawks avait presque l'impression de sentir l'haleine putride du plantigrade. Même protégé par la roche, dans le ventre de la falaise, il tremblait, terrifié par la proximité de la bête féroce.

Les effluves du phoque avaient dû l'attirer. Maintenant qu'il connaissait l'existence d'une proie, l'ours resterait à proximité, à l'affût… Combien de temps ?

Finalement, le calme et le silence revinrent. L'ours, découragé, avait abandonné.

Le Zuyis attendit un long moment après le départ de la bête avant d'oser se risquer dehors. À l'intérieur de la grotte, le temps s'écoulait sans repères et cela le troublait. Il finit par glisser jusqu'à l'entrée.

Les pierres dont il s'était servi pour boucher le passage gisaient éparpillées sur la neige. Le sol avait été labouré dans un accès de fureur, et le piétinement indiquait que l'ours avait cherché longtemps à se frayer un passage. Il s'était couché devant le boyau. Une piste s'éloignait vers le mont. Des pas énormes. Les empreintes révélaient une bête dont la taille dépassait celle des animaux que le Zuyis avait déjà rencontrés. Le fait que Nanuk ne se soit pas entêté était révélateur. Il n'était pas assez affamé pour veiller une proie hors d'atteinte. Ou alors il était trop intelligent pour perdre son temps. Mais il reviendrait, Mohawks l'aurait juré !

L'Indien hésita. Il faudrait des jours, peut-être des lunes avant d'avoir suffisamment de peaux de phoques pour fabriquer une voile. S'il ne visait pas l'ours, celui-ci en revanche ne le laisserait pas tranquille maintenant qu'il avait flairé sa piste. Sa meilleure défense était le feu. Mais si l'animal le chargeait au moment d'une traque, loin du foyer, le Zuyis n'aurait qu'un bout de bois et une pointe pour se défendre. Un seul coup de patte, et l'ours le mettrait en pièces, avec ou sans lance. Il n'avait pas de meute pour l'acculer, aucune aide à attendre. Les hommes ne chassaient jamais seuls un tel prédateur…

Il restait une solution, même si elle l'horrifiait. Quand l'ennemi est puissant et que l'on ne possède que la ruse pour toute arme, mieux vaut connaître ses habitudes.

Mohawks s'engagea dans la pente, sur la trace de l'ours blanc.

*

* *

Contrairement aux mœurs vagabondes de ses congénères, l'ours demeurait à rôder entre la frange des glaces et les eaux libres, empruntant un goulet très venteux pour rallier une vallée de l'intérieur où il aimait dormir. C'était l'odeur de l'homme sans doute qui le retenait dans un territoire aussi restreint. Pour un voyageur de la trempe de Nanuk, tourner autour de ce gibier insaisissable n'était guère habituel.

Plus Mohawks observait le seigneur des glaces, plus

il enviait sa fourrure épaisse. Parfois, il rêvait d'un combat entre eux et songeait que la mort serait rapide, à défaut d'être douce.

L'Indien souffrait toujours autant du froid à l'extérieur de son antre. Son manteau de caribou était abîmé et l'eau de mer n'avait rien arrangé. Il séchait mal dans la grotte mais il ne pouvait le laisser dehors sans courir le risque que l'ours l'emporte ou le détruise, frustré de le trouver vide.

Il aurait pu coudre un manteau supplémentaire, mais il refusait de sacrifier une peau, retardant alors la confection de sa voile. Il se servait des peaux écharnées qu'il n'avait pas encore cousues comme d'un tapis ou d'une cape pour s'isoler du vent.

Le seigneur de l'île empruntait régulièrement un goulet serré entre deux parois pour rejoindre les glaces flottantes de la zone côtière. Là, il avait plus d'occasions de croiser une proie bien grasse. Quand les phoques se faisaient trop attendre, il remontait le bras de mer englacé et attendait auprès d'un trou de respiration.

Dès qu'un phoque pointait le bout de son nez, l'ours abattait sa patte armée de griffes monstrueuses et le tuait net, d'un seul coup mortel. Puis il extirpait sa proie en brisant la glace.

C'est sur lui que Mohawks prit modèle, car la colonie était devenue méfiante et ne fréquentait plus guère la langue de glace devant la plage. Deux phoques s'étaient encore laissé prendre à sa ruse avant que la colonie ne quitte la zone, définitivement.

Avec le froid grandissant, la mer durcissait par pans entiers et il se mit donc à chasser sur les glaces. Il fallait marcher longtemps avant de repérer les traces des trous à respiration, puis attendre, parfois de longues heures en grelottant, la peur au ventre car, à tout moment, l'ours pouvait surgir.

Le Zuyis avait maintenant un harpon, une lance courte et une sorte de machette, fabriquée avec un silex coupant.

Avec le harpon et des tendons, l'Indien réussit à tuer et à haler trois superbes mâles. Chaque fois qu'il prenait du repos dans la grotte, il en profitait pour traiter une peau, enlevant tout le poil, grattant chaque parcelle de graisse avant de tanner le cuir devant le feu, à l'entrée de sa grotte.

Perché sur la falaise, à couvert, le Zuyis passait de longues heures à épier l'ours. Cette tâche était devenue une véritable obsession, entre la fascination et la peur, le respect et l'envie de vaincre. Il se déplaçait en rampant, toujours sous le vent afin de tromper le flair redoutable de son ennemi. Un soir qu'il était acculé par la pente, il dut se couvrir entièrement de neige molle pour masquer son odeur, et demeura enfoui, à moitié mort de froid, les muscles tétanisés, priant que la bête poursuive son chemin.

Le temps coulait dans une solitude absolue et l'Indien apprit à connaître Nanuk presque aussi bien qu'un frère. Une communion naissait entre eux, ambiguë, lien tissé entre la proie et le prédateur lors d'une longue traque. Parfois, pris de folie, il imaginait une charge téméraire pour en finir avec la peur et la méfiance qui guidaient chacun de ses pas.

L'animal, lui, suivait une routine paresseuse et ne dévoilait son incroyable puissance qu'au moment d'attaquer une proie. Le spectacle faisait frémir Mohawks d'une terreur admirative. Un phoque nourrissait l'ours quelques jours, ce qui ne l'empêchait pas de goûter les lichens, les algues ou les coquillages que la glace n'avait pas recouverts, si l'occasion se présentait. En rejoignant sa vallée ou en partant chasser, l'animal n'oubliait jamais de venir flairer le boyau de la grotte et de labourer le sol de ses griffes. Il attendait son heure…

Pourtant, même découragé ou exténué, Mohawks se traînait hors de la grotte, sans jamais renoncer à son guet. Dans son esprit, affronter l'ours, le tuer était la seule chose à faire, la suite du Voyage en dépendait. S'il tombait sous les griffes de Nanuk, son sang laverait la honte infligée par les Qallunaats, il mourrait en chasseur ! Et pour vaincre, il devait prendre l'initiative. Si Nanuk l'attaquait par surprise, il n'aurait aucune chance de lui échapper. Or plus les jours passaient, plus le risque grandissait. Le prédateur connaissait son odeur, il flairait sa présence sur l'île. Mohawks devait lui tendre un piège. Mais comment ?

D'abord, il songea à l'appât. Il conservait les dépouilles des phoques qu'il avait chassés sous un tumulus de roches. La cache était soigneusement colmatée et la neige, en se figeant, servait à consolider l'ensemble et empêchait l'odeur de se répandre. L'ours n'était pas affamé, mais il ne dédaignerait pas cette chair offerte. La réussite était certaine, mais le Zuyis ne voulait pas sacrifier cette viande si rudement acquise. Il eut l'idée d'aller pêcher dans un lac qu'il avait repéré à l'intérieur des terres, assez profond pour qu'il regorge de poissons. Et l'ours, il le savait, en était friand.

Mohawks profita d'une traque, alors que Nanuk, comme à son habitude, se dirigeait d'un pas nonchalant vers la frange des eaux libres, pour partir vers le lac, de l'autre côté, en empruntant le goulet. Ce couloir de roche, avec ses versants escarpés, présentait les conditions idéales pour acculer l'ours. De plus, il avait repéré un raidillon par lequel il aurait peut-être une chance de s'échapper, si l'affrontement ne tournait pas en sa faveur.

Après quelques coups de machette, la glace du lac se fissura malgré son épaisseur. La peur décuplait les forces du Zuyis. Il appâta sa ligne d'un beau morceau de phoque encore saignant et, invoquant l'aide de sa mère et des Esprits bienveillants pour que le poisson morde vite, il plongea le tendon dans l'eau noire.

L'eau se figeait déjà au contact de l'air gelé. Mohawks dut la casser trois fois avant que le premier omble morde à l'appât.

Il en avait attrapé trois quand il constata, en observant la course de la lune, que la moitié d'un jour avait déjà passé. Nanuk chassait rarement aussi longtemps. L'Indien avait trop tardé. Il risquait de croiser le chemin de l'ours.

Sans même se soucier d'effacer ses traces, Mohawks se mit à courir en direction du goulet, les ombles serrés dans un sac de fortune. Il ne sentait plus le froid, comme anesthésié par la peur. Quand il parvint au raidillon vertigineux qu'il avait repéré plus tôt, il faillit crier de soulagement. L'escalade était possible à condition de grimper avec l'agilité du mouflon. Mohawks s'éleva lentement, en s'aidant de sa lance pour percer des encoches dans la glace, pierre après pierre, sans jamais regarder en bas. À mi-pente, il s'arrêta, épuisé, avant de repartir, aiguillonné par un sentiment de panique grandissant. Même s'il était désormais hors de portée de l'ours, il savait bien qu'un simple rugissement de Nanuk pouvait suffire à le faire basculer. La terreur pouvait rendre aussi lourd qu'une pierre. Arrivé au sommet, enfin hors de danger, il scruta les alentours. L'ours arrivait au pas de charge, flairant l'invasion de son territoire. Fou de colère, l'animal fonçait droit vers le lac, sans comprendre que l'intrus et le gibier de la grotte ne faisaient qu'un.

*

* *

Les poissons restèrent dans son sac trois longues journées, avant que Mohawks ne se décide à les utiliser.

Le premier jour, il évita de sortir. De temps à autre, il se glissait à l'entrée du boyau pour vérifier l'écoulement du temps.

L'ours était en furie. Son territoire avait été envahi par la proie dont il flairait l'odeur depuis une demi-lune. Plusieurs fois, Nanuk vint gratter l'amas de pierres, en grondant comme pour mettre Mohawks en garde.

Au matin du deuxième jour, l'Indien se faufila dehors à la recherche des empreintes et vérifia que l'animal était reparti sur la glace. Il devait examiner le goulet pour préparer son attaque et il rejoignit le haut de la falaise gelée qui surplombait le corridor. Il restait sur ses gardes, se méfiant de la moindre bosse ou aspérité du relief, redoutant une ruse du plantigrade.

Au milieu du passage, les versants se resserraient si étroitement que le goulet se réduisait à une simple brèche avant de s'élargir de nouveau. L'endroit idéal pour l'assaut ; c'est là qu'il placerait l'appât.

Le Zuyis regarda autour de lui, à la recherche d'une pierre assez lourde pour tuer la bête du premier coup. Il n'aurait pas de seconde chance. Il y avait bien quelques rochers de bonne taille, mais il ne put les déplacer d'un pouce. Comment faire sans levier ? Sa lance était mince, mais il n'avait rien d'autre à portée de main et le temps pressait.

Il commença par choisir des rochers et creusa une entaille dans le sol, sur une dizaine de pieds, jusqu'au bord de la falaise. Ensuite, il en recouvrit la surface d'une pellicule de neige molle qui, en séchant sous le petit vent, fit apparaître une piste glacée sur laquelle le rocher glisserait plus facilement. Au prix d'un énorme effort, en se servant de sa lance par petites pressions, il parvint à le pousser sur cette piste puis à le bloquer en équilibre, à la lisière du vide.

Il ne restait plus qu'à disposer l'appât, en contrebas. Pour parfaire son piège, il encombrerait le goulet d'un amas de bois et coincerait l'omble dessous afin d'occuper l'ours. Le temps qu'il dégage le poisson, Mohawks ferait glisser la pierre.

Afin de repérer l'endroit exact du piège, il avait planté sa lance devant le rocher et ficelé des lanières de peaux qui remuaient dans le souffle de l'air.

La nuit suivante, il traîna plusieurs branches jusqu'au goulet, tremblant de se faire surprendre. Il dégagea ensuite le poisson de son sac et le coinça à moitié sous les bois, puis il fendit sa chair et dispersa les boyaux.

Le piège était prêt, il n'avait plus qu'à rejoindre son poste de guet et rester à l'affût. Nanuk viendrait avec le jour.

Depuis le haut de la falaise, le traquenard lui parut fragile, presque absurde. L'ours n'aurait qu'à abattre sa patte pour se frayer une voie. Si le rocher déviait de sa trajectoire, toute l'énergie déployée serait réduite à néant. Pire encore, Mohawks risquait d'attiser la furie animale. Pourtant, il ne pouvait plus reculer. Cette lutte n'était pas seulement une histoire de territoire ou de survie ; dans l'esprit du Zuyis, il avait pris valeur de symbole, le signe de sa détermination à quitter l'île. Il affronterait les Qallunaats, l'âme trempée du courage de l'ours. En renonçant à ce dernier combat, il perdrait bien plus qu'une fourrure, une part d'audace, celle dont le Graam se nourrissait.

L'étoile choisie par Anja scintillait au firmament. Il ne l'avait pas contemplée depuis son arrivée sur l'île, pour ne pas céder à l'abattement. Mais cette nuit-là, Mohawks la regarda, le cœur rempli d'espoir.

« Je reviens, ma douce aimée. Donne-moi la force de ton amour pour vaincre Nanuk, car je reviens vers toi. »

Posté contre le rocher, il s'endormit sans en avoir conscience et rêva qu'il nageait dans les profondeurs marines vers l'ombre démesurée d'une créature qui seule pouvait lui indiquer le chemin du retour.

Il se réveilla dans un sursaut, les sens aux aguets. Pas un bruit alentour, tout était paisible, pourtant il sut que le moment était venu. Quelque chose bougea à l'entrée du goulet et Nanuk sortit de l'ombre. L'animal avançait, le mufle frémissant, alerté par l'odeur de l'omble. Il l'avait flairée de loin, même si elle était atténuée par le gel.

Il s'arrêta un instant, comme pour évaluer le terrain, et repéra l'amoncellement sur la piste. L'ours ne se méfia pas ; il ignorait la peur et le tas de bois n'avait rien de menaçant. Avec un grondement de satisfaction, il s'engagea dans le corridor et, en quelques bonds, rejoignit le tas de bois.

D'un coup de patte, il pulvérisa les branches entassées et sa mâchoire claqua sur la chair juteuse de l'omble.

C'était le moment. Arc-bouté contre le rocher, Mohawks pesa de toutes ses forces et faillit déraper quand le bloc bascula dans le vide. Il se jeta en arrière et demeura un instant prostré, le cœur battant à grands coups, sourd au fracas du rocher dévalant la pente.

Un rugissement monta dans l'air, si effroyable que la nuit sembla se fendre en deux. Penché vers l'abîme, l'Indien aperçut l'énorme animal affalé sur un éparpillement de branches ; le bois avait explosé sous l'impact. Il gisait, écartelé, l'une de ses pattes arrière coincée ou écrasée par le rocher, et dodelinait curieusement de la tête. Le bloc avait dû l'atteindre en plein crâne avant de rouler sur lui. Pantelant, l'ours glissa plus bas, et son mufle ensanglanté tacha la neige d'une traînée noire. Le rugissement reprit, amplifié par l'écho des parois de pierre. On eût dit que le monde entier hurlait avec Nanuk !

Mohawks ferma les yeux pour reprendre souffle. Il tentait de réfléchir, horrifié par le cri atroce. L'ours perdait la vie goutte à goutte, mais il était si fort que le flot mettrait longtemps à s'épuiser !

Que pouvait-il faire ? Laisser une proie endurer une longue agonie était contraire à la loi de la chasse. Son esprit chercherait la vengeance et ne laisserait jamais l'homme en paix. De plus, en abrégeant ses souffrances, Mohawks honorerait leur combat. Au contraire, s'il le laissait mourir dans une souffrance interminable, il souillerait la valeur de son acte.

Le rugissement se mua soudain en râles courts et déchirants.

Le Zuyis bondit sur ses pieds. Il ne pouvait pas rester à attendre sans rien faire ! Il s'engagea dans la pente abrupte, tâtonnant pour retrouver les encoches taillées dans le gel qui avaient servi à son escalade, trois jours auparavant. Malgré le péril, il s'efforçait de garder son calme, fermant son esprit aux grondements torturés qui montaient vers lui.

Toujours accroché à la paroi, Mohawks chercha un passage qui lui permît d'atteindre le sol, mais le versant gelé n'offrait aucune prise, en dehors de la voie qu'il avait empruntée. L'animal bloquait la pente, juste à l'entrée de l'unique déclivité. Le piège avait été disposé bien trop près de la voie d'accès. Pressé par l'urgence, Mohawks n'avait pas songé à se ménager une sortie.

Plaqué contre la roche, les doigts meurtris par sa descente, il hésitait. La prudence lui soufflait de remonter, mais un coup d'œil en bas emporta sa décision. Il devait mettre un terme au tourment de l'animal. Couché sur le flanc, Nanuk émettait un grondement rauque qui s'achevait sur un halètement pitoyable. La douleur semblait telle que le Zuyis crut la sentir pénétrer en lui jusqu'à l'étouffer. La prunelle embrumée de souffrance paraissait appeler à l'aide.

Il fallait sauter. Pour tuer plus rapidement et se protéger d'une attaque, Mohawks plongerait la lance, en cherchant à atteindre le cœur de la bête moribonde.

Il affermit sa prise sur la hampe de son arme, aspira une goulée d'air, puis se lança dans le vide.

La lance pénétra violemment la chair et Mohawks atterrit sur le flanc de l'animal. Le choc se répercuta dans chaque fibre de son corps. L'odeur âcre du sang mélangée à celle du musc remplit aussitôt sa bouche. L'ours poussa un cri aigu, secoué par un soubresaut de douleur. La pointe d'os avait entamé la veine de vie, mais pas assez. Rendu fou de douleur, Nanuk fouetta l'air de sa patte, cherchant à atteindre l'homme qui pesait sur lui.

Dans l'esprit de Mohawks, tout s'embrouilla, l'odeur de la bête, sa chaleur, la fulgurance des griffes lacérant sa peau dans une explosion de lumière… Sa dernière pensée fut que l'ours et lui tombaient ensemble, unis dans la mort. Il roula sur le sol, entre les pattes monstrueuses, et sombra, inconscient.

*

* *

L'odeur de charogne et de suint tira Mohawks de son évanouissement. Tout le haut de son corps palpitait d'ankylose.

Encore étourdi, il distingua quelques taches de couleur et dut fixer son regard avant de reconnaître une fourrure blanche barbouillée de sang, puis une gueule entrouverte sur une rangée de crocs. Nanuk ! Le temps d'un souffle, il se crut perdu. Mais la truffe était sèche. La prunelle opacifiée par la mort semblait le fixer rêveusement. Malgré l'évidence, il remua avec prudence pour ne pas réveiller le monstre et se laissa glisser jusqu'au sol.

L'ours était bel et bien mort, toute chaleur avait déserté sa dépouille. Agenouillé sur la glace, Mohawks examina l'état de ses propres blessures. Les griffes avaient déchiré le haut de son manteau, crevé la peau de son épaule et de son torse. Le sang suintait toujours. La douleur commençait seulement à se réveiller et il se mit soudain à grelotter violemment. Par chance, la fourrure de l'animal l'avait préservé du froid pendant sa perte de conscience ; sinon, il serait sans doute mort.

D'une main tremblante, l'Indien caressa le mufle inerte et murmura la prière des guerriers, celle qu'on offrait aux frères tués au combat. Nanuk ne lui avait pas seulement offert sa vie, il rendait également possible sa vengeance. Grâce à lui, il pouvait se lancer à la poursuite des Norvégiens et reprendre son Voyage.

Il voulut saisir son couteau pour entailler la fourrure et commencer le dépeçage, mais le mouvement déclencha une nouvelle coulée de sang et il tomba sous le coup d'un brusque vertige. Il devait d'abord soigner sa blessure. Que faire d'une peau déchirée, sinon la recoudre comme la toile d'une tente ? Les plaies infligées par les griffes acérées étaient trop profondes, un emplâtre d'argile et de lichen ne suffirait pas.

Avant de s'éloigner pour rejoindre la grotte, Mohawks s'inclina une dernière fois devant l'ours foudroyé et lui promit de revenir l'honorer avant la nuit.

Il aurait voulu avoir la force de cacher la dépouille. Avec un peu de chance, le gel empêcherait les animaux de s'approcher. Nanuk méritait mieux que les assauts des charognards.

Avec une aiguille d'os et un nerf séché destiné à sa voile, Mohawks sutura les entailles qui couraient de son épaule jusqu'au-dessus de son nombril. Le froid qui engourdissait ses doigts lui donna l'idée d'appliquer un peu de glace sur les chairs déchirées pour atténuer la souffrance. Il piqua les points un à un. La douleur était encore vive, mais il s'était endurci et se sentait détaché de son corps, comme si le combat avec le seigneur des glaces n'était pas encore totalement terminé.

Il appliqua ensuite un mélange de lichen et de graisse, faute d'argile et d'herbes médicinales. L'emplâtre empêcherait les frottements contre sa tunique.

Quand les soins furent achevés, il tenta de se réchauffer près du feu et but un bouillon gras qu'il avait pris soin de préparer à l'avance. Il luttait contre l'envie de s'allonger un peu, rien qu'un instant, mais la sensation d'inachevé le taraudait toujours. D'ailleurs, s'il s'endormait maintenant, il risquait de ne plus jamais se réveiller. Il était trop faible pour lutter contre le froid ambiant, même au fond de la grotte. Sa peau de caribou était en lambeaux, il la repriserait tant bien que mal, puis retournerait auprès de Nanuk.

Le dépeçage finit à l'aube du jour suivant, perceptible au mouvement des astres.

Après avoir dépouillé la fourrure, prélevé les griffes, la tête et les organes, Mohawks traîna les restes sanguinolents à l'entrée de la vallée, à l'endroit où l'ours aimait à contempler son territoire. Il l'avait surpris souvent, assis sur une éminence du terrain, humant l'air.

L'Indien répugnait à goûter sa chair. Il ne mangerait que le cœur et l'intérieur du crâne, là où germent courage et volonté. En acceptant de mourir, l'ours lui avait fait don de sa force. Mohawks en était venu à le considérer comme une sorte de frère.

Encore très affaibli par la perte de sang, il érigea tant bien que mal un tumulus de pierres et de viande. C'était un assemblage funéraire destiné aux Esprits du ciel, faute de pouvoir faire appel aux aigles comme chez lui, à Raitankia. Il espérait que l'âme courageuse de l'ours trouverait maintenant sa place dans le cycle de la Vie.

Il retourna à la grotte en traînant l'épaisse fourrure encore toute barbouillée de sang et de suint, et il s'y enroula, comme un enfant s'enfouit dans le sein maternel. Il dormit d'une traite, un jour entier.

19.

Pour soutenir l'ample voile en peaux de phoques, Mohawks choisit un tronc solide, parfaitement droit mais un peu court, sur le modèle du grand mât qallunaat. La principale difficulté consistait à le faire tenir debout et résister aux assauts conjugués des vents et des secousses de la toile.

Il l'adossa au banc du rameur, puis tailla des pièces de bois robustes qui vinrent coincer fermement le mât, retenu par ailleurs grâce à deux cordes de cuir tressé, accrochées au plat-bord. Au pire, la bourrasque démantèlerait son assemblage sans rompre le tronc.

Les peaux soigneusement écharnées et raclées grâce aux mâchoires des phoques avaient été cousues à la manière inuit, à l'aide de nerfs tressés, de façon à rendre les coutures plus résistantes encore. Sa forme générale était comparable à la grande voile du navire qallunaat.

À force d'observer le capitaine, Mohawks avait appris les rudiments de la navigation en haute mer. Il ne s'était pas contenté de mémoriser les gestes et les remarques, il avait aussi comparé cet enseignement à son propre savoir ; la progression du kayak, la lecture des vents, le déchiffrage du ciel, du halo de la lune ou de la forme des nuages, l'intuition des tempêtes qu'il lisait dans le mouvement de la houle… Encouragé par la présence attentive de l'Indien, Knut Aarhus s'était montré très bon pédagogue. Il aimait expliquer pourquoi il fallait virer de bord, prendre le vent de face ou de côté, choisir une direction en fonction des courants, ralentir la course du navire en affalant certaines voiles ou s'échapper à toute vitesse en profitant des blizzards précédant la tempête…

Cet enseignement agirait désormais comme un lent poison puisque l'apprenti se lançait à la poursuite du maître pour le tuer ! Si Mohawks parvenait à rallier Kiruna, il le devrait au pire des traîtres, celui qui lui avait fait croire à son amitié !

Mohawks s'était juré de goûter à la vengeance. Survivre et se venger s'étaient unis dans un même élan, dès cet instant terrible où il avait repris la rame et pagayé jusqu'aux rives de l'île aux phoques. Chaque respiration lui rappelait que sa survie dépendait de sa vengeance et vice versa. Qu'il chasse, qu'il couse ou qu'il mâche les peaux, qu'il rêvasse ou qu'il fabrique une arme, depuis une lune, les mêmes images hantaient son esprit, remplies de sang et de mort.

Le plus douloureux était de songer à sa meute. Ses chiens lui manquaient cruellement, tant il était accoutumé à les avoir près de lui, tant il avait besoin d'eux, et pas seulement dans l'épreuve. Parfois, il les imaginait battus ou enfermés dans la cale du navire, hurlant sans comprendre l'abandon de leur maître. Alors, la rage montait et lui arrachait des gémissements.

Le Zuyis s'étonnait parfois de cette violence constante qui ne le laissait jamais en paix. Elle lui avait tenu chaud quand il grelottait et servi de foi quand il doutait. À présent, elle lui ferait traverser les mers et rejoindre Anja !

Il chargea la viande gelée dans le fond de la chaloupe, mais les dépouilles étaient bien trop nombreuses pour son seul usage. Il dut se résoudre à laisser cinq phoques derrière lui. Comme il répugnait à abandonner ces réserves et qu'il y avait peu de chances qu'un Inuit les découvre un jour, il dispersa les quartiers de viande au hasard des pistes. Les renards viendraient sans doute les premiers, puis les ours, conduits par leur flair depuis les confins de l'île, ou plus loin encore, surgis des hummoks dérivants.

Mohawks avait aussi rempli d'eau toutes les vessies des phoques avant de les entasser entre les bois qui enchâssaient le mât. Si l'eau gelait, il n'aurait qu'à la faire fondre au-dessus de ses qulliqs, la seule source de chaleur dont il disposerait. Au pire, si le voyage s'éternisait et que l'eau venait à manquer, les hummoks pourvoiraient à sa soif. La mer en était constellée !

Entre le banc et la proue, il installa un abri solide fait d'une armature de bois et de peaux, celle de son vieux manteau de caribou cousue aux chutes provenant de sa voile. La tente n'avait pas belle allure, mais elle était résistante ; Mohawks pourrait y dormir protégé des embruns. Une place serait réservée aux plus précieux de ses biens, les qulliqs, une provision de lichen et de la graisse en quantité dont il avait bourré les intestins des phoques et de l'ours.

Quand son équipement fut embarqué, la grotte soigneusement vidée et balayée, le Zuyis se rendit une dernière fois sur la plage de glace. Il avait passé sur l'île le pire de l'hiver, une lune entière à lutter pour sa survie.

Déjà les ténèbres se faisaient moins opaques, bientôt viendrait la première lueur du renouveau.

Il contempla son œuvre, frissonna de fierté et d'impatience mêlées. La chaloupe flottait à la frange des eaux libres, attachée à un piquet par un tendon. La voile composée de huit peaux de phoques ondoyait au mât de fortune. Il était prêt à affronter la mer ! Une dernière chose pourtant restait à faire, avant de partir…

Afin de remercier l'Esprit des phoques, Mohawks sacrifia l'une des griffes de Nanuk. Aux dieux des mers, des vents et des eaux, il offrit le crâne de l'ours. Le don était précieux, mais il ne possédait rien d'autre pour s'attirer leur protection. Toutes les pierres de lumière avaient été volées par les Qallunaats.

La lune était pleine quand il cingla, cap vers le sud, avec pour point de repère l'étoile d'Anja. Le courant était puissant, les vents favorables.

En regardant disparaître les contours de l'île qui aurait dû être sa pierre funéraire, le Zuyis sentit le poids de sa peur tomber comme les écailles du serpent lors de sa mue. Une fois encore, ce qui avait failli lui coûter la vie l'avait changé en profondeur. Il se mit à chanter, levant les mains vers le ciel en un geste d'allégresse. Bientôt, il serrerait à nouveau Anja dans ses bras. Bientôt, il verrait son sourire l'illuminer et il reprendrait courage ! Il avait retrouvé confiance.

Durant les premiers jours, concentré sur la navigation et la manœuvre des voiles qu'il levait et affalait parfois pour le simple plaisir de s'exercer, Mohawks n'éprouva ni ennui ni peur de s'égarer. Puisque aucune côte ne pouvait l'abriter, il acceptait de se livrer tout entier à la mer et cela suffisait à l'apaiser.

Les blessures infligées par l'ours cicatrisaient bien. L'emplâtre avait fait merveille sur les chairs tuméfiées et Mohawks se massait régulièrement pour irriguer la peau, soucieux d'imiter les gestes des chamans. Les vents et le froid étaient toujours vifs, mais il n'en souffrait plus désormais. L'épaisse peau de l'ours blanc était encore plus chaude que celle des grizzlys des montagnes et parfaitement adaptée aux glaces. Bien emmitouflé, Mohawks passait de longues heures à établir le meilleur chemin possible et à tourner sa voile afin de prendre la puissance du vent. Un jour qu'il riait de plaisir, après avoir contourné avec habileté un hummok géant, l'Indien réalisa qu'à force de résoudre des problèmes son esprit était aiguisé comme une lame.

La chaloupe des Qallunaats était confortable, on pouvait s'y étendre, dormir ou manger, commodément appuyé sur son flanc sans souffrir des bourrasques. La peau rapiécée de son manteau de caribou offrait un abri contre l'écume. Au-dessous, les qulliqs brûlaient sans relâche, coincés entre des pierres pour ne pas verser.

Parfois, emporté dans ses rêveries, Mohawks croyait entendre le capitaine lui souffler un conseil : virer bâbord ou tribord, affaler ou serrer une drisse. Il souriait à l'idée de sa vengeance. D'autres fois, c'était la voix de ses anciens maîtres, Pag, Tanit, Gouiev et Churuk, qui lui soufflait des mises en garde.

En dépit du mât un peu court, la chaloupe filait sur la mer bien plus vite qu'il n'aurait pu le faire à la rame, même avec plusieurs hommes à son bord.

L'horizon s'éclaircissait peu à peu, annonçant le Renouveau. Mais les flots restaient profonds, d'une densité qui donnait le frisson, même dans le jour naissant.

Les Esprits étaient sans doute bien disposés à l'égard du Voyageur, car aucune tempête n'avait encore troublé sa progression. À présent que l'alternance de l'ombre et de la lumière était plus nette, il se guidait davantage à la boussole. Finalement, le cadeau du traître s'avérait très utile. Il suffisait de poursuivre dans la direction contraire de celle indiquée par l'aiguille.

Loin de s'apaiser, sa colère grandissait chaque jour.

Les Qallunaats l'avaient volé, dépossédé, déshonoré et condamné à mourir de la pire façon, plus démuni qu'un nouveau-né. Ils lui avaient dérobé l'affection de ses chiens, avaient emporté les totems sacrés et ses pierres de lumière, en mettant fin à sa quête. En un sens, ils perpétuaient le mal de Kiruna.

Dans les moments où il ressassait les raisons de sa haine, Mohawks se mordait parfois le poing de rage.

Un jour pourtant, l'ennui le rattrapa. Sans les dangers pour fouetter son courage ou agacer son imagination, le Zuyis ne savait plus comment occuper ses pensées. Les images de sa vengeance finissaient par l'écœurer lui-même. Il décida de pêcher, non parce qu'il manquait de viande, les phoques pourvoyant largement à ses besoins, mais pour occuper les longues heures passées à ne rien faire.

Excité par ce projet, il se mit aussitôt en quête de ses hameçons et les examina. Depuis son départ, il avait maintes fois observé la traque des gros poissons poursuivant les bancs de créatures plus petites, aussi vives et lumineuses que des lames de silex. Se pouvait-il que la lumière associée au mouvement capte l'attention des prédateurs ? Dans ce monde aquatique si sombre, la moindre lueur devait faire l'effet d'un mirage…

Sa réserve se composait d'une dizaine d'hameçons taillés dans de l'os de phoque. Les proies viendraient peut-être mordre le crochet scintillant, croyant attaquer un petit poisson. Pour tester sa méthode, Mohawks décida de ne pas utiliser le moindre morceau de viande. De toute façon, il avait tout le temps de perfectionner son idée !

Il lança deux lignes, une de chaque côté de la poupe, et s'assit sur le banc, pour surveiller les flots. Une heure passa sans que rien se produise. Et puis soudain un banc de morues apparut. Les poissons étaient d'un bleu argent magnifique, et certains avaient la taille de son avant-bras.

Une ligne se tendit et Mohawks s'en saisit le cœur battant, tirant doucement la prise, relâchant la tension quand il sentait que le poisson pourrait s'échapper d'un sursaut. Mais la morue avait gobé profondément l'hameçon et il remonta un superbe spécimen qu'il assomma d'un vif coup de bâton.

Son système fonctionnait à merveille. L'heure suivante, il attrapa trois beaux mâles, rejeta une femelle pleine et deux poissons trop jeunes. Il dévora la chair du plus petit, ravi de ce changement de nourriture, tout en songeant au moyen de conserver les poissons assez longtemps pour les offrir aux Saamis. Puisqu'il ne pouvait guère les fumer à la flamme des qulliqs, il se décida pour deux recettes, l'une à base de saumure avec le sel de la mer et la graisse de phoque, l'autre par macération en introduisant des morceaux de morue dans une outre à demi vide, à la manière des hommes du fleuve Elyu.

Le lendemain, il pêcha d'autres poissons, mais refusa de continuer à prélever des proies simplement pour calmer son ennui, c'était contraire aux lois de chasse. Son seul véritable plaisir était d'avoir trouvé l'ingénieux système des appâts-mirages.

Le jour durait à présent quelques heures. Mohawks s'étonnait de ne pas en éprouver le soulagement coutumier. Le paysage mouvant et sans cesse recommencé des vagues, l'absence de relief et la monotonie des couleurs devenaient plus lancinants avec le temps. Où se cachait la terre ? La reverrait-il jamais ? Et si, croyant traverser la mer, il tournait simplement sur lui-même ?

Le doute commençait son lent travail de sape.

Il accrut ses efforts pour naviguer plus vite, en dormant moins, afin d'utiliser autant que possible la force des vents. Pendant les périodes de repos, pour éviter de se perdre, il préférait affaler la voile.

Chanceux depuis son départ, il bénéficiait d'une solide bourrasque arrière qui ne tombait jamais très longtemps. Il apprit à éviter les courants contraires et à profiter de ceux qui le portaient vers le sud-est, en direction de Kiruna.

Plus les jours passaient, plus l'impatience de Mohawks grandissait, effaçant peu à peu sa vigilance inquiète. Naviguant sur les montagnes d'eau qui cachaient les abysses, Mohawks se croyait désormais hors de danger… Il avait passé le pire.

La tempête frappa en pleine nuit, alors qu'il dormait, emmitouflé dans la fourrure de Nanuk, parfaitement inconscient des forces terrifiantes qui avaient lentement grossi derrière l'horizon. Les signes pourtant avaient abondé, mais l'Indien avait été occupé à fabriquer un nouvel hameçon puis s'était endormi sans regarder le ciel.

Le fracas du tonnerre le réveilla et il se crut plongé dans un horrible cauchemar ; aussi loin que la visibilité le permettait, on devinait les creux immenses forés par les forces contraires des flots et du vent, les pics des vagues bouillonnants d'écume qui semblaient vouloir se jeter à l'assaut du ciel, jusqu'aux rares étoiles encore visibles dans les nuées. Les galettes de glace qui flottaient habituellement sur la mer avaient disparu, explosées ou fondues dans la furie des eaux.

Une houle gigantesque frappait la chaloupe et l'envoyait gîter chaque fois plus loin, avant de la reprendre et de la projeter à nouveau dans l'abîme salé.

Mohawks parvint, sans trop savoir comment, à affaler la voile qui claquait, pareille à un tambour géant. Le Zuyis s'empressa de rejoindre l'arrière du bateau où il se recroquevilla, écrasé d'impuissance. S'il faisait naufrage, comme autrefois sur le lac des Nhyannas, personne ne viendrait le sauver… Il essaya de fermer les yeux mais le bruit, assourdissant, les lui fit rouvrir très vite. La vision des éléments en furie lui souleva le cœur. On aurait dit que le souffle des dieux s'entêtait à faire plier cette mer démontée.

Perdu au milieu de ce combat titanesque, la chaloupe résista toute la nuit. Le mât resta debout, et la voile que Mohawks avait roulée aussi vite que possible était intacte, à part une petite déchirure de la taille d'une main.

Au bout de quelques heures, par fatigue ou accoutumance, le Zuyis finit par plonger dans une sorte de torpeur nauséeuse. Il consultait le ciel, cherchant un signe, une trouée plus pâle qui indiquerait la fin de la tempête.

Et puis, alors que les ténèbres paraissaient s'adoucir, il vit s'ouvrir le monde des abîmes, celui dont parlent les chamans avec terreur car il est habité par les Esprits mauvais.

Là, entre les creux et la houle, des montagnes noires surgissaient, luisantes comme l'ébène, des masses opaques et innombrables qui échancraient la mer déchaînée aussi facilement qu'on écarte le pan d'un tepee. Ces montagnes redoutables ondulaient en silence dans le rugissement du blizzard.

Il crut que la terreur allait figer son sang quand, à l'arrière de la chaloupe, la queue d'un poisson géant surgit des flots. Mohawks reconnut Punuk, qui réclamait vengeance. Et il n'était pas seul. Une harde de Géants entourait maintenant la malheureuse chaloupe qui gîtait. Ils roulaient, plongeaient, disparaissaient pour mieux réapparaître, refermant leur piège sur l'Indien.

Mohawks s'agrippa au plat-bord de son embarcation. À quelques pas de lui, un Géant glissait, le ventre effleurant la surface des eaux. Là, il vit sur sa peau l'éclair violet, cette zébrure singulière, impossible à oublier. C'était bien Punuk, la bête traquée par le clan des Saamis ! Les paroles de Varru couvrirent un instant le rugissement du vent :

« Il ne faut jamais blesser un Géant sans le tuer, car, un jour ou l'autre, Punuk se venge… Toujours. »

Comme pour confirmer la prophétie, l'animal à la cicatrice de foudre nagea vers la chaloupe et stoppa net, projetant sur le Zuyis pétrifié trois formidables geysers. Une fois encore, l'animal souleva son énorme et prodigieuse tête, laissant apparaître son œil, plus noir que la nuit elle-même, plus vertigineux que les fosses de la Grande Mer. Punuk, le Géant pourchassé sorti vainqueur de la traque, avait le même regard qui avait harponné le Zuyis pour l'emporter dans l'abîme !

Dans le jour à peine levé dardé d'éclairs, à travers les trombes d'eau qui le fouettaient de toutes parts, Mohawks vit clairement la mort venir. Il n'y avait pas d'échappatoire. Le poisson était venu chercher vengeance et il l'obtiendrait. C'était une certitude.

— Fais vite, Punuk ! Prends ma vie sans attendre, car ce qui précède la mort est bien pire que la mort elle-même.

La prunelle insondable le fixait toujours, qui semblait l'écouter. La bête flottait à trois pas seulement de la chaloupe. Mohawks s'inclina respectueusement devant Punuk, incapable de résister.

Et, au moment où le Zuyis allait basculer vers les eaux noires, le Géant disparut.

Sans doute reviendrait-il pour frapper. Mohawks attendit, le cœur battant d'angoisse. Dans la panique, l'idée de sauter à l'eau l'effleura. Mais, même s'il parvenait à s'accrocher aux débris de la chaloupe, combien de temps survivrait-il au froid ?

Il était tout simplement piégé, impuissant face au destin. Telle était la force de la vengeance de Punuk ! Pourtant, quelque chose se rebella en lui ; il ne pouvait pas mourir avant d'avoir rejoint Anja ni tenté de reprendre sa quête. Lui-même devait assouvir sa vengeance. C'était une conviction profonde, une foi qu'il ignorait posséder.

Le Zuyis se mit alors à prier, invoquant tour à tour les Esprits de la mer, des animaux, Raian et puis Ramuk, Aïga sa mère et Anja la femme aimée… Ses paroles se déversèrent sans début ni fin, et le temps coula lui aussi, comme si l'Indien restait plongé dans une sorte de transe. Il finit par s'endormir, épuisé et à bout de mots. La tempête s'endormit avec lui.

Un peu plus tard, en s'éveillant, Mohawks crut qu'il rêvait encore. Des dards torsadés avançaient sur lui. Longues comme un homme debout, sept lances fendaient les flots, précédant des ombres gigantesques. Les dieux venaient-ils le punir au nom de Punuk, transpercer sa chaloupe, puis le transpercer lui-même ? Pourquoi le Géant envoyait-il des guerriers alors qu'un seul coup de sa queue aurait suffi à le tuer ?

Il se pencha vers l'eau et sa peur disparut. Moitié moins grosses que Punuk, bien que leur ventre ait pu contenir la chaloupe des Qallunaats, de formidables créatures nageaient autour de lui. Leur dard était si long qu'il atteignait la taille d'un arbre. Subjugué, Mohawks étendit le bras pour effleurer l'eau. Il parla fort pour que chaque poisson entende le message qui lui venait aux lèvres, inspiré par cette interminable nuit de tempête.

— Je suis la chair des animaux dont je me nourris, comme vous êtes la chair des animaux dont vous vous nourrissez. Nous formons un tout, un cercle de vie et d'êtres qui mangent et sont mangés… Dites à Punuk que je regrette de l'avoir chassé non pour me nourrir, mais pour devenir un chasseur de Géant que tous admireraient. Dites-lui que depuis la mort de l'ours, je sais que la souffrance brouille la marche du monde. Au nom des miens, je ne chasserai plus l'animal que pour me nourrir et jamais sans raison. Dites cela à Punuk, et ma reconnaissance puisqu'il a épargné ma vie…

20.

Mohawks aborda Kiruna sous un soleil radieux. Le feu du ciel sculptait mille reflets bleutés dans la glace des hummoks, aussi scintillants que des pierres de lumière. De loin, le guetteur chargé de veiller les alentours crut voir surgir un prodige, car non seulement l'embarcation lui était inconnue, mais encore elle avançait au milieu de créatures fabuleuses d'une blancheur de lait. Plus gros que les aiviqs, les poissons bondissaient de vague en vague en cabrioles aériennes. D'autres fendaient l'onde de leur lance, pareils à des dieux guerriers.

Le Saami avait entendu parler de l'animal. Sa corne-lance était révérée pour les pouvoirs qu'elle conférait au chasseur, mais jamais encore il n'avait eu l'occasion d'en admirer. Or voilà qu'un curieux voyageur abordait leur côte, escorté par ces créatures marines légendaires !

Quand le guetteur reconnut l'étranger, sa stupeur se changea en joie. Le Zuyis était revenu !

La rumeur de son arrivée se répandit à travers le village à toute vitesse. Le Voyageur n'avait pas encore posé le pied sur la plage que déjà Anja accourait, en larmes. Derrière elle, le clan tout entier suivait.

— Mon Bien-Aimé ! Mohawks, par les Esprits de l'air, comment as-tu fait ?

Pressée contre lui, elle lui touchait le visage et humait son odeur, si heureuse qu'elle en perdait sa retenue. Il lui fallait tout savoir, tout comprendre d'un coup, même l'étrange raideur de son corps, la tristesse de son regard. Brusquement elle se tut et recula d'un pas, frappée par la gravité de l'Indien. Lui restait muet et glacé, car l'heure était venue d'avouer son échec, et une peur affreuse qu'elle ne le rejette quand elle saurait la vérité l'étreignait. Il saisit ses mains et murmura, la voix brisée :

— Il n'y a pas de magie là-dedans, ou alors c'est une malédiction, ma douce. Si tu savais comme je t'ai cherchée quand le cœur me manquait…

— Tu me fais peur ! Que se passe-t-il, Mohawks ?

— Anja, je dois d'abord parler au conseil des hommes, ensuite je t'expliquerai tout. Et si tu veux te délier de ta promesse…

— Tais-toi ! Ne dis plus rien… J'ignore ce qui s'est passé, Mohawks, mais je ne suis pas aveugle. Tes chiens ne sont pas avec toi. Tu as maigri et ton visage porte la marque des épreuves comme si tu étais parti plusieurs soleils, alors que cela fait à peine six lunes… Ce que je sais en revanche, c'est que jamais je ne reviendrai sur l'amour que je te porte. Tu peux mourir, Mohawks, et je te pleurerai. Je peux disparaître et mon âme t'attendra. Que m'importe ce qui se passe !

— Attends-moi dans la hutte. Je viendrai à la nuit et je te dirai tout.

Déchu ou non, le Zuyis devait une explication aux Saamis.

Il considéra enfin le clan qui patientait à quelques pas. Varru et Keijo avaient perçu son malaise, mais ils paraissaient si heureux qu'un peu d'espoir lui revint. Et puis il vit Jirkki, le chef, avancer, le visage rayonnant de sérénité.

— Sois le bienvenu, Voyageur. Les Esprits m'ont inspiré des rêves qui ne parlaient que de tes luttes. Je suis tellement rassuré de te voir vivant !

Mohawks parla longtemps, sans rien cacher au clan saami. Il raconta comment il s'était laissé berner par les Qallunaats, et la honte le brûlait car il s'adressait aux survivants de l'ancienne Kiruna, eux qui avaient tant souffert de l'invasion des étrangers. Il dit la perte des totems, le vertige du désespoir, l'envie de mourir, le combat contre l'ours, la rencontre avec Punuk, puis avec les poissons-lances.

Tout en s'expliquant, il s'émerveillait du pouvoir de la parole qui rendait leur sens aux choses les plus tragiques et libérait ses regrets de leur part la plus sombre. En totale communion avec son auditoire, au milieu de ces hommes attentifs, il réalisait combien sa solitude avait été lourde à porter, alors qu'il fallait se battre contre le découragement, jour après jour. Et devant les visages attentifs, éclairés d'indulgence ou de stupeur, il prit conscience de la force du lien qui l'attachait à ces hommes. La quête ne pouvait finir ainsi, pas tant qu'il lui resterait un souffle de vie !

Jirkki était resté en retrait pour ne pas entraver la confession du Zuyis. Malgré les nouvelles désastreuses, le vol des Zuyissmans par ces diables d'étrangers, le chaman était infiniment soulagé. Les terribles hallucinations qui l'avaient hanté sans relâche depuis le départ de Mohawks s'éclairaient enfin, et le pire ne s'était pas accompli !

Quand les visions avaient commencé, sinistres, il avait renoncé à son rôle de chef pour revêtir sa peau d'ours. Il était entré dans la transe, avait appelé tous les Esprits auxiliaires, avait jeûné et était resté reclus pendant de longues périodes, négligeant le froid et l'épuisement.

À la fin de l'incroyable récit, il demeura pensif un long moment.

— Ce que j'entends au-delà de ta parole, Zuyis, tu dois le confirmer à présent, devant chacun de nous. Veux-tu traquer les Qallunaats et reprendre ta quête ?

— C'est ce que je veux, oui !

— Cela concerne tous les peuples de la Coiffe. Seul, tu ne peux pas réussir.

— Avec le Graam et l'aide des dieux, j'ai vaincu des épreuves qui auraient dû me tuer… seul ou pas, je dois les rattraper.

— Tu iras avec ceux de notre clan… Si telle est la décision de notre chef…

— Tu ne guides plus les tiens ?

Une voix joyeuse s'éleva, rompant la gravité de l'échange :

— Jirkki m'a désigné pour le remplacer.

— Keijo !

— Et je suis d'accord avec notre chaman dont les conseils reflètent la sagesse. Nous t'aiderons à reprendre les totems de nos peuples. D'ici quelques jours, une flottille doit partir pour Kalaallit, la grande terre blanche. Nous échangeons avec nos frères depuis les âges anciens. Si ton Grands Sourcils est aussi doué que tu le dis pour naviguer et qu'il a atteint l'île, nous le retrouverons !

— C'est un long voyage et les hommes qui m'accompagneront manqueront sûrement pour la chasse…

— Avec ou sans toi, Mohawks, nous serions partis. Nous rencontrons les Inuits des glaces tous les dix soleils, pour renouveler le sang de nos meutes et nouer de nouvelles alliances. Nous connaissons les dangers de la traversée, et ceux qui restent au village sont préparés à supporter l'absence des chasseurs. L'équilibre en dépend, Mohawks, et tu en fais partie…

— Je ne pourrai jamais vous remercier autant que mon cœur le voudrait.

— Reprends les totems et poursuis ton Voyage, nous serons remerciés !

— Que les dieux t'entendent !

Jirkki éclata alors d'un rire sonore et conclut sur une plaisanterie qui entraîna le clan dans l'allégresse collective.

— Les dieux ont les oreilles cassées par mes prières, et ils connaissent ton nom presque mieux que le leur !

*

* *

— Je n'attendrai pas ici, plus jamais !

— Anja !

— Ne cherche pas à me convaincre. J'ai compris que nous nous étions trompés dès le premier jour, en regardant l'étoile ! À quoi bon rester puisque nos vies sont liées ? Mon destin fait partie du tien, Mohawks.

— Le Voyage était périlleux, mais à présent il faudra des prodiges pour l'accomplir ! Tu risqueras ta vie !

— Et toi la tienne ! Ma décision est prise, Mohawks, je t'accompagne, que tu le veuilles ou non. Si tu m'en empêches, je partirai seule !

— Tu es folle !

— Au contraire. Le bon sens me guide.

— Et si le conseil s'y oppose ?

— Il ne le fera pas, Zuyis. N'as-tu pas encore compris que ma vie et la tienne font partie de la trame ? J'ai parlé à Jirkki, il sait...

— Ainsi, tu as tout préparé ?

— Il me reste à l'annoncer à mes parents.

— Et ton frère, Varru ?

— Varru part avec nous. C'est lui qui est chargé de guider la flottille jusqu'à Kalaallit.

— Ainsi, je n'ai plus rien à dire ?

— Que tu m'aimes, non ?

— Ensorceleuse... Je t'aime plus que ma vie, c'est pour ça que j'aurais voulu...

— Je sais. Fais-moi confiance et oublie tes peurs. Mon ventre se meurt de toi...

Anja approcha son visage de celui de Mohawks, et les résistances de l'Indien cédèrent dans l'émerveillement de l'étreinte. Après tant de jours et d'épreuves, il tenait sa compagne contre lui et le monde reprenait consistance. La joie l'habitait de nouveau et ses forces revenaient, il en sentait le flux impétueux, ou bien c'était le désir contenu, un élan aussi impérieux que la vie elle-même ! Anja avait raison, mieux encore, elle était sa raison, son étoile-guide ! Ses caresses dénouaient l'amertume et les doutes. Sa bouche aspirait tout le poison infligé par les voleurs, il retrouvait la direction à suivre, uni à elle. Elle partirait avec lui, il inventerait un moyen de la protéger, et rien d'autre n'avait d'importance, elle ouvrait le chemin, balayait les obstacles d'un soupir.

Ils crièrent ensemble, arrivés au point culminant de leur jouissance et, tandis que les larmes ruisselaient sur le visage de l'un, l'autre lui chuchotait des mots d'amour.

Les jours suivants filèrent en un éclair. Le chaman n'avait pas menti, le départ vers Kalaallit était déjà prévu. Pressé par les préparatifs, Mohawks ne parla guère à Keijo et encore moins à Varru.

Trois clans participaient à l'odyssée et chacun d'entre eux envoyait un groupe de quatre chasseurs. Certains connaissaient le chemin pour l'avoir déjà suivi, d'autres, jeunes et braves, tentaient l'aventure pour la première fois. Parmi ces jeunes, beaucoup comptaient prendre une compagne sur la Grande Terre Blanche et ne reviendraient pas avant beaucoup de soleils.

D'autres mourraient, car le périple était dangereux et les accidents inévitables. Trois oumiaks, les plus longs que Mohawks ait jamais vus, emporteraient les douze Saamis et autant de chiens, afin de renouveler le sang des meutes. Il fallait ajouter les provisions et de nombreuses armes de chasse. Même si les embarcations étaient gigantesques, assez longues pour que chacun puisse dormir à tour de rôle sans gêner la manœuvre, il faudrait nourrir bêtes et hommes durant toute la traversée. La pêche serait la seule ressource, sauf s'ils croisaient des îles ou des hummoks dérivants, très nombreux avec la débâcle des fleuves, la rupture des glaciers. En revanche, au plus profond de la mer libre, il faudrait compter sur la chance…

En voyant arriver les Saamis voyageurs, Mohawks reconnut la plupart des chasseurs qui avaient participé à la campagne. Intrigué par cette coïncidence, il alla voir Varru.

— Ce sont des chasseurs de Punuk !

— Tous ceux qui partent le sont. Quand nous serons arrivés sur Kalaallit, le savoir de nos clans sera précieux. Nous échangerons des techniques de traque avec les tribus de l'île !

— N'ont-ils pas peur de la vengeance du Géant ?

— Ils sont décidés à partir. Quel autre destin pour un chasseur ? Veux-tu qu'ils se contentent d'attraper des crevettes ? Tu ne comprends pas que s'ils restent à trembler, ils s'éteindront à petit feu ! Ils veulent aller au-devant de leur mort !

— Toi aussi, alors ?

— Moi aussi. Je voulais partir avant, mais Jirkki m'a demandé d'attendre… J'ai compris ses raisons quand tu es revenu.

Varru n'en voulait pas à Mohawks, il rongeait son frein depuis maintenant six longues lunes. Il fallait à présent calmer les esprits et se montrer convaincant.

— Je dois parler à ceux qui partent. Préviens les autres que j'ai un message de Punuk.

— Je ne comprends pas.

— Et toi, viens aussi, Varru. Cela te concerne tout autant que nous tous.

— Décidément, Zuyis, tu es un homme plein de surprises…

— Varru, attends…

— Oui ?

— Sais-tu que ta sœur a décidé de nous accompagner ?

— Elle l'a annoncé à nos parents hier.

— Ils ne s'opposent pas à son départ ?

— Pourquoi ne pas me demander plutôt ce que j'en pense, puisque tu sais déjà que nul ne pourrait la retenir, pas même son père ou sa mère adorée…

Devant la mine assombrie de son compagnon, le Saami ajouta malicieusement :

— Ne t'inquiète pas, Mohawks. Oublie tout ce que je t'ai dit auparavant. J'ai enfin compris la force et l'importance du lien qui t'unit à elle. Anja t'aurait attendu sa vie entière si tu n'étais pas revenu, alors mieux vaut qu'elle te suive puisque c'est sa destinée. Sans toi, elle n'est plus rien. Avec toi, elle est… elle est…

Il devint grave tout à coup.

— Quel est ce mot que tu cherches et qui semble t'effrayer ?

— Vous êtes plus qu'un couple. Vous êtes une force qui dépasse tout ce que nous connaissons. Une force qui nous est indispensable.

— À mon tour, je ne comprends pas.

— Moi non plus, et c'est pour cette raison que je cherche mes mots.

Ils restèrent silencieux un long moment, tout à leurs pensées. Puis le Zuyis, en un geste amical, prit Varru par l'épaule.

— Tu seras doublement mon frère. Mon frère de chasse et mon frère de sang, par ta sœur.

— Il en est ainsi. Je vais prévenir les autres que tu as un message à délivrer.

— Je vous attendrai dans la hutte d'Anja…

Mohawks avait terminé de préparer son discours et tournait en rond dans la hutte. Il ne doutait pas de la justesse de ses paroles, mais il devait parler au nom d'un poisson géant. Seuls les chamans pouvaient se targuer de communiquer avec les Esprits, et voilà qu'il s'apprêtait à faire de même devant des pêcheurs aguerris. Ces hommes rudes n'allaient-ils pas le prendre pour un fou ? Et si la tempête avait embrouillé sa pensée ?

Il se rappela la promesse faite aux créatures que lui avait envoyées Punuk et reprit sa marche fébrile. La moitié des Saamis qui devaient embarquer l'avaient vu commettre un sacrilège et tremblaient depuis lors que Punuk se venge sur eux. Sans doute le croyaient-ils épargné, à cause de son statut de Zuyis… Pourtant, il devait les convaincre. Le Géant lui avait envoyé un message aussi clair que l'eau !

Anja le regardait tourner, secrètement amusée par son agitation. Il lui avait raconté sa rencontre avec le Géant et elle savait qu'il n'aurait aucun mal à convaincre les Saamis. Mohawks ne mesurait pas l'effet qu'il produisait sur les autres. Solitaire et sauvage, il avait moins de mal à comprendre sa meute adorée que les hommes de son espèce ! Elle tendit le bras pour l'arrêter.

— Tu ne veux pas t'asseoir ?

Devant sa mine interloquée, elle laissa le rire couler de sa gorge et il la contempla, ahuri :

— Pourquoi ris-tu ?

— Tu te fais du souci sans raison. Ils t'écouteront…

— Parce que je suis le Zuyis ? Tu les aurais vus quand nous sommes rentrés à Saana… Si certains avaient pu me cracher dessus…

— Si vraiment tu doutes de ta force de conviction, ouvre ta tunique et montre tes cicatrices.

— Pourquoi ?

— Mon amour… Sais-tu combien de chasseurs ont survécu à l'attaque de Nanuk, seuls, sans chiens et presque sans armes ?

— Là, c'est différent…

— Aucun, Mohawks ! Je suis certaine que nul homme sur tout le territoire de la Coiffe n'a affronté autant d'épreuves que toi. Alors, quand tu ouvres la bouche, ce ne sont pas de simples paroles de chasseur. C'est presque un oracle…

— Tu te moques de moi.

— Je me moque de cet aveuglement qui t'empêche de comprendre. Viens t'asseoir à côté de moi pour les accueillir. À moins que tu ne veuilles le faire seul ?

— Tu es ma compagne, Anja. Tous verront que ta place est désormais à mes côtés, au même titre que les chasseurs, les pêcheurs ou les guerriers !

Ils échangèrent un sourire plein de tendresse, leurs visages illuminés par le plaisir de se sentir si complices.

Les Saamis pénétrèrent les uns après les autres dans la hutte, et Varru entra le dernier. Malgré le manque d'espace, Anja se leva pour servir à chacun un bol de sang chaud, avant de reprendre sa place auprès de son compagnon.

Mohawks ne perdit pas de temps en formules. De toute façon, quelle que soit la manière dont il présenterait la chose, elle paraîtrait folle.

— Quand je naviguais sur la mer, une tempête m'a pris et m'a secoué, fouetté, malmené toute une nuit. Le bruit était si fort, les vents si violents que j'ai cru devenir aveugle et sourd et, sans la peau de Nanuk, je serais mort dix fois. Des vagues gigantesques me jetaient en l'air et, chaque fois que l'oumiak des Qallunaats retombait, je pensais que c'était la fin. Quand l'aube s'est levée, j'ai regretté d'avoir toujours mes yeux car la vision des Géants m'a terrifié. Ils étaient six, et vous qui êtes chasseurs de Géants, vous pouvez imaginer un oumiak pris dans ce ballet. Le pire est advenu quand l'un d'entre eux s'est approché si près de mon embarcation que j'ai pu sentir son souffle. C'était la bête que nous avions blessée, qui avait échappé aux harpons et noyé quatre des nôtres ! J'ai reconnu ses cicatrices. Elle venait me chercher. J'ai cru mourir et je ne l'ai pas entendue, quand elle m'a parlé. La panique m'empêchait de comprendre son message. Ensuite, Punuk a disparu et j'ai pensé qu'elle s'apprêtait à me tuer. Alors j'ai prié les dieux et j'ai attendu, tant et si bien que je me suis endormi d'épuisement. À mon réveil, la mer était comme une huile douce, lumineuse et paisible. Alors, j'ai vu les grandes lances fendre les flots, et j'ai compris que Punuk m'envoyait d'autres messagers pour me répéter ce que je n'avais pas su entendre. Le Géant m'offrait son alliance. À mon tour, j'ai parlé aux poissons guerriers, qui auraient pu m'éventrer, et l'oumiak avec. Je leur ai dit que je ne tuerai plus de Géants par seul goût de la chasse, et que je dirai aux hommes des glaces de ne traquer Punuk que forcés par la famine, car nous sommes tous issus du ventre de la mer, et que la loi du Cercle commande le respect de la vie. Pour moi, désormais, cette viande est taboue. Je ne vous demande qu'une seule chose, mes amis. Durant la traversée, épargnez les Géants, les poissons de lune et les poissons guerriers, et notre voyage sera facilité.

Mohawks s'arrêta, à bout de souffle, fixant enfin le regard des Saamis. Ils étaient graves mais, contrairement à ce qu'il avait redouté, ils ne semblaient pas surpris.

Varru parla le premier, car il était le guide de l'expédition et aussi le frère d'Anja.

— Et si nous manquons de viande, sur les rives de la Grande Terre Blanche ?

— La mer offrira d'autres poissons. Quant à moi, j'ai eu quelques idées pendant ma traversée. L'ennui m'a poussé à réfléchir plus fort et je crois que j'ai découvert une technique assez ingénieuse pour tromper les proies. Je vous l'enseignerai et nous ne manquerons pas de nourriture.

Un à un, les Saamis hochèrent la tête pour signifier à la fois leur surprise et leur accord.

Qu'est-ce que cet incroyable Zuyis avait encore inventé ?

Mohawks venait de remporter son premier combat de meneur d'hommes. Il l'ignorait encore, mais il en aurait bien d'autres à livrer.

21.

Kalaallit !

Le berceau des hommes véritables, l'île lointaine aux mille légendes ! Elle se détacha de la brume, belle comme un mirage, une terre de glaces portant en couronne de gigantesques massifs, ciselée de crevasses profondes et de torrents gelés aussi étincelants que des langues de lumière. Enchâssée entre flots et ciel, elle brillait de mille feux.

Les trois oumiaks esquivaient les hummoks flottants pour se faufiler dans les chenaux de mer libre. Posté à la place du barreur, Mohawks manœuvrait en silence, écrasé par une émotion indéfinissable. Autour de lui, les pagayeurs chantaient d'allégresse, plus fort à mesure que la côte approchait. Les chiens commencèrent à s'agiter, et il fallut les réprimander sévèrement pour les empêcher de sauter par-dessus bord. Ils avaient flairé la terre mais aussi les effluves familiers des meutes inuits ! Déjà, on distinguait les silhouettes de la tribu regroupée sur le rivage. Le vieil Antarjuat ne s'était pas trompé. Ceux d'Ittloq les attendaient !

Consciente du trouble qui avait saisi son compagnon, Anja lui frôla la joue :

— Jamais je n'ai rêvé aller aussi loin... Nous avons réussi, mon amour !

Elle avait le visage bistré par l'air marin. Les embruns et la graisse dont elle usait en pommade donnaient à sa coiffure un aspect solennel, égayé par quelques boucles de cheveux échappées des nattes épaisses. Rayonnante de joie, elle était si belle que le Zuyis sentit un frisson de désir le traverser. Voilà une lune qu'il ne l'avait pas aimée autrement qu'en la caressant à la sauvette, car il n'y avait pas moyen de s'isoler sur ce bateau.

Le voyage sur les eaux avait été étonnamment favorable. Grâce aux appâts de bois, d'os et de plumes blanches, les poissons avaient mordu en nombre ; chaque jour ou presque on remontait des morues, des ombles et même de petits requins pêchés à la traîne. Pour nourrir les chiens, les Saamis avaient traqué et tué des phoques qui profitaient des énormes hummoks dérivants pour faire halte, puis ils repartaient aussitôt sur la mer, au gré des vents et des courants. Respectueux de leur promesse, aucun des chasseurs n'avait tenté de traquer les Géants qui abondaient dans la Grande Mer. En retour, Punuk les avait laissés en paix. Les bandes passaient au large, les saluaient parfois d'un saut majestueux avant de disparaître dans un jaillissement d'écume.

Les dieux aussi veillaient, puisque les Saamis n'avaient essuyé qu'un seul orage sérieux qui les laissa tous sains et saufs. Finalement, le pire avait été pour Oliu, un jeune chasseur de Kiruna. Lors d'une halte sur un rocher pour se dégourdir les jambes et dormir quelques heures, l'imprudent avait goûté un mauvais coquillage et avait souffert de violents vomissements.

À l'approche de la zone côtière qui formait une plage pétrifiée, le village se profila, blotti à flanc de glacier, sur un sol de tourbe et de neige piétinée.

La saison du renouveau arrivait et, cependant, en admirant Kalaallit, Mohawks comprit pourquoi on la surnommait la terre gelée. Accumulée en couches épaisses depuis les temps anciens, la glace formait de véritables montagnes. En dépit d'un petit vent doux, le territoire semblait figé dans un froid immuable.

Le clan inuit surveillait la progression des oumiaks ; prévenus par l'un de leurs guetteurs, ils avaient accouru sur la plage et patientaient, ne voulant pas manquer les premiers pas de leurs lointains cousins. Quand le froid devenait trop pénétrant, ils frappaient le sol de leurs bottes ou échangeaient quelques bourrades.

Enfin, ils purent distinguer les visages des pagayeurs. Le silence tomba, car chacun retenait son souffle, comme si, au dernier moment, la mer risquait d'engloutir le mirage de ces hommes venus des confins. À peine les oumiaks eurent-ils accosté que les chiens se dispersèrent vers la plaine sans que quiconque songe à les retenir. Ils reviendraient poussés plus tard par la faim. Les meutes d'Ittloq, feignant l'indifférence, restèrent prudemment en retrait, car ces molosses musclés étaient impressionnants.

Le vieil Antarjuat fut le premier à fouler le sol des ancêtres et à recevoir l'accolade d'Iluak, guide et chaman d'Ittloq. En tant que chef de l'équipée, Varru aurait dû être le second à saluer, mais il céda la place au Zuyis. Comme les autres semblaient étonnés de ses manières, il annonça simplement :

— Le Zuyis des peuples, ami des Inuits, s'est joint à notre expédition.

Aussitôt, un murmure excité gagna la foule. Les filles s'empourprèrent et quelques vieilles, que la timidité n'encombrait plus depuis longtemps, s'empressèrent autour du Nahanni, certaines allant jusqu'à tâter ses muscles ou soulever la capuche de fourrure qui couvrait sa tête. Elles piaillaient d'admiration, riant de se voir si petites à côté de ce géant, car Mohawks les dépassait largement de deux têtes.

Le chaman réussit à se frayer un chemin parmi le désordre jusqu'à Mohawks. C'était un chasseur déjà mûr, sec et musclé, qui ne se distinguait en rien des autres hommes, à l'exception de son regard : l'un de ses yeux était entièrement blanc et l'autre semblait vous fixer avec une intensité accrue, comme pour compenser le vide de son jumeau. Sa face cuivrée, sillonnée de rides profondes, était fendue d'un large sourire de bienvenue.

— Je suis Iluak, le guide de la tribu d'Ittloq, et je salue le Voyageur venu des terres lointaines.

— Je suis Mohawks, ami des Inuits, Nahanni par le sang mais uni à tous les hommes véritables.

Il s'interrompit pour inviter Anja à le rejoindre et désigner ainsi à tous qu'elle était sa compagne. La jeune Saami s'avança d'un pas un peu chancelant, mais sans témoigner le moindre embarras.

— Je suis Anja, de Kiruna, et j'accompagne Mohawks le Zuyis. Je te salue, Iluak. Antarjuat nous a conté tes chasses et ton courage.

— C'est exagéré, sans doute à cause de la distance !

— Ta modestie est signe de sagesse.

— Elle montre que la vie a coulé sur moi et s'est montrée indulgente avec mes faiblesses. Soyez les bienvenus dans mon illu. Vos compagnons iront dans la hutte communautaire.

D'un large mouvement, le vieux désigna l'ensemble des abris semi-souterrains qui composaient le village. Chacun était flanqué d'un ou deux kamutiks, d'abri à bois flotté et de séchoirs à poissons. La seule idée de se réchauffer enfin auprès d'un feu, de boire et de manger chaud donnait le vertige aux voyageurs. D'un coup, ils éprouvèrent l'exténuation des jours passés en mer, à lutter contre le froid et l'humidité. La démarche un peu cahotante, ils se laissèrent entraîner vers leur abri pendant qu'un groupe de jeunes chasseurs rejoignait le débarcadère pour décharger les oumiaks. L'aboiement frénétique d'un chien monta du fond du village, provoquant aussitôt une vague de hurlements.

L'espoir fit tressaillir Mohawks et il chercha des yeux une silhouette familière. Si seulement Torok avait pu se trouver là, à l'attendre avec sa meute ! Ses compagnons avaient-ils seulement atteint Kalaallit ? Conscient d'enfreindre les usages de politesse qui voulaient que chacun échange les nouvelles face à la communauté entière, il ne put s'empêcher d'interroger Iluak.

— Je suis curieux de bien des choses, chaman, mais j'aimerais surtout savoir si tu as entendu parler d'étrangers venus sur un oumiak géant.

— Viens te restaurer. Je te parlerai des Qallunaats au conseil.

— Alors, tu les connais !

— Ce soir, Zuyis…

Mohawks allait protester quand il sentit la main d'Anja glisser dans la sienne, lui évitant de s'enferrer. Tremblant d'espoir à l'idée d'en savoir plus sur le sort de sa meute, il aurait voulu arracher la vérité au petit homme, le secouer comme une vulgaire peau tannée, mais il se contenta de serrer les doigts de sa compagne. Insister ne servirait à rien, l'Inuit se fermerait comme un coquillage. Il plongea à quatre pattes derrière son hôte, dans le tunnel étroit de l'illu, et remarqua une charpente d'os monstrueux.

En débouchant dans la pièce commune, le Zuyis comprit que la hutte était bâtie sur le squelette de Punuk, car seul le Géant des mers était capable de fournir pareilles colonnades, d'un seul tenant. On distinguait les contours d'une formidable mâchoire dans l'armature du plafond. La coïncidence l'effleura, l'idée réconfortante que l'Esprit du poisson remplaçait celui de son animal-totem pendant son voyage sur la mer. En effet, il n'avait pas aperçu d'aigle depuis une éternité.

Il laissa sa vision s'accoutumer à la pénombre. Un rai de lumière grise filtrait à travers le trou d'aération large comme la main. Les murs avaient été comblés avec des pierres et de la tourbe. Du plafond pendaient des lanières de phoque qui dégageaient une odeur aigrelette d'urine. Sur un tiers de l'espace, la couche commune offrait une dizaine de places aux dormeurs. Mohawks se rembrunit, agacé d'avoir à partager l'intimité de ses hôtes, lui qui ne rêvait que de s'isoler avec sa douce, et soupira bruyamment. Les coutumes commençaient à l'énerver ! Une fois encore, assez rusée pour tourner le sujet en plaisanterie, Anja le devança en interpellant Iluak :

— Je rêvais de m'étendre sur une couche immobile, mais je crois que j'ai pris l'habitude du mouvement. Je m'agite si fort que je risque de gêner ta famille.

— Aucun souci, jeune fille… Tu pourras bouger tranquille à condition de bien vouloir coucher avec nos réserves. L'illu possède une seconde pièce, plus petite, où nous entassons les peaux et les outres. Quelques harpons aussi… Cela te convient ?

Plutôt que de répondre, Anja se tourna vers Mohawks.

— Et toi, Zuyis ?

— Parfaitement. Je crois que je pourrais dormir deux révolutions de soleil !

— Après la veillée alors, mon aimé !

Tous deux éclatèrent de rire, sous le regard déconcerté du vieux chef.

Iluak avait bien vite compris la malice. S'il était perplexe, c'était à cause de la force peu commune qu'il sentait brûler chez la jeune Saami. Le charisme du Zuyis n'avait rien de surprenant. Les Marcheurs étaient des êtres à part, doués d'un pouvoir incomparable. Même les chamans peinaient à saisir la portée du Graam et pourtant tous avaient entendu parler de cette énergie mystérieuse qui rendait l'homme capable de traverser le territoire des morts. Le terme de Graam était d'ailleurs connu et utilisé sur tout le territoire de la Coiffe, quels que soient la tribu ou le clan, des montagnes du territoire des Ouks aux îles perdues de la Grande Glace. Même s'il n'avait jamais rencontré de Zuyis, il savait quelle force habitait ceux qui étaient choisis pour accomplir le Grand Voyage au nom des Peuples d'en haut. Ce qui l'étonna en revanche, c'était la puissance qui émanait de sa jeune compagne.

Le cœur du vieux sage se gonfla de contentement. La tribu était favorisée des dieux, bientôt le chant des siens raconterait la venue du Zuyis et de sa compagne sur la terre de Kalaallit !

Pendant que les voyageurs prenaient du repos, les Inuits déchargèrent les oumiaks et halèrent les pesantes embarcations sur la rive. Après la longue odyssée, il faudrait vérifier l'étanchéité des peaux, réparer certaines parties de l'armature. Les cousins saamis demeureraient ici au moins un soleil, durant lequel des unions seraient conclues, les meutes renouvelées, les savoirs échangés. Ce séjour tant attendu, si prometteur soit-il, était éclipsé par l'incroyable nouvelle et les langues allaient bon train. Un Zuyis dormait au village ! Tous avaient entendu chanter les exploits des Marcheurs victorieux, ou la tragédie de ceux qui étaient morts en chemin, mais, à Ittloq, seuls quelques vieillards avaient eu la chance d'en voir en chair et en os ! Les noms couraient de légendes en exploits : Alyar, Ipéluk, Raian, Irupktikauk, Qolpik, Hiawata, Braktsk… Tant de Zuyis avaient entrepris le Voyage au nom des hommes ! Beaucoup avaient péri en chemin sans jamais recevoir le titre de Zuyissan… Et maintenant Mohawks le Nahanni, descendant du grand Raian, était parmi eux !

Seules quelques femmes sentirent le regret mordre leur cœur : l'Indien était beau et vigoureux, elles auraient volontiers goûté les plaisirs en sa compagnie, mais il avait amené une compagne. Qui sait… La fille accepterait peut-être de partager ses faveurs ?

*

* *

La nuit venue, les tribus se retrouvèrent autour d'un festin improvisé. Mélangés aux boules d'herbe prélevées dans les panses des brouteurs, les femmes avaient fait bouillir le dernier quartier de l'ours chassé quelques jours auparavant, ainsi que de la viande d'aiviq et de Punuk.

Comme le Zuyis refusait ce dernier plat, il sentit la surprise teintée de réprobation de ses hôtes. Sur la mer, avec les autres pagayeurs, il avait perdu l'habitude de se sentir épié. Coincés à six dans un oumiak en compagnie de quatre chiens, les hommes étaient devenus soucieux de leur intimité. Bouger, manger, dormir, respirer, tout était accompli dans un espace si restreint que personne ne pouvait ignorer le geste de son voisin, son humeur ou ses malaises. Aussi, chacun avait pris l'habitude de respecter l'espace vital de l'autre. Au moins avaient-ils le vaste ciel au-dessus d'eux. Ici, coincé dans la hutte au plafond trop bas, cerné par les regards inquisiteurs, Mohawks avait peine à respirer. Plutôt que de s'expliquer sur un tabou qui n'engageait que lui, il questionna Iluak dans l'espoir de détourner l'attention.

— Vous êtes donc chasseurs de terre et de mer ?

— Nous chassons partout où s'offre le frère animal, oui. Quelques tribus du Sud ont des tabous curieux. Leurs chamans redoutent les conditions terribles de notre hiver et ils pensent que certains animaux doivent être épargnés ! Pour nous, tant que la traque respecte l'équilibre, la mort peut être donnée. Tu verras de nombreuses peaux aussi belles que la tienne car Nanuk aime notre terre ! À l'intérieur de l'île, nous traquons les bœufs velus et les hardes de caribous. Nos habitations s'appuient sur les os de Punuk. Aux saisons migratoires, nous attrapons les oiseaux par filets entiers. Il y en a tant qu'ils couvrent le ciel de nuées noires ! La Terre Mère est généreuse si tu sais la respecter.

Le vieux chasseur s'apprêtait à poursuivre avec enthousiasme, quand le Zuyis l'interrompit :

— Iluak, pardonne ma hâte mais, ce matin, contrairement aux usages, je t'ai posé une question qui me brûle encore la langue.

— Parle sans souci, Zuyis.

— Connais-tu les Qallunaats ?

— Tous ici les ont vus.

— Tous ?

— Oui.

— Vos femmes aussi ?

— Pourquoi ne les auraient-elles pas vus ? Elles ont des yeux comme nous et l'oumiak a abordé la glace, à seulement une heure de marche. On pouvait l'apercevoir de très loin avec ses ailes immenses, imagine cela ! Le premier jour, nous avons eu très peur et nous sommes restés cachés. Le second jour, comme rien ne bougeait, je suis allé voir. Un Inuit est descendu du gros ventre de l'oiseau-oumiak et il est venu à ma rencontre sur la glace pour m'expliquer la présence des Qallunaats.

— Anaslak ?

— C'est le nom qu'il a donné.

— Les dieux soient loués ! Ils sont là !

Mohawks allait s'enquérir de ses chiens, mais une quinte de toux l'arrêta. Anja n'avait pas trouvé d'autre moyen de lui intimer la prudence. Elle avait raison… Iluak était chef et chaman, son récit ne pouvait être interrompu, même par le Zuyis. La fatigue n'excusait pas l'impolitesse. Il refréna sa question et attendit la suite, en se mordant la langue d'impatience. Le vieux reprit tranquillement le fil de son histoire, après avoir sucé la moelle de son os.

— Anaslak a dit que les Grands Sourcils voulaient me rencontrer au village. J'ai donné mon accord. Il est venu le lendemain, suivi de quatre hommes très grands et très blancs. Ils puaient fort la mort mais ils étaient polis. Ils nous ont offert des présents et nous avons donné de la viande et des os sculptés en retour. Ils voulaient des dessins de notre terre ! Tu imagines, des cartes !

— Tu leur en as donné ?

— Tout est dans ma tête, Zuyis ! Je n'ai pas besoin d'une peau qui s'abîmera alors que ma parole et ma mémoire suffisent. Pas un seul d'entre nous n'a besoin de cartes.

— Moi, j'en possédais une. Avant…

— Toi, c'est différent, Marcheur… Comment pourrais-tu connaître les pistes des territoires que tu n'as jamais foulés ?

— Et les Qallunaats ?

— À mon avis, ils sont fous. Ils voulaient connaître l'emplacement des mines de pierres. C'est ce qu'ils ont dit. Leurs questions n'avaient ni queue ni tête : est-ce que notre terre était une île, est-ce qu'il y avait des trésors dans les montagnes ? Je leur ai dit que oui. Mais ils n'ont pas compris. Ils pensaient aux pierres de lumière alors que moi je parlais des ours et des bœufs musqués. Ensuite, ils ont demandé le chemin du Sud. Quand ils ont compris que la piste était dangereuse, ils ont décidé de repartir par les mers et de longer les côtes. Ils craignaient de se retrouver bloqués et affamés, alors ils ont préféré affronter les glaces de la mer. Ils sont fous, c'est vrai, mais leur oumiak est puissant.

— Tu l'as visité ?

— Oui. Nous tous.

— Les femmes aussi ?!

— Les plus courageuses, oui.

— Elles se sont données aux étrangers ?

— Certaines auraient voulu, mais un Grands Sourcils a refusé qu'elles restent sur l'oumiak. Il disait que le temps pressait. Je crois qu'il mentait. Peut-être qu'il redoutait d'être envoûté.

— C'était le capitaine ?

— Il parlait toujours en premier et Anaslak le traitait comme leur chef.

— Knut Aarhus… Tes femmes ont eu de la chance ! Il ne faut pas se mélanger aux Qallunaats. À Kiruna, tous les survivants le savent !

Les Saamis approuvèrent bruyamment la mise en garde et s'empressèrent d'expliquer à leurs cousins l'épouvantable fléau qui s'était abattu sur le clan quand les femmes étaient revenues de l'oumiak, portant le Mal en elles. Iluak commençait à comprendre la fébrilité du Zuyis à propos des Qallunaats. Pourtant, sa question suivante le stupéfia.

— Et les chiens ?

— Les chiens ?

— As-tu aperçu une meute avec eux ?

— En effet. Ils sont partis tester la piste en traîneau. Anaslak, le chef-capitaine et un autre. Une meute de chiens les menait.

— Par les Esprits du ciel ! Comment étaient-ils ? Maigres ou gras ? Avaient-ils des blessures ? L'Inuit usait-il du fouet ? C'est lui qui conduisait, non ?

— Écoute, je n'y ai pas prêté attention… Si je me rappelle bien, les chiens avaient l'air nourris et ils étaient solides. Mais maintenant que j'y songe, il y avait bien quelque chose d'étrange… Ces bêtes ne semblaient guère heureuses de courir alors qu'elles formaient un attelage parfait. Et je les ai entendus gronder contre les hommes. Le fouet les a fait taire.

L'espace d'un instant, la colère et la haine étouffèrent Mohawks au point qu'il sentit le cri monter dans sa gorge. Un hurlement de rage pure. Ses chiens, ses compagnons, obligés de se soumettre aux brutes qallunaats. Il les tuerait, jusqu'au dernier ! La voix altérée, il reprit :

— Ces Qallunaats ont volé les totems, ma meute et tout mon équipement. Ils m'ont laissé pour mort. J'ai dérivé sur la mer, jusqu'à une île déserte qui a bien failli être ma sépulture. Si je ne les retrouve pas, j'en crèverai…

Anja sentit la colère qui bouillonnait en lui. Sans réfléchir, elle le coupa d'un ton enjoué :

— Oublie les mauvais hommes pour cette nuit, Mohawks. Raconte plutôt comment tu as traqué Nanuk, seul sur cette île. Et ton corps à corps avec lui !

Ces paroles suffirent. Mohawks reprit pied dans la réalité, un peu étourdi. Il voulut protester mais, alléchés par la déclaration d'Anja, les Inuits s'étaient redressés, l'œil brillant d'impatience. La plupart étaient chasseurs d'ours et beaucoup de familles déploraient la perte d'un membre, tombé sous les griffes du féroce adversaire. Un vieillard qui était demeuré jusque-là en retrait – à croire qu'il était déjà à moitié mort – glapissait à tue-tête :

— Seul contre Nanuk ? Est-ce vrai, Zuyis ?

Des exclamations horrifiées fusèrent quand Mohawks ouvrit sa chemise, laissant apparaître une cicatrice encore fraîche, d'un rouge écarlate.

Le Marcheur acquit ce soir-là une réputation qui le suivrait partout sur le territoire de Kalaallit. Mohawks, le Zuyis qui avait vaincu l'ours !

Quant à Anja, une seule veillée avait suffi à établir sa place devant les hommes du clan. Elle était à part, intouchable, elle aussi. Un feu brûlait en elle qui n'était pas seulement dû à l'amour qu'elle portait au Zuyis. C'était un feu bien à elle, si lumineux qu'on le voyait de loin comme une étoile brillante dans un ciel d'encre.

*

* *

Ils restèrent enfermés dans la réserve deux jours et deux nuits durant, n'en sortant que pour se nourrir. On les laissa tranquilles, Iluak ayant défendu l'entrée aux curieux.

Anja comprit le choc que ces nouvelles avaient produit sur Mohawks. En femme avertie, elle commença par lui offrir la paix des sens. Son corps aussi brûlait de le rejoindre après les privations du voyage. Ils refrénèrent leurs cris, étouffant leur plaisir au creux des peaux, mais ne s'interdirent rien. Ils avaient tant besoin de s'aimer, de rattraper tout ce temps perdu à se désirer sans pouvoir se toucher, ou si peu.

Quand leur désir fut assouvi, Anja commença à évoquer les chiens. Elle parlait sereinement pour apaiser la rage de Mohawks, consciente qu'un mot maladroit suffirait à embraser l'imagination de son compagnon. Or, rongé par la haine, aucun homme ne pouvait prendre une décision sensée, pas même le Zuyis.

Malgré son désir de vengeance, à entendre Mohawks, les Qallunaats étaient hors d'atteinte et les chiens presque morts. Il n'avait plus qu'à renoncer au Voyage et à vivre caché avec elle, si seulement elle acceptait d'aimer un homme déchu ! Ils s'installeraient sur ce territoire de glace où nul Indien de sa terre natale ne risquait de s'égarer. Faute d'honneur, il resterait toujours leur amour… Cela seul importait, davantage que la quête !

Elle l'écoutait divaguer sans protester. Trop de sentiments se bousculaient en lui ; il avait besoin de cracher sa haine, qu'elle jaillisse hors de son âme comme le pus s'écoule de la plaie. La raison reviendrait ensuite. Elle le savait.

Lorsqu'elle sentit qu'il s'était délesté d'une grande part de sa fureur, Anja l'amena, pas à pas, là où elle voulait. D'après Iluak, le navire étranger longeait la côte, en direction du sud. Or, en plein hiver, les hummoks avaient certainement gêné sa progression. Il y avait de fortes chances pour que le navire soit bloqué quelque part, à l'autre bout de l'île. Et même si les marins avaient évité le piège des glaces, leur quête de trésors illusoires les retiendrait encore longtemps… Ils auraient besoin d'une meute pour pénétrer dans les terres, chercher l'or ou les pierres. Les chiens étaient forts, bien assez pour endurer les coups de fouet. Mohawks devait les rejoindre au plus tôt, avant que les Qallunaats ne comprennent que ces trésors n'existaient que dans leur imagination malade… Il trouverait une route rapide pour les rejoindre, reprendrait les chiens et les totems…

Partagé entre le doute et l'espérance, Mohawks s'apaisait. Comme il aimait cette femme aux paroles de miel et au cœur assez vaste pour le consoler du pire !

Enfin, elle parla du Voyage et du sens profond de la mission. La quête dépassait leur existence et leur amour. Devant les protestations indignées de Mohawks, elle ajouta que le Voyage ne les excluait pas, mais que si, par malheur, l'un d'eux cédait au désespoir, le désastre les frapperait dans leur chair.

Telle était sa certitude. Il fallait repartir !

22.

Tuklik commençait à prendre de l'âge. Il ne courait plus si souvent ni aussi vite avec sa meute sur la Grande Glace. Désormais, il préférait pêcher des ombles et des saumons plutôt que de chasser le phoque, trop lourd à traîner. Il laissait ses chiens à l'attache, se contentant de harnacher ses trois favoris pour rejoindre les lieux de pêche. Quant à la traque aux guillemots, qu'on attrapait en plein vol avec de grands filets maintenus à bout de perche, il y avait renoncé sous le prétexte que c'était là un jeu de femme et d'enfant. En réalité, il avait failli dégringoler la falaise durant la dernière campagne. Et montrer des signes de fatigue ou d'usure était mal perçu parmi les siens. Le vieux roublard usait de beaucoup d'énergie pour continuer à faire bonne figure. Personne n'était dupe au village, mais tout le monde jouait le jeu, car l'ancêtre était apprécié pour sa joyeuse humeur…

Quand Tuklik apprit que Mohawks cherchait à composer une meute, il proposa une partie de la sienne, trop heureux de se délester des chiens qui ne servaient plus et enrageaient à l'attache. Et surtout, il était ravi de pratiquer le troc avec un tel Voyageur. Fasciné par les appâts-mirages du Nahanni, il insista pour lui échanger ses leurres et surtout son savoir contre six de ses neuf chiens. C'était une bonne affaire pour les deux hommes, même si elle avantageait en apparence le Zuyis.

En troquant sa meute, Tuklik profitait de l'aura du Marcheur et nul ne songerait à railler sa faiblesse ! D'ailleurs, avec les leurres, il comptait devenir le meilleur trappeur de poissons d'eaux vives de tout le territoire !

Peu de temps après son arrivée à Ittloq, Mohawks avait réclamé une audience devant le conseil des chasseurs afin d'obtenir leur appui. Allant à l'encontre de toutes les traditions, Anja l'accompagnait. Ce fut le chaman en personne qui amena la jeune Saami au centre du cercle des chasseurs, légitimant ainsi sa présence.

Le Zuyis ne s'embarrassa pas de longs discours, ses arguments suffisaient. Les étrangers n'étaient pas seulement des voleurs de totems, ils représentaient une menace pour les Inuits. Il traverserait donc l'île de Kalaallit pour rejoindre les côtes sud et se lancerait à leur poursuite. Il voulait emprunter la piste la plus rapide et non la plus commode. Rien d'autre n'importait que la vitesse de sa progression, car, s'il manquait les Qallunaats, il ne pourrait continuer son Voyage et le lien entre les peuples de la Coiffe serait rompu.

Les chasseurs parurent effrayés. On entrait dans la saison des brumes, et la traversée des plateaux présentait de grands périls à cette époque. Ils eurent beau insister sur les précautions à prendre, proposer une seconde piste, plus longue mais plus sécurisée, rien n'y fit. Iluak prit alors la parole. Il avait eu de nombreux rêves depuis l'arrivée du Zuyis, et tous évoquaient une course contre le temps. La rapidité était essentielle et semblait même appelée par les Esprits.

Chacun devrait apporter son aide au Marcheur, en lui fournissant un conseil ou en ajoutant une pièce à son équipement. Mohawks avait tout perdu, il lui fallait un attelage, un manteau plus pratique pour courir que sa large cape en peau d'ours, de la nourriture, des lunettes contre la réverbération, un couteau à glace et des raquettes de marche. En guise de troc, le Zuyis proposa les dents et les griffes de Nanuk. Il ne possédait rien d'autre.

Mohawks profita ensuite de la solennité du conseil pour convaincre Anja : il était nécessaire qu'ils se séparent pour ce trajet. Connaissant sa compagne et son entêtement, il avait sciemment exposé leur séparation en public, pour ne pas se laisser attendrir par ses caresses. Il était hors de question que la jeune femme tente la traversée vers l'intérieur.

Tandis qu'il exposait ses raisons, elle le foudroyait du regard : voilà pourquoi il avait insisté pour qu'elle soit présente ! Non par amour mais par ruse ! Elle essaya de se rebeller et affirma qu'elle voulait partager le risque. Il rétorqua que son corps était aguerri aux pires épreuves, quand elle n'avait connu que le confort de son village et qu'il ne pourrait jamais endurer l'inquiétude de la savoir en danger. Mortifiée, obligée de ravaler ses larmes, Anja regretta soudain d'être exposée aux regards. Était-elle donc d'abord une femme amoureuse ou la compagne raisonnable du

Zuyis ? Faudrait-il toujours contraindre son cœur pour honorer son rôle ?

Le chaman trancha le débat avec un tact inhabituel. Il proposa d'envoyer Anja par la côte, de village en village, là où la piste était plus souvent empruntée. Arrivée à Nuuk, la jeune Saami rejoindrait les côtes de la Grande Terre indienne et rallierait ensuite le village sacré de Nain. Mohawks n'aurait plus qu'à la retrouver là-bas, après avoir récupéré les totems. La volonté de chacun serait ménagée.

Ainsi fut décidée la suite du Voyage.

*
*   *

Considéré comme le guerrier le plus rapide du clan sur la glace, Ashok fut chargé d'enseigner son art au jeune Zuyis dès le lendemain du conseil.

Peu soucieux d'apprendre ce qu'il savait déjà, Mohawks ne comprit l'insistance des Inuits qu'en examinant le traîneau offert par la communauté. C'était un vieux kamutik, aux arêtes de bois arrondies par l'usure, mais dont le châssis était encore très fiable, chevillé et ligaturé à neuf. Tuklik avait confectionné les lanières en cuir de phoque de différentes longueurs pour y attacher les chiens.

Adapté à la Grande Glace, ce traîneau était quelque peu différent de celui des Tchouktches sur lequel le Zuyis avait traversé la mer gelée pour rejoindre Ytyk. L'assise, quelques planches équarries à la hache, était très haut perchée. Les patins étaient larges, également en bois. Habitant une terre sans arbres, les chasseurs utilisaient le bois flotté que la mer déposait sur certains rivages, les jours de vents favorables. Ces troncs provenaient de terres lointaines. Le plus souvent, ils étaient arrachés de leur sol natal au moment de la débâcle, emportés par les fleuves en crue et charriés jusqu'à la mer. Ils rappelèrent au Zuyis ceux qui l'avaient réchauffé sur l'île sauvage.

Contrairement à leurs cousins des terres, les Inuits ne conduisaient pas leurs traîneaux debout sur les repose-pieds situés à l'arrière. Ashok expliqua au jeune Nahanni comment se tenir sur le côté, le pied sur l'un des patins, alternant la conduite à droite et à gauche en fonction des devers ou des irrégularités du terrain, et lui montra la meilleure façon de pousser et de redresser le kamutik grâce aux deux axes en bois munis de poignées. Cette position était assez proche de celle des Évènes et de leurs traîneaux à rennes, si bien que Mohawks s'habitua rapidement à cette pratique.

Même s'il préférait la conduite en position debout, une fois lancé en pleine course au milieu des hummoks, il réalisa que la position était malaisée sur la Grande Glace dont la surface n'avait rien à voir avec celle d'un lac gelé. Travaillé par les mouvements incessants de la marée et des courants marins, le sol pétrifié cassait, se déformait, puis gelait à nouveau pour former de grands espaces chaotiques qu'il fallait franchir sans hésiter. On risquait de se renverser à tout moment, et mieux valait abaisser autant que possible le centre de gravité du traîneau et de sa charge.

Au moment de harnacher les chiens pour la première course d'entraînement, Mohawks les détailla sans complaisance, et ils lui parurent tous uniformément robustes, presque frustes comparés à sa meute.

Une part de lui, fidèle à ses compagnons, refusait de se réjouir. L'autre moitié de lui-même rêvait de retrouver le lien unique entre un meneur et sa meute.

Tuklik avait détaillé avec soin les défauts et les qualités des chiens avant de les offrir à Mohawks. Ceux-là étaient de pure race inuit, plus rustiques que les animaux des plaines, capables de dormir sur la glace, en plein vent, de courir trois jours sans rien dans le ventre.

En apprenant que le Zuyis avait l'habitude de servir de l'eau tiède à ses compagnons, le vieux s'étouffa presque d'hilarité. Pourquoi pas le lait des caribous femelles ou de la tisane, tant qu'on y était ! En hiver, les chiens inuits ne mangeaient que de la glace, au mieux de la neige ! L'eau douce était une denrée rare, coûteuse à obtenir car, sans bois pour faire fondre la glace, il fallait se contenter de la lampe à graisse, or le suint était précieux et réservé aux hommes, sans compter que faire chauffer de l'eau était une perte de temps !

Obsédé par l'urgence et peu soucieux de ménager la meute, Mohawks se sentit soulagé. S'il avait fallu s'embarrasser de combustible, le kamutik aurait pesé encore plus lourd ! Il n'emporterait donc que deux outres de graisse, ainsi que des mèches en laine de bœuf musqué tressée avec des racines séchées, cinq dépouilles de phoques pour les chiens et des provisions pour lui.

Pawnee était un gros mâle très lourd, costaud mais un peu pataud. Nook et Kilyk, sa jumelle, étaient inséparables, travaillaient avec la même ardeur régulière, mais se montraient souvent irascibles et grognaient pour un rien. Vamouk, tout noir à la fourrure épaisse, était énergique mais se fatiguait vite. Bruk était un chien parfaitement proportionné, très régulier et courageux. En quelques coups de dents et autant de grognements, il avait tenté de prendre le commandement de la petite bande. Mais Mohawks avait préféré placer à la flèche de l'attelage le plus jeune mâle, Kal. Sociable et intelligent, il connaissait déjà les ordres de direction indispensables.

Les chiens avaient flairé tant et plus ce nouveau maître et ne demandaient pas mieux que de lui obéir. Au lieu de s'en réjouir, Mohawks fut choqué par leur inconstance, leur manque d'attachement à leur ancien maître. Après la première course, il vérifia leurs pattes, les nourrit et tourna les talons sans leur accorder plus d'attention. Les bêtes étaient expérimentées, elles feraient l'affaire.

Il lui tardait de se lancer dans la traversée pour ne plus entendre les avertissements des chasseurs et supporter leurs mines effrayées. Malgré l'aplomb dont il faisait preuve devant Anja, ces mises en garde commençaient à l'inquiéter. Comme toutes les terres sans arbres, Kalaallit l'impressionnait, mais il n'osait se confier à quiconque. Les Inuits l'auraient aussitôt convaincu de prendre une autre piste, le chaman l'aurait méprisé et Anja… Anja serait partie avec lui !

Après deux courses sur la glace côtière, Ashok le jugea prêt à partir. Avant que Mohawks ait eu le temps de se réjouir, Iluak décréta qu'il se chargerait de lui enseigner la construction de l'igloo. Comme l'Indien s'opposait à cette perte de temps, le chaman insista :

— Ton tepee ne te sera pas d'un grand secours si tu restes bloqué sous la tempête. Certains blizzards sont capables de t'arracher les cheveux du crâne, et tu seras mort avant d'avoir compris ce qui t'arrive !

— J'ai vaincu des froids comparables dans les montagnes évènes. Je n'avais pourtant que ma tente.

— N'oublie pas que tu es sur l'île des glaces. Les repères changent, et tu n'auras pas de bois pour te chauffer.

— Vous utilisez pourtant des huttes de peaux.

— Pas pendant la saison froide, et encore moins sur les plateaux. Les chasseurs bâtissent un igloo.

— Puisque tu insistes…

Le Zuyis aurait dû être sensible à l'argument, lui qui avait survécu en trouvant refuge dans une grotte, mais son impatience tournait à la fièvre. Chaque jour passé, chaque heure perdue lui paraissait plus difficile à endurer. La seule pensée des Qallunaats lui donnait des bouffées de vertige.

Au conseil, il avait réussi à arracher aux hommes une estimation du temps pour rejoindre la côte ouest. Sans perdre une minute, avec juste assez de nourriture pour fouetter l'énergie de la meute, Mohawks pouvait prétendre traverser en une demi-lune… à condition d'avoir les Esprits bienveillants de son côté. Il faudrait passer le désert blanc des plateaux, gelé été comme hiver, traverser des failles et des lacs en pleine débâcle. Seul le froid pouvait l'aider à rattraper les Qallunaats. Avec un peu de chance, la mer les avait piégés et ils seraient encore paralysés !

Néanmoins, par gratitude envers le chef qui n'avait pas ménagé son appui, le Zuyis se résigna à lui accorder quelques heures. Il vérifierait son chargement plus tard.

Armé d'une baguette d'ivoire, Iluak avançait déjà à pas lents vers le large sans plus se soucier de lui. Régulièrement, il piquait la neige gelée afin d'estimer sa consistance, hochait la tête d'une mine sceptique et repartait en trottinant. Derrière lui, le jeune Nahanni regrettait déjà d'avoir cédé. Tant de simagrées pour bâtir un abri !

Enfin, après avoir parcouru trois portées de flèche, le vieux parut satisfait.

— Là, toi, tu coupes ; moi, je te monte les parois. Sers-toi de ce panak, tu l'emporteras avec toi. Je vais tailler un bloc pour te montrer.

Il tendit à Mohawks une longue lame tranchante dont la poignée tenait bien en main. Lui-même empoigna la sienne et entreprit de couper le premier pan de glace. En quelques coups précis, il obtint un bloc rectangulaire, compact sans être dur.

— Tu as compris ?

— Cela semble facile.

— Ne te fie pas à tes yeux. Je fais cela depuis toujours.

Pendant que Mohawks coupait et entassait les blocs, il traça un cercle autour d'eux, afin de délimiter la circonférence de l'igloo. En creusant le sol sous leurs pieds, ils assureraient au dôme une meilleure résistance au vent. Ensuite, avec régularité et minutie, il emboîta les briques de glace que le Zuyis lui tendait, les enfermant ensemble dans la spirale du muret. Il arasait les bords afin de les assurer, puis les inclinait pour former la voûte. Tout en travaillant, Tuklik prodiguait ses conseils. Il expliquait comment utiliser la neige pour s'isoler du froid. Il ne fallait pas faire brûler une trop grande quantité de graisse, sans quoi les parois risquaient de fondre ou de s'écrouler. La taille du trou d'aération devait être ajustée pour ne pas manquer d'air et mourir, une mésaventure qui arrivait aux étourdis…

Au bout d'une demi-heure, le vieux avait érigé autour d'eux un dôme de taille modeste mais solide. Il attrapa la dernière brique à ses pieds et ferma l'enclos gelé au-dessus de leurs têtes, les enfermant dans l'igloo. En quelques coups précis de panak, il boucha l'habitacle. Satisfait de lui-même, il s'assit sur ses talons et claqua de la langue. Mohawks resta perplexe.

— Et maintenant ?

— Maintenant, la porte. Tu n'as plus qu'à la découper, pas trop grande pour ne pas laisser entrer les prédateurs ou le froid, pas trop petite pour te faufiler, toi et ton derrière. Heureusement, tu n'es pas aussi gros que grand !

Iluak s'esclaffait encore que Mohawks s'extirpait à l'air libre, furieux de s'être laissé manipuler. Il n'avait que faire de toutes ses précautions ! Il était prêt, et le vieux chaman commençait à l'agacer avec ses conseils de prudence. Voulait-il le retarder ? Sans Anja et la perspective de leur séparation, il n'aurait jamais tenu si longtemps à Ittloq. Cette fois, c'en était assez, il partirait le lendemain !

Le chef avait dû lire ses pensées, car il l'interpella avec une soudaine gravité :

— Zuyis, quoi que tu découvres ou que tu affrontes, ne te laisse pas dévorer par ta haine. Elle risque de te ralentir, et même de te faire perdre de vue le but de ton chemin. Et cela vaut aussi pour ton impatience.

Mohawks s'obligea à attendre quelques instants avant de répondre. Visiblement, le vieux tenait à son message. Il devait beaucoup à cet homme, et l'âge commandait le respect, même si le sang chantait trop fort dans ses veines. Il acquiesça.

— Je porte en moi la force du Graam et je réussirai ! Prie pour Anja, aussi.

— Que ta parole soit entendue ! Je prierai pour vous deux…

Cette nuit-là, alors que l'insomnie le tourmentait, Mohawks s'interrogea sur le peuple inuit. Il songeait à leur courage, mais surtout à l'attachement viscéral que ces hommes vouaient à Kalaallit. Pour un Indien des terres intérieures, il y avait là un mystère. Quel sortilège tenait ces hommes, comme les Tchouktches ou les Évènes des Monts de Glace, pour qu'ils s'acharnent à subir des conditions d'existence presque surhumaines et pour qu'ils aiment cela… Hommes, femmes et enfants passaient l'hiver presque sans feu, à la seule tiédeur des lampes à graisse. Ils enduraient la neige, les tempêtes, la longue nuit d'hiver, et pourtant ils étaient heureux. Le défi que représentait la vie semblait même rendre ce bonheur plus aigu. Pour eux, la mort finissait par ressembler à un jeu cruel mais accepté, une règle parmi d'autres. Ce peuple, capable de tout inventer à partir de rien, tirait des traîneaux faits de quelques morceaux de bois, fabriquait des harpons en os de phoque, bâtissait des maisons avec de la neige… Pourtant, malgré son admiration devant tant d'inventivité et d'endurance, il y avait là quelque chose qui le révoltait, une soumission presque aveugle qui paraissait démesurée au Voyageur.

Se retournant pour regarder Anja qui dormait, le jeune Nahanni ressentit brusquement le manque de son clan natal.

Bientôt, il la conduirait devant les siens et ils vivraient en paix.

*

* *

Mohawks quitta Ittloq à l'aube, après avoir longuement fait l'amour à Anja.

Comme il s'apprêtait à lancer le signal du départ, le Nahanni eut la surprise de voir surgir Iluak fermement accroché à son kamutik. Le vieux le dépassa en lui faisant signe de se mettre dans ses traces. Ils filèrent ainsi, pendant deux heures. Enfin, l'Inuit donna le signal d'une halte. Un peu embarrassé, il expliqua que, s'il avait tenu à le guider, c'était parce qu'une multitude de pistes partaient d'Ittloq, assez pour embrouiller un étranger. Bien sûr, le Zuyis ne pouvait pas être considéré ainsi, mais…

— Iluak, si tu cessais de me prendre pour un naïf.

— Tu as raison, Zuyis, je te parle comme si tu l'étais… J'ai encore eu un rêve, cette nuit.

— Alors ?

— Je t'en parlerai ce soir. D'abord, je te mène à la hutte en pierre. Elle sert d'abri aux chasseurs lorsqu'ils guettent le passage des caribous et des oies. Ensuite, tu devras tracer ta propre piste. Et ne te laisse pas intimider par nos déserts de glace !

Ils avancèrent aisément sur la piste damée par le passage des traîneaux qui avaient fait le chemin quelques jours auparavant et atteignirent leur destination juste avant la nuit. Mohawks était serein. L'exercice physique avait libéré une part de ses craintes, la meute inuit avait bien galopé, même s'il avait noté un manque de souplesse, mais Torok et les siens étaient incomparables.

Pendant que Iluak préparait le thé, le Zuyis éprouva un début de remords. Maintenant qu'il était libéré de son impatience, il réalisa combien il s'était montré indifférent vis-à-vis des chiens et s'approcha pour les féliciter. Quand il voulut caresser Bruk, celui-ci lui adressa un regard terrifié. Pawnee et Vamouk gémirent comme des chiots, Nook et Kilyk grognèrent, même Kal parut indisposé. Mi-goguenard, mi-amusé, le chef inuit l'apostropha :

— Tu vas rendre ces chiens aussi faibles que des jeunes filles !

— Ce n'est pas ainsi que je l'entendais. Pourquoi ont-ils peur de ma main ?

— Parce que chez nous, personne ne caresse les bêtes d'attelage, sauf les enfants et encore... On préfère caresser nos femmes !

— Mes chiens sont très bons coureurs. Il n'y a pas que le fouet pour faire avancer un attelage.

— Oui, il y a aussi les coups de pied à l'arrière-train et les coups de gourdin sur la tête !

Iluak éclata de rire, ravi de sa réplique, alors que Mohawks le dévisageait, consterné. Tantôt chef, tantôt chaman, tantôt pitre, cet homme était décidément un curieux personnage.

Pendant un moment, ils ne dirent plus rien. L'Inuit avait déballé une viande de phoque fumée et semblait songeur, toute gaieté envolée. Il contemplait rêveusement la chair luisante de graisse.

Mohawks s'allongea et regarda l'étoile d'Anja. Iluak déclara alors, comme s'il savait :

— Ne t'inquiète pas pour Anja, elle est guidée par notre meilleur chasseur… Et elle a l'imayuk !

— L'imayuk ?

— Un destin ! Supérieur aux éléments que sont le froid, le vent et les ours. Rien ne s'opposera à ce qu'elle aille au bout du chemin puisque c'est le sien !

— Tu sembles bien sûr de toi.

— Je le suis pour elle et pour toi, car vos sorts sont liés.

— Je suis heureux d'apprendre qu'Anja ne risque rien ! Mais je ne suis pas très sûr d'aimer cet imayuk ! Cela fait d'elle un être à part…

— Et alors ? Tu es bien le Zuyis…

— Je ne dis pas que je la considère comme une autre, échangeable, mais je connais le poids de la singularité. Au terme du Voyage, je n'aspire qu'à une vie simple avec Anja. Il ne sera plus question d'imayuk ni de Graam, juste de vivre. Je crois l'avoir mérité.

— Votre vie ne sera ni simple ni calme, mais chargée de sens. Vous serez protégés par l'imayuk et soutenus par tous les peuples de la Coiffe !

— Je ne suis pas sûr d'avoir envie de te croire.

— Je ne cherche pas à te persuader, ni à t'effrayer. Je ne suis que le messager de l'imayuk.

Iluak plongea dans le silence, les yeux fixés sur les braises.

Il avait tenu le même discours à Anja et elle, contrairement au guerrier nahanni, n'avait pas protesté, simplement écouté en acquiesçant, comme si elle savait déjà. Il songea que la souplesse des femmes pouvait devenir une force d'une puissance insoupçonnable et gloussa à cette idée.

Puis ils s'endormirent, roulés dans leurs peaux, et pour Mohawks ce serait le dernier abri en dur avant qu'il atteigne la côte.

Le moment du départ était venu. Iluak était ému. On aurait pu croire qu'il résistait à la tentation de l'accompagner.

— Que ta piste soit belle, Zuyis ! Qu'elle nous aide à traverser cette tempête que tous les chamans de la Coiffe annoncent.

— Si je trouve les Qallunaats, aucune tempête ne sera assez forte pour m'arrêter.

Le vieux chef huma l'air en fixant l'horizon.

— Aujourd'hui et demain seront calmes. Ensuite, on ne sait jamais…

— Toi qui sais tout, tu ne vois pas plus loin ?

— Je ne sais pas grand-chose et, de l'avenir, seulement ce que les Esprits veulent bien me transmettre. Sois courageux, Mohawks !

Le vieux chef serra longuement le garçon dans ses bras, puis sauta sur son traîneau et fit claquer son fouet. Aussitôt, les chiens démarrèrent.

Comme son propre attelage faisait mine de les suivre pour rentrer au village, Mohawks dut s'escrimer pour inciter Kal à reprendre la bonne direction, celle des terres vides. Au-delà de la première côte, il n'y avait plus rien, ni homme ni piste. Rien d'autre que l'horizon se noyant dans le ciel gris.

23.

Il avançait depuis deux jours à peine, et cette progression était aussi ennuyeuse que le paysage, d'une blancheur uniforme. Il avait laissé à l'ouest les quelques reliefs et traversait maintenant une sorte de grand plateau, légèrement vallonné.

La veille encore, excité par la nouveauté, il s'était concentré sur la conduite du traîneau. À l'approche des passages plus difficiles, des amas de glaces torturées et de brèches suspectes, il avait testé une nouvelle configuration d'attelage et harnaché les chiens en éventail, comme le lui avait conseillé Ashok. Avec cette méthode, chaque bête pouvait choisir sa trajectoire individuellement et éviter les embûches, blocs de glace, fissures ou zones fragiles. Si un chien se faisait piéger et tombait dans une crevasse ou un trou d'eau, les autres pouvaient aisément l'aider à en sortir, en déployant leur force. En outre, le système permettait également de courir à la queue leu leu dans les goulets étroits ou sur une piste durcie par les vents. Ensuite, ils se reformaient en éventail sans même que Mohawks ait à intervenir.

À l'entrée de l'immense plateau, immaculé et dur,

le traîneau prit une cadence monotone, et l'ennui, teinté d'une sourde angoisse, envahit le Zuyis.

Dès qu'il sentait le train ralentir, Mohawks s'allongeait vers l'avant du traîneau pour empoigner la longe du chien qui renâclait à la tâche, et envoyait une secousse d'avertissement. Si cette technique ne le faisait pas redémarrer aussitôt, le fouet pouvait le convaincre. Mohawks ne le maniait pas aussi précisément que les Inuits, mais, après deux jours, il parvenait tout de même à obtenir des résultats.

Il se rappelait avec quelle horreur il avait refusé le fouet tchouktche pour sa meute adorée, et son insensibilité persistante vis-à-vis des chiens inuits l'attristait. Ils n'avaient rien fait pour lui déplaire. Simplement, il n'avait pour eux qu'une gratitude teintée d'indifférence, surtout depuis que les bêtes avaient refusé ses caresses.

Le troisième jour, un épais brouillard givrant s'abattit sur le territoire. Noyé dans cette blancheur, Mohawks ne voyait plus rien. Étoiles, soleil, ligne d'horizon, relief, il n'avait plus aucun repère pour déterminer la direction à suivre, et il dut sortir la boussole. L'outil des Qallunaats se révéla précieux et il se félicita de ne pas l'avoir jeté. Il se fia à la flèche frissonnante et piqua plein ouest.

Par bonheur, tassée par les vents, la neige était toujours aussi dense, ni les chiens ni les lourds patins ne l'enfonçaient. Pour ne pas se laisser engourdir par le froid et l'inaction, Mohawks sautait souvent du traîneau et courait à côté, mais ses vêtements en peau de caribou, lourds et encombrants, ne lui permettaient pas de tenir longtemps.

Il finit par remettre les chiens à la queue leu leu plutôt qu'en éventail. La formation en flèche, plus familière, le rassurait et, s'il se trouvait bien sur le plateau que les Inuits lui avaient décrit, il était immense et plat comme le dos de la main.

Malgré le manque de visibilité, Mohawks avançait à bonne allure. Sans les encouragements du fouet, les bêtes avaient tendance à trotter mollement.

Kal, son préféré, tirait pourtant avec ardeur sans se préoccuper des rafales givrantes. Il l'avait couplé avec Bruk, impressionnant de puissance et de régularité, et les deux bêtes intimaient une belle cadence. Le reste de l'attelage, plus hétéroclite, suivait bon gré mal gré. Pawnee boitillait très légèrement et Vamouk en profitait pour traîner. Conscient de ne devoir sa survie qu'à cet attelage de circonstance, Mohawks s'évertuait à le conduire du mieux possible et lui accordait des plages de repos régulières. Il fallait conserver jusqu'au bout une réserve de puissance. Plus d'une fois, il fut tenté d'aller parler à Kal, comme il l'avait fait si souvent avec Torok. Mais l'impression de trahir son compagnon était trop forte et il renonçait. De toute façon, ces chiens inuits ne comprenaient que les ordres, le fouet et la viande en guise de récompense !

Tout se déroulait donc à peu près bien, si ce n'était Kyukiluak, le Grand Blanc, « celui qui fait perdre la tête ». Les Inuits l'avaient averti du danger. Quand les brumes de neige rendaient le monde invisible, il n'avait rien à faire d'autre qu'attendre, bien au chaud dans son igloo. Nul ne pouvait prévoir combien ce temps durerait, et le manque de nourriture forçait parfois à sortir. Mieux valait alors s'en remettre aux Esprits pour se guider… Mais, contrairement aux

Inuits, le Zuyis possédait une boussole et rien ne pouvait entraver sa course !

Le quatrième jour, le traîneau s'engagea sur un grand lac tout en longueur. Plongé dans une sorte de torpeur, hypnotisé par la monotonie environnante, l'Indien n'avait pas remarqué le changement de terrain, pas senti l'infime heurt qui aurait dû lui signaler le passage de la terre à la glace. Si l'on se fiait à l'observation du sol, rien dans cette blancheur épaisse n'indiquait la moindre variation. Ce n'est que lorsqu'un patin tomba, puis se coinça dans une grande fissure, manquant le faire rouler par-dessus bord, que Mohawks comprit la situation, sans toutefois s'en alarmer. Les chiens, violemment stoppés dans leur élan, en profitèrent pour se chamailler, et il dut les calmer avec fermeté avant d'examiner le kamutik. La brèche était profonde mais sèche, autrement dit, les eaux qui dormaient sous la couche de glace étaient trop enfouies pour présenter un risque.

Le traîneau était lourd ; il fallut décharger les sacs pour le dégager et replacer le patin. Enfin, alors qu'il allait repartir, le Zuyis chercha la boussole pour vérifier sa trajectoire. Il la laissait dans le creux d'une couverture, par commodité. Elle avait disparu, à cause du choc. Fébrile, il se mit à quatre pattes pour gratter le sol sous l'œil intrigué des chiens. Rien. La boussole devait être sous un repli de neige molle.

Repoussant une vague de panique, il décida d'élargir ses recherches sur dix pas à partir de l'impact, puis vingt, autour du traîneau. L'évidence s'imposait peu à peu et pourtant il la refusait. Ses mouvements devinrent frénétiques, il commença à gémir de frustration.

Toujours rien ! Le précieux instrument était peut-être tombé dans la fissure, dont le fond était inaccessible.

— C'est impossible ! Pas maintenant ! Pas dans ce fichu brouillard !

En entendant la rage de l'homme, les chiens s'aplatirent à terre pour disparaître sous la neige. Voilà qu'il hurlait à pleine gorge et ses cris ne pouvaient signifier qu'une chose : ils avaient commis une faute et ils ne tarderaient pas à sentir la morsure du fouet !

La vision de la meute tremblante dégrisa aussitôt Mohawks. Il voulut les rassurer et tendit la main sans réfléchir, pour les caresser. Les jumeaux se mirent à gronder, et le brave Pawnee enfonça sa truffe dans la neige pour éviter le contact. Contrairement à Tuklik, leur ancien maître, dont les ordres étaient identifiables, cet homme était imprévisible. Même Kal, si prompt à comprendre, recula devant la paume ouverte. Ils finirent néanmoins par se lever, mais parce que Mohawks revenait avec des morceaux de phoque à demi gelés.

Pendant que les chiens mangeaient, le Zuyis entreprit d'élargir la crevasse dans l'espoir d'apercevoir la boussole. Il sentait que son calme était précaire et que seule la présence des chiens l'avait préservé d'un accès de folie. Mais peu lui importait, finalement, que les bêtes n'aient pas compris son geste. Leur crainte avait suffi à l'apaiser un instant.

La croûte de glace, durcie par le froid vif, s'effritait mal. Les copeaux tombaient dans les profondeurs de la fissure, rappelant l'évidence : si la boussole avait roulé au fond, comment pourrait-il l'atteindre ? Sans la flèche de nord, il ne pouvait pas repartir. Il creuserait le lac toute la nuit s'il le fallait, mais il devait la retrouver !

Le brouillard lui sembla tout à coup plus opaque, planant comme un rapace au-dessus de sa proie. Dès qu'il s'avouerait vaincu, la brume se refermerait sur lui.

Repus, les chiens s'endormirent.

Mohawks cherchait depuis deux heures déjà. Il avait élargi la crevasse de la largeur d'un bras et creusait toujours. En se relevant pour chercher sa lance, il eut comme une révélation : il vit la scène d'en haut, comme s'il était un aigle ; la fissure n'était plus qu'un point minuscule, perdu dans la blancheur immaculée du lac, à peine visible sur le plateau qui s'étendait à l'infini. Sa tâche était vouée à l'échec. Il pouvait creuser des jours durant, jamais il n'atteindrait le fond, le trou se remplissait sans cesse des copeaux arrachés à la glace, et la boussole resterait inaccessible, gobée par les Esprits du lac.

Avant d'abandonner, il laboura à nouveau la neige en priant le ciel, mais aucun Esprit ne vint à son secours. Alors, résigné, il s'assit sur son traîneau et envisagea la suite.

Cette boussole lui était devenue indispensable, bien sûr, mais il s'en était passé auparavant. En choisissant d'emprunter la piste directe et de privilégier la vitesse, il avait renoncé à se charger d'une certaine quantité de nourriture. Mais le véritable problème, c'était Kyukiluak qui voilait le chemin du ciel et noyait les repères de la piste. Le Zuyis s'était engagé dans une immensité plane, sans arbres et sans gibier. Un espace infini où le brouillard se déployait sans fin, devenant un piège terrifiant. Mohawks était pris dans la nasse. Comment connaître sa direction ? La colère l'emporta à nouveau, aussi aigre que de la bile.

— Et ce guide, cet imayuk qui devait soi-disant ne jamais me quitter ! Où est-il ? Que faisait-il quand j'ai perdu ma boussole ? C'est lui qui a appelé le Grand Blanc pour me perdre ?

La sagesse d'Iluak était-elle une façade pour masquer son ignorance ? Sous le coup de l'amertume, il sentit renaître la vieille méfiance que lui avaient toujours inspirée les hommes-médecine. Partagé entre la peur et le besoin de croire en quelque chose, il tenta de se raisonner, de recouvrer son calme.

Mais comment s'orienter ?

Impossible d'attendre la fin des brumes, lui et ses chiens risquaient de manquer de nourriture. Les Inuits l'avaient prévenu, Kyukiluak pouvait s'éterniser, parfois une lune entière. Puisque le ciel demeurait masqué et cachait la piste des astres, il ne lui restait plus qu'à lire le sol.

Il se mit en marche. Il n'avait pas droit à l'erreur ! Il devait trouver quelque chose, un arbre qui indiquerait les vents dominants, une rivière. Un prodige…

Marcher lui fit un peu de bien mais, quand il voulut se remémorer les conseils des chasseurs, il sentit ses pensées s'embrouiller de nouveau. Chaque avertissement était justifié par un conte à dormir debout, car les Inuits étaient friands d'histoires. Le guerrier mourant à cinquante pas de son igloo, trompé par les chants de la glace. La femme appelée par le loup qui était revenue à demi folle à son village. Les tupilaks des glaciers, ces Esprits voleurs d'âmes qui trompaient les hommes pour les métamorphoser en proies.

Ravi, Mohawks cherchait les bords invisibles du lac où la neige plus abondante formerait des concrétions. Il en avait assez de trembler devant ce brouillard comme il aurait craint un être maléfique ou un Esprit.

Trois bosses apparurent enfin dans la brume, hautes comme son avant-bras, sculptées par le vent. Or le blizzard soufflait d'est en ouest depuis la veille. De cela au moins l'Indien était sûr. Avec un peu de chance, il indiquait la côte. De toute façon, c'était sa seule indication.

Il revint au traîneau et remit ses chiens en ordre de marche. L'attelage quitta la fissure maudite en direction des avaloks.

Mohawks suivit le lac dans sa longueur puis décida de bifurquer vers ce qui semblait être l'ouest. Il dut franchir une succession de collines que le Grand Blanc dissimulait, qui lui parurent de bon augure. Le plateau finissait bien quelque part !

Il ne réfléchissait plus, mais surveillait l'attelage qui donnait les premiers signes de lassitude. Le temps s'étirait, noyé dans les brumes en suspension.

En fin de journée, le vent se leva et l'espoir avec lui. Le ciel ne tarderait pas à apparaître derrière ce fichu brouillard !

Épuisé, le visage constellé de givre, Mohawks arrêta l'attelage et, sans prendre le temps de souffler, saisit le grand couteau à neige et s'attaqua à la construction de l'igloo. Jusqu'à présent, têtu et sûr de tenir, il avait préféré monter sa tente, mais il fallait bien avouer que les vents avaient malmené son abri. Sans autre flamme que celle des qulliqs, le froid devenait terrible à supporter.

Il devait prendre du repos et se réchauffer. Avec les deux lampes à graisse, nu dans son sac de fourrure, il dormirait au sec. Ses vêtements resteraient sans doute humides, mais peu lui importait tant qu'il échappait au froid quelques heures.

Il terminait à peine la construction de son abri de neige lorsqu'il aperçut les premières étoiles. La plus lumineuse d'entre elles lui indiquait sa direction plus sûrement qu'une boussole. Les avaloks n'avaient pas menti ! Mohawks ressentit un immense soulagement et une sorte de reconnaissance pour cet Esprit qu'il avait failli maudire.

Hélas, au cours de la nuit, le vent augmenta encore et encore, et vira bientôt à la tempête.

À l'aube, Mohawks sortit de son abri pour ériger un petit mur devant chaque chien, enfoui sous la neige. La violence des rafales lui transperçait la peau. Luttant pour ne pas tomber, il distribua la nourriture. Il rentra trempé dans l'igloo, grelottant. À l'intérieur régnait un calme précaire. Les parois suintaient et la voûte semblait s'être affaissée au cours de la nuit. Sans doute son abri n'était-il pas aussi solide que celui d'Iluak, mais il tiendrait.

Il dormit un peu, mangea et commença à tourner en rond dans le minuscule habitacle. Il était absolument seul, perdu, loin de son amour. Anja avait dû se lancer sur la piste. Elle arriverait à Nain d'ici une lune, le chef le lui avait assuré.

Une angoisse profonde monta en lui. Devait-il tenter de braver la tempête, en profitant des déchirures entre les nuages pour s'orienter ? Il risquait d'épuiser les chiens ou de les blesser. C'était ridicule. Il était pris au piège. L'étoile brillait-elle au sud-ouest ou plus au nord ? Il avait peine à s'en souvenir.

Alors Mohawks attendit. Deux jours d'une longueur infinie. Deux jours durant lesquels il dut nourrir la meute, et les réserves de viande s'épuisaient. En réduisant les rations au plus juste, ils tiendraient encore cinq jours. Or, dans le meilleur des cas, en supposant qu'il avait conservé à peu près la bonne direction, il lui faudrait encore au moins six jours pour atteindre l'autre côté de Kalaallit. Ce serait serré, mais il pouvait encore y arriver. Les chiens tiendraient.

La tempête tomba dans la nuit, aussitôt remplacée par le brouillard.

*
* *

À l'aube du huitième jour, il se remit en route. Reposés mais trop peu nourris, les chiens trottaient sans entrain dans le brouillard épais. L'air sentait la neige, et plus rien ne semblait exister en dehors de ces brumes opaques.

Au fil des heures, le vent faiblit et les rafales givrées laissèrent la place à une sorte de bruine floconneuse qui tombait sans bruit. Mohawks, qui déterminait sa direction en fonction des vents, sentit ses inquiétudes renaître. Le pire n'était pas la tempête, mais bien ce silence terrible et dévorant. Il poursuivit sa route, cherchant des indications dans le moindre repli de neige.

Le soir venu, il commença à douter. Il avait croisé quelques avaloks dont les sculptures indiquaient des orientations contradictoires.

Le vent avait-il tourné ?

Il bâtit en hâte un igloo de fortune, juste assez grand pour lui permettre de s'étendre. De toute façon, il le quitterait dès les premières lueurs de l'aube.

Il repartit à l'aveuglette, après quelques heures d'un mauvais sommeil, en modifiant un peu sa direction. Au pire, il avait infléchi sa route, mais pas au point de revenir sur ses pas. Sur la carte tracée par les chasseurs à même le sol, dans les territoires de l'Ouest, de nombreux cours d'eau coulaient en direction de la côte. Si seulement il atteignait l'un d'entre eux, un fleuve de préférence, il suivrait son cours jusqu'à l'embouchure sans plus se soucier de se perdre.

Ragaillardi par cette idée, le Zuyis put cheminer trois autres jours, tandis que le Grand Blanc s'épaississait inexorablement. Mohawks ne s'orientait plus qu'à l'instinct, ne faisait plus confiance ni aux vents tourbillonnants ni aux sculptures mouvantes. Et il priait.

Les provisions s'épuisèrent comme il le redoutait. Il ne restait plus qu'une ration, tout juste suffisante aux chiens pour avancer un jour encore sans crever de faim.

Ce matin-là, au treizième jour, alors qu'ils avançaient depuis une heure, la trace apparut à travers une trouée du brouillard, car les dieux veillaient sur lui. Il hurla à la meute de stopper et bondit sur la neige en hurlant d'allégresse. Les chiens s'aplatirent à moitié, moins affolés que de coutume, car ils s'habituaient aux démonstrations bruyantes de l'homme. Celui-ci dansait maintenant sur place, les bras déployés.

— J’ai trouvé la trace d’un kamutik, une piste vers l’autre côté ! La mer est au bout de ces traces ! Nous avons réussi, les chiens ! Nous avons vaincu Kyukiluak !

Il courut d’un chien à l’autre, riant, et parlant à voix haute, heureux comme un enfant auquel on vient d’offrir le plus envié des cadeaux.

Et puis l’horreur le frappa en pleine face.

Cette trace était la sienne. Il s’en aperçut en s’agenouillant devant l’empreinte parfaitement lisible. C’était sa spatule de bois, légèrement incurvée en son milieu. Et elle semblait sourire, comme pour se moquer de lui.

Il avait tourné en rond.

24.

Mohawks resta prostré un long moment, incapable d'agir ou de penser. Comme si le brouillard ambiant s'était insinué dans son esprit pour y semer la confusion. Et puis, au milieu du chaos, il vit émerger le visage d'Anja. Les mots qu'elle murmurait lui parvenaient étouffés, mais finirent par pénétrer sa conscience. Elle lui disait de ne pas abandonner, de se battre, de trouver une solution.

Mais laquelle ?

Kyukiluak, « Celui qui fait perdre la tête », était revenu et noyait les repères dérisoires auxquels il s'était accroché. Il n'y avait plus rien, rien que le Grand Blanc qui avalait le monde. Il avait perdu la boussole, les chiens n'avaient plus de forces, les rations étaient terminées. Comment se battre, alors ?

« Où est l'imayuk ? Où est le Graam ? Qu'ai-je fait pour que tout se retourne contre moi ? »

Un terrible sentiment d'injustice le saisit. Les autres Zuyis avaient-ils eu à affronter autant d'infortunes ? Combien de naufrages, d'attaques, de famines, de fièvres et d'accidents fallait-il pour devenir un Marcheur ?! Et ce froid ravageur ! Chaque fois que l'Indien croyait lui avoir échappé, il revenait, souverain, escorté par les tempêtes. Impitoyablement, il dévorait l'espoir pour mieux étreindre Mohawks dans son poing mortel.

Le jeune Nahanni tenta de se reprendre. S'il faisait le compte de ses malheurs, il risquait de perdre pied. Mieux valait se concentrer sur les choses positives. Anja l'aimait. Torok l'attendait avec la meute. Ce chien l'avait escorté jusqu'aux rives de la Grande Mer, sans jamais émettre la moindre plainte. Nul ne pourrait l'empêcher de reprendre les totems car les Qallunaats étaient là, tout proches, il l'aurait juré ! Et puis il y avait le Graam…

Mais comment convoquer cette force ? Quand bien même il y parviendrait, qu'en ferait-il ? Il n'avait plus de nourriture et ne savait toujours pas quelle direction suivre. En l'absence de tout repère, il recommencerait à tourner en rond. Les chiens étaient capables de courir quelques jours encore, même affamés, Tuklik l'avait certifié, mais leur endurance avait des limites. Retourner au village prendrait une demi-lune. C'était trop pour la meute. Robustes ou non, ces bêtes n'avaient jamais connu la famine. Vamouk et l'un des jumeaux boitaient. Tous étaient terriblement amaigris. En tuer un pour nourrir les autres ne servirait qu'à tenir un jour de plus et, avec cinq chiens au lieu de six, l'attelage irait moins vite. Et puis comment reproduire le geste qui avait failli le rendre fou en tuant Nashuk ?

Mohawks ne s'était guère attaché à la meute, mais la seule idée de plonger son couteau dans le cœur de l'une des bêtes lui donnait la nausée. Ce serait comme revivre le cauchemar. D'ailleurs, même en suivant sa propre trace, qui devait déjà être à demi effacée, il ne remonterait jamais jusqu'au village d'Ittloq. Cette solution n'en était pas une. À vrai dire, il n'y en avait aucune.

Que faire alors ? S'en remettre à l'imayuk censé le protéger et le conduire jusqu'à son but ? Mohawks eut un grognement furieux. Si seulement ce foutu chaman avait pu apparaître devant lui, là, maintenant, il aurait pu lui faire ravaler ses pitoyables prophéties ! Au lieu de lui conseiller la prudence, comme un bon chaman, le vieux cinglé l'avait encouragé à prendre la piste rapide, sous prétexte que ses rêves étaient hantés par des courses !

Mais que faire ? Que faire !?

D'impuissance, il piétina rageusement la neige.

Les Qallunaats l'avaient égaré après l'avoir dépouillé ! C'était leur faute, la leur et celle de leur cadeau empoisonné, cette maudite boussole dont il était devenu dépendant. Il comprenait maintenant le danger de se soumettre à un objet mort. Il avait offert sa sécurité, sa vie à la flèche, comme le faible fait allégeance au fort ! Mohawks le Zuyis avait donné le pouvoir à une boussole !

Pour lui apprendre ce qu'il en coûte d'oublier les lois naturelles, la Terre Mère lui avait envoyé Kyukiluak. La leçon était rude… Et que ferait-il de ce savoir lorsqu'il serait dans l'antre de Wacondah ?

En écoutant les chasseurs qui lui conseillaient le chemin de la prudence, le Zuyis aurait sans doute perdu quelques jours, mais aurait gagné sa vie ! À quoi bon se trouver si près du but pour échouer ! Tout cela à cause de sa bêtise, de son avidité à posséder les outils des Grands Sourcils… Son impatience et sa soif de vengeance l'avaient aveuglé.

Trop tard. Cela le rendait fou. Comprendre ne lui servait à rien puisqu'il restait impuissant, à la merci d'un ciel caché sous les brumes. Derrière, les étoiles étincelaient. L'intuition lui soufflait que le brouillard allait durer longtemps, bien assez pour sceller son sort. Il ne tiendrait jamais, si les Esprits étaient fâchés.

Le crépuscule tomba et ce fut un soulagement infime de ne plus voir la brume laiteuse. Il referma l'igloo hermétiquement, alluma les qulliqs et mâchonna avec soin sa ration de viande. L'impatience lui avait joué trop de tours, il prendrait sa décision après avoir dormi. Il savait mieux que personne combien le fil de la vie est fragile, surtout pour les faibles, les vaniteux, et davantage encore pour les Zuyis.

Mais, une fois nu dans ses couvertures, il renonça à dormir.

Les heures coulèrent et il perdit le sens du temps.

Le mal de tête le prit soudain, sonnant l'alerte. L'air devait manquer, Iluak lui avait dit de vérifier régulièrement le trou d'aération. En effet, l'ouverture était à demi bouchée par la neige et Mohawks élargit la brèche à l'aide d'une lame. Il colla ensuite son œil mais n'aperçut que l'ombre de la nuit. Le temps avait peut-être tourné ? Pour en avoir le cœur net, il se vêtit à la hâte, puis tailla un passage dans la paroi et s'extirpa avec peine.

Rien n'avait changé, sauf le froid qui lui parut plus intense encore.

Les chiens avaient disparu sous l'amoncellement de neige et il ne les repéra qu'au filet de leur haleine.

Dans le fond du traîneau, il dénicha quelques lanières de phoque et les répartit équitablement. Les monticules explosèrent dès que les chiens flairèrent la graisse, mais un seul coup de dents suffit pour avaler le maigre repas.

Dépités, ils se recouchèrent en boule.

Après cette nuit, il n'aurait plus rien à leur donner. Mohawks revint dans l'igloo et tassa la neige devant l'ouverture avec l'impression de refermer son tombeau. Il lui restait un morceau de poisson gelé, qu'il se mit à mâchouiller sans conviction.

Soudain, les chiens aboyèrent de concert : Nanuk ?

Mohawks avait laissé sa lance dans son traîneau. Aurait-il le temps de la récupérer ? Il devait défendre la meute, c'était sa dernière chance de survie et l'ours ne détruirait pas le peu d'espoir qu'il lui restait. Il se rua dehors et se retrouva nez à nez avec l'intrus.

Irupktikauk était inuit.

Il se présenta d'un mot puis attendit, sans paraître le moins du monde surpris de croiser cet étrange naufragé des neiges au beau milieu de nulle part. On aurait dit que le temps et les bourrasques n'avaient aucune prise sur lui. Son attelage, composé de sept bêtes vigoureuses, semblait aussi peu affecté que son maître par la proximité des autres chiens. Trop soulagé pour s'étonner de quoi que ce soit, Mohawks bafouilla :

— Je… je me suis perdu ! Et j'ai épuisé tout mon stock de nourriture…

L'Inuit continua de le toiser avec une sorte de moue dédaigneuse et Mohawks se retint de le secouer.

L'homme était peut-être dur d'oreille… ou un parfait crétin !

— Mes chiens sont affamés ! Je suis perdu !

Le regard d'Irupktikauk dériva vers les bêtes qui grondaient, signe qu'il avait entendu. Brusquement, il parut se décider et tourna les talons pour rejoindre son traîneau. Il commença à délier les cordes de cuir qui retenaient son équipement. Mohawks éleva la voix :

— Tu me sauves la vie… Je n'avais plus rien à manger. Je cherche à rejoindre la rive ouest. Jamais je ne m'en serais sorti sans toi. Ce brouillard… J'ai cru que je devenais fou. Je n'ai plus rien et mes chiens crèvent de faim !

— Ta langue est agile mais tu te répètes et ça ne sert à rien.

— Mais tu ne réponds pas ! Où sommes-nous ?

L'Inuit haussa les épaules et ouvrit un sac de viande. Vivement, il se mit à débiter des morceaux dans la carcasse d'un aiviq gelé. Ses chiens, toujours attelés, se figèrent dans l'instant. Ils avaient l'habitude du silence eux aussi, et pas un seul ne jappa.

Le mépris muet de l'Inuit rendit Mohawks furieux.

— Hé, toi ! As-tu avalé ta langue ou est-elle engourdie ? Je te demande où nous nous trouvons et tu restes sans rien dire…

— Nous sommes à deux jours de mon village.

— Seulement ! Et ton village, il se situe où, sur cette terre de…

— Que t'importe de le savoir puisque tu es perdu…

Mohawks resta bouche bée, sans savoir ce qui l'emportait de l'indignation ou du soulagement. L'Inuit continuait sa tâche, imperturbable. Après tout, si ce mal embouché préférait le silence, autant le laisser se débrouiller ! Il s'accroupit à l'entrée de son igloo et observa ses gestes.

Irupktikauk partagea les quartiers de viande qu'il venait de débiter ; d'abord aux chiens affamés de Mohawks, ensuite aux siens. Il les détacha, mais les meutes se tinrent à distance, sans chercher le contact. Les mâles dominants se défièrent un moment du regard, puis Pawnee céda le premier et se coucha. Un à un, ils se roulèrent en boule et tous furent bientôt recouverts d'une mince couche de neige.

Pendant ce temps, l'homme s'était attaqué à la construction d'un igloo. Mohawks avait voulu l'inviter dans le sien, mais l'Inuit avait refusé d'une grimace. En dépit de sa rancune, le Nahanni ne put s'empêcher d'admirer son habileté. En une demi-heure, il avait érigé un dôme parfait. Si son humeur avait pu être aussi harmonieuse !

Irupktikauk emporta couverture et sacs, puis leva la tête pour consulter le ciel ou les vents. Mohawks se demanda ce qu'il flairait dans cet instant, tel un animal, l'esprit à l'écoute des choses invisibles. Puis, brusquement, il s'éloigna pour uriner. Il se comportait comme s'il était seul, sans se soucier de ce que l'Indien pensait de lui. De même, sans un signe d'adieu ou un regard, il se glissa à l'intérieur de son igloo et referma l'ouverture derrière lui.

Stupéfait, Mohawks observa longuement le bloc de glace, persuadé qu'il s'agissait d'une mauvaise blague d'Inuit, qu'Irupktikauk allait ressortir la tête et lui proposer d'entrer. Mais le froid finit par lui rappeler qu'il avait mieux à faire que de compter les flocons du ciel. Il entra à son tour dans l'igloo, bloqua l'entrée et alla s'enrouler dans sa couverture. Cet homme était un véritable phénomène, sans doute le plus antipathique des chasseurs de tout Kalaallit ! Pas un seul homme, sur le territoire de la Coiffe, ne pouvait être aussi déplaisant, et pourtant il venait de le sauver ! Était-ce une façon de punir Mohawks de son imprudence ? Parce qu'il parlait trop ? Ou parce qu'il était jeune et fort alors que lui portait plus de soleils qu'un vieux caribou ?

Au fond, peu importait, le chaman avait donc raison, l'imayuk avait placé un homme sur sa route, au beau milieu du désert. L'important était de rejoindre la côte. Deux jours ! Le Zuyis éprouva un élan de joie pure qui se mêla de nouveau à l'impatience.

Lorsqu'il émergea de son abri le lendemain matin, presque joyeux et bien décidé à nouer une relation plus pacifique avec son voisin, Mohawks n'en crut pas ses yeux : le traîneau avait disparu !

C'était à peine croyable. Une colère irrationnelle s'empara de lui.

Il n'était pas un simple chasseur égaré, il était le Zuyis ! La veille, il n'avait pas voulu se montrer orgueilleux et n'avait pas évoqué sa quête. Et voilà que l'autre n'avait pas hésité à l'abandonner dans les glaces, au mépris de toutes les lois de la survie. Mais pour qui se prenait-il, cet Irupktikauk !

Il attela les chiens avec brutalité et siffla le départ, le fouet haut levé. L'attelage partit en trombe : si la neige effaçait les traces des patins qui s'enfonçaient dans le brouillard givrant toujours aussi dense, il perdrait le dernier fil qui le reliait aux vivants… Dans le Grand Blanc, il n'y avait aucune différence entre deux jours et une éternité.

Mohawks ne songea pas un instant à pénétrer dans l'igloo de l'Inuit, trop occupé à le maudire. S'il s'était montré moins impatient, il aurait vu qu'Irupktikauk avait prévu de revenir. Il avait laissé sa couverture et ses lampes de pierre. Il se serait épargné une course inutile. Cela lui aurait également évité de commettre une nouvelle erreur.

* * *

La veille, lorsqu'il avait croisé la trace du Zuyis, Irupktikauk était sur la piste d'une petite harde de caribous. Le chasseur connaissait mieux que personne les lois de l'entraide, et il avait laissé sa traque pour venir en aide à la meute affamée. Bien sûr, la piste était perdue, mais l'Inuit n'était pas inquiet, il se remettrait en chasse à l'aube. Il se savait capable de retrouver les brouteurs au cœur des déserts glacés, et la tempête n'était pas encore assez forte pour l'arrêter. Il aurait pu traverser le territoire les yeux fermés, de la côte aux montagnes !

Quand le jeune Indien était venu à lui, le vieux s'était presque réjoui d'avoir trouvé un vigoureux compagnon pour l'aider. Il ne dédaignait pas une bonne compagnie de temps à autre, car, si la solitude était sa compagne préférée, il ne crachait pas non plus sur les histoires glanées au gré des rencontres. Quant à la traque, elle serait plus facile. À deux, ils prendraient la harde en tenaille. Mais le jeune guerrier avait ouvert la bouche pour déverser un flot de paroles inutiles. L'Indien était sans doute atteint du mal de Kyukiluak. Mieux valait laisser les choses s'apaiser d'elles-mêmes.

Irupktikauk s'était endormi un sourire malicieux au coin des lèvres. La stupéfaction de ce Mohawks quand il avait disparu dans l'igloo valait bien une traque solitaire…

Deux heures après son départ du campement, l'Inuit retrouva avec satisfaction la piste des caribous. Même le brouillard était impuissant pour le stopper !

Il descendit du traîneau, ordonnant à la meute de se coucher. Les bêtes n'aboyaient qu'en cas de réel danger, si un ours les chargeait par exemple. Il les avait éduqués de manière à ce qu'ils soient aussi silencieux que des Esprits.

Il s'accroupit près d'un excrément, ôta son gant pour le broyer puis le porta à ses narines. Il était légèrement tiède ; la harde était toute proche, à quelques portées de flèche. Un peu plus loin, les empreintes étaient différentes, les rennes avaient abandonné le trot pour un pas plus nonchalant. La neige portait des marques de raclures profondes. Ils avaient trouvé du lichen ou flairé un groupe d'arbustes peut-être…

Il s'empara de son arc, taillé dans les bois d'un caribou fléché bien des soleils auparavant, puis, d'un pas léger, presque joyeux, il commença son approche.

Pas longtemps. D'abord, il crut percevoir un piétinement et se demanda un instant si la harde ne l'avait pas repéré. Mais le bruit venait de derrière lui alors que les brouteurs étaient devant… et ce halètement n'avait rien à voir avec un caribou. Non, c'étaient des chiens !

Il se tourna furieux et vit surgir le kamutik de l'étranger hors des brumes, comme un tupilak jaillissant du monde des enfers ! Le traîneau stoppa brutalement devant lui, non sans l'arroser d'une giclée de neige.

En voyant la bouche bavarde s'ouvrir, Irupktikauk lui intima silence d'un mouvement sec, celui du poignard qui tranche. L'autre parut soudain comprendre sa bévue et la rougeur lui empourpra le front. Il chuchota :

— Tu… chassais ?

— À ton avis ?

— Oui. Maintenant que tu le dis, j'ai cru remarquer une empreinte, mais j'étais tellement préoccupé…

— Voilà deux fois que tu compromets ma chasse, l'Indien.

— Deux ? Tu les traquais déjà hier ? Je suis désolé ! Vraiment désolé ! Pardonne-moi, je sais que j'ai dû te paraître stupide et bruyant, seulement, il faut que tu comprennes que j'étais préoccupé… Je vais rejoindre cette harde, la rabattre vers toi. Si nous unissons nos forces, nous aurons plus de chances.

Irupktikauk le fixa de son regard noir, et ses paroles coulèrent, avec la froideur du gel.

— Crois-tu que les caribous nous attendent alors que nous sommes en train de discuter ? Mieux vaut être seul qu'avec dix comme toi ! Retourne à ton abri qui n'a d'igloo que le nom, et n'en bouge plus.

Tout était dit.

Affreusement mortifié, Mohawks rentra au campement en suivant ses propres traces. À deux reprises, il distingua très nettement celles d'onglets que l'Inuit avait suivies.

La honte le brûlait si fort qu'il en oublia le froid. Comment avait-il pu perdre l'esprit au point de devenir aveugle ! Passer devant les empreintes des caribous sans leur prêter attention, lui, le chasseur incomparable qui se croyait abandonné dans un lieu déserté par le gibier ! Et même sans les traces, il aurait dû savoir que l'Inuit chassait ! Tout l'indiquait, le traîneau à l'arrêt, les chiens couchés… Imaginer que l'autre était parti uriner alors qu'il était lancé en pleine traque !

Incapable d'affronter à nouveau le mépris de l'Inuit, il aurait voulu s'enfuir.

Les heures s'écoulèrent très lentement dans l'igloo. Les parois intérieures suintaient de plus en plus et Mohawks finit par se demander s'il fallait consolider le dôme. Et puis il chassa cette idée, submergé par une lassitude infinie. Faute de trouver le courage de sortir, il tailla un bout d'ivoire en inscrivant les contours du visage d'Anja, mais ses doigts étaient gourds et le résultat ne fut guère satisfaisant.

Irupktikauk ne rejoignit le campement que bien plus tard, en fin de journée. Son traîneau était vide. Il en descendit d'un pas leste et détacha les chiens sans laisser filtrer la moindre émotion. Mais son silence était plus épais que le brouillard ambiant.

Mohawks se garda de le déranger et préféra l'épier, mine de rien, guettant un signe de pardon. La faim recommençait à le tirailler et il n'avait plus qu'un reste de poisson séché. Quand l'Inuit distribua de copieuses portions aux deux meutes, ainsi qu'il l'avait fait la veille, le Zuyis saliva d'envie, mais il serait mort plutôt que de disputer un morceau de chair aux chiens, sans y avoir été invité.

Le vieux ne se souciait visiblement pas le moins du monde d'économiser la nourriture. Soit il avait une confiance absolue dans ses capacités de chasseur, soit il comptait rejoindre son village très prochainement. Mais puisqu'il y avait des caribous dans le coin, Mohawks décida qu'il les traquerait. Un chasseur ne renonce pas à sa proie pour aider quelqu'un à retrouver sa route. Il savait qu'Irupktikauk repartirait en chasse dès le lendemain, à l'aube. Il le devancerait et partirait avant lui. Tout plutôt que de se morfondre un jour de plus au fond de son igloo suintant ! S'il prenait un brouteur, l'Inuit accepterait peut-être de le conduire à son village. Deux jours… Sans ces maudites brumes, il serait déjà arrivé à destination !

*

* *

La nuit fut interminable. Mohawks se tournait et se retournait dans son sac. Anja lui manquait, sa chaleur, ses caresses apaisantes. Et puis quelque chose céda en lui, une résistance qu'il avait refusé de voir, mais que la lente insomnie dévoilait soudain.

L'épreuve qu'il endurait n'était pas celle de la faim ni même de la survie. Il les avait vécues assez violemment pour les reconnaître. En un sens, celle-ci était plus cruelle et insidieuse, car c'était à l'intérieur de lui qu'elle faisait rage. Confronté à la peur, perdu dans le brouillard, le Zuyis s'était trouvé face à une autre facette de sa personnalité. Mesquin et capricieux comme un enfant, il avait eu peur devant des ombres. L'ombre de la famine, de la mort, de l'égarement.

Mohawks avait pris les mirages que la peur avait placés sur sa route pour la réalité. Elle avait grossi les ombres. Iluak avait raison. L'impatience pouvait égarer un homme aussi sûrement que le manque de repères.

Il somnola une heure et s'extirpa de l'igloo très tôt, grelottant. Il ne voulait surtout pas manquer l'aube. Pour lutter contre le froid et la faim, il emporta son outre de graisse. Au premier vertige, il sucerait le suint. Cela lui rappela la veine de vie, palpitante de sang tiède, et une giclée de salive lui remplit la bouche. Par les Esprits de la chasse, il mangerait avec ou sans l'invitation du vieux !

En passant sans un bruit devant l'igloo d'Irupktikauk, il ne put s'empêcher de lever le poing, par bravade. On verrait bien qui surprendrait l'autre, aujourd'hui !

Le brouillard étouffait le bruit de ses pas. Les chiens parurent surpris de son silence, car ils avaient l'habitude de l'entendre soliloquer ; mais ils se soumirent au harnais avec empressement.

L'attelage s'ébranla sans réveiller l'Inuit, plongé dans un profond sommeil.

Il prit plein nord, à l'estime, car la nuit avait effacé les traces des kamutiks. Malgré son envie d'en découdre, il se jura de rentrer s'il ne trouvait rien d'ici deux ou trois heures. À l'intérieur de l'igloo, l'écoulement du temps était difficile à évaluer, mais, à l'extérieur, même avec ce brouillard, l'intuition lui revenait. Il jeta un coup d'œil derrière lui et les larges déchirures des patins sur la neige le rassurèrent. Pour l'instant, ni le grésil ni les vents n'étaient assez forts pour l'égarer, mais il resterait vigilant…

Il commença par chercher les empreintes des brouteurs en opérant un large cercle autour du campement et ne trouva rien. Il continua au hasard, essayant de se laisser guider par l'Esprit de la chasse. Une heure passa ainsi, puis deux. Un vent léger s'était levé, trop faible pour dissiper le brouillard qui stagnait, pire qu'une malédiction. Dans cette brume, il était inutile de chercher plus longtemps des traces fraîches. Même l'odeur et les bruits étaient absorbés par l'opacité ambiante.

Résigné, le Zuyis ordonnait aux chiens de tourner quand il repéra une trace superbe d'onglets. Une autre la précédait, et une autre encore, et enfin le piétinement de la harde dessinant une piste parfaite à mesure qu'il avançait ! Les bêtes étaient juste là, devant lui. Comble de chance, il était à bon vent, elles ne pouvaient l'avoir repéré.

Vite, il alla fouiller l'équipement du traîneau. Un chasseur lui avait fourni des ancres à neige pour les cas comme celui-ci.

Il arrima le kamutik à la glace. Les chiens ne pourraient se défaire du harnais, si par hasard ils flairaient des effluves. La meute se coucha sans regimber et il s'éloigna aussitôt, emportant son arc et sa lance. Pour le chemin du retour, il suffirait de suivre ses propres traces.

Mohawks marcha une demi-heure, jusqu'au moment où il distingua la silhouette plus sombre d'un brouteur, à une portée de flèche. Aussitôt, il se baissa pour ramper vers la harde. Les caribous semblaient inquiets, mais humaient l'air dans la direction opposée, ce qui permit au chasseur d'avancer rapidement, tantôt à plat ventre, tantôt à quatre pattes.

Le blizzard semblait vouloir se lever et, par une échancrure de la brume, Mohawks crut voir bouger une tache blanche à une trentaine de pas de lui. L'espace d'un souffle, son sang se glaça. L'Inuit ! Encore et toujours lui !

Le vieux s'était recouvert d'une pièce de cuir blanchi à la craie afin d'approcher facilement les proies, mais sa position était précaire car le vent venait de tourner et le moindre mouvement emporterait son odeur. Si les brouteurs lui échappaient, il n'hésiterait pas à reporter la faute sur Mohawks, alors que c'était lui qui se trouvait plein vent !

Il prit une longue inspiration et retrouva son calme. À présent, la précipitation ne ferait qu'empirer les choses. Son instinct de chasseur prit le dessus et il dévia sa trajectoire pour repousser les animaux vers Irupktikauk. Le vieux aurait plus de chances de les flécher de face, pour peu que la harde emprunte la bonne direction. Il fallait donc les pousser à la choisir, en les inquiétant juste assez pour qu'ils dérivent, mais pas assez pour que leur fuite devienne imprévisible.

La manœuvre réussit parfaitement. Mohawks n'effraya pas les caribous. Une fois parvenu à l'endroit propice, il s'enfouit dans un amas neigeux et imprima un très léger mouvement qui fit à peine bruire la neige. Incapable d'identifier ce chant trop doux pour être celui d'un prédateur, mais trop dérangeant pour venir du vent, les brouteurs commencèrent à s'en éloigner avec méfiance, mais sans précipitation, oubliant leur inquiétude première. Pas à pas, ils avançaient vers l'autre chasseur.

À dix pas, l'Inuit se dressa et, dans un geste parfaitement fluide, décocha une flèche, puis une seconde, atteignant deux beaux mâles. Le premier tomba foudroyé sur place, l'autre s'éloigna, blessé au jarret. En quelques bonds, Mohawks fut sur lui. Il l'acheva d'un geste vif puis remercia son Esprit tout en buvant le sang écoulé de la plaie. D'avoir bu le sang lui donna la force d'attraper la dépouille par les pattes arrière et de la tirer vers Irupktikauk. Il exultait, mais il se garda bien de montrer sa joie. En arrivant près du vieux, il dit simplement :

— Je suis heureux d'avoir pu réparer ma faute en poussant cette harde vers toi, et tu as drôlement bien fléché ces deux mâles !

— J'aurais tué ces caribous, de toute façon. Tu n'as fait que semer le trouble.

C'en était trop ! Sans réfléchir, Mohawks saisit le poignard avec lequel il avait tranché la veine de vie et fonça droit vers l'Inuit, la mâchoire crispée de fureur.

Pour la première fois, Irupktikauk parut surpris et ses yeux errèrent à la recherche de sa lance, hors de portée. Il esquissa un saut de côté, mais l'Indien se contenta de passer devant lui, rejoignit le premier caribou et tomba à genoux devant la dépouille. En un tournemain, il retourna l'animal et plongea la lame effilée dans son ventre. L'abdomen s'ouvrit en deux et révéla les viscères fumants.

Le vieux émit un gloussement approbateur, à la fois pour accepter le défi et pour saluer la beauté et la précision du geste. Personne n'était dupe, cependant. L'Inuit avait tremblé, l'espace d'un instant. Ayant refréné sa colère, Mohawks l'invitait à la paix. Irupktikauk se dirigea vers le caribou intact et se hâta de l'ouvrir, pour rattraper son retard.

En réalité, il n'était pas mécontent de voir le jeune Indien se rebiffer. Il avait parfaitement conscience de son erreur. Juste avant que Mohawks pousse la harde dans sa direction, il l'avait cru sur le point de s'échapper.

L'incident était clos. Il fallait maintenant déterminer lequel dépècerait le plus vite les brouteurs, le jeune étranger vigoureux ou l'Inuit expérimenté par des soleils de chasse. Car il s'agissait bien d'un duel, une rivalité qui se devinait à la fébrilité de leur souffle.

Rompu à l'exercice, Mohawks savait qu'il était d'une habileté incomparable. Jusqu'alors, grâce à sa rapidité et à sa technicité, il avait surpassé tous les chasseurs, et ses chasses solitaires l'avaient encore aguerri. Avec un couteau, il n'existait pas meilleur que lui. Sans jeter le moindre coup d'œil à l'Inuit, il se mit en devoir d'enlever la peau, puis de désarticuler les épaules et les gigots avant de débiter la viande en quartiers plus petits. Au fur et à mesure qu'il avançait dans sa besogne, il alignait les morceaux dans la neige. Enfin, il les rangea dans la peau tout juste écharnée et la referma à la manière d'un grand sac. Il ne restait que la tête et les sabots qu'il transporterait à part. Il se retourna pour voir où en était l'Inuit, toujours assis de son côté, sans doute en train de découper les morceaux.

Irupktikauk lui tournait le dos, et il dut s'approcher. Stupéfait, il constata que l'autre était en train d'aiguiser la pointe de sa lance avec une pierre ! À côté de lui, le sac impeccablement ficelé témoignait du travail de dépeçage. Il avait même eu le temps de ranger dans le traîneau la tête du caribou, les pattes et quelques os déjà nettoyés.

Devant la mine ébahie de son adversaire, le vieux grommela, non sans malice :

— Tu es plutôt rapide, pour un Indien.

Mohawks éclata de rire, heureux tout à coup. Ce chasseur était tout bonnement unique. Odieux, de mauvaise foi et d'une incroyable habileté !

— Comment as-tu fait ? Je n'ai jamais été battu à ce jeu-là.

— Tu as de drôles d'amusements, l'Indien. Tu joues à te perdre et à risquer ta vie, et, pour finir, tu joues avec la mort du caribou.

— Et toi, à quelle sorte de jeu joues-tu quand tu ne veux répondre à aucune de mes questions ?

— C'est mon tempérament.

— Tu chasses seul ?

— Je n'ai jamais recherché la compagnie des hommes.

— Et celle des femmes ?

— Peu de temps…

En gloussant, il dévoila un large sourire qui illumina sa face.

— Tu n'as jamais cherché à t'unir ?

— Si. Avec l'Esprit de la chasse, des phoques et des caribous.

— C'est pour cela que tu sais les découper si vite ?

— Il faut bien être bon à quelque chose, l'Indien. À quoi es-tu le meilleur, toi ?

— Je ne sais pas.

— On est toujours bon à quelque chose.

— Je suis bon pour me perdre.

L'Inuit acquiesça pour montrer qu'il appréciait l'humour du jeune étranger. Il était assez surpris de voir que toute trace d'orgueil avait disparu chez lui et avec quelle facilité il avait reconnu son échec. Mohawks reprit pensivement :

— Je suis bon avec les chiens…

— J'ai vu.

— Ce ne sont pas les miens.

Le moment était venu de parler. En quelques phrases, il raconta l'essentiel du Voyage, une façon d'honorer le goût de la sobriété de l'Inuit. Finalement, il appréciait cette simplicité. À force de déclencher la surprise, l'attente ou l'admiration chez les hommes, le Zuyis ressentait plus cruellement sa solitude. Avec ce vieux sauvage, il pouvait se mettre à nu, dévoiler ses cicatrices ou danser comme un aigle, l'autre se contentait d'opiner du chef ! Le commentaire d'Irupktikauk résumait toute sa philosophie.

— Ainsi, tu es Zuyis !

— Je le suis. Aurais-tu entendu parler des Marcheurs ?

— Quelquefois.

— Je serais curieux d'avoir ton avis.

— Les Marcheurs sont une bonne chose pour les peuples.

— C'est tout ?

— Pour eux-mêmes… eh bien, tout dépend du Marcheur, non ?

— Peux-tu t'expliquer ?

— Un homme grand qui marche reste grand, même s'il doit ployer sous le poids de son sac. Et un homme petit, même s'il se hisse en haut de la montagne, demeurera petit. Le Voyage peut changer le cœur d'un homme, mais jamais sa nature.

— Et ?…

— Et j'ai parlé plus longtemps avec toi que je ne le fais d'habitude en une révolution de soleil ! Demain, je te déposerai au village de Kangukklak. C'est sur la côte, comme tu l'espérais.

Irupktikauk scrutait le visage du jeune Indien avec bienveillance. Il se pencha alors vers lui et empoigna ses mains.

La secousse traversa Mohawks de part en part et le fit chanceler. L'espace d'un instant, il avait entrevu le cœur d'une montagne, et puis la vision s'était brouillée, remplacée par le sourire malicieux du vieux. À travers les moufles, ses paumes palpitaient de chaleur et il se mit à trembler violemment, non pas de froid, mais d'un afflux d'énergie incroyable. Il songea au Graam et se rendit compte qu'il mourait de faim.

— Je crois que je pourrais manger un caribou.

— Le jeûne n'est pas mauvais, parfois. Il éclaircit les idées.

— Tu trouves ?

Le vieux ne répondit pas. Seules les questions vraies méritaient une réponse. Mohawks ne s'en formalisa pas. Tandis qu'Irupktikauk se remettait en marche vers son kamutik, il refréna l'envie de lui proposer son aide et demanda plutôt :

— Finalement, l'imayuk m'a souri. Nous partons tôt, demain ?

— Lorsque nous serons prêts.

— Bien sûr ! Où ai-je la tête pour poser une question aussi stupide !

25.

Les traîneaux pénétraient la blancheur infinie qui s'accrochait à eux, les noyait dans son opacité angoissante. Mohawks n'en revenait pas. Comment Irupktikauk avançait-il ? Par quel miracle savait-il sa route ? Il ne distinguait rien, aucun repère, aucune trace ou sculpture faite par le vent. Rien qui puisse donner un semblant d'indication. Et pourtant, l'Inuit allait, sûr de son chemin.

Irupktikauk n'admettait pas qu'un chien relâche, si bien qu'il donnait souvent du fouet. Il maniait l'instrument avec une précision splendide. Le petit nœud qui terminait l'immense corde de cuir tressé atteignait, sans jamais la manquer, la base de la cuisse droite du chien de tête, lancé en pleine course. Nomrok était une bête impressionnante de puissance, et les autres, emportés par son élan, avançaient plus vite, arrachant le traîneau par-dessus les inégalités de la piste. L'attelage d'Irupktikauk semblait voler sur une mer bosselée d'écume.

À l'arrière, Mohawks se démenait pour ne pas céder trop de terrain. Hurlant et frappant du fouet moins efficacement que l'Inuit, il en vint à prier pour que le vieux casse un patin, qu'il puisse enfin souffler. Jamais Irupktikauk ne se retourna pour vérifier qu'il suivait. Dans ce brouillard de givre persistant, sur cette neige dure qui ne laissait aucune trace, il faillit le perdre dix fois.

Enfin, vers le milieu du jour, les chiens du premier kamutik ralentirent un peu l'allure. La meute de Tuklik, qui s'était prise au jeu, put remonter et leur coller au train. Mohawks réalisa alors qu'il s'était brisé la voix à force de hurler.

Pendant la halte qu'ils s'accordèrent pour donner un peu de nourriture et de repos aux chiens, Irupktikauk répondit par bribes aux questions de Mohawks, si bien que le Zuyis finit par en prendre son parti. Le seul « bavardage » auquel se livra le vieux renfrogné concernait leur itinéraire. Après un col et une vallée, un lac et trois rivières, un plateau et un dernier col, puis un glacier, ils atteindraient Kangukklak, sans doute le lendemain, en début d'après-midi.

Le reste du jour s'écoula sans qu'un événement notable vienne rompre la monotonie de cette progression linéaire, froide et aveugle.

Quand vint le moment de monter le campement, le Zuyis dut construire son propre igloo. Enfermé dans son mutisme, Irupktikauk semblait redevenu le chasseur solitaire aux manières déplaisantes. Sans doute n'avait-il jamais cessé de l'être.

Mohawks en ressentit un curieux pincement de frustration, alors que rien n'aurait dû l'étonner de la part du vieux. Depuis que leurs mains s'étaient nouées et que le vertige l'avait étourdi, il avait l'étrange sentiment d'une chose inachevée, d'un manque, presque une perte. Ou un souvenir.

En réalité, il aurait voulu sentir à nouveau les paumes calleuses entre les siennes, et se laisser pénétrer par cette sagesse qu'il devinait si vive chez l'Inuit.

Il se jura de le faire au moins encore une fois, au moment de leurs adieux. Et puis l'essentiel était de rejoindre le village et les Qallunaats au plus vite.

Ils venaient de se mettre en route quand le ciel se dégagea, balayé par un fort vent du nord. Le brouillard se dispersa d'un coup, découvrant un paysage d'une beauté à couper le souffle. Ils arrêtèrent les kamutiks au bord d'un col. Ce fut une délivrance pour l'âme oppressée de Mohawks, un pardon que la nature lui accordait en révélant ses merveilles. D'un côté un plateau que bordaient de hautes montagnes blanches coiffées de glaciers étincelants, de l'autre le regard plongeait vers la mer libre où flottaient d'imposantes îles gelées sur lesquelles s'ébattaient les phoques, les colonies d'aiviqs et quantité d'oiseaux en nuées tournoyantes.

L'Inuit perdit de sa raideur devant la splendeur du spectacle et expliqua en peu de mots qu'à cet endroit un courant chaud empêchait la mer de geler. Le clan qui habitait ces côtes était réputé pour chasser Punuk. Leur village, Kangukklak, était idéalement placé. Il se situait un peu plus au sud, en bordure de la Grande Glace, et ses eaux abritaient une grande quantité de poissons que les oiseaux, les phoques et les aiviqs venaient chasser en nombre. Pour ces chasseurs, c'était une véritable manne.

— Et toi ? N'es-tu pas le meilleur d'entre eux ?

— Moi, je préfère ma tranquillité. Et je n'aime pas les choses trop faciles.

Ils repartirent à fond de train. La neige était dure comme du bois, tassée par les vents, et les chiens galopaient, aiguillonnés par une sourde concurrence. Bientôt, ils croisèrent les traces d'un traîneau, puis une série de sillons qui convergeaient et la piste s'évasa.

Peu après le milieu du jour, lorsqu'il l'aperçut derrière un épaulement de terrain, Mohawks fut surpris de la taille du village. Plusieurs douzaines de huttes faites de pierre et de bois s'étalaient dans une sorte de large cuvette ouverte sur la mer. Un débarcadère de bois avait été construit, où flottaient quelques kayaks. Visiblement, la plupart des hommes avaient profité du beau temps pour partir en chasse.

Mohawks avait rêvé d'apercevoir le bateau à l'ancre, quelque part au large. Hélas, seuls les îlots de glace bleue dérivaient, ainsi qu'un oumiak chargé de la carcasse d'un énorme poisson. La déception était rude, mais pas question de se laisser abattre. Le Grand Blanc lui avait servi de leçon !

Ils traversèrent le village sans s'arrêter, sous les aboiements des chiens visiblement irrités par l'irruption de ces meutes étrangères, et rejoignirent une sorte de grand igloo adossé à une cabane composée d'énormes pierres. Sans doute la hutte communautaire.

Irupktikauk y stoppa son attelage et pénétra dans l'igloo.

Le clan devait être accoutumé aux visites des étrangers car personne ne se précipita pour accueillir les nouveaux venus. Pour le Zuyis, c'était là une chose inhabituelle mais pas désagréable. Il se sentait encore fragile après cette traversée infernale. Les bruits étouffés d'une activité humaine lui parvenaient, trop lointains pour qu'il s'en préoccupe. La fatigue l'enveloppait d'une torpeur douce, et déjà sa tête pesait, attirée par le sac moelleux d'une fourrure. Le vieux brisa l'enchantement en ressortant de l'igloo accompagné d'une femme grassouillette. Elle semblait le retenir, sans toutefois le toucher, et hochait la tête avec vigueur. Irupktikauk l'entraîna vers son traîneau, détacha son chef de meute et lui tendit le tendon du collier. Elle parut hésiter, puis s'empara du lien avec un haussement d'épaules. Lui, pendant ce temps, regrimpait déjà sur le traîneau. Après un vague coup d'œil au Zuyis, il siffla le départ.

En un instant, il avait disparu. Mohawks tenta de le retenir :

— Hé !

L'inutilité de son effort lui apparut aussitôt. Irupktikauk était bel et bien parti, sans rien dire, sans même prendre le temps de se reposer ni de le saluer ! Mohawks hésitait à rire ou à tempêter. L'idée même de se sentir abandonné par un sauvage épris de liberté avait quelque chose de si absurde qu'il se prit à s'esclaffer. L'Inuit n'aurait pas pu inventer meilleure façon de dire adieu ! À peine aimable, et cependant étrangement léger.

Il secoua la tête et s'aperçut que la femme grassouillette le dévisageait avec curiosité.

— Le Grand Voyageur est le bienvenu dans notre village. Je suis Injuiktuk, l'épouse du chef.

— Il est parti ?

— Il est à la chasse sur la Grande Glace, au bord de la mer libre.

— Je ne parlais pas de ton compagnon, mais de ce vieux têtu d'Irupktikauk.

— Irupktikauk ne part pas, ne vient pas. C'est un passant.

— Un passant ?

— Il ne fait que passer, ici et là. Il ne reste jamais.

— Quel homme étrange…

— Tiens, il m'a dit de te donner Nomrok.

— Hein ? Mais… c'est son meilleur chien !

— Il a dit que tu en avais besoin, que ton attelage manquait de puissance.

— Pourquoi ne me l'a-t-il pas donné lui-même ?

— Il a dit que tu aurais refusé, discuté, remercié, et il n'aime pas ça. Tu as dû t'en rendre compte.

— J'ai eu un aperçu, oui. Que cet homme-là est curieux…

— Il n'y en a pas deux comme lui sur tout le territoire !

Elle riait en lui tendant la corde de cuir. Nomrok ne broncha pas en approchant du traîneau, mais sa démarche nonchalante était déjà une menace. Il était énorme, tout en crocs et en muscles, et si visiblement dominant que les chiens de Tuklik se contentèrent de replier les oreilles à son approche. Mieux valait l'attacher à l'écart pour l'instant.

Irupktikauk avait chargé la plus grosse part de viande sur son traîneau, certainement à dessein, Mohawks le comprit brusquement. Il ouvrit un des sacs à viande et commença par servir le molosse pour bien montrer à la meute la nouvelle hiérarchie. De toute façon, aucun des mâles ne faisait le poids face à lui et les bêtes le savaient. Leur méfiance était de pure forme.

— Viendras-tu manger dans la hutte commune en attendant le retour des chasseurs ?

— J'arrive.

Le Zuyis attacha ses chiens entre deux piquets, solidement plantés dans la neige. Avant de rejoindre la hutte, il voulait vérifier leurs pattes. À défaut de ressentir de la tendresse pour ces bêtes, il les respectait pour leur courage toujours vif. Sans elles et ce drôle d'Irupktikauk, ses os seraient en train d'orner le désert de glace !

Les coussinets ne portaient que quelques écorchures, rien qu'un massage ne saurait guérir. Il prit le temps de les soigner l'un après l'autre et les quitta déjà presque endormis.

À l'intérieur de l'igloo régnait un désordre indescriptible. Des enfants couraient à moitié nus, tandis que les adultes, paresseusement étendus sur des fourrures épaisses, les couvaient d'un regard indulgent. La plupart avaient profité de la chaleur pour ôter leur tunique et montraient un torse ruisselant de sueur. Deux femmes allaitaient leur bébé, les paupières mi-closes. Sur un foyer empli de braises, une marmite immense dégageait une vapeur odorante de sang bouilli. Mohawks trouva une place parmi un groupe d'hommes qui le saluèrent avec des hochements de tête.

Il ôta sa tunique et se consacra à l'écuelle que la femme du chef venait de lui apporter. Le ragoût de poisson cuit dans les tubercules était délicieux. Son parfum lui rappela celui des oignons sauvages. C'était la première fois qu'en arrivant dans un nouveau village Mohawks pouvait observer le clan à son aise. Les marques d'intérêt à son égard restaient discrètes. Les chasseurs n'étaient pas nombreux, la plupart étaient au large, d'autres semblaient étrangers au village.

Injuiktuk lui confirma son intuition. Après l'avoir servi, elle s'était assise près de lui. Elle répondit à ses questions avec une bonne volonté dénuée de curiosité qui parut très reposante à Mohawks. Oui, l'oumiak des Grands Sourcils était passé au large, sans s'arrêter au village, et il avait causé une grande frayeur, même si la rumeur des étrangers venus de l'autre bout de la Terre commençait à se répandre sur le territoire des hommes. Beaucoup de chasseurs savaient maintenant que l'oumiak n'était pas une créature magique, ni un oiseau géant descendu de la lune, mais une embarcation menée par des navigateurs. Certains juraient qu'ils étaient à la poursuite de narvals, d'autres qu'ils cherchaient le métal venu du ciel. Il lui expliqua à son tour son histoire, aussi succinctement qu'il l'avait fait pour Irupktikauk.

Épuisé, repu et soûlé de chaleur, le Zuyis ne tarda pas à somnoler. La brave femme prit soin de le couvrir d'une peau avant de s'éloigner.

Deux heures plus tard, un groupe de chasseurs pénétrait dans la hutte à grand bruit.

— Où est donc le Zuyis, Marcheur de nos peuples ?!

Mohawks se réveilla en sursaut, la bouche pâteuse.

— Qu'y a-t-il ?

— Injuiktuk m'a tout raconté. Je connais ton impatience à rejoindre les Grands Sourcils, ta promise et tes chiens. Es-tu assez réveillé pour entendre ma proposition ?

L'homme qui s'adressait ainsi au Zuyis était impressionnant. Beaucoup plus grand que la moyenne, il ne tenait pas debout dans la hutte, malgré la relative hauteur de plafond. Ses yeux pétillaient d'intelligence et semblaient animés d'une force intérieure aussi puissante que celle de ses muscles.

— Réveillé et heureux de rencontrer un guerrier aussi vif ! Le temps me presse…

— Ça tombe bien, car nous partons demain pour Nuuk. C'est un village au sud. Tu voyageras donc avec nous, plus sûrement, et plus vite… Je l'espère ! Je me nomme Ikjutak et je suis le chef du clan de Kangukklak.

— Je suis Mohawks, ami des Inuits et…

— Laisse les formules, Zuyis de nos peuples, et sois le bienvenu !

La voix caverneuse avait achevé de réveiller l'assemblée somnolente. Les Inuits se mirent à discuter bruyamment et saluèrent de nouveau l'étranger avec curiosité. Ils comprenaient mieux la déférence d'Ikjutak que rien n'impressionnait d'habitude.

— Ce voyage était-il prévu ou cherches-tu à me rendre service ?

— Nous allons à Nuuk chaque saison du renouveau et, de là, nous traversons en direction de l'île plate. Un clan ami nous attend pour préparer deux unions et procéder à des échanges. Nous sommes heureux d'aider un Zuyis et fiers de l'accompagner.

— Alors, j'accepte avec plaisir !

— Il y a autre chose… Je ne te cache pas que les Grands Sourcils m'inquiètent. Les Inuits en parlent sans pouvoir se mettre d'accord. Notre chaman dit qu'ils n'apporteront rien de bon. Beaucoup pensent comme lui et ils ont peur. D'autres croient que l'homme-médecine est jaloux du pouvoir de ces hommes, bien supérieur au sien. Ce que tu racontes prouve que le chaman voit clair. Alors, même si nous n'avions pas prévu ce départ, j'aurais toutes les raisons de t'aider. Les totems ne doivent pas rester entre des mains étrangères. Nous t'aiderons, Zuyis, car tu es des nôtres, et de l'issue de ta quête dépend notre sort.

Mohawks remercia chaleureusement et, pour égayer l'assistance qui s'était assombrie en entendant le nom des Qallunaats, il raconta sa rencontre avec Irupktikauk. La bonne humeur revint et bientôt chacun lançait une anecdote, une chasse miraculeuse que l'Inuit avait conduite, sa mauvaise humeur légendaire qui avait fait fuir tant de femmes. Le clan l'avait surnommé le Solitaire.

Ikjutak écoutait sans rien dire, mais il rongeait visiblement son frein. Finalement, il se tourna vers Mohawks.

— Sais-tu seulement qui il est ?

— Pour le peu qu'il m'en a dit et si j'en crois son surnom… un homme qui aime se perdre au cœur de la nature et un chasseur que rien n'effraie…

— Sans doute. Mais il est également Zuyissan.

— Tu te moques de moi ?!

— Ce n'est pas un sujet de plaisanterie, Zuyis.

— Alors… C'est cela que j'ai senti ! Cette énergie !

— De quoi parles-tu ?

— Oh, de quelque chose qui nous a unis, l'espace d'un instant.

Troublé, il ne releva pas la curiosité du chef et s'obligea à ajouter d'un ton enjoué :

— Puisque nous partons demain, je reprendrais volontiers une part de ragoût.

Plus tard, allongé au milieu de la tribu endormie, Mohawks songeait au hasard qui avait mis l'Inuit sur sa route, alors que le Grand Blanc menaçait de le rendre fou.

Les Esprits avaient le sens de l'humour.

Irupktikauk, un Zuyissan ! Le vieux le battait décidément sur tous les terrains… Mais pourquoi ne lui avait-il pas dit adieu, en apposant ses mains sur lui, une dernière fois ? La réponse intervint d'elle-même : l'Inuit lui avait souhaité beau voyage en lui offrant ce dont il avait le plus besoin, un chien de tête robuste. Un geste sans paroles oiseuses.

L'ultime malice du Solitaire.

*

* *

Le lendemain, vers le milieu du jour, après quelques longs et fastidieux préparatifs, les quatre attelages se mirent en route vers la Grande Glace du large, plus facile à remonter que la côte accidentée. Autant l'organisation paraissait douteuse avant le départ, autant, une fois passé quelques hummoks, la progression se révéla rapide et régulière. Le chef possédait un chien de flèche hors du commun, auquel il faisait pleinement confiance pour choisir les passages les plus appropriés.

Placé par Ikjutak entre le deuxième et le quatrième traîneau, Mohawks n'avait qu'à suivre le mouvement. Il portait les lunettes fournies à Ittloq, qu'il relevait sans cesse pour admirer plus à l'aise le monde des glaces. C'était un paysage d'îles, de montagnes et de glaciers hérissés formant de vertigineux talus. Forgée par les hivers depuis la nuit des temps, la glace de Kalaallit était aussi solide que la roche et aussi lumineuse que l'air. Mohawks songea aux pierres de lumière qui ornaient les totems. La glace était semblable, une pierre d'eau gigantesque que les dieux avaient façonnée.

Durant plusieurs jours, le temps se maintint, magnifique, très clair, avec un vent faible. Idéal pour avancer rapidement. Les chiens allaient d'un petit trot relativement rapide, ce qui, sur une longue journée, représentait une sacrée distance. Plutôt habitué aux tempêtes, aux Grands Blancs, aux dénivelés et aux failles traîtresses, le Zuyis avait l'impression d'évoluer dans un rêve.

Sur certains versants ensoleillés, on voyait poindre enfin les premiers signes du renouveau. Quelques touffes d'herbe tendre qui tranchaient sur la blancheur ambiante ou le brun de la tourbe. Pourtant, inlassablement, le regard revenait vers la glace. Elle était partout, en blocs, en poudre scintillante, en paillettes, elle se faisait ponts, rivages, terre, grottes ou falaises, empourprée de mille couleurs, du plus bleu au rose impalpable. Elle était le danger, la lumière, l'émerveillement, la mort mêlée au vif.

Et elle chantait…

Mohawks apprenait à décrypter ses murmures, les craquements secs de la couche gelée travaillée par en dessous, le fracas sourd qui précédait la chute d'une langue de glace, parfois une falaise entière. La glace crissait, chuintait, pétait, bourdonnait, bruissait, et ses soupirs en cascade semblaient se rire des hommes…

Plus d'une fois, la caravane dut se réfugier sur la côte, jamais très lointaine, pour échapper aux vents violents qui les aveuglaient, ou quand les hummoks rendaient la progression difficile. Alors, les kamutiks remontaient le long des pistes, à flanc de falaises, et Mohawks était le témoin de cette lutte acharnée de l'eau contre la terre, de ces glaces, monstrueux géants, que les courants envoyaient cogner contre la rive.

*

* *

— Est-ce toujours aussi facile de voyager sur la mer gelée ?

Ce soir-là, ils bivouaquaient dans une anse bien abritée du vent, autour d'un plat de phoque. Ikjutak soupira de plaisir :

— Pas toujours. Heureusement pour nous, le ciel est bienveillant et la glace a gelé de façon assez uniforme. L'hiver a été si froid qu'il a pétrifié les entrailles des eaux profondes, et la débâcle sera tardive.

— Crois-tu que les Qallunaats ont été pris ?

— Je ne suis pas chaman, mais il y a des chances pour qu'ils ne soient pas loin.

— Ma compagne est partie vers Nain, sur la Grande Terre. A-t-elle une chance de passer ?

— Les pêcheurs disent qu'il faudra encore au moins deux lunes avant de voir la débâcle entre Kalaallit et la Grande Terre des Indiens.

— Tu en es sûr ?

— Seule la chaleur de l'été est assez puissante pour

faire fondre le pont de glace qui se reforme chaque hiver.

Mais Mohawks avait pensé à Anja et son inquiétude s'était ravivée. Il avait beau savoir qu'elle était accompagnée par les meilleurs guides, le manque créé par son absence s'était alourdi d'une angoisse irrationnelle. Ses facultés de réflexion étaient paralysées, car elle occupait tout son esprit. Il se rappela soudain les derniers mots de son ancêtre Raian : l'amour !

Assurément, l'amour était bien plus fort qu'un fleuve en colère !

Mohawks comprenait aujourd'hui qu'en accomplissant le Grand Voyage les Zuyis multipliaient leurs chances de rencontrer l'âme sœur. Comment s'arracher à l'autre moitié de soi quand on la connaît enfin ? Combien de Zuyis s'étaient ainsi heurtés à cet obstacle infranchissable ? Combien, comme Raian, avaient été capables d'autant d'abnégation ?

Il s'endormit cette nuit-là sans trouver de réponse.

Dans chaque village, chaque campement, chaque hutte perdue au milieu des glaces, la nouvelle circulait : le Zuyis était parmi eux, sur la terre de Kalaallit, et il marchait en leur nom à tous !

On accueillait la caravane avec des manifestations de respect, on offrait aux voyageurs de la nourriture en abondance, sans rien attendre que le récit des exploits, et Mohawks dut exhiber ses cicatrices bien des fois, si bien qu'il finit par taire sa lutte avec l'ours. Il s'attirait la convoitise des femmes, jeunes ou moins jeunes, belles ou laides, mais toujours entreprenantes, et les repoussait sans vraiment les regarder. Partout, il demandait des nouvelles d'Anja. Souvent, l'attelage qui menait la jeune Saami était effectivement passé par la piste côtière, les précédant d'une demi-lune. On sut bientôt que le Marcheur avait une compagne, que nul ne pouvait désunir ces deux-là, qu'ils étaient comme ces couples d'oiseaux que la mort seule parvient à séparer. Et encore…

Une fois rassuré sur le sort de sa compagne, Mohawks s'enquérait des Grands Sourcils.

Dans certains villages, on a avait vu le grand oumiak ; dans d'autres, on avait entendu les rumeurs. La curiosité était grande, la peur encore plus. Bientôt, tous les Inuits de la côte surent que Mohawks pourchassait les Grands Sourcils, que ceux-là étaient des voleurs d'âmes.

Ils parvinrent à Nuuk, dans une baie immense adossée à un glacier aussi imposant qu'un géant accroupi, et la vision de la mer infinie roulant ses vagues et ses blocs de glace vers l'île était si incroyable que Mohawks en oublia un instant sa déception.

Les Qallunaats n'étaient pas là. Il avait tant rêvé de voir le navire pris dans l'étau des glaces, au point d'en distinguer des détails absurdes : le ventre de bois éclaté, les voiles déchirées, le mât brisé et, dans cette dévastation, les marins grelottants et squelettiques, réfugiés dans la cale au milieu de leurs déjections. Sa haine grandissait avec sa frustration de les sentir s'échapper, chaque fois plus loin.

La nuit venue, Ikjutak le prit à part, tandis que les autres s'endormaient, grisés par la chaleur et le jus fermenté.

— Te voici arrivé au bout de Kalaallit. As-tu pris une décision ?

— Je pensais trouver les Grands Sourcils…

— Je n'ai pas le don de la vision, Mohawks, mais je suis certain que ta route les croisera bientôt. Que veux-tu faire en attendant ?

— Rester ici ne servira à rien. Je vais passer de l'autre côté, aller à Nain. Le chaman saura peut-être me conseiller.

— J'irai avec toi jusqu'en terre indienne.

— Tu m'as déjà tellement aidé ! Comment te remercier ?

— Je ne troque pas mon aide, Zuyis. Nous traverserons demain pour atteindre l'île plate. Le clan d'Iqaluit attend notre arrivée. De là, nous repartirons ensemble pour traverser le dernier bras de mer. Qui sait… tes Grands Sourcils y seront peut-être.

— Les Esprits t'entendent !

Quand les kamutiks quittèrent le rivage de Kalaallit, Mohawks fut tenté de se retourner pour saluer une dernière fois l'île des Inuits, mais l'appel du Voyage était trop fort pour se laisser aller à la nostalgie. Même le visage d'Irupktikauk le Zuyissan était en train de se fondre dans la légende.

Un soulagement immense l'emporta vers l'avant. Le bout du Voyage se profilait enfin.

— Il faut faire vite, la débâcle a commencé et la glace est de plus en plus mauvaise. Nous devons absolument passer aujourd'hui.

Ikjutak semblait morose et sa grimace inquiéta Mohawks. D'habitude, le géant était d'un optimisme contagieux. Ils se tenaient devant les traîneaux soigneusement ficelés en prévision de la traversée. Les chiens avaient été nourris en abondance et ils frémissaient d'impatience, sensibles à la tension ambiante.

— Combien d'heures faudra-t-il ?

— Un long jour, si nous avons de la chance, mais chaque pas coûtera. Il y a trop de danger à bivouaquer sur la glace instable, elle peut se rompre en une nuit et nous risquerions d'être emportés à la dérive ou engloutis dans une faille !

— Veux-tu vraiment m'accompagner ? Je peux...

— Non, Zuyis ! Je serais bien lâche de te laisser aller seul. Le temps nous est favorable, il faut partir. Maintenant !

Ils s'élancèrent sur la mer gelée, ultime course avant le retour sur la terre natale. Le navire qallunaat restait introuvable, mais le jeune Indien recouvrait l'ivresse du guerrier en apercevant ces collines englacées qui semblaient le défier sur la ligne d'horizon.

Alors que les étoiles s'éteignaient dans le ciel, ils profitèrent d'une glace unie et parfaitement déneigée ; puis, insensiblement, le sol se fit plus chaotique et les premiers hummoks apparurent.

Chassant les brumes matinales, le soleil monta en laissant apparaître les crevasses fumantes des eaux enfermées tout l'hiver. À certains endroits, la glace oscillait sous leurs pas et ils devaient choisir la piste à l'intuition, contourner le formidable enchevêtrement des collines gelées, chercher le meilleur passage entre les amoncellements jaillis des profondeurs. Ce va-et-vient entre effort physique et vigilance épuisait le corps et l'esprit, mais, paradoxalement, il créait un regain de volonté qui les poussait vers l'avant. Toutes les deux heures, l'Inuit commandait une halte et en profitait pour s'orienter.

Bientôt, ils furent obligés de tailler la neige à coups de hache. À certains endroits, il fallait combler les brèches ou ériger des ponts avec les blocs qu'ils venaient d'abattre, en les tassant dans les fissures ouvertes afin d'assurer un gué assez large pour les kamutiks. Ikjutak guettait ces lézardes invisibles, beaucoup plus traîtresses que les brèches béantes, qui fragilisaient les blocs sur le point de basculer. Il s'assurait de leur solidité avec sa lance, mais, pour l'essentiel, l'Inuit s'en remettait à son instinct.

Les chiens avaient été harnachés en éventail. Ils luttaient pied à pied, sans hésiter à rouler dans les pentes d'où ils émergeaient trempés pour repartir aussitôt. Parfois, l'un d'eux tombait dans une fondrière cachée sous la neige molle et les autres tiraient avec un courage accru, comme s'ils avaient compris la nécessité d'avancer ensemble, unis par ce lien mystérieux de la meute.

À l'approche de la côte, les hummoks se firent plus nombreux, véritables murailles, hautes comme trois hommes debout, qui semblaient interdire tout accès à la Terre. C'étaient des vagues figées, pétrifiées en plein mouvement, dont les luisances bleutées éblouissaient le regard. On aurait dit que la mer avait jeté toute sa puissance dans un ultime assaut et que les Esprits du froid l'avaient saisie en plein vol, figeant la houle sur plus de vingt pas de hauteur !

Encouragés par les exhortations des hommes, les chiens se jetèrent dans la lutte ; l'arrière-train ployé sous le poids du kamutik, ils tractaient en geignant, arrachaient la lourde charge à l'enlisement, soufflaient à peine et repartaient, de bosse en bosse. Derrière

Nomrok, Pawnee et Kal rivalisaient de puissance et maintenaient une bonne allure. Par endroits, la neige était pareille à une boue épaisse et les pauvres bêtes pataugeaient jusqu'à mi-poitrail. Dans les descentes, Ikjutak et Mohawks devaient retenir le lourd traîneau pour l'empêcher de se fracasser sur l'échine des chiens ou de se disloquer sous l'effet des rebonds. En dépit du froid et de l'humidité, leurs corps ruisselants de sueur alourdissaient leur fourrure.

Après chaque passage difficile, l'Inuit escaladait les éminences gelées afin de repérer le chemin dans l'enchevêtrement des glaces. Son regard portait loin et Mohawks songeait qu'il ne serait jamais passé sans lui. Les chiens profitaient du répit pour se lover sur eux-mêmes, les yeux fermés sur une lassitude extrême. Pourtant, à chaque nouvel effort, ils repartaient en avant sans ménager leur peine, grognant et titubant.

Et puis, à l'approche de la ligne de terre, la fièvre gagna hommes et bêtes et balaya l'épuisement. Les kamutiks s'arrachèrent au dernier piège de neige et atterrirent sur la langue de terre gelée. Ils étaient passés !

Mohawks s'éloigna du traîneau pour faire quelques pas mal assurés.

La terre était bien là, sous ses pieds. Il s'agenouilla et pencha le front jusqu'à toucher la neige, puis il murmura comme pour mieux s'en imprégner :

— Que les dieux soient remerciés. Et qu'ils me donnent ma vengeance !

Ils prirent leur dernier repas ensemble, réchauffés par un grand feu de bois flotté. Le Zuyis avait fléché deux oies pendant que Ikjutak préparait le campement.

Les chiens dormaient déjà. Tous souffraient d'écorchures, la plupart claudiquaient, la glace hérissée ayant brûlé leurs coussinets.

Ikjutak rompit le silence :

— Que vas-tu faire à présent ?

— Rejoindre Nain. Et toi ?

— Je passerai la saison chaude sur les côtes à chasser le caribou. Ne te soucie pas de mon sort, dis-moi plutôt comment tu comptes t'y prendre.

— Je ne sais pas. Les tribus du territoire les ont peut-être vus. Je tourne en rond depuis trop de lunes.

— Le cercle est une bonne chose.

— Et si je devais le rompre ? Parfois, j'ai la tête qui éclate de questions, Ikjutak, et je doute !

— Ta tâche n'est pas facile. Mais les Esprits te guident.

— Je me demande si certains ne s'amusent pas à m'égarer aussi…

Ils demeurèrent silencieux, envahis par une torpeur lourde. Mohawks songeait au rapace qu'il avait aperçu juste avant que le soleil plonge dans la nuit.

L'Oiseau était revenu, la quête ne pouvait finir ainsi.

26.

Mohawks arrêta le traîneau sur le mont qui coulait en pente douce vers les premières huttes. Les chiens contenaient à peine leur impatience, mais Nomrok calma leurs ardeurs en se couchant sur la piste. Il sentait mieux qu'aucun autre l'humeur du maître et s'y conformait avec placidité.

Le Zuyis écoutait la rumeur de Nain monter vers lui, le cri de quelques enfants jouant à se poursuivre, le roulement des vagues sur le rivage, le piaillement des keh-ouîc et des sternes plongeuses… Avec le Renouveau, les oiseaux voyageurs reprenaient possession du ciel. Plus loin, sur les escarpements rocheux, des nuages de guillemots tournoyaient par colonies entières.

Une vague de peine le submergea. Il avait tant rêvé cette arrivée ! Bientôt, trois soleils qu'il marchait vers le dernier village sacré et, maintenant qu'il l'avait atteint, la réalité le rattrapait. Il était le Zuyis des peuples et ses mains étaient vides ! Comment expliquer cela au chaman ? Le sage pourrait-il l'aider ?

À la honte d'avoir échoué se mêlait l'impatience presque insupportable de revoir Anja, de s'assurer qu'elle allait bien, que rien n'avait changé, ni son odeur ni la douceur de sa peau.

Une part de lui, infime, qu'il s'efforçait de ne pas entendre, lui soufflait qu'il pourrait peut-être s'arranger, pour peu que l'autre se montre accommodant. N'avait-il pas vaincu des obstacles surhumains, rencontré des étrangers plus menteurs que des Esprits malfaisants ? Résisté à l'ours ? Quatre totems étaient-ils vraiment nécessaires ? Ou bien un seul, qui raconterait cette aventure que nul homme avant lui n'avait vécue…

Il finit par remonter sur le traîneau et siffler le signal. Les chiens démarrèrent en trombe et s'élancèrent vers le village en contrebas.

Anja s'apprêtait à rejoindre les femmes pour la cueillette des œufs d'eider quand elle vit l'attelage débouler au milieu des huttes. Au brusque bouillonnement de son sang, elle sut aussitôt que c'était lui ! Il avait réussi. Lui aussi.

Elle courut vers lui et, sans attendre l'arrêt du kamutik, se jeta dans ses bras. Ils roulèrent ensemble sur le sol en riant de plaisir. Leurs mains cherchaient cette peau qui leur avait si cruellement manqué, leurs doigts redessinaient les contours du visage aimé, balayant toutes les inquiétudes. Il était là, elle était vivante !

— Tu as pu passer !

— C'était difficile.

— Je me languissais…

— J'aurais voulu avoir des ailes pour te précéder.

— J'ai tant pensé à toi !

Alertés par le bruit du traîneau, les Inuits affluaient. Beaucoup de chasseurs étaient présents ; la veille, ils avaient rapporté trois aiviqs et une dizaine de phoques, la nuit de réjouissances avait été fatigante. En quelques instants, la nouvelle courut de hutte en hutte et tous accoururent, hommes, femmes et enfants, ancêtres et mal-fichus, un borgne et même le vieil Apu qui jurait son temps accompli. Le Zuyis était là !

Ils firent cercle autour du couple, un peu gênés par ces démonstrations inconvenantes, mais la curiosité était la plus forte. Voilà des jours et des nuits que le clan spéculait sur le Voyageur, avide de comprendre pourquoi le chaman n'avait prévu aucune festivité alors qu'Anja avait annoncé son arrivée. On murmurait à l'abri des oreilles indiscrètes que le Marcheur avait échoué. On disait qu'il renoncerait au Voyage et les raisons avancées variaient. Les amers pariaient sur la lassitude, les envieux sur sa lâcheté, les tourmentés sur l'amour de la belle Anja. Certains prétendaient qu'il était blessé, aveugle, unijambiste. D'autres qu'il était sacrilège. On imaginait des secrets et on tremblait car le Zuyis était un faiseur de drames. Beaucoup se rappelaient les prophéties et pensaient que le temps de la Grande Menace était venu !

Mohawks finit par remarquer qu'ils étaient entourés d'une foule et il se releva d'un bond, cherchant à recouvrer une contenance. Derrière lui, un gloussement étouffé échappa à Anja.

— Je suis Mohawks, le Zuyis des peuples de la Coiffe. Votre chaman est-il parmi vous ?

Un homme fit un pas en avant, le regard fuyant.

— Je suis Naruk, guide du clan et ami des Nahannis. Sois le bienvenu, Mohawks. Le chaman t'attend dans sa hutte.

— Maintenant ?

— Oui.

Comme il se tournait vers Anja, surpris par la sécheresse de l'accueil, elle lui chuchota à mi-voix :

— Le chaman est un brave homme, ne le crains pas malgré ses airs…

— Des airs ?

— Tu verras. Mais si tu as vaincu l'ours, tu t'en sortiras !

Anja aurait pu décrire le guérisseur de mille façons, mais aucun mot n'aurait su rendre la réalité. La mine farouche, il toisait méchamment l'intrus. Un guerrier ou un fou, pensa Mohawks.

Mani se tenait au centre de la hutte, les jambes écartées, à demi pliées, comme sur le point de bondir en avant. La bouche tordue par un rictus, les prunelles noires exorbitées, la peau grêlée, tout dans son visage avait l'allure d'un masque menaçant. Mohawks, qui venait de pénétrer dans l'abri circulaire, hésita à battre en retraite aussitôt. Un élan de colère le retint sur place. S'échapper ne servait à rien, sauf à retarder la confrontation. Il s'avança vers l'homme statufié, résolu à ne pas se laisser intimider.

La hutte était dépouillée, le contraire de ce que l'on s'attendait à voir dans l'antre d'un guérisseur. Ici, il n'y avait ni potions, ni herbes sacrées, ni amulettes entassées, pas même les signes des animaux protecteurs. Seule concession au rituel, un tambour gravé d'inscriptions était posé non loin du foyer.

— On m'a dit que tu m'attendais, Mani. Je suis Mohawks, le Zuyis.

Le chaman ne bougea même pas un cil, toujours plongé dans sa transe immobile. Campé face à lui, l'Indien fut tenté une nouvelle fois de sortir. La situation était si absurde qu'un rire nerveux lui monta aux lèvres. Il le réprima, prudent. Partir reviendrait à reconnaître sa honte. Quelle leçon ce vieil illuminé voulait-il lui donner en jouant cette comédie ? Il cherchait une formule pour briser le malaise, mais n'en trouva aucune. Une odeur familière de sauge flottait dans l'air. Découragé, il esquissait un pas en arrière quand le doigt du vieux bondit en avant pour se planter comme une lame dans sa poitrine. La voix qui s'échappa du masque parut étrangement fluette :

— Dévêts-toi.

— Que dis-tu ?

— Dévêts-toi.

— Mais… pourquoi ?

— Les questions sont pour les sots ou les enfants, sûrement pas pour un homme et encore moins pour un Zuyis. Dévêts-toi !

Sans Irupktikauk, Mohawks aurait sans doute protesté, insisté pour avoir une explication, mais sa rencontre avec le Zuyissan l'avait rendu plus réfléchi. D'ailleurs, il était fatigué de lutter, mieux valait en finir. Que lui importait de satisfaire aux exigences du chaman de Nain ? Rien de ce que le vieux dirait ne serait aussi dur que les reproches que le Zuyis s'infligeait à lui-même.

Tout en laissant tomber les peaux sur le sol, son manteau, sa chemise en cuir fin, le pantalon et la culotte de fourrure, il se redressa, nu, feignant l'indifférence. Mani continuait de le toiser férocement, les sourcils froncés. Et puis, insensiblement, sa grimace perdit en férocité. Sa main toujours levée désigna les cicatrices que le Nahanni portait sur chaque épaule et qui figuraient les contours de l'aigle. Il n'eut pas un regard pour l'estafilade infligée par l'ours. Seules l'intéressaient les scarifications gravées par Sharek, le chaman de Raitankia.

— Ainsi, c'est bien toi, le Marcheur…

— Tu en doutais ? C'est pour cela que tu as exigé de me voir nu ?

— Un homme ne vaut rien, même sous les meilleurs habits, si son cœur ment.

— Je ne comprends rien à ce charabia, chaman !

— Tu croyais que j'allais t'accueillir à bras ouverts, Mohawks ? Que j'oublierais les Zuyissmans ?

— Tu es donc au courant…

— La terre des hommes bruisse des rumeurs de ta perte. Alors, je te pose une question : sans les totems, es-tu encore le Zuyis ?

— Cela, je ne peux pas le dire à ta place. Mais si tu as jugé devoir reconnaître mes cicatrices, c'est que je le suis encore un peu, non ?

— Un demi-Zuyis ?! Tu te contenterais de cela ?

— Je ne comprends pas…

— L'idée ne t'est pas venue de tricher ? Tu aurais pu me demander de te laisser rentrer avec un seul totem… ou de t'en fondre quatre à la fois.

— Et alors, ce serait une si grande faute ?

— Plus grande que tu ne peux l'imaginer, oui. C'est pour cela que j'ai voulu voir tes marques. Voir le Nahanni nu, l'homme dépouillé. À présent, il te faut répondre à la question. Es-tu prêt à poursuivre ta quête ?

— Je ne… Oui, sans doute.

— Ce n'est pas une hésitation que je veux, Mohawks, mais un oui de toute ton âme.

— Et si je ne les retrouve pas ? Ceux qui m'ont volé les totems ?

— Alors, tu les chercheras toute ta vie. Le veux-tu ?

— Dois-je te répondre maintenant ? C'est facile pour toi… pour vous tous, témoins de mon Voyage !

— Ferme les yeux. Oublie-moi, mais garde la question en toi. Es-tu prêt à poursuivre ta quête jusqu'au bout ?

Mohawks fit comme on le lui ordonnait. Des larmes de dépit ou de rage, il l'ignorait, se pressaient derrière ses paupières closes. Pendant un moment, il n'eut d'autre souci que de les refouler et puis il resta là, dans le noir de sa conscience, les sens en alerte. Il perçut le froid de la hutte et se rappela qu'en entrant il avait omis de rabattre la peau qui protégeait l'entrée. Les braises d'un feu mourant distillaient une vague tiédeur. Derrière l'odeur de sauge flottait un parfum plus âcre qu'il ne reconnut pas. Le battement de son cœur, assourdissant, l'empêchait de se concentrer sur la question de Mani. Bizarrement, il avait beau la répéter, elle ne résonnait pas davantage qu'un dialecte étranger. Toute sa vie… être prêt… son âme…

Quel était le sens de la quête, en vérité ? Les chamans évoquaient ce lien à renouer, comme si les pays de la Coiffe étaient pour quelque chose dans l'équilibre de la Terre Mère. À quoi servait le Voyage, sinon à dessiner une autre boucle dans la spirale du monde ?

Une colère résistait et enflait lentement dans son crâne. Toujours ce même refus de plier. L'orgueil était-il une si mauvaise chose ? Sans lui, comment affronter l'ours ou défier les lois de la prudence ? La vérité, c'était que, s'il s'était contenté de suivre les coutumes, Mohawks serait mort mille fois !

Le souvenir de son départ, si plein de fougue et d'espérance, rendait le présent plus amer. C'est vrai, il avait voulu partir, mais la quête n'avait cessé de s'alourdir au fur et à mesure du Voyage pour devenir une charge écrasante. Le poids de l'attente, de l'espoir des peuples et de sa honte. Cette quête demandait à l'homme de se muer en géant pour mieux l'abattre dans l'épreuve. Aujourd'hui, face à Mani et sa question impossible, Mohawks avait le sentiment d'être beaucoup plus petit, infiniment plus fragile et plus soumis aux lois naturelles qu'autrefois à Raitankia, quand il rêvait de gloire.

Il frissonna, mais n'ouvrit pas les paupières malgré la déplaisante sensation d'être épié par le chaman aux yeux de ténèbres.

Le vieux attendait une réponse, mais Mohawks ne la possédait pas. La vérité lui échappait et il ne savait où la dénicher. Repoussant la sensation de froid, il tenta de plonger plus profondément en lui-même pour trouver une phrase capable de satisfaire le chaman. Mani ne se contenterait pas d'un mensonge ni même d'un compromis.

Il fallait faire taire ses pensées et pour cela écarter les images qui l'assaillaient. Anja, sa meute, les totems, les Qallunaats. Ignorer l'ivresse de sa vengeance. Balayer même l'idée de la honte. Il fallait accueillir encore plus de vide dans le vide lui-même.

Sincèrement, du plus profond de son être, se demander si le Voyage avait un sens qui ne serait ni la joie d'avoir vaincu ni la gloire du titre.

Les visages des trois Zuyissans qu'il avait connus apparurent dans son esprit. Raian, Braktsk et Irupktikauk. Derrière les traits plus ou moins familiers, Mohawks sentit se déployer l'essence de ces hommes qui, avant lui, avaient marché, pleuré, s'étaient sacrifiés, qui avaient probablement douté eux aussi. Ces hommes qui, vaille que vaille, avaient poursuivi leur route. Le sacrifice de Raian qui avait renoncé à Mulonia. La solitude d'Irupktikauk, comme une marque indélébile laissée par le Voyage. La lente agonie de Braktsk. Alors, de façon irréfutable, Mohawks sut que la quête se suffisait à elle-même, qu'elle n'attendait pas de justification, qu'elle remplissait largement une vie d'homme. Au-delà de l'amour qui le liait à Anja, au-delà du sentiment écrasant de la vengeance, de l'inquiétude pour ses chiens, la réalité de la quête s'imposait à lui. Cette réalité était bien plus forte que tous les aléas du Voyage. Toutes ses hésitations, ses doutes, ses peurs avaient retardé l'évidence.

Il ouvrit les yeux et déclara d'une voix claire :

— Oui. Je la poursuivrai !

— Voilà qui fait plaisir à entendre, Zuyis ! Viens te réchauffer à présent.

Mani s'était métamorphosé. Si ses yeux étaient toujours aussi noirs et perçants, l'allégresse adoucissait son regard. Pendant que Mohawks se rhabillait, tremblant de tous ses membres, il souleva le couvercle d'un petit récipient fermé qui chauffait dans les braises.

— Un peu de mes potions ne nous fera pas de mal…

— Des herbes-médecine ?

— Penses-tu ! Juste de quoi revigorer le sang. Des fluides animaux. Tu m'en diras des nouvelles !

Le breuvage puait si fort que le Nahanni ne put refréner un sursaut de recul.

— Je n'ai pas très soif.

— Allons, jeune Zuyis... Tu aurais peur d'une petite tisane ?

Le ton était moqueur, aussi Mohawks s'empressa-t-il d'ingurgiter le breuvage sans respirer. C'était encore pire qu'une purge à la bile ! Il ravala un rot en maugréant :

— Si tes enseignements sont aussi indigestes que ce jus de viscères, je ne sais pas si je tiendrai longtemps !

— Cesse donc de t'inquiéter pour l'instant. Tu as pris une décision, il faut un peu de temps avant qu'elle ne germe en terre des Esprits. Alors, tu pourras te lancer sur la piste !

— Je le ferai, Mani.

— À présent, je le sais, Mohawks, car je l'ai vu en toi, comme si tu étais transparent. La flamme ne s'éteindra plus... Va, tu peux rejoindre ta compagne. C'est une femme singulière, tu as beaucoup de chance.

— Je te remercie. Je ne comprends pas bien comment, car rien n'a changé, mais je me sens aussi léger que l'aigle.

— Chaque apprentissage nécessite de la sueur... Si je t'avais reçu avec trop de douceur, tu n'aurais pas cherché, voilà tout.

— Je l'ai compris aujourd'hui.

*

* *

Anja était arrivée à Nain sept jours avant Mohawks. On lui avait attribué une hutte à l'écart et elle devait attendre le jour pour rejoindre les femmes dans la hutte communautaire où l'on cuisinait. À la veillée du soir, elle restait auprès de Mani, le seul à se montrer chaleureux. La jeune Saami ne cessait de se heurter à des comportements étranges. Les femmes inuits se montraient courtoises, mais leur réserve empêchait toute intimité. Quand Anja allait vers elles pour discuter ou gratter les peaux, proposer de l'aide ou une simple promenade, leur réticence était perceptible. Rien de flagrant, encore moins d'impoli, sinon qu'elles semblaient craindre un comportement qui n'était pas de leur monde… Anja se doutait bien que la déférence des chasseurs était pour quelque chose dans ce retrait. Mais elle sentait aussi qu'il s'agissait d'un problème plus profond, lié à sa féminité et à l'ambiguïté de sa position. Cela avait commencé à Kalaallit et s'était poursuivi de clan en clan durant tout le voyage.

À Nain, loin de s'atténuer, cette distance empreinte de respect s'était accrue. On lui avait donc attribué une petite hutte solitaire et Anja ne savait pas si on la traitait comme une chose sacrée… ou comme la porteuse d'un germe contagieux ! Dans la société inuit, les femmes frappées par le tabou étaient isolées. Le sang des lunes, mais surtout le veuvage ou la délivrance d'enfants mort-nés les rendaient impures, et seul l'isolcment assorti de sévères interdictions alimentaires pouvait les guérir de cette souillure. Or, dans le cas d'Anja, il n'existait pas de précédent. Le respect des chamans, des guerriers et des chefs de clan engendrait aussi la méfiance des femmes inuits. Anja n'avait commis aucun sacrilège, mais elle était la compagne d'un Marcheur.

Quand Mohawks s'étonna de cette situation, elle tenta de lui expliquer son malaise.

— Je sais que cela vient de notre relation, Mohawks, mais je ne trouve plus ma place avec les autres femmes. Même les enfants ont l'air de me craindre. Tu sais, cela me rappelle Kiruna… quand les Grands Sourcils sont venus !

— Et tu n'as pas voulu aller avec eux… que les Esprits soient remerciés de t'avoir inspiré la méfiance !

— Lorsque le Mal a débuté, beaucoup m'ont jugée différente parce que j'avais agi autrement.

— En un sens, tu l'étais…

— Oui, mais on aurait dit qu'ils me rendaient coupable ! Et ici, il en est de même.

— Si les femmes te critiquent, c'est peut-être de la jalousie.

— Tu ne comprends pas… Personne ne me ferait du mal, mais on me laisse à distance. Vois cette hutte ! Personne ne dort seul chez les Inuits, sauf ceux qu'on voue à la mort !

— Eh bien, moi, ça m'arrange, parce que j'ai très envie d'entendre tes gémissements et je sais comment tu les étouffes quand d'autres dorment à côté.

— Mohawks, je suis sérieuse !

— Et moi aussi, ma douce. Je pense très sérieusement qu'il est temps de se coucher pour voir si cette hutte est aussi tranquille que tu le dis.

Le bonheur de retrouver Anja n'empêchait pas le temps de couler et Mohawks ne se laissa pas distraire.

Le froid tenait encore les rives dans son étreinte, mais dans quelques lunes, à la saison chaude, il n'aurait plus aucune chance de retrouver les Qallunaats. Il demanda donc à Naruk de convoquer le conseil des chasseurs. Anja ne l'y accompagnerait pas. Elle n'en avait pas besoin puisqu'il avait promis de l'emmener cette fois.

Le conseil regroupait une trentaine d'hommes. Seule manquait une poignée de chasseurs partis sur les pistes des caribous. Si des décisions devaient être prises en leur absence, des messagers les préviendraient.

Mohawks exposa la situation avec une sécheresse inaccoutumée. Les Inuits pourraient embellir la légende à leur guise, lui ne s'en souciait plus. Il ne chercha pas à minimiser sa faute, mais parla longuement des Grands Sourcils, de leur ruse, du Mal qu'ils propageaient. Quand il se tut, les visages rieurs étaient devenus graves, plissés par l'inquiétude. Le mot « Qallunaat » courut de bouche en bouche et délia les langues. Si personne ne les avait aperçus sur les rivages du Nunavut, quelques-uns disaient connaître des Inuits qui connaissaient un clan qui avait vu le grand oumiak. C'était plus à l'est. Ou au nord. Ou bien au contraire vers l'ouest. On disait que les étrangers poursuivaient une harde de narvals et que la mer était rouge sang dans leur sillage. D'autres prétendaient qu'ils avaient disparu de l'autre côté de l'horizon avec l'astre solaire, probablement noyés ou brûlés, car la mer avait rejeté peu après des débris calcinés qui n'étaient faits ni d'ivoire ni de bois. Des légendes ou des vérités, difficile de savoir. Mais toujours de la crainte, aussi noire qu'une nuit sans lune.

Naruk laissa s'exprimer tout le monde, ceux qui prônaient la méfiance, les sages ou les plus belliqueux qui rêvaient de partir sur la trace des voleurs. Il espérait calmer ainsi les esprits apeurés. C'était une situation insolite pour le clan. Un Marcheur était parmi eux, et pourtant il avait perdu ce qui le désignait clairement comme tel. Le Nahanni portait les cicatrices, Mani les avait vues, mais certains, parmi les plus méfiants ou les plus envieux, murmuraient qu'il est simple de graver sa propre peau. Et puis il y avait cette menace venue de la mer et dont les légendes anciennes parlaient déjà. Le trouble était donc grand et le conseil aurait le mérite d'éclaircir les choses.

Naruk était un homme plutôt débonnaire qui se souciait davantage de son clan que du statut de guide. Le Zuyis suscitait une légère méfiance chez lui, mais il avait le plus grand respect pour Mani. Une fois le tour de parole achevé, chaque Inuit consulté, il proposa d'envoyer des messagers et de propager la nouvelle : les Grands Sourcils avaient volé les totems sacrés !

— Si ces étrangers sont quelque part sur les côtes, nous finirons par le savoir, Zuyis ! Tu comptes faire quoi, quand tu les auras trouvés ?

— Reprendre ce qui nous appartient et délivrer mes chiens.

— Seul contre ces hommes ? Tu ne veux pas que des guerriers t'accompagnent ?

— Je les connais mieux que personne. Si j'ai besoin d'aide, je viendrai devant ce conseil pour en discuter. Mais cette guerre est la mienne…

— Une guerre ? Tu veux donc leur livrer combat ?

— Je ne sais pas encore, Naruk. Tu me demandes de voir l'avenir. Il faudrait déjà que je trouve ce foutu navire !

— Écoute, Zuyis, je suis peut-être trop curieux, mais si tu pars à l'assaut d'une telle créature…

— Le navire n'est pas une créature ! C'est une coque en bois qui n'est pas plus magique que le cul de ton traîneau !

— Puisque tu le prétends… À mon tour de te demander comment tu comptes battre un tas de Grands Sourcils à toi tout seul ! As-tu des pouvoirs sorciers, contrairement au cul de mon kamutik ?

Ravalant son irritation, Mohawks s'esclaffa poliment avec les autres. La méfiance de Naruk était compréhensible, mais il avait mieux à faire qu'à écouter les palabres interminables des chasseurs apeurés ! Le moment était venu de le soutenir sans hésiter. C'était maintenant qu'il avait besoin de toute sa confiance ! L'Inuit parut sentir sa nervosité, car il calma l'hilarité générale d'un geste.

— Écoute, Mohawks, je ne cherche pas à me moquer à tes dépens. Si tu préfères affronter seul tes ennemis, tu es libre de le faire. Toutefois, si tu veux bien écouter ce conseil, tu devrais d'abord aller trouver l'Indien au bâton de tonnerre. On dit qu'il est né derrière les montagnes, très loin, du côté de ta terre natale.

— Tu éveilles ma curiosité. J'irai le voir. Tu crois qu'il pourra m'aider ?

— Si ce n'est pas lui, ce sera son bâton.

— Est-il magique ?

— Certainement. Il crache le feu et le tonnerre.

— Rien que ça ! Et d'où tient-il pareille merveille ?

— Tu lui demanderas. On ne sait pas trop. Peut-être des dieux ?

— Allons, Naruk, je sais autant que toi que les Esprits sont puissants, mais un bâton cracheur de tonnerre…

— Tu n'as qu'à aller consulter cet homme.

— Comment le trouverai-je ? Quel est son nom ?

— Kitaani. Dans notre dialecte, cela signifie « Aval ». Il vit dans le clan de Koria, à quelques jours de traîneau, en direction du nord-ouest, sur les rives de la grande baie. Elle est si vaste que tu crois pénétrer dans une mer intérieure.

— Et si les Qallunaats arrivent par le sud pendant que je cours de l'autre côté ?

Rompant l'échange qu'il avait jusque-là écouté sans intervenir, Mani leva la main d'un geste apaisant.

— Ces étrangers ne sont ni le soleil ni la lune, pour courir toujours dans le même sens, Mohawks. Personne ne saurait prédire d'où ils surgiront. Rester, bouger, tu ne peux le savoir avant que ça arrive.

— Et toi, Mani, le pourrais-tu pendant la transe ?

— Ton combat existe, je l'ai vu inscrit sur la terre. C'est tout ce que je sais. Je suis d'accord avec Naruk. Pars sans attendre trouver l'Indien, la rumeur te rattrapera partout, où que tu sois. Les Inuits des rives la nourriront autant de jours qu'il faudra et nul homme ne pourra l'ignorer. Si les Grands Sourcils abordent quelque part, même dans le plus petit nombril de la plus petite île du monde, on finira par le savoir !

— J'écouterai le conseil, puisque tout le monde est d'accord… et j'emmènerai ma compagne avec moi.

— Nous te fournirons autant de nourriture qu'il t'en faudra. Des armes et un nouveau traîneau si tu veux.

— Un oumiak ne serait pas plus utile ?

— Non. La débâcle ne touchera pas la baie avant la pleine saison chaude, et tu peux courir sur sa glace encore trois lunes.

— Je pensais qu'il existait un courant chaud qui baignait les terres…

— Il existe, mais il ne vient pas aussi haut. La mer est si vaste qu'il ressemble à un ver dans son ventre !

— Alors, mon traîneau suffira. Je veux juste de la viande pour le voyage, ensuite je me débrouillerai. Je remercie le clan de Nain… mais tout aurait été différent si j'avais rapporté les Zuyissmans. Si je pouvais revenir en arrière…

— C'est aussi impossible que la rivière qui voudrait remonter vers l'amont.

L'image avait de quoi amuser Mohawks, lui qui avait tant pagayé à contre-courant. Le Zuyis n'était-il pas un homme condamné à aller dans l'autre sens des hommes ? Cela lui fit penser à l'Indien bâton de feu.

— Kitaani… C'est un drôle de nom pour un homme.

— L'Indien l'a choisi en arrivant ici, car il voulait marquer la fin de ses errances. Pour un Grand Voyageur, choisir de s'appeler Aval n'est pas dénué de raison… Et puis vous êtes réputés pour avoir des mœurs singulières, vous, les montagnards !

— C'est comme cela que tu me vois ? Un Indien des montagnes ? Et moi qui commençais à croire que j'étais le relicur des peuples !

Malgré son ton moqueur, Mohawks ne put masquer un brin d'amertume. Il se releva d'un bond, soucieux de ne pas ruminer devant le conseil. Il s'inclina devant Naruk puis sourit au chaman.

— Merci, Mani. Je vais prévenir Anja.

— C'est une fille qui porte en elle un grand pouvoir, Mohawks !

— Je sais, tout le monde l'affirme.

— Plus grand que tu ne l'imagines. Tu le découvriras…

Anja fut ravie à l'idée de quitter le village, de voyager. L'atmosphère qui régnait à Nain était décidément pesante et l'arrivée de Mohawks n'y avait rien changé. Les femmes continuaient à marquer leurs différences d'une façon trop subtile pour qu'Anja puisse en connaître la raison. Mohawks, habitué aux discours sans détour, ne pouvait comprendre ces allusions. C'était un ensemble de détails infimes, de regards échangés, de silences marqués, un geste de retrait, une inquiétude quasi superstitieuse devant cette liberté insolente.

En s'affranchissant de certaines coutumes, la jeune Saami s'était mise en exil. Sa mère lui manquait, le sourire de son père, les moqueries de Varru et la camaraderie avec ses anciennes compagnes de jeux aussi. Pourtant, il ne s'agissait pas que de séparation ou de distance géographique, pas même du changement lié à la quête de Mohawks. Plus profondément, il s'agissait d'une conversion qui affectait ses goûts et ses espoirs. Les pensées qui lui venaient parfois, au cœur de la nuit, lui faisaient l'effet de visions foudroyantes. Elle pouvait presque sentir la métamorphose qui germait en elle : son œil s'aiguisait, son nez percevait les odeurs avec une acuité surprenante, ses dégoûts comme ses préférences se teintaient d'une passion presque excessive. Elle tenta d'en voiler l'ampleur à Mohawks pour ne pas l'effrayer. De toute façon, il ne semblait pas vraiment remarquer ces bouleversements. Tout au plus avait-il laissé échapper une pointe d'irritation en rapportant les paroles du chaman sur son « incroyable pouvoir ». Craignait-il qu'elle ne se détourne de lui, poussée par une envie de liberté ?

Anja ne répondit rien. Elle ravala un sourire et s'empressa d'empaqueter leurs affaires. Il lui tardait de se tenir contre lui, sur le traîneau, de s'endormir bercée par les chaos et le son de sa voix. Au moins ne serait-elle pas obligée de jouer la comédie !

27.

Le voyage vers la grande baie ne prit que quelques jours et fut un bonheur pour Anja et Mohawks. Le temps était clair, le froid moins intense. La piste était plus facile aussi. Les échanges entre clans ayant recommencé avec la fin de la longue nuit, beaucoup de tronçons portaient la trace des patins imprimée sur les étendues de neige. Dans les passages plus ardus, on reconnaissait la main de l'homme, une corniche de glace bien étayée, ou des marques indiquant le chemin.

Les chiens avaient repris du poids et le goût à la vie durant le court séjour à Nain. Rempli de gratitude et d'un nouveau respect pour ses bêtes, Mohawks les laissait s'emballer à la poursuite de caribous, de lièvres ou de lagopèdes. Il ne flécha lui-même aucune proie, car s'il aimait toujours la traque, le respect de la Vie l'avait surpassé depuis la mort de Nanuk. Avec le Renouveau, il jouissait du plaisir de saluer l'apparition des animaux sans se soucier de les tuer. Les Inuits lui avaient indiqué les caches à viande situées sur leur parcours et la nourriture ne manquait pas.

Arrivés à mi-chemin, ils décidèrent de faire une

halte au clan du lac où ils furent chaudement accueillis. Les Inuits étaient heureux de rencontrer le fameux Mohawks, mais sa compagne également éveillait les curiosités. On disait que sa beauté était si grande qu'elle éclipsait les étoiles. Naruk n'avait pas menti. Les territoires bruissaient déjà de l'histoire du Zuyis à la poursuite des voleurs de totems. La chose paraissait extraordinaire, car le vol était un blasphème puni d'exil et même frappé de mort dans les cas extrêmes. Au cours de la veillée, Mohawks se plia aux usages et raconta son Voyage, puis il interrogea les chasseurs. Hélas, personne n'avait vu de grand oumiak, mais les Inuits confirmèrent l'existence de l'homme-au-bâton-tonnerre. Il habitait bien du côté de Koria, à l'écart des autres.

Ce soir-là, en serrant Anja dans ses bras, le Nahanni lui demanda, troublé :

— Crois-tu qu'il existe des saisons pour les rencontres ?

— Qu'est-ce que tu veux dire, mon aimé ?

— Après Irupktikauk le Solitaire, voilà que je m'apprête à croiser un autre Indien qui semble fuir la compagnie des hommes. Cela a-t-il un sens ?

— Je ne sais pas trop… Il te faudra sans doute attendre encore un peu pour comprendre.

Cette façon de voir les choses ne lui était jamais venue à l'idée, pourtant, ces paroles résonnèrent si justement que Mohawks acquiesça, rêveur.

— C'est ainsi que toutes mes rencontres se sont accomplies, je crois.

— C'est peut-être vrai pour chacun de nous, Mohawks. Simplement, ta quête t'oblige à réfléchir sur le sens profond des choses. Toi aussi, tu es un solitaire.

— Moi ? Mais je t'ai, toi !

— Mohawks, tu vis hors de ton clan depuis longtemps. Tu as appris à réfléchir seul, sans l'appui des autres, sans le conseil des guerriers.

— À propos de choses profondes… J'ai froid aux pieds.

— Et ?

— Eh bien, tu sais…

Il éclata de rire et roula sur elle avant de la soulever brusquement dans les airs, la tenant à bout de bras tandis qu'Anja poussait une exclamation de surprise ravie.

— Tu vois, tu peux voler dans mes bras !

— Repose-moi, je ne suis pas un aigle, moi !

— Tu es ma femme, ma compagne, et ton cœur bat dans le mien…

Le désir chassa le rire et il la reposa sur la couche, les paupières à demi closes, le souffle court. D'une main caressante, il écarta sa tunique, ouvrit ses jambières et glissa sa paume rugueuse sur la peau tiède du ventre, doux comme la plume. Anja mordit ses lèvres pour contenir le cri qui se changea en gémissement. Ce bruit le rendait fou. La sève, surgissant de ses reins, durcit son membre si douloureusement qu'il grogna à son tour.

— Regarde-moi.

— Je te regarde.

— Tu es ma femme…

— Et toi, mon aimé.

Il la pénétra d'une poussée lente et, comme chaque fois qu'il entrait en elle, le vertige le saisit.

*
* *

Quand le kamutik déboucha dans la clairière, l'homme-au-bâton-tonnerre était occupé à rentrer une provision de bois dans sa hutte.

Sans savoir d'où lui venait ce pressentiment, Anja sut d'emblée que cette rencontre marquerait leur existence. Elle en aima d'autant plus l'Indien étrange qui se dressait devant eux, les bras ouverts en un geste d'accueil. Mohawks, lui, resta muet de stupeur.

Contrairement à Irupktikauk et sa mine sévère, Kitaani rayonnait de sérénité. Son regard était doux et pénétrant. Face à lui, on se trouvait comme devant un feu. L'approcher réchauffait, le braver brûlerait. Pourtant, ce fut la familiarité de ses traits qui bouleversa le jeune Zuyis. Kitaani ressemblait de façon saisissante aux Indiens du pays des Ouks.

L'homme était déjà mûr, d'une belle et solide stature ; son teint cuivré était plus rouge que celui des Inuits, ses lèvres charnues, son nez légèrement busqué. Il avait attaché sa chevelure à la manière Nahanni, par un lien de cuir enroulé sur deux pouces. Son front était ceint d'un hukmotk brodé de soleils.

Anja descendit du traîneau, mais choisit de rester en retrait, malgré le regard interrogatif de l'Indien. Elle avait perçu le trouble de son compagnon. À cet instant, l'homme esquissa un sourire et il conquit son cœur.

Mohawks descendit à son tour, les jambes un peu tremblantes. Un élan le poussait à étreindre cet inconnu qui lui rappelait les siens, en particulier son frère Rochia et sa gravité triste. Sans se soucier des présentations, il s'exclama d'une voix aiguë pour masquer le tremblement d'émotion :

— Tu ressembles à ceux de ma terre natale, et j'ai tant de plaisir à te voir que je pourrais te contempler toute la nuit !

— Ton parcours a-t-il été si long que ton clan te manque déjà ? D'où es-tu ?

— Je viens de Raitankia.

— Si loin !

Un court instant, la face de Kitaani s'était assombrie, comme embrumée par un souvenir.

— Je connaissais ton village, autrefois…

— De quelle tribu es-tu ? Tu passerais aisément pour un Nahanni.

— Ma tribu a disparu. Ravagée par la guerre.

— Les Chiwapas ?

Une hésitation infime passa dans le regard de Kitaani, qui acquiesça à contrecœur. Mohawks s'empressa de reprendre :

— Laissons les mauvais souvenirs, et partageons plutôt les bons. Nous laisseras-tu monter notre tente près de la tienne ?

— Jamais de la vie ! Vous partagerez mon tepee. Il y a assez de place pour loger une famille d'Inuits, oncles et petits-neveux compris !

Ni Anja ni Mohawks ne protestèrent. La jeune Saami s'avança pour se présenter :

— Je suis Anja, de la tribu de Kiruna, j'accompagne Mohawks, le Zuyis.

L'Indien tressaillit une nouvelle fois.

— Je suis Kitaani de Koria… Je suis heureux de te donner l'hospitalité, Anja, et fier de recevoir le

Zuyis de tous les peuples. Ainsi, Mohawks, c'est toi qui es devenu le Marcheur du clan… après… Raian, c'est cela ?

— Il était mon arrière-grand-père et aussi un peu mon père. C'est lui qui m'a désigné pour le Voyage, juste avant de rejoindre la terre des ancêtres.

— Le vieil homme est donc mort…

— Tu le connaissais ?

— Un peu, comme toutes les tribus de l'Ouks. Nous avons assisté à son retour. C'était une très belle fête et Raian… Raian a été un formidable guide pour sa tribu. C'était un homme de grande sagesse, mais si dur avec lui-même et avec les autres.

— En quel sens ?

— Peu importe. Je me laisse emporter, et cela fait si longtemps ! Je ne suis plus le même homme que jadis.

— On m'a dit que tu avais voyagé, toi aussi.

— J'ai voyagé, oui.

— Où ?

— Un peu partout sur les territoires de la Coiffe.

— N'as-tu jamais rêvé d'être Zuyis ? Je veux dire… Si tu as emprunté les mêmes chemins…

L'Indien s'esclaffa, mais son rire sonnait comme l'écho d'une amertume.

— Il faut être un peu fou pour supporter ce fardeau… Pardonne-moi, Mohawks. Non seulement j'oublie les lois de l'hospitalité en ne vous proposant pas d'entrer, mais j'insulte ton Chemin en te faisant part d'un avis qui ne concerne que moi. Des vieux regrets dont tu n'as que faire !

— Je ne suis pas blessé, Kitaani. Seulement intrigué. Il me semble que nous avons tant de choses à partager !

— Alors, commençons par le repas. Il me reste un cuissot de velu. La viande est tendre et parfumée, bien plus que ce gros brouteur ne l'aurait laissé paraître…

— Velu ?

— C'est ainsi que nous nommons les bœufs musqués, par ici. Leur fourrure est si épaisse et si longue que l'on croirait des hardes de vieux chamans costumés pour une fête d'équinoxe !

Ils parlèrent toute la nuit, et Anja finit par s'endormir, bercée par leurs voix et un sentiment de plénitude qu'elle n'avait pas ressenti depuis son départ de Kiruna.

Entre les deux hommes, indéniablement, un lien était en train de se tisser, une compréhension quasi instantanée qui donnait à leur échange une résonance particulière. Kitaani avait précédé Mohawks sur les chemins périlleux. Il savait ce que signifie l'affrontement du Grand Hiver ou la charge d'un prédateur féroce. Lui-même avait survécu à l'attaque d'une horde de loups et n'avait dû son salut qu'à un chien exceptionnel qui était mort éventré en le défendant. Ce sacrifice lui avait permis de se retrancher dans un étroit goulet où il avait pu tuer les loups un à un. Dans les Monts de Glace, il avait failli mourir de froid. Il avait chassé partout, sur la mer, la glace, à la pointe des sommets, et connaissait à peu près toutes les techniques de trappe. Il s'était déplacé en traîneau, à dos de caribou, en kayak et parfois à pied, en traversant des cols que personne n'avait osé passer avant lui, avec un traîneau défoncé et une meute décimée par l'épuisement. Et la famine était survenue. Il avait tué et mangé ses trois derniers chiens. À la suite de cette épreuve, il s'était battu seul. La perte de sa meute avait changé sa perception du voyage, il ne voulait plus risquer de tuer un compagnon, fût-il animal, pour prouver sa bravoure.

Mohawks à son tour raconta ses frayeurs et ses doutes, son rapport à la traque qui avait changé. Il narra les animaux épargnés et aussi les morts qui alourdissaient sa conscience – celle de ses chiens, Nashuk et Wapi –, son combat contre l'ours, sur l'île déserte. Il parla des Qallunaats et l'incroyable naïveté dont il s'était rendu coupable. Kitaani écoutait et comprenait tout, la moindre intonation, la plus infime hésitation, car lui aussi avait éprouvé la rage qui fait survivre, la lassitude de lutter, et ce rapport étroit, fluctuant, qui se tissait entre mort et vie, ces jumeaux nés du même ventre !

Jamais encore, pas même avec Anja qui dormait la joue posée sur sa cuisse, Mohawks n'avait ressenti pareille complicité. Il livra ce qu'il n'avait osé dire à personne, la haine qui le brûlait, sa détermination à se venger, et cette colère si ardente, qu'il se demandait parfois si elle ne naissait pas du Graam.

— Cela m'étonnerait…

Kitaani avait murmuré ces mots pour lui-même, et la repartie de Mohawks le fit sursauter.

— Qu'en sais-tu, Kitaani ? Ne vois aucun mépris à ma question, je te la pose sincèrement, comment sais-tu que le Graam ne me porte pas à tuer ?

L'Indien haussa les épaules et soupira.

— Tu as raison… Je n'en sais rien. On prétend que l'énergie du Graam est là pour nourrir le Voyage coûte que coûte. La mort d'un ennemi, si elle participe à l'équilibre, rentre sûrement dans cette interprétation de la loi du Cercle. Disons que j'ai des raisons de préférer la paix. Parle-moi plutôt d'Anja. Tu sembles l'aimer…

— Plus que ma vie même !

Alors, Mohawks raconta le meilleur de son aventure, cette rencontre qui lui donnait l'espoir de vivre quand tout l'accablait. Kitaani écoutait avec une attention accrue, mais la tristesse l'imprégnait de nouveau et Mohawks comprit qu'il pleurait encore la perte de sa compagne. L'Indien ne fit aucune manière pour l'avouer.

— Nassilik était mon Anja à moi. Je ne peux expliquer le sentiment d'amour, sauf à croire que parfois tu rencontres l'autre moitié de ton être. Nassilik était celle-là. Et pour rester auprès d'elle, j'ai dû sacrifier beaucoup…

Devant son visage bouleversé, Mohawks eut un élan de compassion.

— Pourquoi n'es-tu pas rentré dans ton clan avec elle ? Tu ignorais que les tiens avaient péri dans la lutte qui les opposait aux Sisjos, non ?

— Je ne sais pas… J'ai peut-être eu un pressentiment. Et puis, Nassilik était née ici et, contrairement à moi, elle avait des racines.

— Crois-tu que les voyages nous condamnent à l'exil ?

— Je ne peux répondre pour toi, Mohawks… Mais il est vrai que je n'ai plus de racines.

— Tu n'as jamais été tenté de revoir tes parents ?

— J'ai eu deux filles avec Nassilik.

— Elles ont trouvé un compagnon ?

— Toutes les deux, oui. Leur union était décidée il y a longtemps et le deuil de leur mère a précipité leur départ. Mais c'est mieux ainsi.

— Alors, les enfants attachent un homme à sa terre ?

— Je… Pas toujours, non. Il existe tant de raisons pour lesquelles on ne peut pas remonter en amont.

— Tant de raisons de te nommer Kitaani ! s'esclaffa Mohawks.

— L'aval de la montagne, oui… Les Inuits n'ont jamais compris pourquoi je n'ai pas cherché à rejoindre mon clan. Cela m'a rendu différent. Sans doute l'étais-je déjà en arrivant. Par ici, les traditions sont très ancrées car la survie est rude. Sur une terre sauvage, les règles sont plus rigoureuses. Nassilik aurait dû habiter mon village, une femme est faite pour suivre son compagnon. Pourtant, c'est elle qui m'a permis de m'intégrer peu à peu dans leur société. Les Inuits m'ont accueilli et… c'est devenu ma vie, tout simplement.

— C'est étrange, tu en parles avec tant de tristesse, comme si tu regrettais d'être resté ici.

— À la mort de Nassilik, je n'ai pas pu continuer à habiter parmi le clan de Koria comme s'il était le mien. Sans elle, ce n'était plus pareil. Si vide. Et j'ai eu envie de retourner à… dans le pays des Ouks.

— Pourquoi ne pas l'avoir fait ?

— Parce qu'on ne remonte pas à la source, sauf si on prend le risque de la retrouver souillée… ou différente.

— Mais tu ne savais pas que ton clan avait été massacré par les Sisjos ?

— Si… certainement… Ma mémoire est embrouillée, je dois vieillir…

— Tu es dans la force de l'âge !

— Les soleils pèsent durement sur mes épaules, Mohawks, mais je suis heureux de notre rencontre. C'est un peu comme si ma terre venait à moi. Raconte-moi plutôt ce que tu as appris à Ytyk… C'est le second village sacré, non ?

— Tu es bien renseigné, Voyageur. Pour un peu, on te prendrait pour un Zuyis !

— N'oublie pas que j'ai croisé Raian.

— Parle-moi de lui ! Il a veillé sur moi.

— Et pourquoi pas tes parents ?

— Shokan, mon père, a disparu dans les Monts de Glace où j'ai moi-même failli périr. Il était Zuyis, comme moi, et il a échoué… comme j'échouerai si je ne rapporte pas les totems. Ma mère Aïga est morte peu de temps après, frappée par la foudre. C'est Raian qui m'a élevé. C'était un grand chef. Il voyait les choses bien avant les autres. Et c'était un second père très patient.

— Moi, je me souviens qu'il était intransigeant et que ça pouvait le rendre dur.

— Tu l'as donc connu ?

— Un peu.

— Et Shokan ?

— Son petit-fils ?

— Oui.

— Je ne crois pas… Je ne m'en souviens plus. J'ai seulement entendu dire que la gloire de son aïeul pesait très lourdement sur lui. Raian l'a désigné pour le Voyage.

— Seul un Zuyissan peut le faire, en accord avec le chaman.

— Et il ne peut pas se tromper, bien sûr…

Les derniers mots étaient empreints de tant d'aigreur que Mohawks sursauta. Mais la fatigue lui embrumait l'esprit et il se contenta de poser la main sur l'épaule de Kitaani.

— Nous en reparlerons demain. J'ai quelque chose à te demander…

— Tout ce que tu veux, Mohawks. Je le ferai pour toi.

— Pourquoi ? À cause de mon statut de Zuyis ?

— Non. Parce que tu es Mohawks…

Intrigué par les paroles de Kitaani, le jeune Indien décida de remettre à plus tard les questions qui se bousculaient dans sa tête. Une bonne nuit de repos lui permettrait peut-être d'y voir plus clair.

*

* *

Ils se réveillèrent tard, en milieu de journée.

Kitaani proposa de pister des velus, puisque Mohawks ne connaissait pas cette traque. Après leur longue confession, les deux hommes avaient autant besoin de silence que du contact de la nature. Anja, qui se sentait lasse, refusa de les accompagner. Les premiers bourgeons pointaient dans les arbres dénudés et elle ferait une cueillette pour confectionner de la tisane fraîche. L'envie de verdure la taraudait, elle espérait trouver des remèdes pour combattre la lassitude qui s'était peu à peu emparée de son corps.

Alors qu'ils partaient à pied, vers les hauteurs, Kitaani expliqua à son jeune compagnon que les velus se regroupaient souvent pendant les froids pour mieux se protéger des prédateurs. Ces brouteurs n'étaient ni agiles ni assez rapides pour fuir et devenaient des proies faciles, surtout s'ils se trouvaient isolés du groupe.

Mohawks s'étonna que Kitaani en ait fait le but de leur chasse. Les questions qu'il avait repoussées la veille lui tournaient à nouveau dans la tête, mais il refusait de s'y attarder, pour ne pas briser l'enchantement.

Ils marchèrent longtemps en silence, savourant les parfums du Renouveau, une odeur de boue remuée ou d'herbe qui explosait dans les narines après des lunes de froid intense. La couche de neige avait fondu et, sur les versants ensoleillés, des plaques de lichen affleuraient. Kitaani s'arrêtait parfois pour désigner un torrent, la fuite d'un oiseau ou une concrétion rocheuse, lieu d'un culte ancien.

À l'approche du plateau, il perdit sa nonchalance. En l'espace d'un instant, Mohawks reconnut la métamorphose du chasseur. Sans changer d'allure, son pied se mit à éviter les brindilles, sa foulée devint plus souple et, plusieurs fois, il changea de direction pour se retrouver à rebours du vent d'est. Kitaani possédait une expérience qui surpassait celle du Zuyis, mais Mohawks n'en conçut aucune jalousie, pas même l'envie de rivaliser avec lui.

Ils parvinrent à une passe étroite, et l'Indien s'accroupit derrière un rocher. Plié en deux, Mohawks se faufila jusqu'à lui.

Sur le plateau, la harde de brouteurs vagabondait tranquillement en grattant la fine couche de gel pour se régaler de lichen et d'herbe nouvelle. Les femelles s'étaient regroupées à l'écart. Certaines étaient pleines, d'autres avaient déjà vêlé, leur petit blotti contre leur flanc.

Mohawks attendait le signal de Kitaani qui, au lieu de bouger, leva un doigt pour désigner la lisière du bois. Rien ne bougeait, à part les reflets de lumière jouant avec les ombres. Une silhouette se détacha soudain, si furtive qu'il crut avoir rêvé. Une seconde la suivait, un corps gris, aussi effilé qu'une lame. Une horde de loups.

Il se figea, envahi par la vieille rancœur familière, priant pour que les velus s'échappent, même si cela signifiait revenir bredouille. Mais les bœufs étaient déjà encerclés, la fuite était impossible.

La meute n'avait pas encore opéré sa jonction que les velus se mirent subitement en branle, convergeant vers le groupe des femelles afin de les entraîner jusqu'à une élévation du terrain qui formait une sorte de plate-forme. Alors, sous les yeux émerveillés du Zuyis, les adultes se placèrent en position défensive, flanc contre flanc, tête tournée vers l'extérieur, protégeant les plus faibles à l'intérieur du cercle. Ainsi regroupée, la harde composait une muraille de corps massifs hérissée de cornes.

Les loups approchaient à découvert, l'échine basse, les babines retroussées sur un grondement rauque. Ils hésitèrent pourtant devant le formidable rempart. En guise d'intimidation, les brouteurs entreprirent de frotter vigoureusement leur poche à musc contre leurs pattes antérieures, projetant d'épais effluves en direction des prédateurs.

Soudain, un mastodonte brisa le cercle et chargea, ses cornes balayant l'espace devant lui. Les loups reculèrent. Le gros brouteur n'avait pas plutôt regagné sa place qu'un second mâle s'élançait à son tour, droit vers le chef de horde. Le vieux loup dominant hésita trop longtemps. La corne le faucha alors qu'il bondissait, et le sang jaillit. Le loup retomba au sol et resta sans bouger, tandis que le brouteur continuait à donner de furieux coups de tête, sans savoir qu'il lui suffisait de piétiner son ennemi pour l'achever. Il finit par rejoindre son cercle et, cette fois, aucune bête ne prit la relève. Déjà, la horde reculait avec prudence ; le loup blessé se releva avec peine et s'enfuit en boitant avant de disparaître derrière la colline.

Oppressé, Mohawks s'aperçut qu'il avait retenu son souffle tout le temps du combat. Kitaani chuchota :

— Tu as vu comme ils agissent face au danger ? C'est le pouvoir de la harde, semblable à celui des clans. En général, le faible est sacrifié.

— Les petits ont été protégés.

— S'il y avait eu un blessé, un trop vieux ou trop chétif, ou si les loups avaient été plus nombreux, la harde n'aurait pas hésité à l'abandonner.

— Que veux-tu me dire ?

— Tu t'étonnes de me voir à l'écart de Koria. Je suis un vieux solitaire, Mohawks, car même si je comprends les mœurs de mes frères, je ne suis pas toujours d'accord avec la loi du groupe. Et j'ai enfreint beaucoup de règles communes. Veux-tu la mise à mort ?

— De quoi parles-tu ?

— Nous pouvons flécher un velu…

— Mais tu n'en as plus envie.

— Il n'y a pas de faible dans cette harde, et je ne retire jamais la vie si cela va contre l'équilibre.

— Rentrons.

— Tu es sûr ?

— Je suis curieux d'en savoir plus sur toi. Et j'ai quelque chose à te demander.

En regagnant la hutte, ils relevèrent la ligne de trappe : deux beaux lièvres et un renard. Kitaani offrit la superbe fourrure à Anja.

Ce soir-là, les deux hommes reprirent leur conversation là où ils l'avaient laissée la veille, et Mohawks évoqua une nouvelle fois les Qallunaats.

Kitaani l'observait sans ciller, et le Zuyis eut la sensation que nul au monde ne l'avait encore écouté ainsi, avec une telle intensité.

— Ainsi, tu as vécu sur un navire, avec les hommes blêmes… Comme c'est drôle, Mohawks !

— Drôle ?

— Moi aussi, j'ai rencontré ceux que tu appelles les Qallunaats. J'ai même fait du troc avec eux et je suis monté sur leur bateau.

— Quand cela ? Tu crois que ce sont les mêmes ?

— Oh, par le Grand Esprit, non ! C'est arrivé il y a bien des soleils. Sais-tu comment on m'appelle, ici ?

— L'homme-au-bâton-tonnerre.

— Ce bâton est une arme des Grands Sourcils et il se nomme fusil. Je l'ai échangé contre des fourrures d'ours et de zibelines…

— Où cette rencontre a-t-elle eu lieu ?

— Dans la mer des Tchouktches.

— Une tribu m'a parlé d'eux. Ils gardaient précieusement leurs herbes noires ! Le thé des Qallunaats… C'est étrange. Ces hommes sèment les herbes ou le Mal, ils troquent ou volent, ils paraissent maladroits mais possèdent des armes au bruit de tonnerre. On dirait des êtres à plusieurs facettes. Crois-tu qu'ils pourraient représenter la Grande Menace dont parlent nos chamans ?

— Je ne suis pas un rêveur d'avenir, Mohawks. La seule chose que je peux dire, c'est que leur arme est incroyable.

— Le bâton crache vraiment le tonnerre ?

— Il ne crache que la mort. Avec des petites billes plus dures que le silex qui frappent aussi vite que la foudre…

— Je peux le voir ?

Sous la couche de branchage où il avait installé ses peaux, Kitaani tira une natte d'écorce qu'il déroula d'un geste sec. Anja sentit un frisson glacé la parcourir. Le bâton était aussi patiné qu'un galet, orné de plaques luisantes qui lui conféraient la splendeur d'un bijou.

Mohawks saisit l'arme avec respect et l'examina. Il la tourna dans tous les sens, la soupesa, trouvant d'instinct le geste pour la caler en position de tir. Kitaani lui tendit des billes luisantes qu'il venait d'extraire d'un pochon de cuir et affirma que c'était par là que venait la mort foudre. Le contact était froid, étrangement soyeux. Ensuite, il tira un sachet rempli d'une poudre grise au parfum poivré et enfin quelques bourres d'étoupe. Il disposa le tout sur la natte d'écorce. Il reprit l'arme et, d'un geste sec, l'ouvrit comme s'il cassait un bâton en deux, puis désigna le minuscule compartiment destiné à loger les billes et la poudre. Il remonta l'ensemble et le bâton parut tenir d'une seule pièce. L'ingéniosité du système, la patine du bois, et surtout la solidité de l'arme témoignaient d'une puissance mortelle.

— C'est une arme superbe ! Autant te dire les choses telles qu'elles sont : c'est pour ça que je suis venu te voir, Kitaani. Avec ce bâton, je pourrai affronter mes ennemis.

— Tu veux le fusil ?

— Si tu es d'accord pour me l'échanger…

— Je ne sais pas si les étrangers sont une menace, Mohawks, mais la seule fois où j'ai utilisé cette arme, que j'ai vu la tête du mouflon fracassée en un souffle, j'ai eu honte, tellement honte de cette mise à mort que j'ai juré de ne plus tuer ainsi. J'ai enfreint pas mal de coutumes au cours de mon existence, et j'ai sans doute été responsable de grands malheurs, mais le… les voyages m'ont enseigné combien la vie est précieuse. Chaque fois que tu veux tuer une proie, laisse-lui une chance de t'échapper, si tu la respectes.

— Tu as raison… Pardonne-moi…

— De quoi ? Je n'ai rien à te pardonner, Mohawks, au contraire !

Les deux hommes se sourirent avec une émotion mal dissimulée. Quelque chose naissait dans la conscience de Mohawks, mais il était incapable de mettre un nom dessus. Cette amitié nouvelle était un cadeau précieux et, en cherchant à l'expliquer, il risquait de l'amoindrir ou, pire encore, de la perdre.

28.

Elle se leva sans bruit, se vêtit d'une peau sans se soucier de sa tenue. Plus tôt, en pleine nuit, elle avait dérobé la panse du lagopède ainsi que ses plumes. Elle savait que Kitaani les lui aurait volontiers données, mais elle ne voulait pas éveiller sa curiosité. Quant à Mohawks, il saurait bien assez tôt son secret.

Elle se glissa hors de la hutte, aussi légère qu'un souffle, et l'idée la fit sourire.

L'endroit approprié n'était qu'à une demi-heure de marche, mais elle devait se dépêcher. Elle ignorait combien de temps le rituel prendrait.

La rivière, encore prise par le gel, fumait à travers de larges ouvertures et la glace, aussi fine qu'un voile à certains endroits, laissait deviner les flots noirs en transparence. Elle choisit une pierre pointue, dont le cône présentait une surface suffisante pour y déposer la panse. Dedans, elle ficha les rémiges aussi solidement que possible. Elle devait faire entendre sa demande avant que le vent n'emporte les plumes.

Elle s'agenouilla, sans prendre garde au manteau qui glissait, la laissant à moitié dévêtue, et pria la lune de la baigner, le soleil de la réchauffer. Elle chantonna longtemps, les yeux fermés, repliée sur un monde intérieur. Quand les premières lueurs de l'aube la caressèrent, elle se rendit compte qu'elle était frigorifiée et rentra en courant.

Kitaani était déjà dehors. Il la vit approcher mais, plutôt que de lui parler, il se contenta de la saluer d'un geste discret, une main portée vers son cœur. Troublée, elle l'observa qui s'éloignait sur la piste.

Mohawks buvait un bol de bouillon. Quand il la vit apparaître, il voulut lui demander où elle était partie de si bon matin, mais sa joie se mua en inquiétude devant sa gravité. Anja le rejoignit, s'agenouilla devant le feu et murmura doucement :

— Je n'ai pas été impure à la dernière lune.

Il l'observa sans comprendre, le corps raidi d'appréhension.

— Je porte en germe le fruit de nos étreintes, Mohawks.

— Que… dis-tu ?

— Tu vas être père…

Les paroles sonnaient clairement, pourtant il était incapable d'en saisir le sens, seulement conscient de la formidable onde de choc qu'elles provoquaient en lui. La gorge sèche, il répéta :

— Père ?

Elle acquiesça et prit sa main pour la poser contre son ventre. Ils demeurèrent ainsi, chacun écoutant le souffle de l'autre tandis que la joie s'emparait d'eux. Au bout d'un moment, brusquement inquiète, elle demanda avec timidité :

— Es-tu heureux ?

— Si tu savais, Anja... J'ai l'impression de retrouver une chose que j'ai perdue autrefois. Et le plus fou, c'était que je l'ignorais. Voilà le don que tu me fais.

— Alors tout est bien, mon aimé. Je sais que cet enfant grandira fort et beau.

Kitaani ne reparut qu'au crépuscule, chargé d'une belle hermine et de quelques oiseaux. De sa besace, il sortit encore deux poissons qu'il avait attrapés à la ligne, dans un trou du lac voisin. Anja prétendit qu'elle devait préparer les bêtes sans attendre, et sortit afin de plumer, écailler, vider et dépiauter les proies.

Conscient du changement d'atmosphère, Kitaani ne posa aucune question quand Mohawks lui demanda de l'accompagner à la source. S'il était fatigué, il n'en montra rien, mais cet acquiescement silencieux était révélateur.

Mohawks avait réfléchi au cours des longues heures du jour, comme si la joie formidable avait débarrassé son esprit des brumes de l'aveuglement. Le sentiment indéfinissable qui l'étreignait face à Kitaani avait peu à peu pris la forme du soupçon. Une idée tellement folle, tellement bouleversante qu'il ne voulait pas qu'Anja soit témoin de cette discussion. À présent, il fallait la préserver.

Les deux hommes longèrent la rivière, suivant le chemin qu'Anja avait emprunté à l'aube. Le silence était pesant, à peine rompu par le crissement de la neige foulée. La peur nouait les entrailles de Mohawks. Ne sachant par où commencer, il prit le parti de dire simplement la vérité. Si son pressentiment était juste, alors la nouvelle serait assez forte pour faire réagir Kitaani.

— Je vais être père.

L'autre hésita un instant, puis se tourna vers lui. Son regard pénétrant recelait une telle tristesse que le Zuyis ne put refréner un élan de pitié.

— Je m'en doutais. Anja est illuminée de l'intérieur. Je suis heureux pour toi.

— Vraiment ?

Le silence avait pris la consistance d'une boue froide. Kitaani pâlit au point de devenir livide. C'était pire qu'un aveu. Il souffla à mi-voix :

— Quel est ton nom de naissance, Indien ?

— Es-tu certain de vouloir le connaître ?

La colère donna à Mohawks la force de cracher :

— Dis-moi d'abord pourquoi tu n'es jamais retourné sur ta terre natale.

— Soit… Il y a eu deux choses. Deux événements… d'abord Raian, et puis la mort de ta mère.

— Ne mens pas ! Et Nassilik ? Prétends-tu l'avoir rencontrée après la mort d'Aïga ? Je sais bien que non.

— Non. Je l'aimais déjà.

— Tu vois bien ! Et nous ? Tu n'as pas pensé à nous ! À Rochia, à Ragirak, à moi ! Notre mère t'a attendu, elle t'attendrait encore si la foudre…

— Mon fils…

— Est-il temps de le dire ? J'ai dû te l'arracher de la bouche !

— Je n'ai jamais cessé de penser à vous.

— À quoi cela servait-il ?

— Je t'en prie, écoute-moi. Oublie quelques instants ta colère et fais comme si mon histoire était celle d'un étranger que… Tu ne dois pas juger. Sinon…

— Sinon quoi ?

— Sinon l'amertume te rendra sourd et fermera ton cœur.

— Très bien. Je t'écoute, Shokan.

Ainsi interpellé, son père tressaillit violemment. Chaque mot prononcé par Mohawks le frappait en plein cœur. Dès le premier instant, en reconnaissant les traits de son fils, Shokan le Nahanni avait redouté cet aveu tout en l'espérant, déchiré entre l'envie de dire la vérité et l'incapacité de l'infliger…

Lui qui avait placé sa seconde vie sous le signe de la liberté craignait de changer le cours du destin de son fils. Il se doutait qu'en apprenant son histoire Mohawks risquait de plonger dans une rage qui ne ferait que renforcer la haine qui l'habitait déjà. Il aurait voulu l'épargner, tout en sachant que son silence ne ferait qu'ajouter un mensonge.

La veille, à plusieurs reprises, la vérité avait brûlé ses lèvres et il avait failli avouer. Mohawks était un homme et le Voyage avait forgé en lui l'esquisse du sage qu'il deviendrait un jour, si… si les Esprits le gardaient en vie, si la haine le quittait, si la colère ne l'abîmait pas.

— Raian était un homme juste mais dur…

— Pourquoi veux-tu le mêler à ça ? C'est de toi, de ton absence que…

— Mohawks…

— Bien ! Je me tais. Mais si tu salis sa mémoire…

— Écoute-moi, fils ! J'ai aimé Raian, et mon respect pour lui a failli me rendre fou ! Quand je suis rentré à Raitankia…

Devant le sursaut de Mohawks, il leva la main pour quémander un peu de patience.

— Je suis revenu une nuit, quand je savais le trouver seul. Deux soleils avaient passé depuis mon départ de Raitankia. J'ai voulu le prévenir avant d'aller au conseil parce qu'il était de mon sang et qu'il était Zuyissan. Le prévenir que je renonçais au Voyage, que je ne lui rapporterai pas les totems. J'en avais perdu un, dans les Monts de Glace, et j'aurais beau faire, je ne le retrouverais pas. Personne ne l'aurait pu, pas dans une faille aussi profonde. Avant de renoncer, je m'étais rendu à Nain, sans dévoiler mon identité, et j'avais interrogé le chaman de l'époque. C'était un homme borné, très superstitieux. J'ai prétendu avoir reçu les confidences du Zuyis alors qu'il se désespérait de la perte de son totem, et que je venais de sa part, en messager. Le sorcier n'avait rien voulu savoir. La loi était la loi, rien ni personne ne pouvait la changer, Marcheur ou pas ! J'avais perdu toute chance de finir la quête. Je ne serais jamais un Zuyissan, j'avais échoué… Nassilik est entrée dans ma vie à ce moment-là et j'ai su que c'était la punition des dieux… une manière cruelle de me punir.

— Pourquoi ?

— Parce que découvrir l'amour quand il faut y renoncer est le pire des châtiments. Parce que, malgré la honte, je devais rentrer à Raitankia, reprendre ma vie de chasseur, ma place auprès de ta mère, de vous… Vous étiez mes fils. Je ne pouvais pas vous abandonner.

— Alors… tu es revenu ?

— Cette nuit-là, oui.

— Raian t'a chassé ?

— Oui. Il m'a convaincu de garder le secret. Et il m'a demandé de faire croire à ma propre mort. Si j'étais rentré avec le poids de mon échec, aucun de vous n'aurait pu entreprendre le Voyage. Or Raian t'avait vu en rêve. Il savait que tu devais prendre ma suite. Il m'a dit que je n'avais servi la Coiffe que pour être ton père. Ses mots… ses mots étaient si durs que j'ai cru en mourir de douleur et de honte.

— Tu pouvais refuser ! Pourquoi lui céder ? Tu étais un homme bien plus vieux que moi aujourd'hui !

— J'étais un homme, mais Raian était un géant. Je connaissais déjà son sacrifice, j'étais passé à Ytyk avant de perdre le totem, j'avais vu Mulonia, et je savais que Grand-Père avait préféré tout sacrifier pour honorer le destin imposé par les dieux… Ma place de père, de compagnon n'était rien comparée à la quête ! Il s'agissait d'honneur, et Grand-Père ne transigeait jamais là-dessus.

— Je sais… et pourtant il était capable d'aimer si fort.

— Peut-être.

— Alors, tu es parti. Et ma mère…

— Aïga n'a rien su. Quand j'ai appris un jour qu'elle était morte, j'ai eu envie de vous chercher.

— Mais tu ne l'as pas fait…

— Jamais Raian ne vous aurait laissés partir. Chacun d'entre vous avait un rôle à tenir.

Tout était clair désormais. La dernière parole de Raian agonisant sur la pierre, ce sourire qu'il avait eu en parlant de l'amour, le Grand Secret…

Les deux hommes, père et fils, se tinrent longtemps l'un en face de l'autre sans oser ni parler ni se toucher, mais leurs yeux racontaient tout ce qu'ils taisaient encore, par pudeur. Autant d'amour que de colère, d'impuissance que de peur. Pour finir, il ne subsista que l'essentiel, et Mohawks ouvrit les bras. Shokan le saisit par les épaules et, très doucement, frotta son front contre le sien. Ce n'était pas le Graam qui passait entre eux, mais la tendresse de celui qui n'avait pu voir grandir son fils, et le bonheur fragile du fils qui voyait renaître ce père qu'il avait cru mort.

Ils revinrent au tepee bras dessus, bras dessous et, quand ils pénétrèrent sous la tente, éclairés de joie, Anja reconnut ce qui l'avait effleurée, la ressemblance étrange des hommes du même sang.

Cette nuit-là, la veillée se prolongea très tard. Ils parlèrent de leurs rêves et du monde, du clan natal, de la meute de Mohawks, de Kiruna la nouvelle, de Punuk et de bien d'autres merveilles qu'ils avaient vues ou devinées.

Ce moment ne dura que quelques heures, mais dans le souvenir de Mohawks il ne s'éteignit jamais.

*
* *

Koursk les réveilla à l'aube. L'homme était un chasseur du clan et l'ami le plus fidèle de Kitaani. D'habitude, il était calme et peu impressionnable. Quand Shokan aperçut sa tête hirsute à travers l'ouverture du tepee, il crut qu'un malheur avait frappé.

— Kitaani, Zuyis, levez-vous ! Vite !

— Un ours ?

— Les Qallunaats !

— Quoi ?

Mohawks se redressa, totalement réveillé.

— Ils ont été vus au milieu de la grande baie. Leur oumiak est coincé dans les glaces !

— Je pars tout de suite ! Shokan… Veille sur Anja, tu sais combien elle m'est précieuse.

— Non ! Je t'accompagne. Anja doit repartir avec Koursk.

Ce dernier cherchait visiblement à comprendre pourquoi Kitaani répondait au nom de Shokan, mais le moment n'était pas aux questions. Anja réussit à grimacer un sourire.

— Ne parlez pas de moi comme si j'étais une chose ! Je partirai de mon côté, puisque vous le voulez, mais je n'irai pas à Koria. Koursk, peux-tu me conduire à Nain ?

— Bien sûr. Si tu me laisses le temps de préparer une meute.

Mohawks la contempla, stupéfait.

— Nain ? Tu t'y déplais tant !

— C'est là que tu reviendras, Zuyis, pour fondre le dernier totem et c'est là que je t'attendrai. À présent que je porte l'enfant, je laisserai ma raison souffler les décisions.

— Merci, ma douce. Je serai bien plus fort si tu me fais confiance.

— Je t'ai vu cette nuit, Mohawks. Tu levais la couronne de la Coiffe devant mon ventre lourd.

Elle déglutit avec effort, les yeux brillants.

— Si cela continue ainsi, je finirai par croire que j'ai attrapé le don des rêves !

Un rire lui échappa, si bien que les larmes scintillantes qui roulaient sur ses joues semblaient faites de joie.

— Va vite, à présent, sinon je risque de me cacher dans ton traîneau pour ne pas te quitter.

Le Nahanni la prit dans ses bras et la garda pressée contre lui. Il ne pouvait se résoudre à la lâcher. Submergée par l'émotion, Anja n'osait rien ajouter, et ses larmes redoublèrent. Elle les sentait tomber sur l'épaule de son compagnon. Il se détacha enfin pour s'habiller, puis il sortit de la tente tandis qu'elle s'obligeait à rester immobile.

Shokan s'approcha pour la serrer à son tour dans une étreinte chaleureuse.

— Ne crains rien pour Mohawks. Je le protégerai. Je vais emporter le fusil cracheur de mort. Toi, je veux que tu gardes mes fourrures, mon totem de Raitankia et les trois pierres de lumière qui me restent du Voyage.

— Pourquoi ? gémit-elle.

— Parce que tu es ma fille, à présent. Ne discute pas. Es-tu prête ?

— Oui. Mais…

— Tais-toi. Je sais. Moi aussi, j'ai fait des rêves…

Ils se regardèrent avec tendresse, puis s'inclinèrent afin de frotter leurs fronts l'un contre l'autre, en ce geste si familier des Nahannis que Anja avait adopté.

*

* *

— Si tu dois mourir, Mohawks, je veux être là pour te précéder dans l'autre monde.

En prononçant cette phrase solennelle, Shokan espérait tirer Mohawks du marasme. Il y avait trois jours qu'ils longeaient la Grande Baie, trois jours qu'il voyait son fils s'enfoncer dans un mutisme rageur. Il craignait parfois d'en être la cause et ne savait plus comment l'atteindre. Tant de choses restaient à dire !

Shokan se trompait. Mohawks ne lui en voulait plus, et seuls les étrangers nourrissaient sa haine. Elle s'était rallumée, aussi vive qu'un feu de bois sec, consumant chaque parcelle de son être. Même la proximité de son père n'arrivait pas à l'amoindrir. Il se tenait enfermé dans un cercle de flammes vives, dévoré par l'envie de vengeance. Les Qallunaats salissaient tout. Ils avaient donné le Mal aux femmes de Kiruna. Ils avaient trahi le Zuyis afin de s'emparer des totems sacrés, lui avaient volé ses chiens. Et à présent, ils souillaient ses retrouvailles avec Shokan… Il le dévisagea distraitement et remarqua enfin ses traits tirés par l'inquiétude.

— Pourquoi parler de mourir ?

— Tu veux te venger, Mohawks, tu me l'as avoué quand nous étions encore étrangers… Et à présent que les Qallunaats sont à portée de main, tu ne vois plus que ta haine.

— Songes-tu au pardon ?

— Je crois que l'essentiel n'est pas de punir ces hommes, mais de reprendre les totems. Ta meute aussi. Ne te bats que pour cela, et non pour assouvir ta vengeance.

— Ils sont dangereux ! Mauvais ! Menteurs !

— Pour qui ?

— Pour les clans !

— Et que sont-ils, eux, alors ? Ni bêtes ni hommes ?

— Je n'ai pas dit cela. Mais ils représentent une menace pour les peuples de la Coiffe !

— Alors laisse à chacun la liberté de se défendre et d'apprendre ! Ne tue pas au nom de tous… À moins que tu ne cherches en réalité à apaiser ta blessure d'orgueil.

— De quoi parles-tu, père ?

— Qui t'a fait le plus mal ? Ce colosse brutal dont tu te méfiais et qui t'a volé, ou le capitaine que tu croyais ton ami et qui t'a trahi et abandonné ?

Mohawks baissa la tête, les sourcils froncés, buté sur sa colère. Son père n'avait pas vraiment tort. Et pourtant… Il sentait que la flamme était nécessaire pour agir. Il bougonna.

— Si les chiens vivent… Je verrai bien. De toute façon, la situation décidera pour moi !

— Pour nous, fils. Je ne te laisserai jamais affronter seul les Qallunaats.

— Et si tu dois tuer ?

— Pour défendre ta vie, je ferais bien pire, Mohawks. Et n'oublie pas que tu vas être père à ton tour. Moi, j'ai eu ma chance… Et quel bonheur de t'avoir retrouvé ! Bien sûr que je pourrais tuer, ou être tué.

— Tu vivras si vieux que tu enseigneras tes leçons aux fils de mes fils.

— Tiens donc ! Et si tu as une fille ?

— Je lui enseignerai la chasse et toi la liberté !

— C'est un beau rêve, Mohawks. N'oublie jamais que tu m'as donné ce bonheur-là !

*

* *

Le navire était posé sur la surface gelée, pareil à une créature foudroyée. Une lune auparavant, le géant Hiver l'avait saisi en pleine course et le tenait depuis fermement dans sa poigne.

Sur la glace, tant à l'étrave qu'à la proue, on distinguait les traces d'un travail inutile, des planches et des pieux abandonnés là, l'esquisse d'un canal qui s'était rebouché malgré les efforts des marins. La mer avait emprisonné *L'Aventureuse* et ne relâcherait plus sa proie, pas avant d'avoir avalé un ou deux membres d'équipage. C'est en tout cas ce qu'Anaslak se répétait quand il se sentait plus désespéré que de coutume, parce qu'un marin l'avait humilié ou ignoré.

Le petit homme s'était juré de repartir aussitôt que le capitaine lui aurait donné ce qu'il avait promis : des couteaux en fer, le traîneau du Zuyis ainsi que quelques chiens, des pots en terre cuite, des perles de couleur pour sa future compagne et quelques solides hameçons. Il avait quitté sa tribu depuis déjà un soleil et sentait le besoin d'y revenir avant de perdre définitivement son âme, avalée par ces ogres de Norvégiens !

Il les détestait. Il détestait son surnom, Anaslak-Jon, et cette peur qui le rendait lâche. Il détestait leurs chants, leur langage et leur odeur de cadavre sec. Et il se détestait aussi d'être incapable de leur résister. Combien de temps encore ? Chaque fois que l'Inuit devait harnacher la meute, le remords l'assaillait. Les bêtes se méfiaient presque autant de lui que des maîtres blancs, alors qu'il les nourrissait chaque jour. Mais la meute était enchaînée, et lui non. Malgré son aversion, il obéissait aux marins. Il buvait leur eau-de-feu et mendiait même pour en avoir. Il attendait le prix de sa docilité. Avec les Norvégiens, le troc n'existait pas plus que l'équilibre. Ces hommes achetaient, vendaient, calculaient. Et ce qu'ils ne pouvaient obtenir par ces moyens-là, ils le volaient !

Quand les glaces avaient piégé le navire, Anaslak s'était réjoui en secret. Il savait que les Qallunaats risquaient de lui en faire baver quand ils deviendraient fous de peur, de faim ou d'angoisse, mais le plaisir de la revanche lui donnerait la force d'endurer leurs brimades.

Les Esprits avaient vengé leur messager. Bientôt, la mer engloutirait le bateau et les étrangers. Anaslak attendait et priait d'avoir la force de réagir…

Knut Aarhus en avait soupé du Grand Nord ! Il n'arrivait même plus à se situer, pas plus qu'il ne savait distinguer les îles des continents. Toutes les peuplades rencontrées se confondaient en une seule. Sauvagerie partout ! Dès que ces foutues glaces auraient fondu, il repartirait chez lui, et si par malheur le démon de l'aventure le reprenait, il s'en tiendrait aux mers du Sud, Knut le jurait sur la Croix !

Le doute s'était insinué lentement au fil des mois et la déception avait fait le reste. Malgré les expéditions sur la grande île, ils n'avaient rien trouvé, pas une seule pépite, aucune pierre précieuse. Sa seule satisfaction était d'imaginer la rage de Skar, lui qui se voyait déjà vautré sur une mine d'or et de joyaux ! Ces terres étaient aussi dépourvues de richesses que le crâne d'un chauve, à l'exception de l'ivoire, la graisse et les fourrures, mais Knut n'en avait cure, il n'était ni chasseur ni négociant en pelisses pour dames, il était un marin en mal de terre, un aventurier rempli de repentir, le capitaine d'une bande de dégénérés qui brandissaient le spectre de la mutinerie au moindre coup de sang ! À bout de patience, le Norvégien aurait donné dix pièces d'or pour gagner quelques jours, que la débâcle arrive enfin. Tout l'exténuait, ce froid de gueux inhumain, la réclusion sur le navire, et les chicanes incessantes des hommes. À présent qu'il avait cédé à leurs exigences, il n'espérait plus qu'une chose, le dégel ! Parfois, il imaginait que la glace l'avait pris pour le punir de son péché d'orgueil !

Heureusement, le pire était passé. Quand l'équipage avait compris qu'ils étaient piégés avec juste assez de rhum pour se crever la panse, ils avaient menacé de se mutiner. C'était le seul bon moment de ce cauchemar ! La tête de Jorge Skar, quand Knut lui avait fait ravaler son sourire : « Tu envisages une autre rébellion, Skar ? Je te laisse la place, si tu la veux. » Le bougre avait patienté une semaine, en attendant que la peur commence à germer chez les marins pour lancer son idée. Plutôt que de crever de faim et de froid dans ce rafiot, il partirait vers l'intérieur des terres avec le traîneau, les chiens et l'Inuit pour les guider !...

L'Aventureuse, un rafiot ! Knut s'était opposé avec fureur à ce projet. Il savait bien que Jorge, emportant les statuettes, ne reviendrait pas. Mais la faim faisait délirer les hommes et ils avaient besoin de croire en quelque chose. Deux clans s'étaient formés, prêts à en venir aux mains. C'est alors qu'Amarok était apparu avec ses troupes, comme le diable sorti des enfers !

Depuis si longtemps, ils étaient enfermés dans un épais brouillard, entourés de givre, condamnés à un silence à vous rendre sourd ou forcené. Et voilà que surgissaient ces sauvages, en plein milieu de la banquise, volant sur la glace avec aisance. On avait sorti

Jon du trou où il se terrait depuis que la révolte grondait. Le lascar prenait lui aussi de mauvaises habitudes, il se montrait méfiant et buveur comme pas deux, mais pour le chef inuit, Amarok, il s'était montré à la hauteur et avait accompli son travail de traduction sans regimber.

Knut avait tenté de convaincre Amarok de les aider à creuser un canal vers les eaux libres, mais le sauvage s'était moqué d'eux qui croyaient être plus forts que la nature. En revanche, il avait accepté de leur fournir de la viande contre des lames et les quelques babioles que les Norvégiens possédaient encore. Ils avaient éparpillé tout ce qu'ils avaient emporté au gré de leurs rencontres. Et pour quel résultat ?! Rien. Le capitaine Aarhus rentrerait bredouille au port.

Mais vivant, et à la tête d'un bateau qui serait bientôt libéré des glaces.

L'équipage ne perdait rien pour attendre. Après les récriminations habituelles, les marins avaient accepté de goûter la viande de phoque et, ma foi, ils ne s'en portaient pas plus mal, du moment qu'elle était cuite ! À cheval donné on ne regarde pas les dents… En plus de la viande, les Inuits amenaient avec eux des femmes. Pas vraiment raffinées, ni très propres, mais, sacrebleu, elles savaient y faire pour apaiser le feu des ventres ! Depuis qu'elles venaient égayer les veillées, l'existence était redevenue supportable et Skar se tenait à peu près tranquille.

Le capitaine esquissa un signe de croix et revêtit la lourde cape fournie par le chef inuit. Il en ferait peut-être une descente de lit, en guise de souvenir. Par Dieu, quelle jouissance plus grande encore ce serait de lever les voiles et de rentrer enfin chez soi !

Aplatis sur la glace, le corps couvert par une peau blanchie, les deux Nahannis épiaient l'équipage. Mohawks avait reconnu la silhouette du capitaine et celle d'Anaslak planté à ses côtés, alors que les kamutiks chargés des femmes approchaient.

Les Inuites étaient montées par l'échelle de corde sous les acclamations des Qallunaats. Un homme jouait de l'accordéon, un autre brandissait un tonnelet. Il versa une rasade dans la bouche ouverte de la première femme qui mit le pied sur le pont. Celle-ci, visiblement habituée, se mit à glousser quand l'alcool gicla sur son visage.

Effaré, Mohawks donna le signal de repli vers le traîneau resté derrière la ligne des hummoks et attendit d'être hors de portée pour chuchoter :

— Il faut trouver le village de ces femmes. Il ne peut pas être très éloigné.

— Tu as un plan ?

— Je crois que oui… De toute façon, je dois prévenir le chef que les siens risquent d'être décimés par le Mal qallunaat ! Nous passerons à l'attaque demain.

— Si vite ?

— J'attends cela depuis trop longtemps, père !

29.

Ils n'eurent pas à chercher longtemps le clan. À une demi-heure de marche, ils sentirent les premiers effluves de viande grillée, puis virent les fumées signalant un gros campement.

La hutte commune où ils pénétrèrent était bondée, mais Mohawks remarqua tout de suite que les hommes étaient en majorité. Ne restait là que quelques vieilles édentées et des enfants endormis, trois futures mères dont les ventres étaient déjà lourds. Les deux seules filles en âge de séduire un chasseur devaient être impures, à moins qu'elles n'aient résisté à l'attrait des Qallunaats, comme Anja l'avait fait à Kiruna.

Il profita du silence produit par leur apparition pour ouvrir sa tunique d'un geste large, afin que chacun puisse observer ses cicatrices, celles qui le désignaient comme Zuyis et la longue estafilade pourpre laissée par l'ours. Quand il prit la parole, sa voix sonnait fort et clair.

— Je vous salue, Inuits. Je suis Mohawks le Zuyis, ami des peuples. Qui guide le clan ?

Un homme se dressa à demi, visiblement impressionné :

— Je me nomme Amarok et suis heureux de te voir parmi nous.

— Ne te réjouis pas trop vite. Vos femmes sont en danger sur le grand oumiak et les Esprits vont se venger.

— Que dis-tu, Zuyis ? Les Grands Sourcils ne sont pas nos ennemis. Un peu niais, c'est vrai, mais…

— Niais ? Ne te fie pas à leur maladresse. Je les connais mieux que toi, ils m'ont dépouillé des totems sacrés et abandonné sur la mer, en plein hiver !

— Ces hommes, là-bas ?

— N'as-tu pas reçu la visite des messagers de Nain ?

— Le seul Inuit étranger au clan auquel j'aie parlé se trouve sur ce bateau.

— Anaslak. Je le connais…

— Pourquoi prétendre que nos femmes sont en danger ? Elles ne font rien de mal. Et pour le plaisir qu'elles prennent en renouvelant le sang de nos lignées, les Grands Sourcils donnent des lames et de curieuses choses.

— Le clan de ma compagne a été ravagé par ces pratiques. Les femmes inuits ne doivent pas se mélanger aux Qallunaats. Crois-moi, Amarok !

— Si elles ont enfreint un tabou et que les dieux sont en colère, alors tu arrives trop tard…

— Les premiers à mécontenter les dieux sont bien ces voleurs de totems. N'oublie pas que je suis le Zuyis. Si ton clan peut m'aider à les récupérer, les Esprits épargneront peut-être vos femmes.

— Qu'attends-tu de moi ?

— Commence par me raconter exactement ce qui se passe à bord de ce bateau.

— Il y a environ une lune, un chasseur est venu me dire qu'une créature géante avait été piégée dans la glace. Je me suis tenu plusieurs jours à l'écart et j'ai épié ses mouvements. J'ai vu que la créature était habitée par des hommes et que parmi eux se trouvait un Inuit. Alors, je me suis décidé à approcher et nous avons commencé les palabres. Leur chef était si content de me voir qu'il m'a donné quantité de choses incroyables qui ne servent à rien pour la plupart. En échange, il voulait que je creuse la Grande Glace pour libérer son oumiak. J'ai beaucoup ri de sa folie. Alors, il a voulu de la viande et je lui en ai donné. Nous avons eu une bonne saison avec Punuk, les réserves sont suffisantes. Il y a quelques jours, juste après la tempête, il m'a demandé de faire venir nos femmes parce qu'il voulait leur enseigner les danses de leur pays…

Amarok ricana, tandis qu'autour de lui les autres chasseurs s'esclaffèrent, se tapant les cuisses.

— Les danses du pays ! Le Grands Sourcils me prend pour un imbécile, mais l'important, c'est que nos femmes profitent d'un sang neuf… Le premier jour, deux seulement ont accepté de monter sur l'oumiak, mais, dès le lendemain, presque toutes ont voulu voir, même si les étrangers se conduisent comme des bêtes en rut. Elles disent qu'elles ne font pas que profiter des plaisirs ou des chansons, elles boivent aussi une eau-de-feu qui fait chanter, et rire, et même monter au ciel sans potions ni tambours ! J'ai demandé à y goûter, et le capitaine m'a donné une gourde. Je dois dire que j'ai vu moi aussi des choses extraordinaires ! Le problème, c'est que tu finis par tomber assommé et que tu peux oublier la chasse quand tu as bu ça !

— Vos femmes vont-elles souvent sur l'oumiak ?

— Chaque nuit. Elles restent jusqu'au petit matin quand elles ont bu… et elles boivent chaque fois !

— Très bien. Mon père et moi, nous allons dormir quelques heures et, dès leur retour, réunis les femmes pour que je leur parle. Je vais avoir besoin de leur participation.

— Tu ne préfères pas nos guerriers ?

— Je ne veux pas provoquer de morts.

— Et les Esprits seront apaisés ?

— Nous le saurons demain…

Le plan était si simple qu'il fut adopté sans façon. Les Inuits furent d'abord très effrayées à l'idée d'avoir transgressé un tabou en se mélangeant avec les Qallunaats. Le manque de sommeil et l'eau-de-feu n'arrangeaient rien, mais quand elles surent que le Zuyis leur offrait un moyen de détourner la colère des Esprits, elles acceptèrent avec empressement de l'aider. Avec un peu de chance, elles engendreraient un enfant vigoureux car les Grands Sourcils étaient robustes et le long Hiver avait décuplé leur sève. Mais si ces hommes avaient enfreint la loi du partage et de la Vie, ils méritaient leur sort.

Mohawks s'était gardé de décrire les effroyables ravages qui s'étaient abattus sur Kiruna. Le Zuyis espérait que le fléau ne frapperait pas ici. Il ne pouvait rien faire de plus, si ce n'est récupérer les statuettes et prier pour le clan. En écoutant les bavardages et les gloussements des insouciantes, il songeait à la facilité avec laquelle les Norvégiens avaient berné son peuple. Faudrait-il apprendre le mensonge pour contrer la menace ?

Il leva la main pour stopper les discussions et leur adressa un sourire enjôleur :

— Je ne vous demande qu'une chose, femmes ! Vous êtes toutes bien assez belles pour désorienter et distraire ces Grands Sourcils. Cette nuit, déployez vos charmes, usez de votre corps car, tant qu'ils seront occupés avec vous, ces hommes seront sourds et aveugles… Et surtout n'oubliez pas de recracher l'eau-de-feu ou videz vos verres sur le sol, discrètement. Dès qu'ils seront trop soûls ou fatigués pour réagir, remontez sur le pont. Il faudra fuir très vite, avant que l'un d'eux puisse donner l'alarme…

— Et toi, risqua une femme aux formes généreuses, tu pourras leur prendre jusqu'à leur ombre !

— Non, tu te trompes, je ne prendrai que ce qui m'appartient…

Peu avant la nuit, une délégation de filles s'approcha du grand oumiak et cria à l'adresse de l'homme posté au guet. Cachés derrière un hummok, emmitouflés dans d'épaisses fourrures, Mohawks et Shokan les virent monter à bord, roulant de la croupe et riant fort.

— Tu ne crois pas qu'elles en font beaucoup ?

— Elles ont vraiment envie de t'aider, Mohawks.

— Je me demande si j'ai bien fait de m'appuyer sur elles…

— Il n'est plus temps de regretter.

Shokan hésita, mais il devait savoir avant que ne s'engage le combat :

— Mon fils… Si ces femmes permettent d'éviter une guerre, seras-tu capable d'oublier ta vengeance ?

— Mes chiens sont vivants, Amarok me l'a confirmé. Quand j'aurai récupéré tout ce qui m'appartient, nous aviserons… As-tu pitié d'eux, père ?

— Ils ne m'intéressent pas plus que la tempête ou le feu qui ravage la toundra.

— Alors pourquoi redouter l'affrontement ?

— Je ne le redoute ni ne le cherche. Je crois juste que tu as mieux à faire que de te battre contre les étrangers.

Mohawks haussa les épaules et fixa le ciel obscurci.

— Les femmes ont dit que l'eau-de-feu commençait à abrutir les hommes bien avant la mi-nuit. Tu veux retourner au traîneau ?

— Je n'ai pas froid.

— Alors, vérifions notre plan : nous montons sur le pont et je descends chercher les totems pendant que tu fais le guet.

— Es-tu certain de savoir où les trouver ?

— Je connais le voleur et je sais où il dort. Ensuite, je descends à la cale. C'est là qu'ils voulaient enfermer mes chiens. Ce sera le moment le plus dangereux.

— Alors, je viens avec toi.

— Non. Il faut que quelqu'un attende les femmes.

— Jure-moi de m'appeler si cela tourne mal.

— Je le ferai.

Ils se mirent en marche alors que la lune nouvelle pâlissait la glace. Le navire projetait une ombre plus menaçante à mesure qu'ils avançaient. On aurait dit la carcasse d'un animal monstrueux. Dans ses entrailles, la vermine grouillait. Mohawks ferma son esprit à la colère pour se concentrer sur les gestes qu'il aurait à accomplir. La présence de son père le rassurait.

À présent, on percevait les chants et les exclamations des hommes, une musique aigrelette aussi que le Zuyis crut reconnaître avec un brusque pincement d'amertume.

L'échelle de corde était toujours déployée sur le flanc du navire. Vu les bons rapports qu'ils entretenaient avec les Inuits, les Norvégiens la laissaient en place jusqu'au départ des femmes.

Le pont sentait l'huile rance et le sel. Le gréement grinçait faiblement dans la brise. Désormais, Mohawks et son père ne communiqueraient plus que par signes. Il y avait peu de chances pour qu'on les surprenne sur le pont, mais mieux valait jouer la prudence. Il indiqua le trou qui menait dans le ventre du navire.

Avant qu'il s'élance, Shokan retint son fils et attrapa sa main pour la porter vers son cœur. Puis Mohawks rejoignit l'échelle qui menait à l'entrepont, vers les couchettes de l'équipage. Les marins recevaient leurs invitées dans le carré des officiers. Le capitaine ne pouvait guère cantonner ses hommes dans la cuisine, ni les obliger à se replier dans leurs propres quartiers. Si les totems n'étaient pas dans l'entrepont, il faudrait alors fouiller la cabine du capitaine, non loin du carré des officiers situé à l'avant du pont.

Jorge Skar avait investi le hamac le plus proche de la sortie. Le fieffé rusé ne voulait pas se trouver coincé en cas de coup dur. Mohawks connaissait un peu les lieux, Skar l'avait fait descendre à l'entrepont, pour lui montrer ses cartes. Malgré l'épaisseur des planches, on entendait encore plus nettement le vacarme des fêtards mêlé à la plainte discordante de l'accordéon. Des voix avinées réclamèrent à boire et un homme cria :

— Danse, ribaude, montre-nous comment tu lèves la jambe !

Il aperçut le coffre qui contenait les biens du marin et fit sauter le chaînon qui maintenait le verrou en quelques coups de tomahawk. À l'intérieur, il trouva des vêtements, un collier de graines d'ivoire très fines, des pipes de rechange, des jeux de cartes ainsi que plusieurs dagues et matraques que Jorge se vantait d'avoir gagnées aux poings.

Les totems étaient là, dissimulés au fond du coffre, enveloppés dans leur sac de cuir.

L'accordéon se tut, remplacé par le chant d'une femme. Un homme voulut lui donner la réplique, mais son bégaiement mourut dans un gargouillis. Et ce fut le silence. Mohawks se figea, hésitant.

Il devait descendre dans la soute et l'idée de pénétrer dans les entrailles de bois l'oppressait. Soudain, il crut percevoir un jappement. Un cri qu'il aurait reconnu entre mille et qui venait du pont.

*

* *

Le capitaine avait ordonné d'enfermer la meute sauvage dans la cale, mais, depuis que les femmes venaient rendre visite aux Qallunaats, les bêtes menaient un vacarme d'enfer et hurlaient à la mort, effrayant les « demoiselles ». Pour avoir la paix, Knut Aarhus avait donc ordonné qu'on laisse à l'air libre ces satanés chiens, solidement ficelés au mât d'artimon.

Torok somnolait quand l'effluve familier avait flotté jusqu'à lui, juste avant que Mohawks ne plonge dans les entrailles du navire. Le chien avait bondi en tirant de toutes ses forces pour se libérer, émettant un gémissement. Niäniä vint se frotter contre lui, mais Torok ne lui accorda aucune attention. Son corps était parcouru de frissons et le gémissement se mua en aboiements secs. Le panache de sa queue se mit à battre frénétiquement. En un instant, son excitation avait gagné toute la meute et les chiens se mirent à tirer sur les harnais fixés au mât par une longe de cuir impossible à ronger.

Shokan comprit aussitôt ce qui se passait. Contrairement à ce que croyait son fils, la meute était sur le pont. C'était une chance extraordinaire, sauf si les chiens attiraient un Qallunaat dehors ! Il courut vers l'avant du navire et stoppa net à trois pas seulement de Torok. Le chien avait retroussé ses babines, le poil dressé sur l'échine, dans une attitude menaçante. Les hommes étaient devenus ses ennemis. Au lieu de reculer, Shokan tendit les mains vers lui, paumes en avant, et avança d'un pas. Ses paumes frôlèrent le museau luisant de bave. Torok se prépara à bondir en avant.

Le chien avait perdu son maître depuis cinq lunes et vivait sous la coupe d'une brute. Chaque fois qu'il avait tenté de se rebeller ou de s'enfuir, il avait été battu, affamé ou enfermé dans le noir, là où l'air n'était plus que puanteur. La peur et la rage impuissante étaient en train de le rendre fou, mais son flair n'avait rien perdu de son acuité, et c'est ce qui sauva Shokan car, sur sa peau, subsistait l'odeur de son fils.

Torok la renifla alors qu'il s'apprêtait à mordre et sa rage se changea en un geignement déchirant.

L'homme s'agenouilla pour le calmer :

— Ton maître arrive, Torok.

Sa voix ressemblait à celle de l'homme-guide et le chien fléchit sur ses pattes sous le coup de la joie. Et soudain, il apparut, lui, son odeur si familière, sa voix et le son de son pas, inimitable. En un instant, ce fut une pagaille insensée dans la meute, un déchaînement de sauts et de couinements affolés, et Shokan eut beau s'interposer, rien ne pouvait arrêter les démonstrations délirantes des chiens retrouvant leur maître.

Mohawks riait et pleurait tout à la fois, caressant et flattant les gueules, tâtant une truffe, grattant le flanc trop maigre de sa fidèle Niäniä. Il aurait voulu avoir plusieurs bras pour les saisir tous, et du temps pour frotter la tête de Torok… Mais il fallait faire vite. Son père tranchait les nerfs qui retenaient les harnais au mât, et lui se hâta de l'aider malgré les tremblements de ses mains. En se sentant libre, Kishi hurla d'allégresse et Aponi se mit à uriner d'excitation et de peur. Torok semblait hésiter, déchiré entre l'envie de bondir hors du piège et celle de rester au plus près de son maître retrouvé. Les plus jeunes, dont l'attachement était moins ancré que celui de leurs parents, se mirent à hurler à leur tour, puis à grogner, ne sachant comment se comporter. Shokan s'interposa soudain et le secoua violemment :

— Mohawks, fais-les descendre ! Tu as trouvé les totems ?

— Je les ai.

— Alors, je vais prévenir les femmes !

— Pas question, tu pars devant avec les chiens !

— Ils ne m'écouteront pas !

— Si je le leur demande, ils traverseront la glace sur une seule patte : descends, je te les fais passer.

— Comment ?

— Avec cette corde.

— Ça va prendre trop de temps.

— Ne discute pas, père… Attache Torok par le harnais et attends-moi, je dois avertir les femmes.

Shokan sut qu'il était inutile d'insister. Son fils irait au bout. S'il obtenait satisfaction, sa colère s'éteindrait d'elle-même. Il s'approcha du chien pantelant et l'apaisa d'une caresse.

La cambuse du capitaine était une salle de dix pieds sur douze, agrémentée d'un petit poêle. En approchant, Mohawks vit à travers la buée trois filles qui se balançaient dans une parodie de danse. Elles chantonnaient toujours, à mi-voix, et l'Indien reconnut une berceuse qu'il avait entendue maintes fois, chantée par les mères inuits. D'un doigt, il gratta la vitre et attira le regard de la plus proche. La femme fit une grimace anxieuse mais se glissa vers la porte, qu'elle entrouvrit.

— Ils sont ivres ?

— Complètement. Mais tous ne dorment pas. Je crois qu'ils sont entre deux mondes.

— Ne t'inquiète pas, cela signifie que leur attention est paralysée. Venez maintenant. Allez-y lentement, l'une après l'autre.

— Et s'ils se rendent compte que nous partons ?

— Je reviens pour aider les dernières. Je dois débarquer mes chiens. Préviens les autres.

Il retourna en courant vers l'échelle. Shokan avait eu le temps de faire descendre Torok et trois autres chiens. La meute avait compris que leur liberté dépendait de cet homme inconnu qui fleurait bon l'odeur de leur maître. Un allié. Cependant, à l'approche du maître, ils furent repris de frénésie et Mohawks dut leur commander sèchement le silence. Ensuite, il fit signe à son père de descendre sur la glace et, sans paraître remarquer son hésitation, il lui tendit la bourse des totems. Shokan s'en empara et obéit. Déjà, Nootka apparaissait au-dessus du bastingage, suspendue par la longe de cuir, les pattes battant l'air. Sur le pont, deux jeunes filles arrivaient, gloussant à moitié, inconscientes du danger. Néanmoins, elles empoignèrent sagement l'échelle pour descendre. Les traîneaux attendaient derrière la ligne des hummoks, à cinq ou six portées de flèche. Elles devraient courir jusque-là. Une fois arrivées au village, elles ne risquaient plus rien. Si les Qallunaats contre-attaquaient, on les verrait de loin.

Sept femmes s'étaient proposées pour aider le Zuyis. La dernière à sortir était aussi la plus mûre, une solide matrone qui avait déjà eu trois compagnons et ne dédaignait jamais une aventure. Elle avait repris la berceuse inuit et sa voix n'était plus qu'un murmure quand elle s'approcha de la porte. Des ronflements échappaient aux hommes affalés sur les tables. Le capitaine lui-même, que Mohawks n'avait jamais vu que soigneusement vêtu, dormait vautré contre son fidèle bosco, aussi débraillé que les autres.

Mohawks saisit le poignet de l'Inuit et la tira vivement dehors. Il remarqua que son haleine sentait l'eau-de-feu et que son pas n'était guère assuré.

— Je vous avais dit de ne pas boire !

— Penses-tu ! Ce n'est pas à une femme de mon expérience qu'un peu d'eau de rhum fera grand mal.

La grosse femme éclata d'un rire tonitruant avant de plaquer la main devant son visage.

— Je ne dis plus rien ! Je sais ! Silence et ruse !

Devant l'échelle, pourtant, elle réalisa sans doute que le monde bougeait sous ses pieds et elle marqua une hésitation :

— Comment veux-tu que je descende sur ce fil ? Je vais me rompre les os.

— Tu es bien assez rembourrée. Allez, fais vite…

Mohawks dut l'aider patiemment à enjamber le bastingage pour descendre. À chaque barreau, elle soupirait.

— Tu vois, j'y arrive !

Shokan avait levé les bras afin d'amortir le choc, en cas de chute. Leurs regards se croisèrent. Le Zuyis était si occupé à l'encourager qu'il ne sentit la présence du marin qu'au dernier moment. Déjà une large main l'agrippait en arrière et l'homme hurlait de toutes ses forces :

— Holà, à moi ! Les gars, y a du grabuge ! À moi !

Surpris par l'attaque, Mohawks n'eut pas le temps de se dégager. Un poing énorme l'atteignit en pleine face. Il s'écroula à quatre pattes, voulut saisir son tomahawk et tâtonna à sa recherche. Il perçut le bruit d'une cavalcade. Des hommes arrivaient en braillant, trois ombres indistinctes, titubantes, qui lui parurent colossales. Il fallait fuir ! Il se releva d'un bond, s'accrocha au flanc du bateau et eut juste le temps d'apercevoir l'expression horrifiée de son père avant d'être tiré en arrière, une nouvelle fois. Deux hommes venaient de l'empoigner et le traînaient sur le plancher du pont sans ménagement. L'ivresse les rendait maladroits et atténua la force de leurs coups quand ils se mirent à le frapper. Juste avant de s'évanouir, Mohawks perçut les jurons de Skar, son ennemi juré.

— Salopard d'Indien ! Tu es revenu d'entre les morts pour me voler ! Tu vas voir ce qu'il t'en coûtera ! Cette fois, tu n'échapperas pas à la corde !

Shokan regrettait de ne pas être venu avec plus d'hommes. Il avait cru pouvoir s'en passer. Et c'est Mohawks qui payait pour sa négligence stupide. L'équilibre, la justice, le respect de la Vie, ces mots lui semblaient à présent vides de sens ! Mohawks allait mourir s'il ne réagissait pas très vite ! Était-ce la dernière épreuve infligée par les Esprits, la plus cruelle de toutes ?

Sans plus se soucier des femmes, Shokan se lança dans une course éperdue. Il devait aller chercher de l'aide plutôt que de se perdre dans une tentative solitaire, vouée à l'échec. C'était pourtant ce qu'il avait voulu faire d'instinct en voyant les hommes blancs frapper son fils. Mais la raison devait l'emporter.

Les chiens s'élancèrent à sa suite, ivres de liberté retrouvée. Ils n'avaient pas compris ce qui venait de se passer, ignoraient que leur maître avait été fait prisonnier, mais cet Indien était un ami, un allié. Ils avaient bien reniflé sa peur, mais c'était devenu un sentiment tellement familier qu'ils ne le remarquaient plus guère.

— Monte ! Tu n'iras jamais aussi vite qu'en kamutik !

Une Inuit venait de le dépasser et avait stoppé son attelage à sa hauteur. Shokan bondit à ses côtés, et ils filèrent sur la glace.

La terreur avait chassé toute autre pensée de la tête du Nahanni. Il se mit à prier en silence pour que son fils ne meure pas tout de suite.

Dans la hutte communautaire, personne ne dormait et les Inuits portaient leur tenue de chasse. Devant le visage ravagé de Shokan, Amarok sentit son sang se glacer.

— Que se passe-t-il ?

— Il faut attaquer tout de suite. Mon fils est resté sur l'oumiak !

— Et les totems ?

— Il me les a donnés. Tu ne comprends pas, Amarok, Mohawks est le Zuyis, on ne peut pas le laisser se débrouiller avec les Grands Sourcils !

— Je n'ai pas dit cela. Mais il nous faut réfléchir à un plan.

— Pour ma part, c'est très clair. Je vais prendre le fusil et j'y retourne !

Shokan entreprit de fouiller l'endroit où il avait entassé ses ballots. Sa vue se brouillait. Il déroula l'écorce, empoigna le bâton et vérifia son fonctionnement.

Il épaula et fixa un point à travers le tunnel d'entrée. Amarok se plaça devant lui et reprit avec douceur et fermeté :

— Je n'ai pas dit que nous devions réfléchir une lune durant. Je te conseille juste de ne pas lancer ton attaque maintenant, à l'heure où la nuit est trop noire pour bien se battre. Attends les petites heures, juste avant l'aube, quand le froid est si violent qu'il engourdit de sommeil et qu'il fragilise un homme. À ce moment-là, nous aurons toutes nos chances.

— Tu m'accompagnes ?

— Nous tous. Chaque guerrier en âge de se battre.

— Moi aussi !

Un vieux venait de se dresser sur ses jambes et son regard vague indiquait sa faiblesse.

— Toi, tu risques de te tromper de cible avec tes yeux !

— Alors, je me fierai à mon nez ! Ces Grands Sourcils puent !

Amarok se tourna vers Shokan et lui fit un clin d'œil.

— Tu vois ? Nous sommes prêts…

— Les petites heures ? Tu crois qu'ils vont l'épargner jusque-là ?

— Réfléchis… Les totems et les chiens ont disparu, ils vont l'interroger.

— La nuit va être longue…

— Il tiendra. Et nous frapperons avant que le soleil ne soit levé !

— Merci, Amarok.

30.

Peu avant l'aube, sept traîneaux chargés de deux hommes chacun s'élancèrent sur la glace.

Plus tôt, dans la nuit, le conseil avait décidé en hâte de la stratégie du combat, et les chasseurs les plus courageux s'étaient portés volontaires pour l'assaut. Le chaman avait invoqué les Esprits, afin qu'ils protègent les guerriers et sauvent le Zuyis. Pendant ce temps, Shokan avait rejoint la meute de Torok. C'est elle qui conduirait son kamutik. Les chiens étaient sales, les blessures de certains étaient infectées, on ne les avait pas assez nourris, ils semblaient cependant robustes. Ces chiens étaient le seul lien qui rattachait Shokan à son fils. Les regrets et l'angoisse le dévoraient. Si Mohawks mourait par sa faute, il en deviendrait fou. Jamais il n'aurait dû l'abandonner aux mains des Qallunaats.

Au lieu de remonter sur le pont pour rendre ces totems et sauver son fils, il avait fui comme un lièvre, afin de les mettre à l'abri ! Cette maudite quête lui avait déjà tant pris ! En dépit de ses efforts pour ne pas penser à ce qui se passait, au même moment, dans les entrailles du navire, les images s'imposaient à lui.

Il voyait des visages blêmes sortis du néant, des poings armés s'abattant sur la chair de Mohawks. Alors, il serrait le long fusil d'un geste farouche et répétait les gestes qu'il faudrait faire.

Pour la troisième fois, il se leva pour vérifier l'état des chiens et distribua quelques morceaux de lard. Torok était nerveux. Il flairait l'affolement mêlé à l'odeur si familière de l'homme-guide. L'instinct le poussait à suivre aveuglément l'effluve. Les autres chiens s'agitèrent. La captivité avait encore renforcé la cohésion de la meute, un réflexe de survie qui avait empêché les animaux de sombrer dans la sauvagerie quand ils étaient battus par les hommes blancs ou enchaînés à fond de cale. La frénésie de Torok se propageait aux autres. Colère ou soumission, ils vibraient du même élan. Tous ressentaient sa nervosité. Quant aux jeunes, Réou, Watanka et Elyu, ils avaient passé moins d'un soleil avec Mohawks, mais ils gardaient la mémoire d'un maître juste et doux.

Quand Shokan s'empara enfin du harnais, Torok se posta devant le traîneau. Ému par son empressement, l'Indien affirma d'un ton rageur :

— On va chercher Mohawks, même s'il faut l'arracher au territoire des morts !

En guise de réponse, le chien émit un grondement sourd, comme s'il comprenait.

*

* *

Ce fut le froid qui le sortit de son évanouissement. Son corps vibrait de douleur, meurtri par la bastonnade.

Il tenta d'ouvrir ses paupières gonflées et grogna. Quelque chose lui maintenait les bras écartelés.

— Notre hôte se réveille, Jorge !

— Il a peut-être envie d'un remontant. On va vérifier !

L'odeur du rhum, écœurante, acheva de le ranimer. Une main brutale força le passage entre ses lèvres tuméfiées et le breuvage incendia sa gorge. Dans son empressement, Jorge Skar fit gicler l'alcool sur la poitrine du prisonnier qui frissonna violemment.

— Tu as froid ?

Comme l'Indien ne répondait pas, Skar hésita à frapper. Si le sauvage s'évanouissait à nouveau, il faudrait attendre et la patience n'était pas son fort.

— Tu as perdu ta langue alors, ou bien tu ne parles plus la nôtre ? Et si je la coupais, puisque tu n'en as plus l'usage ?

— Maudit sois-tu !

Mohawks cracha un filet de bave sanguinolent. Sa vision s'éclaircissait peu à peu. Il se trouvait dans la soute, accroché comme une proie morte au flanc du navire, les bras écartelés, entravés par les poignets. Ses mains étaient engourdies et douloureuses tant les liens étaient serrés. Pendant son évanouissement, les Norvégiens l'avaient dénudé jusqu'à la taille pour le frapper à leur aise. Les souvenirs lui revenaient en désordre. Les coups et le plancher du pont. La chute dans le noir. Les cris. L'odeur du sang. Le regard de son père…

L'autre le fit boire, lui aspergea le visage avec un peu d'eau froide, puis lui tapota la joue, et sa voix se fit mielleuse :

— Tu m'as pris quelque chose, l'Indien. Tu dois me le rendre… Pourquoi t'entêtes-tu ?

— Les totems ne t'appartiennent pas.

— Je te les troquerai contre du rhum.

Malgré la douleur, Mohawks émit un râle qui ressemblait à un rire. Ce Qallunaat n'avait aucune idée des lois de l'échange, il ne connaissait que le vol !

— Tu préfères la manière forte ?

La gifle s'abattit par surprise et envoya sa nuque cogner contre le bois. Il retint un gémissement de douleur et chercha une position qui soulagerait ses muscles raidis. On eût dit que des braises ardentes irradiaient à partir de sa nuque jusque dans ses paumes. Il ne sentait plus ses doigts.

— Où sont-ils ? Tu les as donnés à l'autre macaque ? Ou à une de ces petites ribaudes, les sales garces !

— De qui… parles-tu ?

— Y avait un homme avec toi. Je l'ai vu détaler comme un rat !

— Tu as… raison.

— Quoi ! Raison pour quoi ?!

— Il a les totems.

— Triple damnation ! Tu dis vrai ?

Une autre gifle vint souligner la question et cette fois Mohawks ne put refréner un cri.

— Tudieu, tu me rendras mon bien ou c'est moi qui te ferai rendre gorge, vermine ! Mets-toi ça dans le crâne, ce sont mes statuettes, maintenant, les miennes, et si je ne les récupère pas tantôt, je te découperai le lard pouce par pouce. Ensuite, je t'arracherai les dents, les ongles, sans compter ta verge et tes bourses, foi de Jorge Skar !

Ivre de colère, il recula pour le frapper au ventre, mais son complice se jeta devant lui.

— Cogner ne sert à rien. Il faut réfléchir à un plan.

— Réfléchir ? Parbleu, tu crois que ça nous rendra riches ?

— Et que comptes-tu entreprendre ?

— On va l'échanger. Ces sauvages ne marchent qu'avec le troc, on leur donnera leur pesant de viande !

— Quelle viande ?

— L'Indien, triple buse ! L'Indien, contre les statuettes… Et si les sauvages refusent, je l'éventrerai des pieds jusqu'au col et j'irai suspendre sa dépouille à une potence, en plein milieu du bourg qui tient lieu de village à ces dégénérés ! Et je les saignerai tous, tant que je n'aurai pas mon or !

— Alors, ne le tue pas. Remontons dormir. Les garces m'ont épuisé.

— Tu as raison. Mieux vaut ne pas trop l'abîmer. Pas tout de suite. Le capitaine a mis un homme de quart ?

— Deux.

— Ces poltrons n'attaqueront pas, mais ils peuvent toujours tenter de délivrer ce bougre d'Indien.

— Ce sont de sacrés chasseurs !

— Foutaises !

— Et lui ? Tu ne redoutes pas qu'il crève de froid ?

— Cette raclure a survécu à pire. Et s'il crève, tant pis.

L'unique source de lumière provenant d'un fanal s'éloigna avec eux, et les ténèbres se refermèrent sur Mohawks. Dans l'obscurité, la puanteur des lieux parut plus forte, aussi épaisse que de la tourbe. Il cessa de lutter contre les frissons. Chaque spasme lançait une flèche de douleur dans les muscles de ses épaules. Les marins l'avaient ligoté de façon à ce qu'il ne puisse se tenir que plié en deux. Impossible de s'agenouiller ni de se lever tout à fait. La souffrance enserra son corps d'une suée glacée.

Il fallait tenir. Mais combien de temps, avant que le froid ne lui gèle les sangs ? Où était son père ? Et les chiens ? Pourquoi l'avait-on abandonné ici ?

Un grattement se fit entendre. Mohawks songea avec terreur aux rats qui habitaient le bateau. Mais un rongeur ne sentait pas la sueur d'homme !

— Qui est là ?

— Moi, Zuyis.

— Anaslak ?

L'ombre s'approcha sans répondre et le lien qui compressait son poignet se tendit un peu plus, avant de lâcher brusquement. Son bras chuta comme une branche de bois mort. Il grogna à l'Inuit de faire attention, mais l'autre tremblait tellement qu'il parut ne pas l'entendre. Après avoir coupé l'autre corde, Anaslak recula d'un bond, comme s'il regrettait son geste. Incapable de tenir debout, Mohawks glissa à terre, les membres paralysés. Il se mit à respirer fort pour ne pas s'évanouir et attendit que le vertige s'estompe. Un fourmillement commençait à parcourir le bout de ses doigts. Sous l'afflux du sang, chacun de ses nerfs semblait se réveiller et la douleur était intolérable. Il se mit à hoqueter bruyamment. Terrifié à l'idée de voir surgir les Qallunaats, Anaslak s'approcha pour lui tendre une tunique.

— Mets ça. Je n'ai rien trouvé d'autre. Il faut se cacher…

— Aide-moi, je ne peux pas bouger.

En gémissant, Mohawks enfila péniblement le vêtement. La chaleur était bienfaisante et il reprit son souffle.

— Tu me sauves la vie.

L'Inuit ne répondit pas. La peur du maître blanc était si forte qu'il avait attendu longtemps, caché derrière un tonneau. Plongé dans l'ivresse, il n'avait pas assisté au vol des totems. Quand il avait émergé de sa torpeur, Skar et son complice s'acharnaient sur un homme recroquevillé en boule. En reconnaissant Mohawks, Anaslak avait compris que les Esprits l'avaient entendu et lui donnaient une chance d'effacer sa faute. Il devait sauver le Zuyis et fuir avec lui. Il avait entendu chaque coup, chaque rire d'ivrogne. Et il avait attendu.

Il chuchota dans un souffle :

— Tu peux marcher ?

— Donne-moi encore un peu de temps. J'ai l'impression qu'une armée de fourmis à venin me dévore tout vif ! S'il le faut, je ramperai ! Tu n'as pas de bougie ?

— Pour les voir revenir ? Ils nous tueront s'ils nous surprennent. Pour l'instant, l'escalier est bloqué. Il y a deux marins de garde, un dans l'escalier et un autre sur le pont, tu as entendu Skar…

— On doit les éliminer.

— Comment ?

— Assomme-les.

— Je ne suis pas assez grand ! Tu as vu ces géants ?

— Alors, il faut les tuer. Tu as un couteau ?

Anaslak commença à gémir de frayeur. À tâtons, il tendit une courte lame et la glissa dans la main du Zuyis.

— C'est tout ?

— Le capitaine n'aime pas trop que je traîne avec des armes. Il dit que je peux les emporter seulement quand je chasse.

— Où sont-elles ?

— Dans le traîneau… le tien ! Mais c'est sur le pont.

— Il faut monter.

— Non ! On va se faire tuer !

— Alors, j'irai seul !

Au même moment, la mort frappa l'homme de guet. Il s'écroula, une flèche plantée en pleine gorge.

Le tireur avait rampé aussi loin que possible sur la glace. À trente pas du navire, il s'était levé, silencieux, pour ajuster sa cible. Le Norvégien se tenait de dos. Un sifflement modulé avait résonné dans la nuit polaire, si inhabituel que le Norvégien s'était retourné, plus intrigué qu'inquiet. Il eut juste le temps de réaliser qu'un homme se tenait debout sur la glace. L'Esquimau avait visé le cœur, mais une rafale de vent avait dévié la pointe qui atteignit le cou. Heureusement, l'afflux de sang empêcha l'homme d'appeler à l'aide. Il put tout juste émettre un gargouillis sinistre. Avachi dans l'escalier, à quelques pas de là, le second homme de garde n'avait rien entendu.

Les guerriers esquimaux escaladèrent le flanc du bateau sans un bruit. Shokan était à leur tête, armé de son arc et de son fusil.

Dans sa cabine, le capitaine tentait vainement de trouver le sommeil. Il aurait dû descendre dans la cale et vérifier l'état du prisonnier, mais la seule idée d'affronter le regard de Mohawks le clouait sur sa couchette. Skar avait dû s'en donner à cœur joie !

En reconnaissant le Zuyis, Knut Aarhus avait failli vomir de dégoût. Sous l'emprise des brumes alcoolisées, il s'était même demandé si Mohawks n'était pas un spectre revenu d'entre les morts pour le hanter, réclamer justice. Depuis qu'il l'avait abandonné dans la chaloupe et condamné à une lente agonie, les remords le tourmentaient chaque nuit, et il buvait souvent pour tenter d'oublier son péché. Contrairement à la plupart des marins, le capitaine n'était guère superstitieux, pourtant il sentait planer le mauvais œil. Tout allait de mal en pis. D'abord la longue errance sur la mer, ensuite la grosse tempête qui avait failli les drosser contre un iceberg, et enfin le piège des glaces. Un marin était mort de convulsions sans que le barbier puisse le soulager, en dépit des saignées et des fumigations. De quelle sorte de mal était-il donc mort ?

Le retour de Mohawks le ramenait devant un choix impossible. Sauver un innocent ou encourir une mutinerie menée par cette brute de Skar.

Il crut entendre râler une bête et pesta contre le vent qui tourmentait les âmes. Le remords était en train de le rendre fou. Dans une heure, l'aube se lèverait. Il faudrait prendre une décision…

Soudain, la porte vola en éclats. Au milieu du battant, la machette vibrait, fichée jusqu'à la garde par la puissance du lancer. Un homme surgit, armé d'une lance, et Knut n'eut que le temps de se jeter au sol en hurlant à pleins poumons :

— Alerte ! À moi !

Une dizaine d'Esquimaux avaient investi le pont et quatre autres entouraient le navire, l'arc bandé, prêts à tirer. Amarok ne voulait pas jeter toutes ses forces dans un corps à corps incertain. En cas de défaite, les archers devaient rejoindre le village et fuir avec femmes et enfants à l'intérieur des terres.

L'appel à l'aide du capitaine mit en branle l'équipage. En dépit de l'ivresse et de la fatigue, habitués qu'ils étaient à réagir dans les pires conditions, les marins se précipitèrent sur le pont.

Skar déboucha le premier à l'air libre. En plus de son épée, la brute brandissait un mousquet qu'il avait dérobé au capitaine. Derrière lui, les marins se ruaient déjà vers l'échelle, armés de gourdins et de dagues, de sabres ou de massues.

Pendant quelques secondes, les adversaires se mesurèrent du regard pour évaluer les forces en présence, puis tous se ruèrent en avant, dans une formidable pagaille.

Six chasseurs esquimaux attaquèrent groupés, comme s'ils défiaient un ours, et fendaient l'air à coups de lance. Trois autres hommes se tenaient derrière cette première ligne de guerriers, brandissant les machettes. Les Norvégiens, rendus fous par la peur, foncèrent en hurlant sur les pointes aiguisées, comme s'ils étaient invincibles.

Le premier coup abattit un guerrier, qui vint s'embrocher sur l'épée de Skar. L'odeur du sang et des tripes aviva encore la rage meurtrière du marin. Un Norvégien tomba lourdement en arrière, une machette fichée au milieu du front.

Shokan, près du bastingage, n'avait pas participé à l'assaut. Il savait qu'il n'aurait pas l'occasion de tirer deux fois, et il voulait préparer son tir. Il ajusta sa visée sur un Qallunaat qui venait juste d'abattre un guerrier et enflamma la mèche de son fusil. La détonation pétrifia un instant les assaillants et le marin tomba, râlant de douleur, la main crispée sur l'abdomen.

À cet instant, Anaslak et le Zuyis ensanglanté jaillirent à leur tour sur le pont. Le père vit son fils apparaître et hurla dans sa direction, attirant l'attention de Skar qui se trouvait à quinze pas de là, aux prises avec deux sauvages.

— Mohawks !

Une pulsion meurtrière envahit le Norvégien et submergea son cerveau. Il bondit en avant, se frayant un passage à coups de lame, sans prendre garde aux corps qu'il entaillait dans la mêlée. Mohawks le vit au même moment et se figea. Il semblait hésiter. Mais le cri de son père était si plein d'attente qu'il se lança vers lui, sans plus se soucier de son bourreau. En quelques bonds, il fut hors d'atteinte et la rage de Skar se décupla encore. Un grondement féroce lui échappa :

— Tu vas crever aussi sûr que j'irai en enfer !

Il décoinça le mousquet de sa large ceinture. L'arme était toujours chargée et il n'eut qu'à ajuster sa cible et enflammer la mèche.

Plus bas, une meute de chiens hurla et le Norvégien sursauta. La gueule du fusil trembla dans ses mains.

Père et fils se regardaient, comme pour se rejoindre plus vite, et Shokan eut un sourire radieux. Le tonnerre roula par-dessus les hommes. Mohawks vit le sang fleurir sur la poitrine de son père qui continuait de lui sourire. Il le vit s'affaisser doucement, sentit le choc dans sa propre chair quand la tête cogna le plancher du pont.

Arrivé devant le corps, il tomba à genoux, refusant de comprendre. Un voile commençait à brouiller les prunelles de Shokan.

— Père !

— Mon fils…

— Ne me laisse pas !

— Jamais plus, Mohawks. Jamais plus d'abandon…

Le sang perla sur sa lèvre inférieure et coula en un filet de plus en plus épais.

— Je ne veux pas que tu meures.

— Je ne meurs pas, je vais ailleurs…

Dans un dernier effort, le Nahanni tenta de se redresser pour dire à son fils combien la liberté était douce. Que la douleur des regrets, en s'effaçant, l'avait affranchi des dernières pesanteurs. Et qu'il flottait désormais, si léger qu'il pouvait voler haut, tellement haut qu'en tendant la main il sentait déjà la trame du ciel.

Il voulut tout dire, mais le vertige l'emportait. Sa main dressée effleura le front de son enfant retrouvé puis retomba, inerte.

Mohawks avait cessé de respirer. La douleur n'habitait plus son corps écartelé, c'était son cœur qui venait de lui être arraché.

Il se releva sans trop savoir comment. Le bâton de tonnerre avait causé la perte de Shokan. Lui qui disait que la mort s'inflige avec respect avait dérogé à ses principes pour sauver son fils.

Il se pencha vers l'arc qui gisait près de la dépouille de son père et arracha une flèche du carquois. Ses gestes était calmes, parfaitement mesurés. La douleur avait reflué assez loin pour qu'il demeure maître de lui-même. Seule l'intéressait la proie.

Skar était en train de recharger son mousquet. Il n'avait rien vu, rien compris, sauf qu'il n'avait pas tué la bonne vermine. Cette fois, l'Indien ne lui échapperait pas.

Il avait fini de bourrer l'étoupe et s'apprêtait à enflammer la mèche. Redressant la tête, il chercha l'Indien du regard. Il eut le temps de voir la flèche dardée sur lui, comme un serpent venimeux.

Il comprit que la mort le prenait, sans pouvoir esquisser un geste, et reçut le dard en pleine poitrine. La vie s'éteignit avec sa colère, car, là où il sombrait, il n'y avait plus que ténèbres.

Le combat cessa aussi brutalement qu'il avait commencé. Quand les Norvégiens virent Skar s'écrouler, ils prirent peur. Le capitaine était tombé, trois d'entre eux gisaient raides morts et, sans le colosse à leur tête, ils se savaient perdus.

Un homme cria « paix ! » et aussitôt les armes roulèrent bruyamment sur le pont. Plusieurs marins écartèrent les bras, paumes ouvertes, dans un geste de soumission, afin de montrer aux sauvages qu'ils ne se battraient plus. Ils attendirent, la tête basse, terrifiés à l'idée de finir dévorés. Le cannibalisme n'était-il pas le propre des sauvages ?

Le silence suivit, entrecoupé par les gémissements des blessés.

En plus de Shokan, deux Esquimaux étaient morts, trois autres portaient de sévères entailles d'où s'échappait un flot de sang. Du côté des marins, on comptait quatre victimes, dont Skar. Il y eut un moment de flottement, gros de menaces, jusqu'à ce qu'Amarok se décide à aller chercher le capitaine qallunaat. Il le traîna par les pieds, à demi inconscient, devant Mohawks qui n'avait toujours pas bougé d'un pouce.

— Zuyis, il faut que tu prennes une décision.

— Une décision ?

— Voilà le chef de tes ennemis. Si tu veux le punir, c'est à lui de porter le poids de ta vengeance.

Mohawks contempla l'homme inerte à deux pas du corps de son père. C'était à cause du Qallunaat que tout était arrivé. À cause de lui s'il avait perdu Shokan qu'il venait à peine de retrouver.

Le capitaine Knut Aarhus n'avait plus fière allure. Encore groggy, il se mit à quatre pattes et leva la tête pour chercher de l'aide. En reconnaissant celui qui le dominait de toute sa hauteur, il voulut bredouiller des explications, mais un reste d'honneur l'en empêcha. Ce visage dur, défiguré par la haine et la douleur, n'avait plus rien à voir avec le souvenir qu'il gardait de l'Indien. Il n'y avait aucune clémence à attendre de lui.

Mohawks devait choisir le châtiment. Il détourna le regard du Qallunaat pour ne pas se laisser influencer par sa haine. L'envie le dévorait de sortir son poignard et de frapper. Trancher le fil de vie. Mais s'il commençait, il ne s'arrêterait pas avant d'avoir anéanti les étrangers, tous, jusqu'au dernier !

Shokan disait de belles choses sur la vie. La mort digne. Ce regard éclairé de tendresse quand son fils avait renoncé à tuer les velus. Libre de toute colère. Il s'obligea à parler, et chaque mot lui écorchait la gorge.

— Emportez toutes les armes que vous trouverez, à l'exception des bâtons de foudre. Prenez les cordages qui ne servent pas aux voiles, laissez la viande et l'eau-de-feu. Ces Grands Sourcils ne méritent pas de mourir en guerriers.

— Pourquoi ne pas les dépouiller de tout ?

— Parce que ce n'est pas digne d'un homme.

— Il sera fait comme tu le souhaites, Zuyis.

Mohawks s'obligea à reculer d'un pas. Il brûlait toujours de frapper. Son corps était tuméfié par les coups, mais ce n'était rien comparé à la douleur de la perte. Ce qu'il avait souhaité n'existait plus. Son père était mort et les Qallunaats seraient épargnés parce que Shokan était un homme sage qui méprisait la vengeance. Il fallait partir avant de se laisser submerger par la haine. Il désigna le corps sans vie.

— Aide-moi à le porter.

Anaslak, qui était resté peureusement en retrait, voulut s'approcher, mais le Zuyis l'arrêta d'un geste. Seul Amarok toucherait la dépouille de son père.

Ensemble, ils firent glisser son corps le long de l'échelle en veillant à ne pas le heurter, puis l'allongèrent sur le traîneau tandis que la meute se déchaînait pour rejoindre Mohawks, avec des hurlements délirants de joie. L'homme-guide était revenu ! Mohawks alla vers les chiens et il put enfin laisser couler ses larmes, le visage enfoui dans les fourrures. Longtemps.

*

* *

Il avait fait ses adieux au clan. Après les funérailles, plus rien ne le retenait.

Anaslak avait essayé plusieurs fois de lui parler, mais Mohawks refusait de l'entendre. L'explication des choses passées, le courage ou la lâcheté de l'Inuit, rien de tout cela ne l'intéressait. Il ne voulait ni se laisser distraire par la haine ni replonger dans l'amertume. Il avait suffisamment de difficultés à ne pas s'écrouler. De même, peu lui importait de savoir ce qu'il adviendrait des Norvégiens abandonnés sur leur navire, sans capitaine. En les épargnant, il lançait toutefois un message clair aux étrangers : la Terre des Peuples d'en haut n'était pas pour les Qallunaats. Elle finirait toujours par dévorer leur âme !

Il s'était laissé soigner, masser, nourrir, incapable d'éprouver le moindre soulagement. Il ne dormit guère. Seule la meute le réconfortait. Auprès de Torok, Niäniä, Nootka, Kishi, Aponi, Istu et Yuma, il pouvait laisser couler ses larmes et trouver un peu de réconfort. C'était si bon de les sentir enfin contre lui. Et de laisser ses pensées aller vers Anja…

Certaines heures, au cours des trois nuits et trois jours qu'avaient duré la préparation du corps et la veillée, la douleur, comme un bloc de glace, lui avait comprimé le cœur, avait ralenti sa pensée et l'avait enveloppé dans un engourdissement étrange.

Le corps de Shokan avait été dénudé et soigneusement lavé. Le Zuyis avait refusé l'aide des femmes et leurs rituels funéraires afin de procéder à la manière nahanni. En guise de natte mortuaire, il choisit la couverture dans laquelle il s'enroulait pour dormir. Ainsi, un peu de lui accompagnerait l'âme de son père jusqu'aux portes de Wacondah. Enfin, puisqu'il n'existait pas de pierre sacrée, il irait en territoire des morts inuits.

La peau livide laissait voir la déchirure sombre, en forme de corolle, comme un cœur pourpre. Sur ses épaules, on devinait les anciennes scarifications attestant le Voyage. Shokan avait été Marcheur ; dans la mort, il retrouvait la dignité de son rang.

Mohawks enduisit la chevelure de graisse et la peigna longuement avant de nouer une unique natte. Ensuite, il disposa l'hukmotk brodé de soleils sur le front pâle. Il referma les doigts raidis autour du poignard de Ramuk, puis déposa les dents de l'ours autour de la tête.

Tout était prêt. La dépouille gisait sur son vieux kamutik récupéré sur le navire. Mohawks n'en trouverait pas de meilleur pour le dernier voyage du Nahanni.

Il siffla les chiens harnachés. Après lui avoir adressé un regard d'adoration, Torok s'élança sur la piste, le panache de sa queue fièrement dressé, entraînant la meute dans le même élan. Derrière le kamutik, une longue file de traîneaux emportait la tribu entière, hommes, femmes et enfants. Il y avait aussi quelques chasseurs du clan de Koria venus saluer leur frère Kitaani. Tout juste revenu de Nain où il avait conduit Anja, Koursk avait pris leur tête, accablé de tristesse.

Peu avant le crépuscule, les kamutiks débouchèrent sur le plateau qui surplombait la grande baie, là où les corps étaient laissés aux Esprits.

Les Esquimaux convergèrent vers la dépouille.

Parmi ces hommes chaudement vêtus de fourrures, la nudité de Shokan semblait plus crue, mais elle rendait à la mort son caractère inéluctable. Sa peau gelée, comme ciselée dans la roche, évoquait la sérénité du totem. Il était désormais hors d'atteinte, flottant encore entre deux mondes, et les vivants lui faciliteraient le passage.

Koursk, Amarok et Mohawks emportèrent le corps raidi et le hissèrent au sommet du cairn, un empilement de pierres assez haut pour décourager les tentatives des carnivores terrestres. En dévorant sa chair, les rapaces permettraient à l'âme du guerrier d'atteindre le territoire des Esprits où il subirait l'ultime métamorphose.

Mohawks s'accroupit sur la plate-forme et ferma les yeux. Les Inuits reculèrent et rejoignirent les kamutiks. Le Zuyis avait demandé à rester seul, selon la coutume nahanni. Il entendit les traîneaux s'ébranler, le sifflement des patins sur la glace. Pas une parole n'avait été prononcée.

Il patienta encore avant de s'abandonner à la douleur. Depuis trois jours et trois nuits, il la retenait en lui. Elle avait la puissance d'une vague et le submergea entièrement, au point de lui couper le souffle. Il avait aimé son père et ne le lui avait jamais dit.

Le soleil embrasa le ciel de traînées pourpres, et la glace, incendiée par les derniers rayons, parut saigner. Le vent soufflait depuis la mer, apportant l'odeur salée des embruns, et Mohawks, le visage tourné vers le large, éprouva un infime sentiment de paix.

C'était le dernier paysage que Shokan verrait de la Terre Mère, cette rive gelée si loin de Raitankia. Les âmes pouvaient-elles ressentir l'exil ?

Les larmes roulèrent sur ses joues, mais Mohawks demeura immobile, afin de ressentir à nouveau l'impalpable sérénité qui l'avait effleuré. Pour libérer l'esprit de Shokan, il fallait accepter de lui dire adieu.

Il pria longtemps, jusqu'à ce que son regret s'estompe.

Durant la nuit, il crut voir un oiseau planer et sut qu'il était temps de partir. Les rapaces ne viendraient qu'avec le lever du jour, mais son père était désormais libre.

*

* *

Le retour vers Nain fila comme un rêve, une course entre deux mondes, l'un riant et ouvert sur l'avenir, l'autre sombre, alourdi par une douleur qui refusait l'oubli.

Shokan lui manquait cruellement et son absence creusait un abîme si profond que Mohawks lui-même s'en étonnait. Avant, quand il ignorait que son père était en vie, le manque n'était qu'une pointe douloureuse mais lointaine. À présent, il se sentait dépossédé, comme si le lien du sang, celui qui le rattachait à ses ancêtres, avait été rompu.

Jamais pourtant il ne regretta d'avoir épargné les Qallunaats, car, en faisant le choix de l'indulgence, il avait honoré son père.

Il prit conscience que la mort de Shokan l'avait rendu homme.

Il s'obligea à déballer les totems de leur sac afin de les examiner. Il devait combattre le sentiment que c'était pour les récupérer que son père avait péri. D'une certaine façon, la quête lui avait été fatale à deux reprises.

Les petites sculptures étaient intactes. L'or et les pierres irradiaient des reflets moirés. En les observant à la lumière du feu, Mohawks crut distinguer une sorte de vapeur de lumière autour des trois ookpiks, comme un mirage lointain. Le Graam ?

Il avait hâte de voir la couronne achevée pour repartir enfin vers Raitankia. Pourtant, quelque chose avait changé en lui. S'il rêvait de la fin du Voyage, c'était sans cette impatience brouillonne qui l'avait si longtemps galvanisé.

La fierté d'avoir réussi avait perdu de son importance. La quête était d'abord un chemin individuel, creusé en soi, qui allait s'élargissant vers les autres pour les servir.

Mohawks voulait revenir à la terre, chez lui, et regarder grandir son enfant auprès d'Anja. Être le père que le sien n'avait pu être.

Quatre jours plus tard, alors qu'il filait sur la Grande Glace, il reconnut les contours de la côte, puis repéra les fumées d'un village.

Nain. Il était arrivé.

31.

— J'enverrai mes prières à la Terre Mère pour qu'elle favorise ton retour et je louerai le Grand Hiver afin qu'il éternise son étreinte ! Ce sera bien la première fois qu'un chaman invoquera ainsi le froid !

Mani adressa un clin d'œil malicieux au Zuyis. Celui-ci s'inclina et cogna la terre de son front en signe de remerciement.

Une demi-lune seulement s'était écoulée depuis la mort de Shokan. Pour satisfaire le Zuyis et sa compagne, le chaman de Nain avait accepté de raccourcir le temps du jeûne et des rituels. Anja voulait donner vie à Raitankia. Devant elle, les coutumes pliaient, car elle avait le Don.

Mani était un mystique qui préférait se fier à son intuition plutôt qu'à des règles rigides, pourvu que l'harmonie soit servie. La loi du Cercle méritait parfois une ligne brisée… et raccourcie !

Pendant que le chaman fondait lc dernier totem, Mohawks établit son itinéraire aussi précisément que possible avec quelques chasseurs du clan. Il espérait atteindre le lac des Esclaves avant la fonte et traverser en traîneau. Les Inuits le rassurèrent ; la glace était si épaisse sur ce lac géant qu'elle tenait souvent jusqu'en pleine saison chaude, alors que les pentes des rives brûlaient sous les feux du soleil. Les pistes de terre, en revanche, seraient plus ardues à négocier et il faudrait rejoindre aussi vite que possible le lac de l'Ours, en plein territoire des Ouks. Cette fois, un oumiak serait nécessaire. Resterait à franchir les dernières montagnes, si possible à cheval, car Anja ne serait pas en état d'escalader les pistes. Trouverait-il un tel animal chez les clans des rives ?

Pour ménager sa compagne, Mohawks avait décidé de fabriquer une sorte de traîneau de branchages souples qu'il attacherait au cul de la bête. Enfin, pour les passages difficiles, il la tiendrait dans ses bras et chargerait le second cheval de tout son équipement.

En attendant, il confectionna une couche sur un empilement de peaux, de nattes et de fourrures, de la plus épaisse à la plus fine afin qu'elle puisse s'y coucher confortablement. La première fois qu'elle vit cet arrangement, Anja ne put refréner un fou rire, car cela ressemblait plus au nid d'un œuf délicat qu'à la place d'une Saami accoutumée à la rudesse de l'existence. Cependant, après quelques jours, ballottée par la piste, elle remercierait Mohawks de sa prévoyance !

La jeune femme s'était un peu arrondie au cours de cette troisième lune. Elle souffrait d'alanguissements, de brusques crises de bâillements, autant de signes qu'elle s'efforçait de cacher à Mohawks pour ne pas l'inquiéter davantage.

Depuis qu'elle portait leur enfant, Anja se savait protégée. C'était comme si l'enfant la tenait hors de portée des dangers ordinaires. Parfois, cette impression était si puissante qu'elle en éprouvait de l'embarras. Enveloppée dans une bulle de solitude tranquille, elle s'éloignait encore des autres. Seul Mohawks pouvait la rejoindre, quand ils glissaient dans la même couche, qu'ils marchaient d'un même pas ou qu'ils s'aimaient, simplement.

*
* *

Le soir de la nouvelle lune, devant les clans des terres froides, le Marcheur dansa.

Il dansa pour les dieux et les peuples, pour son père mort et sa mère foudroyée, pour les ancêtres du territoire de Wacondah et pour les vivants de la Terre. Il dansa pour son enfant à naître, pour la femme qui l'accompagnait, pour chaque rencontre, chaque épreuve infligée pour l'affermir au cours du Voyage, chaque leçon qu'il en avait tirée pour devenir un homme. Il dansa pour l'eau vive et la glace figée, pour les airs et le vent, pour le feu et la terre, pour la roche et les arbres, pour ses frères animaux. Il dansa pour la loi de l'équilibre et celle du Cercle. Il dansa même pour la vengeance tarie.

À chaque volte, ses ailes le menaient plus haut, sa vision se faisait plus perçante, son cœur s'élargissait, vaste à en porter le ciel.

Au milieu des Inuits de Nain, sur la place du village sacré, le Zuyis tournoyait, bras écartés, les pieds battant la boue, et il sentait la pulsation de la Terre Mère le porter en avant, inlassablement.

Sur sa poitrine, oscillant au rythme de ses bonds, la couronne des petits Zuyissmans battait. Par instants, quand il changeait brusquement de direction, la face de l'oiseau changeait elle aussi. Celle du sud, que Mani avait sculptée, se distinguait par son or plus brillant et des pierres de couleur jaune. Jamais on n'avait vu pareille splendeur au pays des hommes véritables. En s'insérant dans la couronne, le quatrième totem avait fait surgir l'esquisse d'un cœur battant qui semblait flotter entre les becs des ookpiks et la pointe de leurs ailes.

Emporté par la transe, Mohawks le Nahanni tournoya jusqu'au matin, jusqu'à tomber foudroyé de fatigue sur le sol.

Il était le Zuyis et sa quête était presque accomplie.

*
* *

Le surlendemain de la cérémonie, Anja et Mohawks quittaient Nain.

Ils s'élancèrent pour la dernière étape du Grand Voyage, talonnés par les souffles tièdes de la saison chaude. Les côtes étaient toujours figées dans les vagues de glace, mais les vallées et les plaines se parsemaient de myriades de fleurs colorées.

Ils devaient profiter des cours d'eau gelés ou des plateaux d'altitude battus par les vents, sans prendre un seul jour de repos. Les chiens avaient compris que la femme alourdie était précieuse et ils galopaient des heures durant avec un entrain inouï. Aux haltes, quand elle insistait pour les nourrir, ils perdaient un peu de leur sauvagerie et se montraient dociles.

Les trois jeunes avaient atteint leur taille adulte. Ils étaient robustes, agiles, parfois téméraires, parfaitement adaptés au milieu de l'attelage où leur enthousiasme se trouvait contenu par les adultes plus prudents. En les voyant courir ainsi, jeter toutes leurs forces dans la course, Mohawks réalisa que la meute était en train de se débarrasser des traces de servitude et d'enfermement.

Les chiens avaient changé, à l'exception de Torok – les épreuves semblaient glisser sur lui. Tous avaient perdu une part d'eux-mêmes, et leur caractère s'était assombri. Niäniä, la délicate et bienveillante femelle, était devenue plus farouche, tout en restant ardemment attachée à Torok. Désormais, elle ne se laissait plus approcher par un autre mâle. Moins conciliante avec les jeunes, elle n'hésitait pas à gronder quand ils se montraient trop entreprenants.

Yuma ne paressait plus guère et Mohawks se rappelait avec une pointe de regret les entourloupes du chien pour réclamer un arrêt et freiner le traîneau quand il jugeait qu'il en avait assez fait. Aponi avait appris la méfiance et ne se jetait plus sur la nourriture sans vérifier au préalable que tout danger était écarté ; elle avait été frappée lors de jeux cruels, car les Norvégiens avaient remarqué sa gourmandise. Istu, qui se laissait distraire d'un rien autrefois, était devenu vigilant et sa nervosité faisait peine à voir. Kishi avait gardé ses instincts de chasseresse, mais elle veillait à suivre le mouvement général, alors qu'autrefois elle aurait tout fait pour tirer en direction d'une proie. À présent, elle obéissait au premier cri, et Mohawks, loin de s'en réjouir, reconnaissait la trace des brimades. Les trois plus jeunes, Elyu, Réou et Watanka, s'étaient simplement aguerris, mais on sentait chez eux un fond de sauvagerie bien plus puissant que chez leurs aînés.

Le soir, avant de rejoindre Anja sous le tepee, Mohawks passait un long moment auprès d'eux, à leur parler, les masser et les rassurer pour recréer le lien de confiance qui s'était distendu. Ensuite, avec Torok, ils s'éloignaient un peu et restaient en silence à contempler les feux du ciel. Il avait presque réussi le Grand Voyage, et cette pensée l'enivrait et l'effrayait en même temps. Peu de temps auparavant, une lune à peine, il était encore dans le Voyage, et il ne lui était jamais venu à l'esprit de penser à la fin. Et voilà qu'il y était presque ! Il allait devenir un Zuyissan, comme Raian, comme d'autres chefs illustres, si grands alors que lui-même avait l'impression d'être minuscule. Il ferait partie de la légende des peuples de la Coiffe.

*

* *

En s'éloignant des côtes, pour entrer dans la terre intérieure, la faune et la flore se firent plus denses et Anja s'émerveillait de voir les espèces inconnues dont elle n'aurait jamais osé rêver : les castors ingénieux, les cygnes au long cou serpentin ou les bisons aux rondeurs redoutables qui vagabondaient dans les vallées. Elle voulut connaître le nom des arbres, savoir quels oiseaux nichaient en leur sein. La profusion des baies, myrtilles, groseilles ou framboises l'enchantait, et Mohawks parvenait à peine à en conserver quelques-unes pour les galettes tant Anja était insatiable. La bouche pleine de baies, elle riait et le Zuyis se sentait fondre d'amour à contempler cette femme épanouie.

Il ne voulait pas l'inquiéter, mais se tenait constamment en alerte. Lui seul savait combien les pièges sont redoutables. Jamais de relâchement. Ce qu'il ignorait et qu'Anja rechignait à lui avouer, c'était qu'elle avait vu leur fils dans ses rêves. L'enfant à naître vivrait assez longtemps pour porter le destin des Peuples d'en haut…

Une fois encore, les tambours avaient battu la rumeur et transporté la nouvelle : le Zuyis était en marche, bientôt le Cercle se refermerait, la quête serait accomplie !

Souvent, à l'approche d'un campement, Mohawks et Anja étaient surpris par les marques de vénération dont ils étaient l'objet. Le chef ou le chaman accourait les bras ouverts et offrait l'hospitalité de sa hutte. On leur fournissait gibier et conseils, les femmes s'empressaient auprès d'Anja et s'enquéraient de son état devenu visible. Plus Mohawks s'efforçait d'être humble, plus on louait ses exploits. Chacun voulait entendre le combat contre l'ours, mais celui mené à bord de l'oumiak géant était lui aussi devenu une légende. Les totems circulaient de main en main, suscitant un respect immense.

Ils ne s'attardaient guère, mais les haltes mangeaient trop de temps, et bientôt Mohawks se mit à éviter les campements. La neige damée des pistes fondait chaque jour un peu plus et les averses de pluie détrempaient le sol. Leur progression devenait difficile.

Au lac des Esclaves, qu'ils atteignirent en patinant sur un sol de boue glacée, ils virent avec soulagement que la glace était encore épaisse et décidèrent de filer sans s'arrêter pour profiter des dernières heures de clarté.

Ils n'avaient pas posé le pied sur la surface gelée que, déjà, les traîneaux affluaient, conduits par des hommes chétifs, aux joues barrées de tatouages bleu-noir. La tribu des Esclaves qui habitait les rives du grand lac guettait le passage du Zuyis et d'Anja. Mohawks essaya bien de leur expliquer qu'une halte les retarderait, mais les hommes ne voulurent rien écouter et les encadrèrent en formation serrée vers leur campement où une grande fête serait célébrée en leur honneur.

Le village comportait une vingtaine de huttes décrépies, mais un grand bûcher avait été préparé et les femmes s'affairaient déjà autour de grosses marmites en terre. Le chef du clan se précipita vers eux, animé d'une joie si violente que le Zuyis se demanda un instant s'il n'était pas fou. L'homme s'agitait en tous sens, alternant les courbettes et les ordres, houspillant les cuisinières, les enfants, les guerriers.

Il fallut attendre la veillée pour comprendre la raison de cet enthousiasme.

Le clan était depuis les temps anciens en lutte contre ses voisins très belliqueux. Non contents de les vaincre, les Indiens Cris les avaient affublés du sobriquet d'Esclaves afin de marquer leur dédain. La tribu s'était accommodée tant bien que mal de cette dépendance, mais la venue du Zuyis leur donnait enfin une raison de pavoiser. Pour apaiser l'impatience de son invité, le chef lui offrit un guide qui les mènerait à travers le lac, dès l'aube du lendemain, et envoya un messager prévenir les clans voisins. En réalité, quelques indications auraient amplement suffi, mais l'homme voulait s'assurer que Mohawks ne croiserait pas le chemin de ses ennemis ! Ainsi, à la prochaine fête d'équinoxe, il raconterait comment il avait accueilli le Zuyis et charmé ses oreilles…

Les Esclaves avaient revêtu leurs habits de fête et peint leurs visages, sans pour autant songer à se laver. Dans leurs cheveux emmêlés, ils tissaient de splendides épines de porc-épic ; les peaux de castors ou celles de caribous étaient brodées de coquillages, mais cette abondance d'ornements cachait à peine la crasse des peaux. Tout le monde puait sans paraître le moins du monde incommodé. Les femmes, chétives et peu avenantes pour la plupart, s'étonnèrent du teint miellé d'Anja et de ses yeux étirés sur les tempes. Elles s'efforcèrent de lui faire bon accueil, malgré sa curieuse apparence. Certaines espéraient visiblement charmer le Zuyis. Peine perdue, lui n'avait d'yeux que pour la jeune Saami.

Mohawks profita de cette halte forcée pour troquer des herbes de Nain et ses lunettes des glaces contre un demi-caribou afin de nourrir sa meute. Le chef rechignait devant les présents, insatisfait. Il désirait un objet qui symboliserait le passage du Zuyis des peuples dans son village et n'en démordait pas, un objet dont nul ne contesterait la provenance et qui lui conférerait une aura de dignité. Puisque rien ne paraissait convenir, à bout de ressources, le Zuyis finit par proposer l'une des balles de plomb qu'il avait conservées. Ravi, le petit homme crasseux accepta, et Mohawks obtint enfin qu'on lui indiquât le meilleur itinéraire pour rejoindre le lac des Ours, en passant par le lit de la Longue Rivière.

*

* *

Le lac des Ours portait bien son nom. Quelques jours avant de l'atteindre, l'attelage avait croisé de nombreuses traces et les chiens étaient nerveux. Durant la nuit, Mohawks prenait soin d'entretenir un feu nourri et se relevait pour surveiller les braises. Désormais, il plaçait la meute autour du tepee, comme une barrière défensive, afin de parer une attaque de l'animal. Le grizzli était moins féroce que Nanuk, son cousin des glaces, mais la bête restait imprévisible.

Malgré son envie d'Anja, Mohawks se contentait souvent de la serrer contre lui, car son ventre était devenu lourd. Peau contre peau, le nez plongé dans ses cheveux, il dérivait lentement vers le sommeil, heureux, apaisé.

Ils arrivèrent juste à temps pour assister à la débâcle des glaces. Le lac, étiré à perte de vue, fumait sous le soleil. Partout, la vie abondait ; là, le barrage des castors, ailleurs, les longs-cous flottant paresseusement, suivis de leur nichée, et les oiseaux pêcheurs plongeant et replongeant dans les eaux où les poissons innombrables étaient enfin à portée de bec !

— Regarde, mon aimé, comme la nature est belle quand elle est fertile !

Anja s'approcha du rivage et s'accroupit pour boire l'eau qui filtrait entre deux blocs. Son ventre se dessinait à présent nettement sous la tunique et sa démarche était devenue moins souple.

Pris d'une émotion soudaine, le Zuyis n'osait bouger, de peur de rompre l'harmonie. Anja continuait, insouciante :

— Alors, tu es rassuré. Nous avons atteint le lac.

— Il nous faudra bientôt un oumiak.

— Eh bien, nous échangerons ton kamutik. Il ne nous servira plus.

— Je me fais surtout du souci pour les chevaux. Nous en aurons besoin pour traverser les montagnes jusqu'à Raitankia. La pleine saison d'été arrive, il n'y a pas d'autre moyen d'atteindre mon village. Mais si tu veux, nous attendrons le retour de la neige…

— Alors notre enfant naîtrait en exil. Je suis forte, Mohawks, ne t'inquiète pas pour moi.

Malicieuse, elle ajouta :

— Est-ce que ces bêtes sont aussi hautes qu'on le dit ?

— Le cheval est plus grand que le renne, mais on tient plus facilement sur son dos, tu verras. De toute façon, je te fabriquerai un lit de branchages pour que tu glisses sur l'herbe des vallées, des plaines, et dans les pistes de montagne tu viendras avec moi.

— Alors, efface cet air soucieux, Mohawks. La terre nous sourit…

— Nous sommes à deux jours de traîneau du prochain village et, avec l'état des pistes…

*

* *

Le clan des Couteaux-Jaunes tirait son nom du métal dont ils forgeaient les lames de leurs couteaux et de leurs machettes.

Leur village était vaste et prospère, les longues huttes abritaient plus de trente familles. Partout, on remarquait les marques d'une solide organisation : les séchoirs à poissons, les plates-formes pour préserver les réserves de nourriture, un embarcadère et un vaste bassin à poissons.

La saison chaude s'était définitivement emparée de la Terre et avait fait fondre les dernières traces de gel. Pour ne pas abandonner le kamutik, Mohawks s'était chargé des peaux et des gourdes afin de permettre aux chiens de haler leur charge dans la boue. Anja suivait à pied, en ménageant son ventre comme elle le pouvait.

Boueux, épuisés, ils se présentèrent au chef du clan, et Mohawks dut montrer les statuettes. Cette fois, la rumeur ne les avait pas précédés et aucun messager n'était parvenu jusque-là. Plus ils se rapprochaient de sa terre natale, plus leurs traces se faisaient légères, préservant le secret de leur arrivée.

Le chef oublia vite sa méfiance. Cela faisait bien des soleils qu'aucun Marcheur n'avait foulé la terre des Ouks et, avec la mort de Raian, suivie de celle de Braktsk, les peuples attendaient leur Zuyissan ! Il invita le Zuyis devant le conseil hâtivement réuni et, avant même que les palabres du troc ne s'engagent, il offrit son tomahawk favori. Comme à son habitude, Anja assistait à la cérémonie, seule femme dans cette assemblée d'Indiens, et il ne se trouva personne pour s'élever contre sa présence.

Mohawks raconta l'essentiel de son périple, en évitant de s'attarder sur son combat avec l'ours. Les marques de vénération que cette histoire engendrait chez les chasseurs les plus aguerris l'embarrassaient. Sans même en avoir conscience, il avait acquis l'humilité des hommes sages qui ont tant vu que leurs yeux ne s'arrêtent plus qu'à l'essentiel.

— Il me faut un oumiak pour traverser le lac. Je te donnerai mon traîneau en échange.

— Et ta meute ? J'aurais bien besoin de chiens comme les tiens.

— Mes chiens m'accompagneront jusqu'au bout de mon Voyage… Plutôt me couper un bras que de me séparer de l'un d'entre eux !

Le Couteau-Jaune parut perplexe, mais Mohawks manifestait une telle conviction qu'il se garda d'insister, malgré son envie de posséder de telles bêtes.

— Et ensuite ? Tu attendras l'hiver pour passer les cols ?

— Non. Je veux que ma compagne donne vie à Raitankia.

— Comment voyagerez-vous sans la neige ?

— Avec un cheval de montagne…

— Je sais. J'en ai déjà vu ! Un homme blanc le montait. Il rejoignait le village des étrangers, des troqueurs de fourrures. Tu devrais t'adresser à eux. Ils possèdent quantité d'outils incroyables !

— Des Blancs ! Parles-tu des Qallunaats qui viennent de l'autre côté de la mer ? Des hommes au teint livide, avec de grands sourcils et des dents très longues ?

— Je ne connais pas tes Qallunaats. Les troqueurs de fourrures ont bien le teint pâle et beaucoup de poils sur les joues. On les nomme aussi coureurs des bois et ils se déplacent à traîneau, comme nous. Ils sont d'un clan qu'ils nomment « Comptoir ». À ta place, je me méfierais plutôt des Cris. Ces tribus aiment faire la guerre et ils sont querelleurs.

Mohawks ne répondit pas, envahi par un violent sentiment de malaise. Devait-il prévenir le Couteau-Jaune du danger ? À Kiruna, les Qallunaats avaient répandu le Mal. Plus tard, les Norvégiens avaient démontré qu'ils étaient voleurs et sans parole. Les Blancs de ce Comptoir étaient-ils aussi mauvais que leurs frères étrangers ? Sans doute.

Seul, il aurait tenté la traversée des montagnes en marchant. Les chiens pouvaient porter des sacs, lui une peau pour la tente et ses armes. Mais avec Anja… Il n'avait guère le choix. Il allait devoir les affronter et cela ne l'enchantait pas, loin de là.

Quand Mohawks se tourna vers sa compagne afin d'avoir son avis, Anja se sentit décontenancée. L'évocation des hommes blancs la fit frissonner. L'enfant dans son ventre se tourna et lui infligea un coup de pied. Elle l'apaisa aussitôt, en pressant ses paumes doucement sur son abdomen. Sa peur était liée au passé et non un présage de l'avenir.

— Tu as entendu le Couteau-Jaune. Les seuls hommes qui possèdent des chevaux dans ce territoire sont ces étrangers. Cela ne me dit rien qui vaille.

— Ce ne sont pas des Qallunaats, mais des chasseurs. Peut-être ont-ils des choses à t'enseigner !

— Nous verrons bien…

*

* *

L'oumiak des Couteaux-Jaunes était suffisamment confortable pour deux voyageurs. Comme les chiens avaient repris l'habitude de chasser pour eux-mêmes, les réserves de nourriture n'étaient guère encombrantes. La tribu avait fourni de la graisse et des plantes, de la farine et des baies en grande quantité car Anja devait nourrir ses forces.

Touché par la prodigalité du clan, Mohawks offrit une pierre de lumière. Il ne possédait désormais plus qu'un ékati aux reflets rouge sang, sa pierre préférée car elle était symbole de vie.

Juste avant de partir, il fabriqua des appâts et enseigna à Anja l'art de la pêche à la traîne. Avec les baies et la farine, ils se nourrissaient désormais des poissons dont les eaux fourmillaient.

Mohawks pagayait sans relâche, mais l'effort lui laissait le temps de réfléchir au Voyage. Dans quelques lunes, avec l'aide des Esprits, il serait fait Zuyissan devant son clan. Ce serait une nouvelle vie à bâtir, une aventure immobile. Il ne craignait ni le retour ni l'accalmie de l'existence. En revanche, il était un peu inquiet pour Anja. Sa compagne se feraitelle à ses coutumes ? Les Nahannis verraient-ils d'un bon œil cette femme si libre ?

Bientôt, il deviendrait chef. Entre désir intime et loi du groupe, il devrait trouver la façon d'incarner ce rôle, sans renier cet appétit de tranquillité et cette joie qui l'habitaient désormais. Shokan lui avait légué cela en mourant. Ce rayonnement qui émanait de lui, le fils l'avait recueilli comme un don précieux…

Sur les eaux calmes du lac, chaque chose apprise durant le dernier hiver, chaque parole de Shokan prenait tout son sens.

*

* *

Ils rallièrent enfin un petit village qui abritait un clan de pêcheurs sur la rive nord du grand lac. Au lieu des manifestations habituelles de joie ou de curiosité, Mohawks et Anja furent accueillis avec une politesse de façade. Le chef semblait soucieux et curieusement apathique. L'atmosphère lourde qui régnait là rappela à Mohawks le deuil de Saana, quand les pêcheurs avaient péri en mer et qu'ils courbaient le dos dans la terreur de s'attirer le mauvais œil.

À la veillée, le chef confirma l'existence d'un village-comptoir et offrit à Mohawks un guide qui le conduirait jusqu'aux Blancs. Ensuite, un peu embarrassé, il demanda à entendre les aventures du Marcheur. C'était une sensation nouvelle pour le Zuyis, un peu comme de parler devant une assemblée d'hommes et de femmes frappés de stupeur. Il fallut l'évocation des plus belles chasses pour qu'enfin ils s'animent et sourient. On aurait dit que le Zuyis venait de les tirer d'un long sommeil, ou d'un envoûtement. Tandis qu'il parlait, une gourde circulait parmi les Indiens, et Mohawks ne tarda pas à comprendre que le breuvage avait contribué à l'animation de la tribu, bien davantage que ses exploits. Quand la gourde parvint jusqu'à lui et qu'il en renifla l'odeur puissante, il réalisa pourquoi le clan se réjouissait si fort.

— C'est de l'eau-de-feu !

— Parfaitement, Zuyis. Et en ton honneur, nous partageons notre dernière gourde !

Soucieux de ne pas vexer le chef, Mohawks fit mine de boire et signifia à Anja de l'imiter. Les Blancs semblaient avoir beaucoup de points communs avec les Qallunaats et cela n'augurait rien de bon !

Le lendemain, l'aube n'était pas encore levée quand Mohawks et Anja virent débouler au débarcadère un vieux rabougri. Il traînait derrière lui un ballot de peaux. Le chaman le salua d'un geste et sauta d'autorité dans l'oumiak sans attendre d'y être invité. Il était fébrile et ses mains tremblaient beaucoup, ce que Mohawks prit pour un signe de grand âge.

Comme le Zuyis s'attardait devant la meute pour lui montrer la direction à prendre, le vieillard commença à donner des signes d'agacement. Ensuite, tout le temps que Anja mit à s'installer, son visage parcouru de tics refléta une impatience grandissante. Ce n'est qu'une fois lancé sur l'eau, quand Mohawks se mit à pagayer à bonne allure, qu'il parut se détendre enfin et poussa un soupir de satisfaction. Un éclair de malice illumina sa face parcheminée. D'une voix bourrue, il interpella Anja :

— Tu vas aimer le village-comptoir, femme ! Sais-tu pourquoi ? Parce que tu peux échanger de tout ! Des marmites, des lames bien aiguisées qui raclent si bien les peaux qu'un enfant pourrait le faire, des perles de couleur pour ta parure, de la farine blanche aussi douce que le miel… Tout cela, tu l'auras contre les peaux des castors ou des renards ou l'hermine. Mais on dit que ton compagnon, le Zuyis, est un fort grand chasseur !

Mohawks l'interrompit, agacé par ses mauvaises manières :

— Ces hommes ont-ils vraiment la peau blanche ?

— Blanche ou parfois rose comme la mamelle de caribou. Ils sont de deux clans. Les Coureurs des bois chassent comme nous et nous échangent nos plus belles fourrures. Les autres sont les Marchands qui possèdent l'eau-de-feu, la farine, des couteaux et toutes sortes de pièges redoutables. Si tu veux des chevaux, c'est avec eux qu'il faudra faire le troc et ça te coûtera beaucoup de peaux. Tu pourrais établir une ligne de trappe, mais les meilleurs territoires sont occupés et tu devras t'enfoncer très loin à l'intérieur des terres…

— J'ai l'oumiak à troquer.

— Un oumiak est encombrant pour un chasseur. Les canoës en écorce de bouleau sont bien plus légers et maniables quand il faut voyager dans le territoire de chasse.

— Pour un chaman, tu sembles très expert ! Et toi, tu leur échanges un peu de sagesse ?

Le vieux éclata de rire, sans paraître réaliser qu'il se moquait surtout de lui-même.

— Penses-tu, Zuyis ! Ils se moquent bien de mes médecines ! Je me suis mis à la trappe, moi aussi, mais c'est difficile, à mon âge…

— Mais que cherches-tu chez eux ?

— L'eau-de-feu.

— Toi ?

— Elle m'aide à entrer en transe.

— Tu ne crains pas de perdre ton savoir ancestral si tu uses des médecines des Blancs ?

— As-tu déjà goûté cette eau ?

— J'ai vu trop de folie chez les hommes qui en buvaient !

Peu disposé à contredire le Zuyis, le vieux se contenta de hausser les épaules et se renferma dans un silence réprobateur. Comment pouvait-on juger d'un breuvage magique sans l'avoir apprivoisé, foi de chaman ? Il espérait simplement que ses trois fourrures de castor seraient suffisantes pour une belle gourde d'eau-de-feu, sinon il faudrait mendier auprès des trappeurs…

32.

Le Comptoir s'élevait à l'embouchure d'un affluent, sur la rive nord-est du lac. Ici, il n'y avait pas d'habitations communautaires, mais quelques tentes de chasseurs, des abris de branchages et une hutte centrale où avaient lieu les échanges.

En dehors de son débarcadère, une longue langue de rondins parsemée de nombreuses réserves sur pilotis, l'endroit paraissait plutôt lugubre et mal aménagé, et ne ressemblait à rien de connu, même pour Mohawks qui avait croisé tant d'ethnies et de clans différents. Quelques Indiens traînaient, apparemment oisifs ; certains avaient la démarche hésitante d'hommes pris par la transe.

L'oumiak avait à peine abordé la rive que déjà le chaman sautait par-dessus bord, ses peaux pressées contre lui comme s'il craignait qu'elles ne disparaissent soudain dans les flots. Il leur jeta un salut hâtif et disparut sans plus se soucier de ses compagnons de voyage. Abasourdis par son impolitesse, Mohawks et Anja se dévisagèrent, ébahis.

— Quel curieux sage que ce chaman !

— Il a peut-être perdu l'esprit au cours d'un rituel…

— Sans doute.

Mohawks hésitait. Leur arrivée était passée inaperçue. Les canoës et les oumiaks, très nombreux, témoignaient d'une certaine affluence, et pourtant, au premier coup d'œil, le campement ressemblait à un lieu de passage plutôt qu'à un village d'habitations. Il n'y avait aucune femme en train de gratter les peaux, aucune matrone occupée à la cuisine, pas d'enfants en train de jouer. Cela lui parut de mauvais augure.

Soudain, il remarqua trois hommes blêmes, vêtus de costumes semblables à ceux des Norvégiens, qui discutaient avec de grands gestes. Sa langue s'assécha instantanément. Il n'entendit plus que le bruit de la colère, comme un ressac, dans son oreille. Son cœur battait si fort qu'Anja dut répéter sa question :

— Mohawks, que se passe-t-il ici ?

— Je ne le sais pas encore, ma douce, mais tu vas m'attendre pendant que j'irai à la hutte des échanges.

— Les chiens ne vont pas tarder à nous rejoindre. Je les garderai auprès de moi. Ils vont devenir fous au milieu de tant d'hommes.

— Surtout les Blancs ! Regarde, on dirait les cousins des Qallunaats ! Si Torok les voit, il risque de leur sauter à la gorge. Et les jeunes manquent encore de discipline… Attache-les dès leur arrivée.

— Ne crains rien, ils m'écoutent. Et oublie les Qallunaats, Mohawks. Ces Blancs sont peut-être de simples chasseurs.

— J'en doute !

À mesure qu'il avançait, le Zuyis remarqua d'autres détails troublants, la mine léthargique des Indiens, les yeux injectés de sang d'un jeune chasseur vautré contre son kamutik et qui chantait d'une voix éraillée. Et tous ces regards fuyants, comme tournés vers une préoccupation intérieure. Ici, l'esprit de clan qui faisait l'âme des communautés semblait avoir été oublié ou perdu. À l'approche de la hutte, il dépassa un chasseur chargé d'un lourd ballot de fourrures qui aurait pu combler les besoins d'une famille pour une saison entière. Un Blanc le frôla, les joues couvertes d'un poil dru couleur d'herbe sèche. L'homme le toisa comme pour le soupeser et Mohawks s'efforça de masquer sa méfiance.

Il vit alors le vieux chaman sortir de la hutte à pas pressés. Il emportait une gourde et un petit sac de toile, les produits de son troc, sans doute. Il ne fit même pas mine de le reconnaître et accéléra le pas, courbé sur son trésor.

La charpente de la hutte de bois était disposée de curieuse manière, surmontée d'un toit haut. Alors que Mohawks s'attardait à l'observer, un Indien jaillit de l'ouverture, si brutalement qu'il alla rouler dans la boue. Un cri salua cette sortie en force.

— Dehors ! Plus revenir !

Mohawks aida l'homme à se redresser. D'après son allure, l'Indien appartenait au clan des Peaux-Pointues, car il portait le costume de la tribu, taillé en pointes.

— Tu vas bien, ami ? Je suis Mohawks, le Nahanni ami des peuples.

— Ce mauvais Blanc veut ma mort ! Il refuse de me faire un prêt !

— Un prêt ?

— Tu viens de loin pour ignorer le mot, non ?

— Cela dépend… Assez, oui !

Emporté par l'habitude, Mohawks avait failli se présenter en tant que Zuyis, mais il se méfiait de ce Comptoir où les Blancs régnaient en maîtres, où les traditions semblaient n'avoir jamais existé. Et ces Qallunaats avaient peut-être entendu parler de ses mésaventures avec les Norvégiens. L'instinct le poussa à rester vague.

L'inconnu bredouillait de colère :

— J'ai donné toutes mes peaux pour des pièges et je n'ai plus rien à troquer contre de l'eau-de-feu, de la farine et du fil. J'ai essayé d'en avoir quand même un peu, contre la promesse de nouvelles fourrures, mais Bill ne veut rien entendre…

— Bill ?

— C'est son nom.

— Il est blanc ?

— Comme un os de vieux squelette et aussi avare que les mouches piquantes ! Rien à manger quand tu les tues, mais toujours à te pomper le sang !

— Je peux peut-être t'aider.

— Tu en as ? Du castor ?

— J'ai trois peaux que je n'ai pas encore cousues.

— Les Blancs raffolent du castor.

— Écoute, j'aimerais que ma compagne se repose un ou deux jours, le temps de troquer mon oumiak contre deux chevaux. On m'a dit qu'il y en avait ici. Si tu les veux, mes peaux, je te les donne.

— Je suis Chumo, mon village est à quelques portées de flèche par la rivière et je t'invite volontiers sous ma hutte.

— Merci, Chumo… Ce Bill parle notre langue ?

— Bien assez pour m'envoyer valser quand je n'ai pas ce qu'il veut ! Suis-moi. Si je ramène des hôtes, ma femme n'osera pas me crier dessus.

Mohawks éclata de rire, mais l'autre semblait très sérieux et n'avait visiblement pas cherché à plaisanter.

— Pourquoi donc ?

— Elle tenait à ses provisions ! Elle dit qu'on fait des coutures plus fines avec le fil des Blancs et que leur farine est si douce qu'une fois que tu y as goûté, tu ne peux plus t'en passer.

Sans être tout à fait rassuré, Mohawks finit par se présenter à Chumo. Sa femme oublierait peut-être ses griefs en recevant le Zuyis dans sa hutte.

— Le Zuyis ?!

Il en resta un long moment sans voix.

— Le Zuyis ! Est-ce possible ! J'ai entendu tant de rumeurs sur ta venue… C'est toi !

D'enthousiasme, Chumo esquissa un pas de danse. Cette rencontre inespérée lui attirerait le respect des autres chasseurs.

— Va au débarcadère, tu trouveras ma compagne Anja avec une meute de chiens. Je te rejoins. Je veux d'abord voir l'homme blanc.

— Bonne chance ! De toute façon, c'est avec lui que tu traiteras. C'est le seul Blanc à posséder des chevaux ici.

Mohawks s'efforça de chasser son mauvais pressentiment et pénétra à l'intérieur de la hutte. L'endroit était spacieux, mais les murs disparaissaient sous l'accumulation des ballots de peaux et des marchandises empilées. L'odeur âcre des cuirs rendait l'air irrespirable. Deux mèches brûlaient dans des lampes qui ressemblaient beaucoup au fanal des Qallunaats et distillaient une lumière maladive. Émergeant de ce chaos de marchandises, un homme trônait sur une caisse. Sur ses jambes écartées, il avait déployé une fourrure de wolverine qu'il examinait. À voir sa peau blême, le Zuyis sentit un relent d'amertume lui emplir la bouche et il dut se mordre la langue jusqu'au sang pour continuer à avancer.

— Bonjour. Je suis Mohawks le Nahanni. Je te salue, homme blanc.

— Salut. Toi fourrures ?

Mohawks s'était adressé selon la coutume indienne pour montrer sa bonne volonté, mais le Blanc était visiblement peu soucieux des usages. Il n'eut pas un sourire, ni même un regard.

— J'ai un oumiak. Un grand canoë !

— Non.

— Il peut aller à la mer.

— Je veux fourrures.

— Je veux cheval !

Puisque la politesse ne marchait pas, autant emprunter le même ton. L'homme se redressa, brusquement intéressé.

— Cheval ?

Il se mit aussitôt à secouer les mains, les doigts largement écartés, et insista :

— Cinquante castors pour un cheval !

— J'en veux deux.

— Cinquante. Deux fois !

— Pas de castors.

– Pas de chevaux !

— J'ai…

Mohawks venait de songer à la dernière pierre de lumière, mais quelque chose le répugnait chez ce Blanc et il préféra se taire. L'homme grommela, excédé d'avoir perdu son temps :

— Pas de castors, ou loups ou renards, pas de cheval. Dehors, l'Indien !

— Sale Qallunaat !

Ils se toisèrent férocement, et Mohawks fut le premier à détourner le regard. Il ne voulait pas se laisser entraîner à la colère ni fermer la porte aux négociations. Ce Blanc avait les chevaux qui lui manquaient.

Bill Waters ricana. Cet Indien avait du cran, et sa demande était curieuse. Ici, les sauvages étaient de vraies chiffes molles ! Des chevaux plutôt que de la bonne gnôle… Surprenant. N'empêche, résistant ou pas, le gaillard finirait par succomber, comme les autres. Et bientôt, il viendrait le supplier en rampant pour échanger ses peaux contre du bon alcool. Aucun Indien n'y résistait longtemps !

Le marchand se désintéressa de l'affaire et se remit à l'ouvrage. Si la wolverine n'avait pas été abîmée par le piège, il en aurait tiré un bon prix. Il ne remarqua même pas le départ de Mohawks.

*

* *

Chumo n'appartenait pas au clan des Peaux-Pointues, mais à celui des Mangeurs-de-Caribous. Un nom qui sonnait tristement depuis l'établissement du village-Comptoir, quelques soleils auparavant.

Les chasseurs avaient renoncé aux caribous pour la seconde saison consécutive. Quand Mohawks voulut en connaître les raisons, son hôte répondit que les hardes migraient durant la meilleure période de trappe. De toute façon, tuer les caribous ne servait pas le troc. Bill et les trappeurs blancs voulaient des fourrures, et la peau des brouteurs ne les intéressait pas.

Face à la surprise du Zuyis, Chumo insista sur la richesse des produits échangés : farine, huiles, fil à coudre, lames de fer, marmites de métal et même des bougies… sans compter l'eau-de-feu, très bonne pour le délassement du guerrier.

Il avoua néanmoins que la viande avait manqué pendant le long Hiver et qu'il avait accumulé des « dettes » pour troquer de nouveaux pièges et prendre encore plus de renards ou de castors, toutes les bêtes à fourrure longue dont les Blancs étaient amateurs.

Pour Mohawks, qui avait appris l'importance vitale de l'équilibre, ce discours était celui d'un fou. Il consulta Anja du regard et lut le même ahurissement. La compagne de Chumo en profita pour égrener la liste de ses plaintes : les enfants avaient pleuré de faim, son compagnon partait bien plus longtemps et plus souvent depuis qu'il chassait les fourrures, il la laissait seule pour tout mener, il était devenu un bon à rien. Chumo, excédé, marmonna :

— Un incapable qui a piégé l'équivalent de plusieurs hardes…

— Tu ne crains pas de mettre en péril l'harmonie qui règne entre les espèces ?

— Pourquoi donc ? La terre est généreuse et quelques hardes en plus ou en moins…

— Chumo, tu penses ainsi mais, d'après ce que j'ai compris, tu n'es pas le seul à prélever la vie des bêtes à fourrure ici. Combien de clans troquent les fourrures avec les Blancs ?

— Au moins quatre clans. Si on ajoute les trappeurs blancs, il doit bien y avoir cent chasseurs ! Le troc est comme un grand fleuve qui avale tout ! Et les coureurs des bois ont des pièges redoutables et beaucoup plus efficaces que les nôtres. Ils attrapent deux ou trois fois plus de proies ! C'est pour ça que j'ai besoin de ces pièges. Même les loups ne se montrent plus par ici. En revanche, il y a beaucoup de lièvres.

— Tu me dis que les tribus abandonnent leurs coutumes ancestrales, chassent de plus en plus de proies, mettent en péril l'équilibre naturel… Et tout ça pour de la farine et du fil !

— Et de l'eau de feu…

— C'est le pire des dangers, Chumo. Cette eau rend fou ! Et quand les animaux seront tous morts, que ferez-vous ?

— Nous irons plus loin… Nous sommes déjà obligés de le faire.

Écrasé par ce qu'il avait appris, Mohawks faillit perdre courage. Il passa la nuit à tourner, encore et encore, sur sa couche. La colère renaissait en lui, accrue par un sentiment d'impuissance. Il lui fallait un couple de chevaux, l'un pour porter leurs bagages, l'autre pour supporter leur poids, mais il rechignait à l'échange. Le Blanc n'aurait que faire de son statut de Zuyis, mais il serait certainement avide de posséder une pierre de lumière. Au petit matin, il finit par réveiller Anja et lui parla, en chuchotant, pour ne pas être entendu par leurs hôtes.

— Anja, il nous faut ces chevaux et, si je ne veux pas passer une lune à traquer des castors, en espérant que les clans en auront laissé quelques-uns, je dois donner mon ékati au Blanc.

— Il t'en reste ?

— Un seul, et le totem de Shokan, mais je préférerais encore occire ce Qallunaat plutôt que de troquer ce qui me vient de mon père…

— Je n'ai pas dit cela, Mohawks. Je crois seulement que ta pierre ne suffira pas.

— Il faut essayer !

— Alors, laisse-moi t'accompagner.

— Je préfère que tu te reposes ici, ma douce.

— Non. Ne t'inquiète pas, il me reste beaucoup de forces et je dois voir cet homme de mes yeux pour comprendre…

— Comprendre quoi ?

— Fais-moi confiance…

Le marchand semblait ne pas avoir bougé de place. La seule différence, c'était qu'il examinait cette fois une fourrure de loup gris, manifestement celle d'un animal jeune et puissant. Mohawks grimaça. Les chasseurs avaient-ils enfreint la loi naturelle qui voulait qu'on épargne les plus vigoureux ? Jusqu'où les clans iraient-ils pour satisfaire leur soif d'eau-de-feu ? Et combien de temps la loi des Qallunaats régnerait-elle sur la terre des hommes ?

Il céda le passage à Anja et ne put refréner un élan de fierté en la voyant s'avancer d'un pas tranquille. Elle allait tête nue, sans plume ni bandeau, la chevelure libre. Elle avait déposé son lourd manteau pour ne conserver qu'une tunique en peau de caribou qui soulignait les courbes de sa silhouette. En se préparant, ce matin-là, elle avait affirmé vouloir voir et se faire voir de l'homme en toute clarté. Mohawks n'avait même pas cherché à comprendre. Il commençait à accepter ce pouvoir mystérieux que la jeune Saami exerçait sur les êtres et respectait ses intuitions.

Bill la regarda approcher, la mine goguenarde. Il gardait le silence, sans doute pour marquer sa supériorité, mais Anja n'y prêta aucune attention. Pour elle, les démonstrations de force témoignaient surtout d'un manque de sagesse.

— Je suis Anja, compagne de Mohawks, et je te salue, Bill l'homme blanc.

— Tu veux quoi ? Te donner contre mes chevaux ?

Il désigna son ventre d'un geste moqueur, mais ses yeux brillants démentaient son mépris. Anja était belle, même aux yeux d'un homme aussi rustre que Bill Waters. Il n'avait jamais vu pareille délicatesse. Et cet air de noblesse, presque de quoi l'intimider ! La fille ne se démonta pas, elle leva au contraire fièrement le menton.

— Je veux faire du troc.

Elle tendit la main et ouvrit ses doigts. Fasciné par le geste délicat, Bill mit un instant à découvrir la pierre qui luisait au creux de sa paume. Le caillou avait toutes les apparences d'un rubis. Une pierre mal taillée, très brute, mais qui valait bien quelques peaux.

— Tu en as d'autres ?

— Non.

— Alors, tu auras un cheval.

Mohawks s'approcha pour intervenir.

— Deux.

— Moi, je parle à ta squaw.

Anja se contenta de sourire à son compagnon, puis reporta son attention sur l'homme blanc. L'espace d'un instant, sous le feu de son regard, Bill sentit sa carapace se fissurer. Il entendit ses paroles, parfaitement claires, si bien qu'il se demanda si elle parlait son dialecte ou bien un bon anglais, et un frisson d'appréhension le traversa.

— Donne-nous deux chevaux et sois heureux de participer à l'équilibre du Cercle. Si tu freines le mouvement de vie et que tu répands le mal, ton âme souffrira.

— Sors d'ici !

L'homme tremblait violemment en désignant l'ouverture de la hutte. Elle s'inclina sans mot dire et tourna les talons. Mohawks se dressa soudain devant lui et Bill Waters perçut les ondes de sa colère. Sa main glissa sur le côté, là où il tenait son arme cachée. Mais l'Indien reculait déjà et, inexplicablement, le marchand se sentit soulagé.

En même temps, il espérait que le gars reviendrait, une fois calmé. Ses chevaux se faisaient vieux et il n'en avait plus guère l'usage ici. Mais il ne les céderait certainement pas contre un foutu rubis !

*

* *

Anja réfléchissait, les mains posées sur son ventre, le visage paisible. Elle avait demandé à Mohawks de l'accompagner sur la rive du fleuve pour jouir du long crépuscule. Elle releva la tête et le fixa avec gravité.

— C'est la dernière épreuve, Mohawks.

— Tu parles de ce Blanc ?

— Je parle de ta colère et de tout ce que tu redoutes. Je parle de ta vision qui est juste.

— Si elle est juste, n'ai-je pas le devoir de nourrir cette colère et de combattre ?

— Tu sais très bien ce que je pense de la rage qui engendre les guerres et la rupture.

— Alors, il faut laisser faire ?

— Non. Il faut veiller et porter en soi la Connaissance. Il faut semer la vigilance dans le cœur des Indiens, et espérer qu'un jour germera le fruit de la conscience. En attendant, tu dois donner de quoi satisfaire ce Blanc, car l'essentiel est notre fils.

— Tu me conseilles de troquer le totem de Shokan ? Ses pierres ?

— Non, Mohawks, je sais combien ils sont chers à ton cœur. Pourtant, il faut bien renoncer à quelque chose. Donne la peau de Nanuk.

— La peau… Elle est à toi !

— Alors, je veux la donner contre un cheval. Cet homme aime les fourrures et c'est un trophée superbe, même pour un étranger. Il acceptera.

— Il ne me restera plus rien de ma rencontre avec l'ours ! J'ai donné ses dents et ses griffes et maintenant il faut que je renonce à la peau…

— Mohawks… Les reliques ne sont rien si elles célèbrent la mort. Le souvenir de l'ours sera bien plus vif s'il sert notre retour.

Elle avait raison. Il le sut avant même d'accepter. Alors, il avança la main vers le ventre rond et caressa sa peau, à travers la tunique.

— D'où te vient ta sagesse, Anja ?

— De mon amour, Mohawks. Et peut-être de la quête, parce que je t'accompagne.

— Pas demain, en tout cas. Pour le troc, je veux y aller seul. Ce Blanc t'a regardée comme une marchandise.

— Je n'avais pas l'intention d'y retourner, mon aimé.

— Et comment es-tu si sûre qu'il s'agit d'un fils ?

— Un fils et encore bien plus, Mohawks.

— Que veux-tu dire ?

— Quelque chose qui va t'effrayer. Notre fils a un grand destin.

— Un Zuyis !?

— Bien plus encore.

— Plus qu'un Zuyis ?

— Va. Nous reparlerons de cela plus tard.

Tourmenté, perplexe mais surtout inquiet, Mohawks s'éloigna.

Tout se déroula dans les formes, jusqu'au moment où Bill Waters tendit un gobelet rempli d'eau-de-feu à l'Indien.

Mohawks était rentré avec la lourde fourrure sur l'épaule et l'avait jetée sur le comptoir du marchand. Même dans la relative pénombre de la hutte, la fourrure blanche, épaisse comme le poing, longue d'une dizaine de coudées, était splendide.

Bill s'efforça de rester impassible, mais sa voix sonnait moins rudement que de coutume quand il demanda :

— Tu veux un cheval ?

— Deux.

Mohawks jeta la pierre rouge sur la fourrure et attendit.

— Viens avec moi.

Bill sortit de la hutte d'échange et traversa le village, Mohawks sur les talons. Les Indiens les regardèrent passer avec curiosité ou envie, car le Blanc sortait rarement de son refuge, sauf quand il s'agissait d'examiner un chargement de fourrures.

Ils dépassèrent une futaie et débouchèrent sur une petite clairière où broutaient six chevaux bruns.

— Ils sont à toi, l'Indien, et je te laisse même choisir, sauf le noir que je garde.

Mohawks revint avec le Blanc jusqu'à sa hutte. Là, perdant sa mine bourrue, Bill saisit un tonnelet et remplit deux gobelets d'alcool dont les vapeurs puissantes rappelèrent immédiatement au Zuyis la soute du navire norvégien. Sans se douter de la brusque tension de Mohawks, il avala son verre et claqua de la langue.

— Tiens, l'Indien, bois ! Ta squaw pas là ?

Ses yeux s'écarquillèrent sous le coup de la surprise.

D'un geste tranquille, Mohawks renversait l'alcool sur le sol en terre battue. Ensuite, tout aussi calmement, il s'empara du tonnelet, arracha le bouchon de liège et entreprit de vider l'eau-de-feu comme il l'avait fait avec son gobelet.

Bill se jeta sur l'Indien, les poings levés, prêt à le piétiner pour ce sacrilège. Ce n'était pas seulement la perte d'un bon alcool qui le faisait enrager, mais le calme méprisant de l'Indien qui lui donnait envie de tuer.

Sans comprendre, il se trouva soulevé de terre par une force prodigieuse et projeté contre la paroi de la hutte comme un brin de paille. Sonné, il n'eut pas le temps de reprendre son souffle qu'une douleur acérée le faisait hurler. Le cou bloqué dans l'étau du bras de l'Indien, la pointe d'un couteau le piquait, commençait d'ouvrir la chair de ses joues ! Il hoqueta et se mit à gémir, les joues ruisselantes de larmes.

— Arrête ! Prends mon eau-de-feu.

— Tu me la donnes ?

— Tout ce que tu veux ! Je ne veux pas mourir.

— Alors, je te la troque contre ta vie.

Mohawks ne quitta pas la hutte avant d'avoir vidé tous les tonnelets qui trônaient sur les planches. L'odeur écœurante de l'eau-de-feu avait chassé celle des peaux et le sol s'était changé en boue.

Il alla rejoindre les chevaux sans plus se soucier du marchand. Sa colère s'était éteinte. Un homme seul ne pouvait rien contre le fléau des Blancs, pourtant, après la brusque poussée du Graam qui avait décuplé ses forces, il éprouvait un apaisement profond.

Bill Waters n'avait pas bougé. Sur ses joues, le Zuyis avait gravé un cercle avec la pointe de son couteau. Une façon de lui rappeler que chaque homme était soumis à la loi du Vivant. À présent, chaque fois qu'un Indien viendrait troquer des fourrures, il ne manquerait pas de s'en souvenir.

33.

Le col du Glouton surplombait la vallée nahanni, large échancrure enserrée entre les Monts des Ouks. Les méandres de la rivière scintillaient à travers les trouées de la végétation dense, et c'était une profusion de couleurs, rouille, jaune cuivré et rouge éclatant.

La gorge nouée, étourdi par un trouble puissant, Mohawks stoppa l'avancée du vieux cheval. La seconde bête chargée du bât s'arrêta à son tour en soufflant bruyamment. Ils avançaient depuis l'aube le long d'une piste rocailleuse, à flanc de montagne.

Anja émergea de sa somnolence et contempla le fabuleux spectacle qui s'étendait à leurs pieds. À cette heure du jour, peu avant le crépuscule, le soleil incendiait l'or des feuillus. Les sapins d'un vert sombre, par contraste, semblaient presque noirs. Elle resta silencieuse, respectant l'émotion de son compagnon. Il dénoua son étreinte et elle le sentit glisser souplement jusqu'à terre.

Les chiens déboulèrent sur la piste, battant de la queue, et entourèrent l'homme-guide pour quêter son attention. Il sembla ne pas les remarquer, mais entreprit d'escalader un tas de rocailles. Arrivé en haut, il se pencha au-dessus de l'abîme, le regard fixé sur l'affluent, très loin en contrebas.

C'était elle qui l'avait porté au début du Voyage. La rivière du clan nahanni. Il chercha des yeux Raitankia, en amont.

L'air était chargé des senteurs de la saison, mélange de miel, d'humus et de terre chauffée, d'effluves d'eau et de pierre. Mohawks respirait à pleine poitrine le parfum familier. La mémoire des sens se réveillait en lui avec violence et créait une vibration qui se propageait dans tout son corps, pulsant avec la force d'un cœur battant. Il réalisa que sa Terre embaumait comme nulle autre au monde, il l'avait simplement oublié. Mais tout lui revenait à présent, les longues marches en forêt, les pistes de ses chasses, la sève des arbres abattus, et même l'odeur de la neige et celle des torrents.

De minces panaches de fumée signalaient un village. Sa vision se brouilla un instant sous l'afflux des larmes.

Il laissa son regard dériver encore, en remontant le ruban scintillant du cours d'eau, et crut discerner la tache grise de la Pierre. À cet endroit, l'eau bouillonnait. Il sut alors qu'il avait trouvé et, comme pour saluer son intuition, la réponse jaillit aussitôt sous la forme de l'Aigle. L'oiseau s'éleva du rocher sacré des Nahannis et tournoya en cercles, de plus en plus haut dans le ciel.

Raitankia.

L'oiseau plongea, droit vers la Pierre. L'âme de Raian saluait le retour du Marcheur. Mohawks vit avec netteté le dernier sourire que son aïeul lui avait adressé en guise d'adieu. Aujourd'hui, il en comprenait les nuances.

Il avait tant appris !

Un vertige brutal l'obligea à reculer. Anja rompit le silence, un peu inquiète :

— Mohawks ?

Il se tourna vers elle, brusquement conscient qu'elle n'avait pas mis pied à terre depuis de longues heures et remarqua ses traits pâlis de fatigue. Son ventre était devenu si lourd qu'elle cheminait désormais les pieds légèrement écartés, d'une démarche languissante, très majestueuse lui disait-il pour la taquiner parfois. La traversée des montagnes, même à cheval, devenait épuisante dans son état. Heureusement, ils seraient bientôt arrivés. En descendant par le col jusque dans la vallée, il faudrait compter trois à quatre jours de marche lente.

— Je suis fou de t'oublier là-haut.

Il tendit les bras et elle se laissa glisser avec un soupir de satisfaction.

— Tu n'es pas fou, juste heureux. C'est ton village, là-bas ?

— Tu as vu les fumées ?

— Je les ai lues en toi.

— Nous allons monter le campement ici, juste après le passage du col. Tu peux marcher un peu ?

— Je ne vais pas m'écrouler maintenant, notre fils veut naître dans une hutte. J'aimerais simplement me reposer un peu sur ce caillou et regarder le soleil se coucher. Tu veux bien ?

Elle rit. Mohawks la prit dans ses bras et respira avidement le parfum de sa peau.

— Tu es mon autre terre, Anja.

Elle soupira, le nez contre son épaule, et s'alourdit contre lui.

— Viens. Regarde où nous vivrons désormais.

Il l'aida à grimper sur un rocher, puis s'assit derrière elle, pour qu'elle s'appuie de tout son poids. D'une caresse, il effleura son ventre tendu.

Ils écoutèrent ensemble la rumeur de la forêt, le murmure des vents jouant dans les frondaisons. Tout était paisible et Anja se détendit peu à peu. Malgré les courbatures et ses reins douloureux, une sensation de bien-être l'enveloppa. L'interrogation de Mohawks la fit sursauter. Il l'avait chuchotée, comme pour adoucir la portée des mots :

— Comment sais-tu que c'est un fils ? Je veux dire… Je sais que tes intuitions sont puissantes, mais, pour cet enfant, est-ce vraiment ce que tu as vu ou simplement le fruit de ton désir ?

Anja ne répondit pas tout de suite, Mohawks comprit qu'elle réfléchissait à ses paroles. À cet instant, la peur le traversa, il eut envie de reprendre sa question, de lui commander le silence, surtout de ne rien dire. À l'orée de leur nouvelle existence, Anja s'apprêtait à livrer ses visions sans rien cacher. Ce n'était pas une pensée réfléchie, plutôt une intuition fulgurante.

— Mohawks… Cet enfant doit naître.

Il tenta de plaisanter sans pouvoir empêcher le tremblement de sa voix :

— Que les Esprits soient remerciés pour cela, et toi aussi, ma douce !

— Il naîtra pour notre joie, mais aussi pour nos peuples.

— Que veux-tu dire ?

— Il naîtra garçon car son histoire est inscrite sur cette terre. Mohawks, notre fils sera un jour désigné à son tour.

— Lui aussi fera le Voyage ? C'est cela que tu as vu ? Tu es sûre ?

— J'en suis sûre.

Il tressaillit parce qu'il songeait à Shokan, à tous les sacrifices des pères de sa lignée, afin que leurs fils deviennent Zuyis. Il eut soudain l'envie de se révolter à idée des renoncements à venir.

Fallait-il se réjouir du lien puissant qui l'unirait à l'enfant, ou craindre pour lui une destinée trop lourde ? Anja avait-elle conscience qu'en lui livrant cette vision le petit être lui appartenait déjà un peu moins ? Se doutait-elle des dangers que leur fils affronterait un jour ? Mohawks élèverait le garçon pour le préparer au Voyage et une part d'enfance lui serait dérobée, à tout jamais.

Leur fils n'apprendrait pas l'art de la traque seulement pour se nourrir, il apprendrait pour survivre dans les pires conditions. Une protestation lui monta aux lèvres, mais, avant qu'il ait eu le temps de la formuler, Anja reprit sa main et l'appuya sur son ventre. Sous la tunique, la peau était chaude et mouvante. Il ressentit la brusque secousse infligée par l'enfant et faillit rire de joie.

— Ce n'est pas tout…

— Pas tout ? Je ne comprends pas, ma douce.

— Il ne sera pas seulement Zuyis.

— Alors quoi ? !

— Il est l'enfant de la prophétie.

— Ce n'est pas… Tu te trompes !

Elle se détacha de lui et se tourna lourdement afin de lui faire face. Il aurait voulu fuir, mais l'éclat de tendresse qu'il lut dans ses yeux le retint.

— Je ne me trompe pas.

— Tu l'as vu ?

— Oui.

— Quand ?

— Presque tout de suite. Mais au début j'ai eu peur, j'ai tenté d'oublier. Et les rêves sont venus.

— Les rêves disent qu'il sera le Zuyis de tous les Zuyis ?

— Oui.

— Qu'est-ce que cela signifie exactement, Anja ?

— Qu'il portera la conscience de notre peuple et qu'il devra la faire briller loin alentour, afin qu'elle rayonne partout sur les territoires. Qu'il sera l'incarnation des hommes véritables, le gardien de leur esprit et du Souffle vivant.

— Il devra se battre.

— Oui.

— Affronter cette Grande Menace dont les chamans parlent ?

— Oui.

— Tu as peur ?

Elle hésita et son regard se voila un instant, dérivant au hasard. Dans le ciel, l'aigle planait toujours, et elle s'y accrocha pour reprendre sa respiration.

— Parfois. Mais le plus souvent, je pense à la chance d'être ta compagne et de le porter. Si cet enfant doit être le Grand Zuyis, autant qu'il profite de nous…

Elle s'esclaffa soudain devant la mine consternée de Mohawks.

— Je crois que nous sommes préparés pour le faire naître et l'élever... Comprends-tu mieux pourquoi tu as fait ce Voyage, et les épreuves que tu as traversées ?

— Il me semble, oui.

C'était comme un grand vide ouvert à ses pieds, comme l'abîme de la vallée devant eux. Au lieu de résister, il ferma les paupières et se sentit projeté hors de son corps. Il vit alors les méandres de son chemin, le Savoir morcelé entre les peuples de la Coiffe. Lui, Mohawks, était devenu le trait d'union vivant, celui qui avait relié l'anneau symbolique et sacré qui les unissait tous, hommes et sagesses, par-delà les mers, les montagnes, les saisons, les distances infinies. Tel était le Grand Secret, et l'héritage qu'il lui faudrait délivrer à son fils !

Mohawks lui enseignerait tout ce qu'il avait appris, ce savoir glané au fil des terres et des clans, car c'était là son héritage. Une dernière fois, il éprouva un élan de révolte, parce qu'il avait cru et rêvé à une vie simple. Dans le tourbillon qui l'emportait, il entendit alors le rire de Raian, plus tendre que moqueur, et comprit qu'il aurait la force de ne pas craindre pour son fils.

Il rouvrit les yeux et fixa la vallée qui s'embrumait déjà à l'approche de la nuit.

— Je lui transmettrai tout ce que j'ai appris afin qu'il devienne un Homme qui marche. Je lui apprendrai à garder le cœur paisible et l'âme forte.

— Et tu sauras le faire, Mohawks, car tu es le père qu'il attend depuis longtemps.

— Et toi, ma douce, tu es...

— Je suis celle qui accueille, et qui irait volontiers s'étendre sur une fourrure avant de manger le festin que le grand Zuyis m'aura préparé !

Alors que le soleil sombrait derrière le Mont de l'Ouest, l'aigle traversa la ligne d'horizon et, pendant un instant, juste avant de plonger vers la terre, on eût dit que l'oiseau portait l'astre de feu entre ses ailes ouvertes.

*

* *

— Mohawks !

Le cri résumait toute la surprise et le ravissement du monde.

Le Zuyis vit une ombre se jeter sur lui et eut à peine le temps de réagir qu'il était soulevé en l'air puis étreint par deux bras puissants. C'est en reniflant l'odeur familière qu'il reconnut son second frère.

— Ragirak !

Ils se regardaient, ébahis de joie et de stupeur.

— Mon frère, tu es là, vivant !

Alertés par les éclats de voix, les chiens ne tardèrent pas à débouler, mais l'homme-guide les stoppa d'une main impérieuse.

— Dis-moi si tous vont bien ! Rochia ? La cousine ? Tu as une compagne ? Sharek est-il toujours le chaman ?! Attends ! Avant, je veux te présenter…

Mohawks se retourna vers Anja et lui tendit la main. Elle se laissa glisser sur le flanc de leur monture jusque dans ses bras. Doucement, il la posa sur le sol.

— Voici Anja. Elle porte le fruit de notre union, le fils qui doit naître à Raitankia.

Ragirak rugit d'allégresse.

— Un fils ! Par le Grand Esprit, tu l'as rêvé ou serais-tu devenu sorcier ?

— C'est elle qui l'a vu… Ma compagne n'a pas besoin d'avoir fait le Voyage pour être un peu chamane.

— Je te salue, belle Anja ! Pardonne si je me moque, je suis tellement heureux que je dois rire ! Si tu as apprivoisé mon frère, c'est que tu as de grands pouvoirs !

— Je te salue, Ragirak. J'ai surtout du bon sens, je crois.

Comme Mohawks restait muet, sous le coup de l'émotion, le chasseur nahanni reprit d'un ton plus grave :

— J'étais venu voir les traces des caribous. Sharek ne voit plus grand-chose depuis que l'âge le rattrape.

— Il est donc toujours vivant, ce vieux sorcier !

— Il faut croire qu'il t'attendait… Mais il est diminué.

— Tu as une lourde responsabilité !

— Celle du Graak de ma tribu. J'aime ça, Mohawks. J'aime écouter le silence de mes frères animaux. Quand je suis seul et que je réfléchis à la chasse, je sens le lien entre eux et moi.

— Finalement, ce que tu fais avec les animaux, je l'ai fait avec les Peuples d'en haut.

— Que veux-tu dire, mon frère ?

— Le lien. Nous sommes des lieurs, des quêteurs d'équilibre. Si tu savais comme je suis heureux de cela… J'ai vu tant de choses… de ruptures…

Le visage de Mohawks s'assombrit un instant, mais il s'ébroua pour demander :

— Et Rochia ? Est-il déjà père ?

— Pour cela, il faudrait qu'il accepte de s'unir ! Rochia est aussi solitaire que le glouton… et à peine moins grognon !

— Il pleure toujours Sajawa ?

— Je crois qu'il la maudit plutôt. Et il refuse de la voir.

— Je ne comprends pas… Elle n'est pas morte ?

— Sajawa ? Non ! Elle vit seule avec son garçon.

— Elle a eu un enfant ?

— Oui.

— Quand est-il né ?

— Quelques lunes après ton départ.

— Qui est le père ?

— On l'ignore. Elle n'a jamais voulu le dire et elle a refusé toutes les demandes d'union. Sans la protection du chef des Shakanas, on l'aurait exilée.

— Elle a refusé de s'unir à Rochia ?

— Oh, pour cela, il aurait fallu qu'il le lui demande. Rochia est furieux parce qu'elle l'a trahi. Tu sais combien il l'aimait. Et puis, avec la naissance de l'enfant, les rumeurs ont circulé… On a dit que c'était une fille dénuée de cœur, qu'elle allait avec tous les hommes mais n'en voulait aucun !

— Sajawa ?!

Un trouble profond l'envahit. La jeune Indienne qui se disait être aux portes de la mort n'avait rien à voir avec le portrait peu flatteur que livrait Ragirak. Il se souvenait de cette étreinte qu'elle avait sollicitée, elle qui voulait connaître les plaisirs avant de rejoindre le monde des Esprits. Puis de la promesse qu'elle lui avait arrachée et qu'il avait tenue : dire à son frère qu'elle était impure, qu'elle s'était donnée à plusieurs hommes indignes de son amour, afin que Rochia oublie cette femme. Ce mensonge était censé atténuer la peine de son frère, et c'était pour cette raison que Mohawks avait accepté. Mais voilà qu'elle était vivante, mère, et qu'elle vivait en paria ! Il se rappela cette sensation unique qu'il avait connue quand il avait pénétré sa chair mouvante.

Anja prit la parole, mais il l'entendit à peine. Elle s'adressait à Ragirak :

— Sommes-nous loin de ce village ? Celui de cette fille ?

— À une journée seulement. Et Raitankia est à trois jours en canoë. Mais je vous conduirai !

— Mohawks, nous devons nous y rendre.

— Dans ton état ?

— Je me reposerai là-bas. Et puis, nous pourrons échanger nos chevaux contre un grand canoë. Je sais qu'il le faut.

Elle posa la main sur son bras, et il devina qu'elle était en proie à une vision intérieure Depuis leur départ de Nain, sa clairvoyance n'avait cessé de se développer. Il sut qu'il n'avait d'autre choix que de lui avouer cette histoire passée. Car le fils de Sajawa était incontestablement de son sang.

D'abord elle, et puis Naitma. Anja portait son troisième enfant.

Il dut attendre la nuit noire pour lui parler, une fois Ragirak endormi. En chuchotant, il raconta l'amour de Rochia pour Sajawa, le refus de la jeune Indienne de s'unir au chef des Nahannis, et comment lui, Mohawks, avait décidé d'aller plaider la cause de son frère, parce qu'il en devenait fou. Il était parti en secret. Il s'attendait à rencontrer une jeune écervelée, pas une femme moribonde. Sajawa était atteinte d'un mal étrange qui la vidait de son sang. Pour épargner Rochia, elle avait arraché la promesse à Mohawks de garder le secret sur son état. Et puis, parce qu'elle voulait goûter l'amour avant de rejoindre le territoire des ancêtres, elle s'était offerte à lui. L'enfant était le fruit de leur étreinte, il le sentait au fond de lui.

Anja écouta son aveu sans manifester la moindre jalousie. Quand Mohawks finit par la questionner, inquiet de sa réaction, elle se contenta de dire que les choses ne se résoudraient pas si aisément, mais il ne l'écouta pas, trop soulagé pour se soucier du lendemain. Rochia aimait Sajawa et la tenait loin par orgueil. Sajawa serait trop heureuse de le suivre…

*

* *

— Je ne veux plus entendre parler de ton frère, jamais ! Cela fait trois soleils, Mohawks, qu'on me traite comme si j'avais commis un sacrilège et, sans la protection de mon père, j'aurais sans doute été condamnée à l'exil ! Tout cela parce que je n'ai pas révélé le nom de l'homme qui a engendré mon fils ! Imagine seulement… Le Zuyis venait de partir et moi j'allais prétendre être grosse de lui et ensuite supplier son frère, le chef des Nahannis, de me reprendre !

Mohawks avait gardé le souvenir d'une frêle créature à bout de souffle et voilà qu'il courbait le front devant la colère de cette femme splendide. Sajawa le défiait, campée au milieu de la hutte, le visage rougi d'énervement.

— Rochia ne t'a pas oubliée, j'en suis certain.

— Laisse-moi rire ! Il n'a jamais cherché à me revoir. Et comment prendra-t-il la nouvelle quand il saura que tu es le père de mon fils !

— C'est lui, n'est-ce pas ?

Mohawks désignait l'enfant qui jouait devant la hutte, tranquille comme seuls savent l'être les solitaires.

— Oui. Mon petit homme…

La figure de Sajawa s'adoucit et Mohawks reconnut enfin la femme aimante qui l'avait tant impressionné autrefois. Il éprouva un élan de tristesse pour l'enfant.

— Sajawa, laisse-moi t'aider. Je saurai convaincre mon frère.

— Le convaincre de reprendre la femme impure ? Je ne veux pas de cela. La maladie ne m'a pas souillée, la trahison non plus. Laisse-moi, Zuyis ! Rentre dans ton village et laisse-moi vivre en paix avec mon fils ! J'ai entendu dire que tu en auras un autre bientôt, alors que t'importe mon sort ?

— Puisque tu ne veux rien entendre de ma bouche, Sajawa, fais-moi une dernière faveur. Ma compagne a demandé à te parler. J'ignore ce qu'elle va te dire, car elle a refusé de m'expliquer. Ce que je sais, en revanche, c'est qu'Anja est sage. Acceptes-tu de l'écouter ?

Mohawks s'attendait à un nouvel accès de colère, pas à ce silence qui valait acquiescement. Curiosité de femme ? de mère ? Il sortit avant qu'elle puisse changer d'avis, ou du moins sans lui laisser le temps de refuser.

Sur le seuil de la hutte, il s'arrêta pour observer le garçonnet, troublé à l'idée qu'il était de son sang.

L'enfant avait les yeux curieux, d'un noir profond. À son cou pendait la plume d'une oie, symbole de persévérance. Il effleura sa joue, lui sourit et s'en alla prévenir Anja.

Parce qu'elle s'était tenue en marge des lois, Sajawa avait été jugée et condamnée. La maladie, le refus de s'unir à Rochia, puis le secret de la naissance de son fils, pour chacune de ces raisons elle aurait pu être exilée. Son père, le chef des Shakanas, avait obtenu du conseil des anciens qu'elle vive à l'écart.

Revoir Mohawks, auréolé par la gloire, était douloureux pour la jeune Indienne. Il avait à peine regardé l'enfant… Et sa présence lui rappelait Rochia pour lequel son cœur battait toujours.

Elle ravala sa colère et, malgré la gravité du moment, vérifia que sa natte était bien attachée. Elle était fille de chef. Déchue ou non, elle recevrait son invitée avec fierté.

Au lieu d'une rivale, Sajawa vit paraître une Indienne aux traits fins, les yeux légèrement bridés, irradiant un sourire si plein de compassion qu'elle sentit monter les larmes. Pour ne pas montrer son trouble, elle l'invita sans un mot à prendre place devant elle.

La femme s'assit en tailleur et, d'un geste très doux, attira la main de Sajawa sur son ventre.

— Mon fils sera le frère du tien. Je ne sais qu'une seule chose, Sajawa, après avoir entendu ton histoire. La fierté n'est pas la vie. La résistance n'est pas le mouvement. Et si tu aimes vraiment Rochia, alors laisse-toi emporter par son flux. Pour toi et pour ton fils.

Elle s'interrompit et ajouta :

— Je me sens un peu exilée, moi aussi. J'ai quitté mes parents et mon clan, ma terre saami, pour suivre l'homme que j'aime. Mohawks appartient à une fratrie fameuse… Je serais très heureuse d'avoir une sœur pour m'accompagner à Raitankia. Très heureuse aussi de voir grandir ton fils avec le mien.

Sajawa inclina la tête, muette de stupéfaction.

Elle cherchait ses mots pour traduire l'immense soulagement de se sentir enfin regardée sans préjugés. Il avait fallu attendre cette inconnue pour éprouver enfin l'apaisement. Son père lui-même n'avait jamais compris pourquoi elle avait farouchement gardé le secret sur la naissance de l'enfant. La honte d'avoir survécu en donnant la vie à un enfant sans père s'évanouit devant cette femme lumineuse. Alors elle sut comment répondre et, doucement, murmura :

— Ma sœur…

34.

Envoyé en émissaire, Ragirak avait demandé au clan de se réunir sur la rive. Seul manquait Sharek, le chaman, qui souffrait du mal de vieillesse.

Le Graak avait une mine réjouie, mais pas un instant les Nahannis ne pensèrent à Mohawks.

De la rivière montaient les vapeurs d'eau nimbées de lueurs fauves. On eût dit que les flots s'étaient embrumés d'or pour célébrer cette venue. La saison chaude finissait et les feuilles se teintaient de pourpre et de jaunes flamboyants. Du ciel leur parvint le cri d'un aigle. L'oiseau traçait son orbe, très haut dans le ciel. Soudain, il disparut, comme avalé par la bouche d'un dieu.

D'abord, ils virent deux silhouettes penchées sur le long canoë, puis une femme étendue à l'arrière, et enfin une tête d'enfant. Des chiens couraient sur la rive et, curieusement, la tribu eut l'impression que les bêtes surveillaient la progression de l'oumiak.

Les enfants furent les derniers à se taire et, avec eux, la rumeur de tout le village. Même le vent parut suspendre son souffle. Les Nahannis comprenaient, sans encore en connaître la raison, que quelque chose d'incroyable était en train de se produire.

Rochia s'avança sur la bande de sable qui servait de débarcadère. Son cœur battait à tout rompre, même si la lumière masquait encore les traits des voyageurs.

Il remarqua la haute stature de l'homme, si semblable à la sienne. Derrière lui, à demi cachée par son corps, une Indienne pagayait… une femme qu'il aurait voulu savoir morte !

Il ressentit un mélange de colère et d'espoir, une joie si violente qu'elle lui fit peur. L'étranger leva la pagaie et il le reconnut soudain.

Mohawks… Le Zuyis avait réussi, il était de retour !

Le reste se fondit dans une brume de mouvements, d'exclamations, de visages heureux ou stupéfaits. Sans savoir comment, Rochia se retrouva face à son jeune frère. Son front heurta le sien et ils restèrent un moment à se fixer, trop bouleversés pour parler. Et puis, dans l'émotion des retrouvailles, tout se trouva simplifié.

— Tu es revenu.

— Je suis revenu.

— Tu as réussi ?

— Oui.

— Alors, je salue le Zuyissan et nouveau chef de Raitankia !

— Attends encore un peu. Aujourd'hui, je suis Mohawks, heureux d'être parmi les siens. Si tu savais combien de fois j'ai rêvé de prononcer enfin ces mots… Trois soleils que je suis parti, Rochia ! Tout ce temps…

Les membres du clan les séparèrent. Chacun tendait les mains pour toucher le Zuyis, s'assurer qu'il était bien là, en pleine santé. Tous auraient voulu savoir s'il avait vraiment les quatre totems sacrés, s'il avait réussi la quête, mais ils n'osaient pas, par superstition. Ils avaient tant prié pour lui. Ratinka, sa cousine, se précipita dans ses bras. Elle pleurait de bonheur.

Pendant ce temps, Rochia saluait Anja, sans accorder un regard à Sajawa. Celle-ci se tenait en retrait, avec l'enfant accroché à sa tunique, qui le dévorait du regard. Et puis, les deux Indiennes reculèrent, l'une car elle brûlait de honte, l'autre par fatigue. À présent qu'Anja était arrivée, l'épuisement lui coupait presque le souffle. Elle sourit faiblement et murmura si bas que Sajawa ne l'entendit pas :

— Finalement, tu m'auras portée jusqu'ici, mon fils.

Mohawks s'arracha à l'enthousiasme des siens pour rejoindre Rochia qui s'était écarté, la mine sombre. Cette fois, il ne laisserait plus le mensonge exister entre eux. Il l'entraîna à l'écart et lui expliqua, en quelques paroles, comment la jeune Indienne avait voulu l'épargner.

— Écoute-moi, Rochia, et sache que c'est ton frère, mais aussi le Zuyis qui te parle. Sajawa n'a jamais cessé de t'aimer. Elle était mourante autrefois, et c'est pour ne pas que tu souffres de sa mort qu'elle t'a écarté. Quand je suis allé la voir, elle m'a demandé de lui faire connaître les plaisirs car elle voulait rejoindre le territoire de Wacondah en femme et non en fille ignorante. L'enfant qu'elle a conçu a sauvé sa vie. Faut-il qu'elle soit punie pour cela ? C'est aussi ton sang qui coule dans les veines de cet enfant. Ton sang est le mien, frère… Qui es-tu pour juger cette femme ? Tu as refusé l'amour qui t'attendait à quelques jours de ton village, pendant que je trouvais le mien à l'autre bout du monde. Quand on a la chance de trouver sa compagne, Rochia, on ne la méprise pas. Ne va pas gâcher le reste de ta vie par orgueil.

Rochia resta pensif si longtemps que son frère crut qu'il devrait envoyer Anja le convaincre. Il le vit marcher de long en large, lever la tête vers le ciel, en proie à tant de contradictions et d'émotions sans doute trop violentes pour qu'il sût faire le tri. Mais il le vit enfin revenir avec le sourire.

— Elle m'aime donc, Mohawks ? Connais-tu plus aveugle que moi ? Je suis le chef de Raitankia, plutôt bon chasseur, je sais lire la terre et j'ai été incapable de comprendre ! Il était vraiment temps que tu reprennes ta place !

— Cette place est encore la tienne.

— Pas pour longtemps. J'ai fait le serment de la céder à un Zuyissan ! Cours voir Sharek. Le pauvre homme doit se demander ce qui se passe !

— Pourquoi ne vient-il pas lui-même ? Il a perdu ses jambes ?

— Sharek est devenu bien vieux, mais la joie de te voir saura lui redonner goût à la vie.

Mohawks souriait, plus touché qu'il ne l'aurait pensé. Il réalisa qu'il avait hâte de revoir le vieux sorcier. Autrefois, il craignait ses jugements. Aujourd'hui, fort de son Voyage, il était surtout très curieux de vérifier une intuition.

— J'aimerais que tu installes Anja dans une hutte. Ainsi, tu pourras approcher Sajawa. Ces deux-là ne se quittent plus depuis qu'elles se connaissent.

À l'évocation du prénom de sa bien-aimée, Rochia ne put contenir son émotion et son visage s'empourpra. Incapable de prononcer le moindre mot, il ouvrit la bouche un peu bêtement, mais son frère était déjà parti, le sourire aux lèvres.

D'un pas leste, le Zuyis rejoignit la hutte du chaman, au sommet de la butte, juste à la sortie du village. Sur son passage, les Nahannis riaient, heureux, et la joie l'envahit.

Il était rentré chez lui, sur la terre de ses ancêtres.

— Ainsi, tu es revenu, Zuyis !

— Tu sembles surpris, Sharek ! Tu me rêvais mort ?

Adressée à un chaman, la formule était assez équivoque pour ne pas être insultante, mais le vieil homme était assez fin pour entendre l'ironie dans la voix de Mohawks. Il ne pouvait guère le lui reprocher car il avait douté de son retour.

— Je reconnais que je me suis trompé. Après ton père, j'ai douté que le fils puisse faire mieux, réussir.

— Shokan était un homme véritable.

— Tu l'as vu !?

— Tu connaissais la vérité, n'est-ce pas ?

— Oui. Raian me l'avait avouée et j'ai cru qu'on pouvait tout présager du destin de l'homme, mais ton retour est le signe que je me suis trompé… L'ultime leçon de mes vieux jours. Pardonne-moi, Mohawks.

— Je n'ai plus de rancœur, Sharek. Vois-tu, c'est l'enseignement de Shokan, le dernier qu'il m'a légué. Ne pas haïr pour vivre vraiment.

— Ainsi, il est mort.

— Dans mes bras.

— Alors, tout est bien.

— Tout est bien, oui.

— Que ta vie soit longue et sage, Zuyissan.

— Le Voyage a forgé la Couronne et j'aimerais beaucoup que tu la montres à nos peuples, chaman.

— En aurai-je la force et, après avoir tant douté, en suis-je seulement digne ?

— Je sais que oui.

Le vieil homme glissa sur le sol de terre et, en dépit de sa faiblesse, il s'inclina longuement devant le Voyageur, qui lui toucha le front en signe de reconnaissance.

*
* *

Longtemps, dans le territoire des Ouks, on parla de la cérémonie qui avait célébré le retour du Zuyis et de son intronisation au rang de Zuyissan.

Dix tribus avaient fait le déplacement, et plus de vingt autres avaient envoyé des émissaires. C'était un rassemblement d'Indiens des plaines et des vallées, des montagnes et des lacs. Les Chipawas, et les Shakanas conduits par un Magd radieux, les Naskapis, les Ingalits, les Chilcotins, et les clans des Corbeaux, des Loups et des Outardes, les Ojibwés et même les féroces Cris.

Des quatre directions, les Indiens convergèrent car ils voulaient fêter l'unité des Peuples d'en haut. Le Marcheur avait accompli la Boucle sacrée, il devenait aux yeux de tous le grand Zuyissan du territoire des Ouks.

Pendant une demi-lune, on prépara les tentes qui accueilleraient les tribus, on fit provision de troncs pour illuminer les ténèbres durant les trois nuits que durerait la cérémonie. Les femmes taillèrent des habits dans des peaux si fines qu'elles étaient aussi légères que la plume. Elles confectionnèrent des masques, des amulettes, des hukmotks et des ornements d'os, de plumes, de coquillages. Quand elles ne cousaient pas, elles préparaient des marmites de viandes, couraient à la rivière pour houspiller les adolescents chargés de fumer les poissons. Les enfants furent envoyés ramasser quantité de baies, de champignons et d'oignons sauvages. Le neveu du chaman, lui, dut ratisser les sous-bois pour trouver toutes les herbes, les feuilles et les bois sacrés qui conviendraient à la cérémonie.

Sharek avait repris vie et s'activait jour et nuit, brûlant les poudres de purification, broyant les racines qu'il mélangeait ensuite à ses fumigations. Le totem, qu'il avait découvert avec vénération, trônait au milieu de sa hutte comme un soleil levé.

Le premier soir, Mohawks raconta le voyage jusqu'à Ytyk, l'aventure chez les Sisjos et sa honte d'enfant à se voir faussement accusé de vol.

Tous l'écoutaient, suspendus à ses lèvres, si bien que personne ne remarqua que les Sisjos présents baissaient piteusement la tête. Roj était mort dans un accident, mais les Indiens du clan n'avaient pas oublié le passage de Zuyis et les controverses qui avaient suivi.

Il raconta ses naufrages et comment l'esprit du fleuve l'avait happé, puis recraché, parce qu'Aïga, sa mère, veillait sur lui.

Il raconta sa rencontre avec les chamans, et les leçons que les sages lui avaient lentement instillées, à mesure qu'il avançait sur la piste. Il dit ses colères, ses impatiences et les égarements qui avaient failli lui être fatals. L'épopée des hommes de la glace. Leur résistance et leurs techniques de chasse. Il détailla la chasse à l'aiviq et sa course sur le bras de mer gelé quand la glace craquait aussi fort que les entrailles d'un dieu en furie. Les vents si froids qu'ils pouvaient geler un oiseau en vol. Il confirma également la rumeur qui parlait d'hommes étranges venus de l'autre côté de la Terre. Et le périple épuisant, jusqu'à Ytyk, quand il avait failli renoncer. L'accueil de ces Youkagirs si généreux. Il évoqua la trace que son aïeul avait laissée là-bas, sans toutefois trahir la mémoire de Mulonia ou de Ramuk, car leur souvenir appartenait au secret du Voyage.

Et puis, la mine assombrie, il relata la longue errance dans les Monts de Glace, la mort des chiens, et sa lente agonie. Et comme chacun l'écoutait en gémissant de terreur, il s'anima pour décrire le clan évène qui l'avait sauvé, la harde apprivoisée des rennes, la noblesse de ce peuple d'éleveurs. Et le Voyage, qui le poussait en avant, encore et encore.

Il fit beaucoup rire aussi en décrivant ses apprentissages plus ou moins heureux, comment monter sur un caribou, un cheval et même chevaucher les vagues en kayak. Il raconta la glace, son chant puissant, ses infimes craquements, et décrivit la mer immense, libre des glaces, qui était comme le ventre du monde pour les Inuits. Et sa rencontre avec Anja, qui l'accompagnerait tout au long de sa vie, la femme qui lui donnait l'équilibre, car elle était sa demi-lune, son âme sœur.

Il raconta la chasse de Punuk et la mort des pêcheurs, et comment il avait entendu les poissons cornus, les messagers des flots. Il narra la survie sur l'île glacée et sa bataille contre son frère Ours. Le retour à Kiruna, la traversée vers Kalaallit. Sa rencontre avec un chasseur solitaire et revêche qui était maître de sagesse. Qui jadis avait été Zuyissan.

Il ne parla des Qallunaats qu'à la fin, car il voulait mettre en garde les Indiens, leur transmettre un message. La Grande Menace dont parlaient les légendes évoquait ces Esprits fous à visage d'homme qui saccageaient la Terre Mère sans se soucier de respecter la Vie. Il parla de leur avidité contraire à la loi d'Équilibre. De leurs paroles fausses contraires à la loi de Vérité. De leur convoitise pour les pierres de lumière qui les conduisait à tuer, voler et mentir. Il dit qu'il les avait croisés, et que son âme en garderait pour toujours de la défiance.

Il raconta enfin la vie précieuse, car c'est ainsi qu'il voulait finir : sur le chant de Vie.

Il parla toute la nuit, et à la fin sa voix n'était plus qu'un souffle, mais chacun avait bu ses paroles et s'était pénétré de son Voyage. Car les aventures vécues par cet homme élu des siens leur appartenaient aussi. Elles viendraient s'insérer dans la trame des légendes et passeraient ainsi de bouche en bouche, de père en fils, de mère en fille dans la boucle du temps.

Le deuxième soir, Mohawks mima la piste, les chasses et les dangers, la mort et le combat des vents, de l'eau, du feu et de la Terre. Il dansa ce qu'il avait vécu et son clan le suivit, lui, l'Aigle fait homme qui tournoyait autour des feux.

Sous le regard aimant d'Anja qui reposait sur une litière de fourrures, devant son frère Rochia et Sajawa, radieuse, devant le Graak Ragirak et Sharek le chaman de Raitankia, le Zuyis chanta et dansa son Voyage, entraînant tous les Indiens des territoires derrière lui.

Les chants des hommes montèrent avec les vapeurs des bûchers qui étaient si hauts que certains jurèrent avoir vu des étoiles brûler.

En sueur, à demi nu, Mohawks chantait et dansait pour les clans de la Coiffe animé par la force du Graam. Au cours de la nuit, plongé dans l'extase, il sentit le souffle de son père l'effleurer.

La troisième nuit, il se tint devant le feu sans frémir, entièrement nu, pour recevoir les marques qui le consacreraient Zuyissan.

C'était au tour de Sharek d'invoquer la Parole sacrée, et le vieux sage jeta ses dernières forces dans le rituel. Bondissant comme un possédé, il leva la couronne des Totems au-dessus du front de Mohawks, et tous purent voir la merveille du Cercle.

Il entra dans la transe pour appeler la protection des Esprits, conjura la Terre Mère de protéger les hommes contre la Grande Menace que le Zuyis avait vue de ses propres yeux, et annonça que le Zuyis de tous les Zuyis, l'Indien annoncé par les prophéties du père des chamans, avait pris chair dans le ventre fécond d'Anja, la Saami, la compagne du Zuyis. Sharek lui aussi l'avait vu dans un rêve, affrontant à son tour les armées blanches des étrangers.

Il dansa à son tour, si longtemps que, quand il finit par s'abattre devant le Zuyis agenouillé, on le crut mort d'épuisement. Comme certains se concertaient, hésitant à le soulever pour vérifier son souffle, il plongea la pointe en pierre d'une lance dans les braises, attendant qu'elle rougeoie.

Mohawks était prêt. Voilà des heures qu'il était prostré sans bouger, dans la même position, et son corps n'était plus qu'une boule palpitante de feu. Cette fois, il reçut la pointe ardente dans la chair des épaules sans même ciller. Sharek grava un œil sur les épaules du Zuyis et les traits de l'astre solaire. Il souleva ensuite une dernière fois la Couronne et noua le lien autour du cou du Marcheur.

Quand il se releva, aidé par le vieux Sharek, Mohawks était devenu le Zuyissan.

La clameur formidable qui s'éleva alors fit vibrer les montagnes alentour…

— Zuyissan… Zuyissan… Zuyissan !

*

* *

La lune apparut derrière la colline, énorme, d'un vieil or bruni qui lui conférait l'aspect d'une marmite géante. Avant de s'élever au ciel, elle rasa lourdement la cime des arbres, sans paraître vouloir s'arracher à leur attraction.

Dans la case des naissances, Anja souffrait, accroupie sur la natte fraîchement tressée pour l'occasion. La vieille Indienne chargée de l'accompagner lui proposa le Bois-à-Mordre, mais elle refusa d'un mouvement de menton.

Les yeux clos, elle tentait de planer par la pensée loin au-dessus de son ventre en fusion. La douleur voulait l'attirer dans son tourbillon, mais elle résista, concentrée sur la vision du garçon, lové dans la Lumière.

Quelque chose ouvrait son corps, le fendait comme un fruit mûr. Elle souffla pour aider le mouvement, alors qu'elle aurait voulu hurler de tout son être. Le poids l'écrasait et la tirait tout à la fois au bord d'un abîme effrayant, alors elle poussa, de toutes ses forces, chaque fibre de son corps tendue vers la délivrance. Brusquement, alors que la douleur menaçait de l'engloutir, elle se sentit déchirée en deux et le flot se répandit entre ses cuisses.

D'un geste vif, la vieille saisit le petit être recroquevillé et l'éleva en l'air. D'un coup de lame, elle coupa le cordon, puis assena une claque sur ses fesses. L'enfant parut s'éveiller et émit un vagissement aigu de protestation. Il venait de pousser le premier cri. Il serait le Zuyis de tous les Zuyis, celui annoncé par la prophétie.

À bout de souffle, Anja sourit faiblement, et tendit les bras pour recevoir son fils.

Cet ouvrage a été composé et mis en page
par Nord Compo

Imprimé en France par CPI
en septembre 2018
N° d'impression : 2039503

POCKET – 12, avenue d'Italie – 75627 Paris Cedex 13

Dépôt légal : février 2013
Suite du premier tirage : septembre 2018
S22989/03